全球战“疫”，天下一家

Together in the Fight Against COVID-19

刘 利 主编

SinolinguA
华语教学出版社

First Edition 2021

ISBN 978-7-5138-2041-7

Published by Sinolingua Co., Ltd
24 Baiwanzhuang Street, Beijing 100037, China
Tel: (86) 10-68320585 68997826
Fax: (86) 10-68997826 68326333
http://www.sinolingua.com.cn
E-mail: hyjx@sinolingua.com.cn
Facebook: www.facebook.com/sinolingua
Printed by Beijing Hucais Culture Communication Co., Ltd

Printed in the People's Republic of China

主　编：刘　利

副主编：陈丽霞　黄潇潇

编　者：程　晔　姚美先　李旻远　张　杰　侯志国　刘英佳　夏　泉

作　者：

外国作者（按音序排列）

阿尔塞尼奥·阿莱曼·阿古斯提（古巴）
艾哈迈德·塞勒姆（埃及）
爱德华多·弗雷·鲁伊斯-塔格莱（智利）
爱德蒙·木卡拉（刚果）
安和·烈斯哥·阿尔卡伊德（西班牙）
奥斯卡·霍顿·钱德勒（英国）
德里亚·尤尔达库尔（土耳其）
法丽娜·察鲁尼萨（印度尼西亚）
胡安·克鲁斯·坎帕戈纳（阿根廷）
嘉娜尔（哈萨克斯坦）
金玉兰（罗马尼亚）
卡洛斯·拉雷亚·达维拉（厄瓜多尔）
库兹涅佐娃·B. B.（俄罗斯）
拉斐尔·莫拉·桑切斯（西班牙）
劳拉·普里托（法国）
李娜（阿富汗）
莉亚娜·阿尔索夫斯卡（墨西哥）
罗伯特·卡斯伦（美国）
玛什金娜·O. A.（俄罗斯）
麦克·拜勒姆（英国）
穆志成（巴基斯坦）
努里亚·马林·普拉（西班牙）
诺姆·乔姆斯基（美国）
普拉门·列格科斯图普（保加利亚）
世玉（泰国）
斯雷科·霍瓦特（美国）
图德伦（美国）
维克多·马努埃尔·瓦耶·蒙特罗莎（萨尔瓦多）
颜好珊（印度尼西亚）
伊莱·卡皮罗托（美国）
伊丽莎·科瓦切娃（保加利亚）

中国作者（按音序排列）

陈旦娜　陈弘毅　陈　军　陈威华　陈雪峰　陈　正　冯伟民　高　青　宫若涵
龚思量　郭宇靖　韩　飞　韩志峰　胡　钰　黄　靖　黄　钊　纪中展　贾烈英
孔令娜　李劲峰　李京晔　李思远　李　由　李　越　林小春　梁　霞　陆俭明
马　钊　潘思周　彭　茜　秦　倩　商　拓　唐　霁　王　锐　王晓春　吴静文
吴美娜　吴　他　修华静　余胜泉　郁　玮　张海鑫　赵　霞　朱　末

译者（按音序排列）：
范童心　管玉红　雷　妍　李居洋　刘和平　龙　芸　王光远　王丽虹　王思凝
吴莎莎　徐颖丰　伊斯卡拉·曼多娃　张桂林　赵　蕾　周　靓

英文校对：杨　帆　孙　帆　李羽阳

18所孔子学院

土耳其奥坎大学孔子学院
巴基斯坦伊斯兰堡孔子学院
韩国启明大学孔子学院
日本北陆大学孔子学院
日本关西外国语大学孔子学院
德国波恩孔子学院
法国拉罗谢尔孔子学院
意大利米兰天主教圣心大学孔子学院
英国谢菲尔德大学孔子学院
罗马尼亚锡比乌卢奇安·布拉卡孔子学院
古巴哈瓦那大学孔子学院
墨西哥国立自治大学孔子学院
美国南卡罗来纳大学孔子学院
美国乔治梅森大学孔子学院
美国佐治亚州立大学孔子学院
美国韦伯斯特大学孔子学院
美国西密歇根大学孔子学院
埃及苏伊士运河大学孔子学院

2所孔子课堂

埃及尼罗河电视台孔子课堂
罗马尼亚康斯坦察奥维第乌斯大学孔子课堂

前　言

全球抗“疫” 天下一家

北京语言大学校长　刘　利

从催生了中世纪文艺复兴的黑死病，到提前“叫停”一战的大流感，瘟疫从来就不是人类发展史上的配角，它们在一定程度上改变着世界格局乃至人类文明的进程。

如今，人类再一次身处其中。

灾难面前，中华民族讲究“同舟共济”“患难与共”。“岂曰无衣？与子同裳”“山川异域，风月同天”这样的古诗文，也在疫情期间漂洋过海，传播着同样的东方智慧和温情。

但同时，就像杰克·伦敦在《猩红疫》中设想的那样，猜忌隔阂、对立割裂的“病毒”正与新冠病毒相伴而生。面对这一“精神瘟疫”，世界是继续在融合、共赢的道路上前行，还是陷入闭关隔绝、零和对抗的衰退之中，这个问题考验着人类的集体智慧，也是全球教育事业面对的重要课题。

联合国教科文组织 5 月 12 日发布的数据显示，自新冠肺炎疫情暴发以来，从学前教育到高等教育阶段有近 12.16 亿学生受到疫情影响。162 个国家实施了关闭校园政策，全球 69.4% 的注册学生受到影响。在这种状况下，学校教育大面积“触网”，在线教学等新教育模式随疫情的发展而提前到来。

目前，全球的教师和学生都在以不同的方式、在不同的时空进行教学活动，但教学质量、教育均衡等问题却受到挑战。比如，在停课学生中，约 8.26 亿人家里没有电脑，7.06 亿人家中没有连接互联网。低收入国家的不平等问题尤其严重：在撒哈拉以南的非洲，89% 的学生家中没有电脑，82% 的学生无法上网。

疫情正在迫使世界开启一场世界范围的教育变革，作为“人类智慧基因库”的大学如何适应这场变革，如何更好地促进世界不同文化间的融通，以弥合疫情带来的新裂痕，是一个重要且严肃的课题。

以语言为桥，可以融汇中外文化，沟通人们的心灵。为了更好地推动不同文明间的互解互鉴，北京语言大学与世界上 13 个国家、20 所大学合作设立了孔子学院，成为设立孔子学院最多的院校之一。疫情期间，北语合作孔院积极作为，为全球抗击疫情贡献力量。比如，伊斯兰堡孔子学院和在巴基斯坦的爱心人士组织成立了救助组，捐赠价值 10 万元人民币的生活物资，分发给 600 多个家庭；韩国启明大学孔子学院为孔子学院总部和北京语言大学捐赠防护口罩 4,500 个；谢菲尔德大学孔院发动捐款并通过“英国中文教育促进会”以英国华校及华人团体的名义捐赠给“英国公共卫生部”；在国内疫情最严重的时候，美国南卡罗来纳大学孔子学院联合当地华人组织募集口罩、防护服等物资捐赠给武汉医院；在日本，为了满足学员的汉语学习需求，日本关西外国语大学孔子学院开启了“网上汉语会话教室”……秉持和而不同的理念，孔子学院成为疫情下不同文化交流的重要平台。

作为中国高校中唯一一所以教授来华留学生中国语言文化为主要任务的国际型大学，北京语言大学一向有“小联合国”的美誉。建校近 60 年来，学校聚焦中文教育主业，致力中国文化传播，为全球 180 多个国家和地区培养了近 20 万名精通中文、熟悉中国的留学生，其中既有像埃塞俄比亚总统穆拉图·特肖梅、哈萨克斯坦总统卡西姆若马尔特·克梅列维奇·托卡耶夫这样的政界精英，也有像诺贝尔物理学奖得主埃里克·康奈尔先生这样的科学大家，还有成千上万从事中国语言文化教育和研究的各国英才，以及从事外交、商务等对华交往工作的各类优秀人才，他们为促进中外友好、增进中外人民友谊、推进世界文明发展做出了积极贡献。在疫情中，他们与我们守望相助，共克时艰，彰显了北语人的中国精神和世界情怀。

面对疫情大考，“德行言语，敦睦天下”的校训是北语铿锵有力的回答。目前北语有 140 多个国家和地区的 5,000 多名留学生滞留在世界各地。为此，北语的教师们克服了时差和技术等多方面的困难，以在线教学方式，为留学生开设了 246 门课程和一系列在线辅导教学，确保同学们的学习不受影响。与此同时，全球各地孔子学院的师生也都以在线的方式坚持教学，坚持学习。

“世界大同，和合共生”。在世界百年未有之大变局和疫情带来的全球舆论大博弈面前，教育，特别是大学教育，必须发挥黏合剂的作用，正如约翰·多恩所说，疫情面前“没有人是一座孤岛，可以自全”。

如何将孤岛连成大陆，是新冠肺炎疫情留给全球教育的一个全新命题。为此，北京语言大学邀请国内外专家学者，力图共同为后疫情时代全球所面临的教育、文化发展等问题献言献策。

目 录

第一章
教育“疫”变

2020年，一场发端于公共健康领域的危机传导到各行各业，全球教育第一次出现如此大范围的大停摆。据统计，全球范围的停课导致全世界近70%的学生无法继续学业；其他实施局部停课的国家亦有数百万学生受到影响。[1]为此，联合国教科文组织与多国政府教育部合作，为受新冠肺炎疫情影响严重的地区提供教育技术援助，如提供免费数字教育资源、国别学习平台清单等。

当疫情以极端的方式摧毁传统教育形式之时，一场世界范围内的教育改革试验也拉开了大幕，各个国家的教育机构都是这个大型的社会实验中的小白鼠。风暴终将过去，人类将继续存在，但将生活在一种怎样的新教育机制之中，这个问题考验着人类的集体智慧，也是全球教育事业面对的重要课题。

---

[1] 联合国教科文组织．教育：从应对到恢复.(2020-04-21). https://zh.unesco.org/themes/education-emergencies/coronavirus-school-closures.

【本章聚焦】

焦点一

疫情对于全球的教育产生了怎样的影响？留学生又将何去何从？线上教育是否会迎来新的发展机遇？新机遇同时又带来了哪些新挑战？

焦点二

新冠肺炎疫情导致的全球大停课是否会加剧原本就存在的教育失衡？这些将体现在哪些方面？教育失衡对儿童、少年和青年将产生怎样的影响？面对这些不利我们应当怎么做？

焦点三

停课不能停学是全球教育机构和政府的共识。针对疫情带来的停课，国际组织、国家政府机关乃至社会民间力量应当如何通力合作，保障教学活动的顺利进行？世界各国政府、名校与教育机构又会拿出什么样的应对方案？

焦点四

疫情终将过去，但是抗击疫情的经验教训都应当被铭记。世界名校校长、各国专家学者对于后疫情时代的教育变革又进行了哪些讨论与思考？

【大事记】

受新冠肺炎疫情蔓延的影响，多国宣布并实施关闭学校的措施以保障师生安全并遏制疫情蔓延，全球范围内无法上学的儿童和青少年人数持续攀升。

联合国教科文组织 2020 年 4 月 21 日发布的新闻表示，面对新冠肺炎疫情造成的停课，绝大多数国家正在通过数字化远程学习技术确保教育的连续性。然而在停课学生中，半数（约 8.26 亿人）家里没有电脑，43%（7.06 亿人）家中没有互联网连接。数据显示，低收入国家的不平等问题尤其严重，仅以非洲为例：在撒哈拉以南非洲，89% 的学生家中没有电脑，82% 的学生无法上网。此外，虽然学生可以用手机获取信息并与教师及他人保持联系，但是大约 5,600 万学生生活在没有移动网络服务的地方，其中几乎一半学生生活在撒哈拉以南非洲。[1]

据联合国教科文组织自 2020 年 2 月 16 日起持续发布的数据显示，自新冠肺炎疫情暴发以来，峰值为 4 月 2 日，当日从学前教育到高等教育阶段有近 14.85 亿学生受到疫情影响。占全球注册学生总数 84.8% 的学生受到影响。172 个国家实施了全国范围关闭校园政策，此外，还有数国实施了局部停课，以预防或遏制新冠肺炎疫情。若这些国家也实行全国停课，无法上学的儿童和青年人数还将增加数千万。[2]

· 玻利维亚、开曼群岛、赤道几内亚、几内亚比绍、伊拉克、索马里、坦桑尼亚、

[1] 联合国新闻．教科文组织：新冠疫情催生远程学习 但数字鸿沟令人担忧 .(2020-04-21). https://news.un.org/zh/story/2020/04/1055622.

[2] 联合国教科文组织．教育：从应对到恢复 .(2020-04-21). https://zh.unesco.org/themes/education-emergencies/coronavirus-school-closures.

委内瑞拉：尚无高等教育入学数据。

· 中国：

2020 年 5 月 13 日，教育部、国家卫生健康委联合召开进一步推进学校和托幼机构新冠肺炎疫情防控工作视频会议，对安全有序推进大中小学全学段全面复学复课和疫情防控工作进行部署。

6 月 9 日，全国已有超过 1.97 亿学生复学复课，占在校生总数比例超过 71%。随着复学复课人数不断增加，聚集性疫情风险仍然存在。[1]

7 月 7 日，2020 年度中国高考拉开大幕。遍布全国各地的 40 万个考场，迎来上千万名考生，这场牵动无数家庭神经的考试，成了新冠肺炎疫情以来，今年全国范围内规模最大的集体性活动。[2]

· 美国：

各地大学，特别是疫情较为严重地区的大学，从三月上旬开始陆续停课，有的提前进入“春假”，春假后改上网课，有的直接改上网课。

截至 3 月 17 日，全美公立和私立学校已有近 3,000 万儿童停课，占全美学校入学人数的一半以上。[3]

7 月 7 日，美国总统特朗普在白宫举行的一场活动上表示，希望美国学校能在秋季重开校园，为此他将向各州州长施压。他同时提及，年轻人新冠病毒感染死亡率较低。同天美国移民局发布声明指出，从今年秋季开始，如果国际留学生只参与网上课程，将不得继续留在美国，除非他们转到其他面对面授课的课程。若国际学生不遵守上述规定，将面临被驱逐离境的可能。

7 月 8 日，两所美国高校发起诉讼，要求美国当局撤回关于外国留学生签证的

[1] 中华人民共和国中央人民政府 . 教育部 国家卫生健康委印发《疫情防控常态化下复学复课工作 20 问》.(2020-06-14). http://www.gov.cn/fuwu/2020-06/14/content_5519313.htm.

[2] 中华人民共和国教育部 . 疫情防控下的中国高考 . 中国青年报，(2020-07-08). http://www.moe.gov.cn/jyb_xwfb/s5147/202007/t20200708_470712.html.

[3] 华尔街日报 . 受疫情影响，美国近 3000 万儿童停课 .(2020-03-17). https://cn.wsj.com/articles/%E5%8F%97%E7%96%AB%E6%83%85%E5%BD%B1%E5%93%8D%EF%BC%8C%E7%BE%8E%E5%9B%BD%E8%BF%913,000%E4%B8%87%E5%84%BF%E7%AB%A5%E5%81%9C%E8%AF%BE-11584405611.

一项规定。[1]

· 意大利[2]：

随着罗马方面大力度遏制欧洲最严重的新冠肺炎疫情，意大利政府已经下令关闭所有中小学和大学，意大利全部学校从 3 月 5 日起停课，采用远程教学。

6 月 17 日，意大利全国 51.5 万名考生开始高中毕业考试。今年的意大利高中毕业考试采取纯口试的形式，时间为一小时，并且需全程佩戴口罩、保持安全距离且做好消毒措施。

· 英国[3]：

3 月 18 日的疫情通报记者会上，首相鲍里斯 · 约翰逊宣布了关闭学校的决定。学校何时复学将等待后续的通知。

6 月 15 日，英格兰有数以万计的中学生返校，但并非所有学校都已复课。威尔士的学校将从 6 月 29 日开始轮流复课，而苏格兰的学校要到 8 月 11 日才开始复课。

· 芬兰[4]：

若学生家长在社会功能至关重要的岗位工作且学生处于学前至 3 年级阶段，或学生有特殊需求且处于学前到高中阶段，则继续上学。为所有父母无法在家中照料的儿童提供幼儿教育和照料。在其他层次的教育中，若确有必要，可以继续进行接触式教学。

4 月 15 日，芬兰总理马林（Sanna Marin）表示，政府将维持其他限制，比如年纪较大孩童的学校继续停课、禁止 10 人以上聚会。为此她提出警告，芬兰仍处在「对病毒束手无策」的情况中。

· 洪都拉斯：中学及以下阶段学校全部停课，高校自行决定保持开放或停课。

· 冰岛：如果可以保证 20 人以下的班级规模，小学可以继续上课。

---

[1] BBC 中文 . 美国政策大转弯 取消要求外籍留学生离境的签证规定 .(2020-07-14). https://www.bbc.com/zhongwen/simp/world-53325328.

[2] 京报网 . 意大利超 50 万名学生开始高中毕业考试 疫情下全部采取口试 . 北京日报，(2020-06-18). https://www.bjd.com.cn/a/202006/18/WS5eeac6f8e4b00aba04d22536.html.

[3] 参考消息 . 调查显示：英国数百万小学生居家“放羊”. 央视新闻客户端，(2020-06-17). http://www.cankaoxiaoxi.com/world/20200617/2413309.shtml.

[4] 法国国际广播电台 . 芬兰解除首都封城令 学校停课禁止群聚等措施仍维持 .(2020-04-15) . https://www.rfi.fr/cn/contenu/20200415- 芬兰解除首都封城令 - 学校停课禁止群聚等措施仍维持 .

· 日本[1]：

日本首相安倍晋三在2月27日下午召开的政府对策本部会议上，提出了要求全国的小学、初中、高中停课的要求。从3月2日起，全国公立小、初、高学校均临时停课放假，直至春假结束。

综合日媒7月6日报道，近日，日本疫情出现明显反弹，首都东京已连续多日单日新增病例超过百例。在以东京都为核心的首都圈地区，多所学校和幼儿园因出现疫情，相继停课。

· 韩国：

在推迟两周之后，大学已开学。强烈建议避免小组和面对面的课程，大学也提供在线课程。

韩国从4月9日起分批次开始线上教学。目前，韩国各学校除了运用教育部提供的公共线上教育平台之外，还充分利用国内外各种线上平台，保障远程授课顺利进行。[2]

韩国教育部7月2日表示，受新冠肺炎疫情影响，截至当天上午10时，全国共有522所学校暂停到校上课，较前一天增加475所，为上月2日（534所）以来的最大规模。从各地区来看，光州市停课的学校最多，共438所，其后依次是大田市（70所）、京畿道（5所）、首尔市（3所）、忠清南道（3所）、大邱市（1所）、全罗南道（1所）、庆尚北道（1所）。[3]

· 罗马尼亚[4]：

3月9日晚，罗马尼亚总理奥尔班（Ludovic Orban）宣布政府最新一项决定，从3月11日至22日，暂停所有大学前课程，包括幼儿园、小学、初中、高中和职业学校。各教育机构暂时停课。是否延长视情况而定。教育部长阿尼斯（Monica

---

[1] 中国新闻网 . 日本首都圈多所学校和幼儿园因出现疫情相继停课 .(2020-07-07). http://www.chinanews.com/gj/2020/07-06/9230546.shtml.

[2] 教育信息化 . 停课不停学：多国努力推进远程教育 . 人民日报，(2020-07-07). https://www.edu.cn/xxh/zt/fk/202007/t20200707_1736858.shtml.

[3] 韩联社 . 韩国今522所学校因疫情暂停到校上课 . (2020-07-02). https://cn.yna.co.kr/view/ACK20200702005200881.

[4] 每经网 . 罗马尼亚宣布11日起暂停所有大学前课程 . (2020-03-10). http://www.nbd.com.cn/articles/2020-03-10/1415319.html.

Anisie）补充说，这项规定包括所有公立和私立学校。

·瑞典：3 月 17 日，瑞典宣布所有中小学停学，以远程教育取代正常授课。

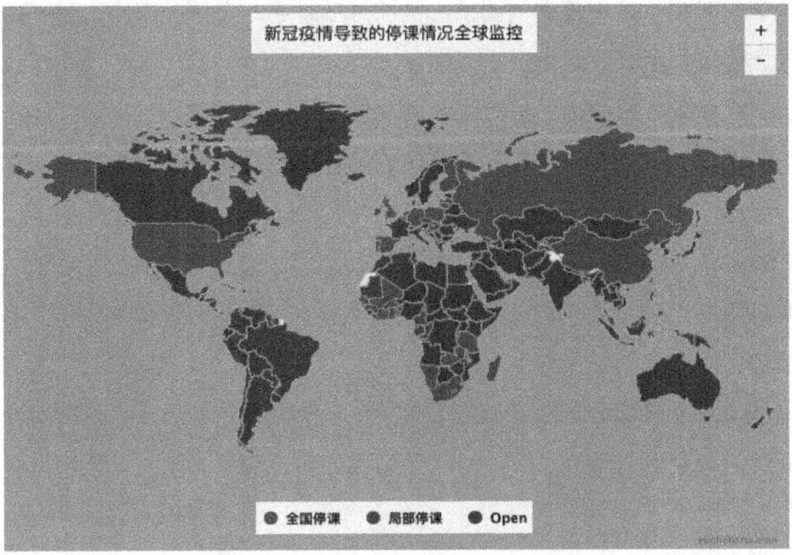

图 1：新冠肺炎疫情导致的停课情况全球监控 [1]

图 2：新冠肺炎疫情导致的停课人数监控 [2]

[1] 联合国教科文组织 . 新冠疫情导致的停课情况全球监控。(2020-04-02). https://zh.unesco.org/themes/education-emergencies/coronavirus-school-closures. 图片说明：统计数据为学前、小学、初中和高中阶段在读学生总数（国际教育标准分类法 0 至 3 级），以及高等教育学生总数（国际教育标准分类法 5 至 8 级）。在读学生人数来自教科文组织统计研究所的数据。

[2] 联合国教科文组织 . 新冠疫情导致的停课情况全球监控 .(2020-04-21). https://zh.unesco.org/themes/education-emergencies/coronavirus-school-closures. 图片说明：上端深灰色部分为局部停课人数，浅灰色部分为全国停课人数。

就中国而言，受新冠肺炎疫情的影响，各地高等学校、地方所属院校、中小学、幼儿园等均推迟了春季开学时间。约有2.7亿在校学生只能通过在线教育开启春季学期。新冠肺炎疫情在全球不断升级，面临着封城、停课、停考，对于准备留学的中国学生而言是一次严峻的考验。上半年TOEFL、SAT、GRE和GMAT等考试取消。海外就读的学生们早已开始线上学习模式，边居家隔离，边完成课业任务，很多学校宣布线上延长授课至夏季学期之后。今明两年正在申请海外留学的中国学生也处于焦灼与迷茫之中。

疫情也导致国际合作无法在线下正常进行，涉及诸多领域的国际会议与论坛等被迫推迟或选择以线上的模式开展。2020届全国普通高校毕业生规模达874万人。当前正值高校毕业生求职择业的关键时期，受经济下行压力和新冠肺炎疫情叠加的影响，高校毕业生求职困难增多，就业形势复杂严峻。

【各家观点】

第一部分　同舟共济：疫情下的教育支持

面对疫情，全球孔子学院、中文教育平台与出版社分别采取了一些行之有效的措施为学生提供优质的在线课程。“汉语桥”比赛也从线下飞到了云端，疫情造成的地域阻隔引发了人们对于中文教育高质量发展的思考，各界人士交流互动分享心得，共同探索中文教学的新模式。

面对疫情，全球孔子学院的应对措施

罗马尼亚锡比乌孔院[1]：罗马尼亚锡比乌卢奇安·布拉卡大学孔子学院全体中文教师录制视频，向罗马尼亚人民送上温馨的防护提示与真挚的抗疫祝福。视频由China Xinhua News在Facebook与Twitter上接连推出。罗马尼亚将人人重视疫情，人人加强防护。万众一心，早日迎来罗马尼亚的春暖花开。

罗马尼亚康斯坦察奥维第乌斯大学孔子课堂[2]：罗马尼亚康斯坦察奥维第乌斯大

---

[1]　北京语言大学新闻网 . 罗马尼亚锡比乌孔院师生：中罗共友谊，并肩战疫情 .(2020-04-13). http://news.blcu.edu.cn/info/1011/19143.htm.

[2]　北京语言大学新闻网 . 罗马尼亚康斯坦察奥维第乌斯大学孔子课堂外方负责人 Iolanda Tighiliu 教授为中国加油 .(2020-02-19). http://news.blcu.edu.cn/info/1034/18919.htm.

学孔子课堂外方负责人Iolanda Tighiliu教授(中文名字金玉兰)始终关注中国的疫情，牵挂着远在北京的朋友们。从新闻中得知武汉封城的消息后，她第一时间给北京的中国朋友写邮件问候。

Tighiliu教授说，这是中国历史上第一次为了阻断疫情蔓延封锁武汉这样一座千万人口的城市，可见疫情之严重，同时也彰显了中国政府和人民战胜疫情的决心。2003年“非典”时她去过北京，她说，宾馆的每一个楼层都有专门的医生值班，定期给客人测量体温，如果哪位客人有问题，医生随叫随到。那时她就对中国政府能够战胜疫情很有信心。这次同样如此，她相信疫情会被很好地控制，中国会渡过难关，一切都会好起来。

保加利亚大特尔诺沃大学孔子学院：大特尔诺沃大学与北京语言大学长久以来保持着良好的合作关系，两校共建的孔子学院承担着国别研究项目、教材研发项目，并与北语合作开展了赴保加利亚志愿者培训。近日，普拉门教授为抗击疫情专门作画，一幅名为《中国人民长命百岁》（Longevity for Chinese People）的画传递出教授对中国的祝福与期盼。大特尔诺沃大学孔院的小朋友也录制了“加油”视频，当稚嫩的童声一起喊出“我们与你同在”，我们无法不对未来燃起希望和信心。

美国肯塔基大学孔子学院：肯大孔院从4月11日起持续在微信公众平台上翻译分享肯塔基州州长关于疫情的每日简报并附上中文语音，为孔院师生及关注者分享有关疫情的最新动态。

日本关西外国语大学孔子学院：4月27日19时，在孔院全体教职员工的共同努力下，关西外大孔子学院网上汉语会话教室正式开始上课。为了更好地适应学员们的汉语水平，满足大家的学习需求，会话教室按照初级、中级、准高级和高级分为四个班。作为教学形式的一次革新和尝试，孔院教职员工曾多次召开教学研讨会，组织Zoom测评，探索Zoom的各项功能，熟悉在线直播的操作流程，以便在开课时指导学生更快、更好地适应网络学习平台。

日本北陆大学孔子学院：日本北陆大学孔子学院成立于2006年2月，由北京语言大学和日本北陆大学合作开设，是日本的第三所孔子学院，也是日本北陆地区唯一的一所孔子学院。北陆大学前瞻性地认为“21世纪属于中国”，由此开始坚定不移地推动与中国高校之间的友好交流合作。1994年该校创立“平成遣中使”项目，旨在帮助日本青年了解真实的中国，目前该项目已成为中日青年友好交流的重要品牌项目，为日本学生、学员、教职员工提供了体验中国、了解中国、学习中国的机会。在中国发生疫情时期，北陆大学理事长、校长小仓勤带领北陆大学师生特别录制视频，他在视频中表示：北陆大学与中国同呼吸共命运，祈祷中国人民能早一天恢复平静安稳的生活。[1]

墨西哥尤卡坦自治大学孔子学院：在中国疫情初期，墨西哥尤卡坦自治大学校长何塞·威廉姆斯致信北京语言大学校长刘利，送上特殊时期的慰问与祝福。何塞·威廉姆斯校长在信中表达了深切的关怀和声援。3 月 16 日，尤卡坦自治大学孔子学院正式停课，老师们立即就线上教学模式、教学材料等进行了讨论，最终商定使用钉钉课堂开展网络远程教学。学院教学主管努比亚老师很快整理出相关方案，制定了疫情防控期间的教学安排，并提出教学、测验、作业、考勤等各方面要求。孔子学院工作很快重新“步入正轨”，教学整体搬到了线上进行。[2]

埃及苏伊士运河大学孔子学院：埃及苏伊士运河大学孔子学院所有班级于 2019—2020 学年第二学期增设“防疫抗疫小课堂”，课堂每周 3 次，每次 20 分钟。首日“小课堂”活动于 2020 年 3 月 1 日分别在苏伊士运河大学语言学院三年级和文学院四年级共两个中文班展开，约 80 名师生参加。

古巴哈瓦那大学孔子学院：古巴政府组织社会各界的志愿者参与到前线抗疫的工作中。哈大孔院作为哈瓦那大学的院系之一，共派出三名正式在编员工参与到第一批志愿服务中来。由哈大孔院古方院长尤贝里斯·罗塞尔·里昂（Yorbelis Rosell Leon）率领的抗疫队伍已正式结束为期一个月的抗疫志愿工作，团队队员们核酸检测结果均为阴性，将在家隔离 15 天。由尤贝里斯率领的志愿服务团队共有 8 名队员，工作地点在哈大 Residencia Bahia 片区一个隔离中心重点区域，工作内容主要是后勤服务，负责隔离区的餐饮及清洁，每天需全副武装工作 8 至 10 小时。其中，孔院本土中文教师戴安娜（Daianah Liao）和孔院电教负责人奥斯瓦尔多·赫南德兹（Osvaldo Hernandez）每隔三天需要接触一次隔离病人。尤贝里斯院长虽然不直接

---

[1] 北京语言大学新闻网 . 拳拳在念，关怀声声——北语海外合作孔院接力为中国加油 . (2020-02-23). http://news.blcu.edu.cn/info/1011/18930.htm.

[2] 中国网 . 患难见真情 共同抗疫情——孔子学院创造条件保证学生“停课不停学” . 人民日报，(2020-06-16). http://ydyl.china.com.cn/2020-06/16/content_76167811.htm.

接触病人，但是作为志愿团队管理者，每天需要工作 14 个小时。尤贝里斯等志愿服务人员用别样的方式为全体孔院师生及古巴社会各界民众打了一针强心剂，相信古巴一定会战胜疫情，重焕生机。

巴基斯坦伊斯兰堡孔子学院：伊斯兰堡孔子学院和在巴基斯坦的爱心人士组织成立了救助组，并于 2020 年 5 月 5 日捐赠价值 10 万元人民币的物资，分发给 600 多个家庭，包括米面粮油等生活物资和其他用品。在捐赠仪式上，伊斯兰堡市市长谢赫·安塞尔·阿齐兹感谢中国人民向巴基斯坦人民提供急需的物资。他说，巴基斯坦人民和中国人民就像兄弟姐妹一样，中国政府和人民在这一艰难时刻帮助了巴基斯坦。

伊斯兰堡孔子学院中方院长张道建表示，中国和巴基斯坦关系亲密，巴基斯坦为中国抗击新冠疫情提供了巨大的帮助。在这个疫情暴发的艰难时刻，我们也要贡献自己的力量，帮助这些巴基斯坦家庭渡过难关。当救助包发放到民众手中时，孔院教师们看到巴基斯坦朋友们脸上的笑容，感到非常满足。

另外，伊堡孔院为此次恢复网课做好了充分的准备，克服困难，在开展线上汉语教学活动的同时也给学生普及防疫相关知识，让学生戴口罩、少出门、勤洗手，在满足学生的汉语学习需求的同时也关心爱护学生的健康，尽力将疫情对汉语教学的影响降至最低。鉴于巴基斯坦网络环境较差，不少汉语学员都来自偏远山区没有网络等特殊情况，伊堡孔院教师计划采用直录结合的方式，尽可能在现有条件下将学生的受众范围最大化，保障多数学员的利益。具体措施是，让网络条件较好的学员通过 Zoom、WhatsApp 等软件接受直播授课，录像后上传至谷歌课堂，满足无法进入直播课堂的学生。全体老师使用微信等社交软件与学生及时沟通、接收学生们的反馈。

美国乔治梅森大学孔子学院：乔治梅森大学孔院协办大华府中文教师协会（CLTA-NCR）2020 春季年会。年会以教师工作坊形式在网上举办，主题为“分享与提高：实用技巧与新技术”。会议邀请到了四位有着多年本土中文教学经验的教师，针对疫情下如何有效开展网络教学的主题分享各自的教学心得。本次会议吸引了大华府地区 80 多位 K-16 的中文教学相关从业者参加。会议首次启用 Zoom 会议室的网络共享形式，实现了真正的时空连线。

美国南卡罗来纳大学孔子学院：疫情暴发后，美国南卡罗来纳大学孔子学院第一时间组织募集物资。早在2月3日，南卡孔院募集的第一批口罩、眼罩、防护服等物资就已发往武汉。紧接着，南卡孔院的第二批、第三批、第四批、第五批救援物资又紧跟着寄出，口罩、防护服、鞋子共计2万多件。南卡罗来纳大学外方院长叶坦却直言这些不算什么，他说："我呱呱坠地看到的第一眼就是武汉，自己人，能做点就多做点。南卡孔院带头捐赠物资，本地的华人协会及中文学校同样积极地参与捐赠。"

美国佐治亚州立大学孔院：佐治亚州立大学孔子学院位于佐治亚州亚特兰大市，与中国有13个小时的时差，但是牵挂祖国的心却没有时差。疫情以来，孔院的每周例会都会特别关注中国疫情的进展，孔院中方院长朱姝博士和外方执行院长金伯利·亨肖（Kimberly Henshaw）女士积极组织募捐活动。此次孔院内部共筹得资金约合16,000余元，孔院将善款用以采购口罩、一次性防护服、手套防护镜、脚套等国内十分需要的医疗物资。所有物资主要捐赠给位于疫区的华中农业大学校医院及北京语言大学校医院及社区，为校园送去更多的保障。来自北京语言大学的公派教授陶小红老师得知孔院开展募捐活动后，毫不犹豫地抢先捐出1,200美元，令人感动；美国各大药店及网站的口罩都已脱销，赵果老师将之前好不容易买到的一包医用口罩也捐赠了。其次，孔院联合外部力量募集医疗物资，制作了约20个物资捐赠箱并附上所需物资的具体标准，以期所有捐赠的医疗用品符合当前形势所需。然后由孔院工作人员每个人负责两到三个箱子，分别送到同意接收的佐治亚州立大学各个部门，固定时间上门收回募捐箱中的物资，收到了校园的学生和其他朋友捐赠的一次性手套、口罩等物品，每一件物品都传递着一份真诚的、匿名的爱。

英国谢菲尔德大学孔子学院：谢菲尔德大学孔院教师、学生以及学生家长们心系祖国，积极响应中国驻曼彻斯特总领事馆号召，募捐用于购买医疗用品的资金，抗击国内疫情。近日国内疫情已逐渐得到控制，但其他国家和地区疫情发展形势严峻，截至4月9日，英国卫生部报道英国境内COVID-19（新型冠状病毒肺炎）确诊总数已达65,077例，死亡7,978人。英国国家医疗服务体系（NHS, National Health Service）医护人员防护设施不足，孔院学生家长和教师们为此时刻担忧。2020年3月27日起，在孔院青少年部学生家长的积极协助下，谢菲尔德大学孔院主动再次发起捐款，善款将通过“英国中文教育促进会”（UKAPCE, UK Association for the Promotion of Chinese Education）以英国华校及华人团体的名义一起捐赠给“英国公共卫生部”（PHE, Public Health England）。上百位孔院学生家长和教师积极响应捐款号召，有的家长还表示孩子愿意捐出自己的压岁钱、零用钱，支持前线医护人员抗击病疫。由于部分捐赠者以人民币形式捐款，孔院三位学生家长陈英迪、张智勇和蓝天主动帮助统计并负责货币兑换等工作，协助捐款顺利进行。4 月 6 日，孔院已将所有捐赠款项转交“英国中文教育促进会”，并由其呈交“英国公共卫生部”。此外，部分家长和老师目前也正在向谢菲尔德医院慈善机构（Sheffield Hospitals Charity）捐款。

意大利米兰圣心孔子学院：当地时间 3 月 27 日 12:00，意大利米兰天主教圣心大学孔子学院与圣心大学外语系开展了网络教学交流会，此次会议特邀北京语言大学汉语速成学院的陈闻老师为大家进行线上培训，分享线上教学经验。圣心大学中文系教师和圣心孔院全体人员均参加会议。圣心大学位于意大利疫情最严重的伦巴第大区，自 2 月 23 日接到停课通知以来，圣心大学一直秉持“停课不停学”的宗旨，响应线上云教学的号召。圣心孔院下设孔子课堂托西（Tosi）高中于停课当周即开始线上直播教学，科莫卡斯那蒂（Casnati）高中也积极利用网络学习平台进行教学活动。此外，圣心孔院的老师也积极参与线上教学经验分享会议，并建立研讨组分别测试圣心大学线上教学平台 blackboard 的使用方法，探讨如何使网络课程在更加直观有趣的基础上提高教学质量，在开课之前即做好了充足的准备。自 3 月 16 日以来，圣心孔院网上教学课程开展顺利，也收到了不少学生积极的反馈，来自 HSK2 的朱莉亚（Giulia Marchesi）表示自己很喜欢这种上课形式，因为不明白的地方可以反复观看，更有利于自己的学习和独立思考。两周内老师们对 blackboard 平台的使用已得心应手。

韩国启明大学孔子学院：新冠病毒在中国暴发之初，启明大学孔子学院就为孔子学院总部和北京语言大学捐赠防护口罩 4,500 个，孔院外方院长尹彰浚说：“最近因为新型冠状病毒肺炎感染人数激增，中国的朋友们正经历着前所未有的挑战和困难，对此我们深感担忧。祝愿中国能早日战胜疫情！”彼时，启明大学校长申一熙校长更是专门致信北京语言大学校长刘利：“相信在北语校方的正确领导下，北语全体员工一定能战胜当前所面临的艰巨困难。衷心希望所有人身体健康，早日战胜疫情，回归正常生活。”当地政府与人民已开始高度紧张战“疫”，这其中，位于大邱市的韩国启明大学倾情付出，尤其令人动容。2月21日，韩国启明大学的大邱东山医院被指定为大邱地区新冠病毒防治定点医院后，便迅速启动24小时应急机制，本着“献身和开拓”的建院精神，启明大学大邱东山医院开始为救治大邱地区的新型冠状病毒肺炎确诊患者奉献出一切。

美国西密歇根大学孔子学院：美国西密歇根大学教务长兼第一副校长詹妮弗·波特（Jennifer Bott）女士代表学校向中国发来问候，她表示：“作为北京语言大学的合作伙伴、同事和朋友，我们深切地关心您的安康。冠状病毒在中国的暴发和传播不仅使武汉人民陷入极其艰难的境地，也给中国各地的人民带来了困难。我们代表整个西密歇根大学社区，从远方传送我们的惦念和支持。希望所有目前正在与新冠病毒作战的人都能早日回归原有的生活秩序，并期待着能够面对面地一起庆祝这些黑暗日子的结束。我们知道，对于远离家人在西密歇根学习的中国学生来说，这是一个困难的时期。请放心，我们会像关心自己的孩子一样照顾每一个学生。”最后她还用中文表达了自己最真诚的祝福：“中国，加油！”

在疫情下，为了进一步加强与华语系国家及地区国际伙伴之间的交流以及与在华语系国家及地区校友和访问学者之间的联系，西密歇根大学隆重推出“西密歇根大学华语国际讲坛”。讲坛下设数个分坛，如教育与人类发展、体育运动与健康、国际交流等，介绍与探讨学科的前沿课题和发展趋势，邀请到了西密大教育领导、研究与技术系教授沈建平博士，教育与人类发展学院教授、人体运动与健康教育系系主任刘沅龙博士以及教育与人类发展学院院长李明博士。他们在线上平台向大家分享了来自各自领域的专业内容及亲身体会，拉近了学校与国际伙伴、校友、学生、家长以及访问学者之间的联系和交流。

疫情期间中文教育平台与出版社所做的努力[1]

一、中文教育平台所做的努力

中文联盟[2]**:**受疫情影响，多国多地院校延期开学，国家鼓励利用在线教育平台开展教学活动，实现“停课不停学、停课不停教”。为了积极响应需求，网络孔子学院发起了“中文联盟”，采用线上线下相结合的方式，帮助全球中文教师和学习者开展国际中文在线教学与培训。

“中文联盟”成立于2020年3月26号，是在新冠肺炎疫情背景下，由多家公司和教育协会组织共同发起成立的非营利性机构间合作组织，旨在抗击新冠肺炎疫情，在疫情期间利用互联网确保国际中文教育“停课不停学、不停教、不停考”。参会的单位有五洲汉风网络科技（北京）有限公司、汉考国际教育科技（北京）有限公司、阿里巴巴钉钉、日本青少年育成协会、英国汉语教师协会、泰国孔敬大学孔子学院等20多家单位。“中文联盟”自推出以来，得到高校、孔子学院、企业、协会等社会各界的广泛认同和支持。在短短几个月的时间里，“中文联盟”网站已经公示了200多家审核通过的单位会员。

自2020年5月6日起，“中文联盟”面向全球中文学习者，开设初级和中级中文在线直播课程，携手共抗疫情。课程分别以《长城汉语》和《HSK标准教程》为教学材料，各级别每周三、周五授课。其中，初级课程适合零起点及希望参加HSK一级考试的汉语学习者，中级课程适合希望参加HSK四级考试的汉语学习者。

4月“中文联盟”系列直播课程由国际中文教育领域专家、优秀的国际中文教师担任主讲，每周二、周五进行直播，内容涵盖中文教学示范课、中华文化等方面的课程。海外中文学习者可通过平台学习中文、学习中国文化，国际中文教师可在线交流教学经验，及时了解国际中文教育网络资源，以便顺利开展线上中文教学活动，还为用户提供录播回放、在线答疑、实时互动等服务。同时，“中文联盟”平台还推荐网络孔子学院的精品课程，课程邀请了美国哥伦比亚大学刘乐宁教授从汉

---

[1] 世界汉语教学学会 . 战“疫”行动 .(2020-02-24). http://www.shihan.org.cn/myDoip/articles/2020/ff8080816f167a50017076628ea50fe9.htm.

[2] 中国日报中文网 . 热烈庆祝“汉语太学”加入“中文联盟”. 江西网络广播电视台 , (2020-06-22). http://cn.chinadaily.com.cn/a/202006/22/WS5ef034e0a310a859d09d37c6.html.

语国际教育的现状入手，针对学习者、教学效果、师资培养诸方面所面临的问题，通过案例解析重点指导中文教师教法、教学技巧的提升，有助于帮助教师达到“做一个具有人格魅力的教师”的中文教师事业发展目标。

“中文联盟”平台旨在聚集全球渠道、课程、技术、产品、服务等资源，为从事国际中文教育的学校、机构、教师和学生提供线上教学及辅助服务。

上海中智国际教育培训中心：利用线上学习平台“LingoPlus”[1]积极展开线上中文教学，保证海外学员的学习需求，保障学习质量；大力开展“疫情防护课程”教学，利用视频直播课、录播课等多媒体手段，共同助力海外学员防疫工作；配合所在区、街道政府工作，为在沪外籍人士普及防疫知识，送上防疫物资，提供最新防控政策讲解、信息排查翻译等服务。

汉语圈：为了满足疫情期间突然增加的线上中文教学资源的需求，组织全员在家加班加点，努力将资源更新频率从几周提速到每天。同时，汉语圈[2]组织公益讲座，免费为海内外中文教师制作 PPT 提供指导和帮助。

对外汉语人俱乐部：线上的国际中文教育人才网[3]，疫情期间免费为国际中文教育相关单位提供招聘服务，帮助国际中文教师及汉语国际教育专业学生实现更好就业。截至 2 月 24 日，累计发布招聘信息 200 余条，相关人才投递简历 5,000 余份。

二、出版机构所做的努力

外语教学与研究出版社：在北京外国语大学和全国各级学校与教师的大力支持下，推出“Unipus 高校外语教学解决方案”“《新概念英语》正版音频”“北外在线网络课程”“Aha Chinese 汉语口语训练系统”等免费资源，面向全国中小学师生免费提供电子教材和读物，开放在线优质课程，为保障各地学校线上教学提供有力支持。

北京语言大学出版社：推出《国际汉语教学研究》学术期刊 APP 和梧桐中文 APP。疫情防控期间，《国际汉语教学研究》学术期刊全部免费对外开放；梧桐中文 APP 共上线 180 余本北语社经典教材的富媒体电子书和 10 多门在线课程，3 月

[1] LingoPlus 网址：https://www.lingochinese.com/

[2] 汉语圈网址：https://www.zzchinese.com/

[3] 国际中文教育人才网网址：http://zhaopin.jiaohanyu.com/

31日前全部免费。APP上线一个月，下载量突破2.2万。

商务印书馆：新冠肺炎疫情发生以来，商务印书馆继2月免费开放1,300余种电子书资源后，现再向公众免费开放已上线的“汉译名著名家视频导读”26种名著导读共125集视频。同时为帮助读者能够更快、更好地入门，学术编辑在视频中增加了诸多辅助项目。对导读中所涉及的地点、人物、事件，竭尽所能用图片展示，从视频中提炼了讲座精华、绘制思维导图。

华语教学出版社：邀请海内外知名教育专家、学者举办“IB教育先锋人物系列访谈”“国际教育云圆桌”“中外教育的传统与创新系列论坛”等共14期线上免费公益讲座和访谈节目，旨在疫情期间为海内外的中文教师提供线上课程的解决方案和内容指导，帮助老师对学生和家长进行健康的心理疏导，以便能从容地应对疫情给教学、课业及生活带来的影响和困扰。4月，华语教学出版社海外数字图书馆火速上线，第一时间直接面向全球用户开放免费的数字图书资源，精选200个图书品种为全球用户提供为期两个月的免费阅读服务。

北京语言大学与《环球》杂志社：此次疫情的全球大流行引发出许多值得以更加广阔的视角与丰富的层面思考的内容，北京语言大学与《环球》杂志社合作出版《跨文化战疫思考——国际中文教育机构战疫调研报告》专刊，专刊邀请了来自世界各地不同领域的专家、政要与国际知名学者从各自的专业角度就新型肺炎疫情给人类社会带来的影响发表评论与见解。同时，专刊还邀请到了一些留学生和海外孔院的院长和师生，共同分享他们的抗“疫”故事与思索见闻。

《语言教学与研究》杂志社：由教育部主管，北京语言大学主办的杂志《语言教学与研究》创刊于1979年，是我国第一份对外汉语教学专业性学术期刊。疫情暴发后，汉语国际教育界 / 国际中文教育界同样在积极思考、努力应对，探索教学新路径。在此国际大背景下，《语言教学与研究》正策划组织“新冠肺炎疫情下的汉语国际教育：挑战与对策”的专题讨论，邀请学界同仁积极参与，共献良策。

孔子学院总部开展 UIPKID（Unimportant Kid）英语教师研修大师班课程

UIPKID（Unimportant Kid）[1]英语教师研修大师班课程是孔子学院总部为了响应教育脱贫攻坚号召，邀请海内外教育界专家学者为中小学英语教师，尤其是贫困地区中小学教师所做的线上讲座。线上课程得到了北京外国语大学、上海外国语大学、北京师范大学、华东师范大学、天津市教委等高校和教育行政主管部门以及海外孔子学院的大力支持。活动开始以来已经举办了两场线上讲座：牛津大学中国艺术史博士、美国肯塔基大学大学教育学院教授修华静向大家分享“21 世纪外语教学面对的机遇与挑战”；上海外国语大学教授、博士生导师，第二语言习得协会副会长张雪梅分享了“英语课程新课标理念与实践”。

大学生“汉语桥”荷兰赛区比赛在“云端”顺利结束[2]

当地时间 5 月 8 日下午，由中国驻荷兰使馆主办、南方应用科技大学孔子学院承办的第十九届大学生“汉语桥”中文比赛荷兰赛区的比赛如期顺利举行。

为了克服疫情的影响，比赛创新性地采用了在线直播的方式，虽然选手们无法面对面直接交流，但是这种隔空比拼因其新鲜感而别有趣味。大家突破了地理上的阻隔，共叙对“天下一家”的体会，场面热烈，气氛温馨，比赛获得了圆满成功。

比赛伊始，马斯特里赫特市市长安妮玛丽·潘特斯特拉克（Annemarie Penn-te Strake）女士首先致欢迎辞，作为东道主，她十分高兴地祝马斯特里赫特的孔子学院能够承办此次比赛，这也是大学生“汉语桥”比赛首次来到马城。虽然由于疫情的影响，大家无法像最初期望的那样亲临这座美丽的历史名城，但是马城热忱地欢迎客人们的到来，希望疫情尽快结束，大家可以在马城相聚。更希望参赛选手们能以中文为媒介，推动国家和地区间的文化交流。

南方应用科技大学校长、孔子学院理事会主席鲁克·范博赫（Luc Verburgh）

[1] 微信公众号“回课堂”的微信号为 UIPKID。

[2] 孔子学院总部 / 国家汉办 . 南方应用科技大学孔子学院举办大学生“汉语桥”荷兰赛区比赛 .(2020-05-13). http://www.hanban.org/article/2020-05/13/content_807289.htm.

为比赛揭幕。他指出，南方应用科技大学对这次比赛充满期待。突如其来的疫情严重影响了人们的生活，也极大地改变了大学的运行方式。身处危机和不安中的人们，更需要交流和抚慰。在这样的背景下，我们决定克服困难，不推迟或取消比赛，而是创造性地把比赛移至线上举行，希望这次比赛能让我们更好地体会到彼此间的相互扶持，相互依存，靠得更近！

经过报名和遴选，本次比赛共有8名选手参加决赛，他们来自格罗宁根、鹿特丹、莱顿、马斯特里赫特等地的多所大学。

比赛包括主题演讲、现场问答和才艺展示三个环节。选手们首先围绕“天下一家”这一主题发表三分钟的演讲，阐述自己对这一主题的理解和体会；随后，大家现场抽题，就环境保护、教育、人际交往等方面问题分别发表见解；最后则是跟中国文化相关的才艺展示。

比赛的评委团由七名专家组成，他们中有资深汉学家、中文教学名师，也有荷兰国际教育机构的中文项目负责人，以及活跃在中荷文化交流一线的中国问题专家。

参加比赛的选手均就读于荷兰的大学，但是他们中既有荷兰人，也有德国人，还有居住在比利时的法国人，他们都对中国文化和中文怀着浓厚兴趣，也大都有过去中国交流的亲身经历，这使他们对“天下一家”有着极为深刻的理解。他们不约而同地畅谈自己通过跨文化交流获得的幸福感和满足感，也充分表达了对人们消除隔阂、加深理解、互相接纳的热切期盼。目前肆虐全球的新冠病毒疫情也成为大家热议的话题，疫情让大家更真切地认识到，相互扶持、同舟共济已经是人类的必然选择。

经过略显严肃的演讲和问答，才艺展示则让大家放松下来。选手们带来了小号演奏、吉他弹唱、扇子舞、中国书法、水墨画、诗朗诵、折纸甚至相声贯口等精彩表演，除了艺术上的享受，表演中流露出的对中国文化的深切理解和热爱更加令人动容。

比赛环节结束后，中国驻荷兰使馆教育参赞罗平先生发表讲话，他代表主办方向比赛的成功举办表示热烈的祝贺，向东道主林堡省政府、马斯特里赫特市政府和本次比赛的承办方南方应用科技大学表示感谢，更为参赛选手的表现喝彩！

罗平先生先后两次出任驻荷使馆教育参赞，是荷兰中文教育发展的亲历者和见证者，他为十余年间中文教育在荷兰的发展感到欣慰，向荷兰中文教育的推动者和实践者们致敬，坚信未来中荷人文交流与合作必将迎来新的飞跃。

最后，来自荷兰国际教育机构NUFFIC的杰西卡·帕德库珀（Jessica Paardekooper）代表评委团宣布比赛结果，来自格罗宁根大学化学专业的南欧（Nol Duindam）、南方应用科技大学中文专业的郭嘉宸（Adam Bootes）、格罗宁根大学国际商务专业的丹尼尔·福尔克（Danil Vuyk）分获前三名。南欧将被推荐代表荷兰大学生参加在中国举行的大学生“汉语桥”中文比赛复赛。

此次比赛是南方应用科技大学孔院首次承办“汉语桥”赛事，又恰逢疫情突袭，原方案无法执行。面对种种不利条件，年轻的孔院团队迎难而上，经过全院的艰苦努力，迅速完成比赛由“线下”到“线上”的转型，并最终得以如期圆满完成了比赛组织工作。而选手们在比赛中的精彩表现和他们对中国语言和文化的热爱，则是对所有努力的最好回报。

“交流、探讨、学习、提升”，
多措并举促进国际中文教育高质量发展[1]

受新冠肺炎疫情影响，线下中文教学受限。在此背景下，如何更加有效地衔接线上、线下的教学成了不少教师关注的重点。要知道，在教学过程中，不仅要重视教师怎么教，更要重视学生怎么学。那么，如何才能打造出让学生喜爱的课堂以及让学生认可的教学方法呢？

一、新思路、新方法，探索线上教学新模式

互联网教育模式通过突破时间性和空间性的限制，不仅利于学生共享优质的课程资源，同时还促进了他们的自主学习和合作学习。但是，因为传播方式的突然改变，给教学提出了不小的挑战。

在南非，为适应新的变化，同时确保疫情期间中文教学任务保质保量完成，南非德班理工大学孔子学院全体教师就深度参与了德班理工大学为期一个多月的线上教学培训。

---

[1] 搜狐.“交流、探讨、学习、提升”，多措并举促进国际中文教育高质量发展.(2020-06-08). https://www.sohu.com/a/400539923_100150488.

目前，通过团队的共同努力，德班孔院全体教师已在“Moodle”平台上完成了各项功能的测试，熟练掌握了包括课件、录音、视频文件上传以及作业布置、提交、评估等环节的操作，并即将开启网络课程2.0模式。

据了解，截止目前，德班孔院网络课程已经进行了两个阶段的调整。3月中旬开始的第一阶段网络课程主要以“Zoom”线上直播课为主。而第二阶段网络课程2.0模式则将以“录播课为主，直播课为辅”的方式，结合Moodle录播课程管理与Teams直播等功能，实现双平台对接，落实德班理工大学线上教学安排与部署，开展中文教学。

而除了课程模式的调整和升级外，教学方式的创新也为老师的教学提供了新的思路。这不，在英国谢菲尔德大学孔子学院，中文教学就与戏剧擦出了不一样火花。当地时间6月3日，谢菲尔德大学孔子学院举办了一场有趣且实用的戏剧化教学法线上培训内容。

主讲人是来自西班牙的莫帝老师，他通过“戏剧化教学法在中小学中文课堂中的应用”和“戏剧化教学法在成人中文课堂中的应用”视频内容，生动有趣地解析了中小学生/成人的语言习得特点。

同时，他还介绍了中小学生/成人的教学技巧和中小学生/成人教学游戏的设计，演示了戏剧化教学法在中文课堂中的实践和案例，并分析了中国和西语国家学生外语教育中的跨文化交际和对比。

对参与的老师们来说，此次培训收获颇丰。老师们纷纷表示，从主讲人的观点中理解了把中文作为第二外语教学实践的启发和指导意义，此次培训不仅收获了新的教学理念，也收获了新的教学技能！

在土耳其，为了归纳总结网络中文教学经验，进一步指导规范孔子学院疫情下网络中文教学，当地时间6月2日，首个网络中文课程教学大纲——《中东技术大学孔子学院网络中文课程教学大纲》正式出台。

据悉，这是土耳其中东技术大学孔子学院创新教学方法、丰富教学内容、提升教学质量，不断摸索的成果，同时也为孔子学院四个不同级别中文课程（CHN201、CHN202、CHN203、CHN204）的开展提供了依据和参照。

“疫情下的新型教学模式，让我们收获颇多！”在美国圣地亚哥孔子学院的线上教学教师培训课程上，不少老师发出阵阵感叹。

培训中，有的教师利用表格对比的方式，详细讲解了各平台在教学运用上的不同，有的老师通过自身的网课经验告诫大家，第一堂课程规范制定的重要性……

其中，来自河景学区的教师寇学良以创新的方式，针对小学阶段的学生设计了主题式教学资料，他通过对每个主题准备一个 PPT 和一个相关视频的方式来增加学习的趣味性。而针对中学语言兴趣班的学生，寇学良则是通过录制一系列的视频课程，促进学生对中文学习的兴趣。

值得一提的是，来自巴纳德小学的教师李二红通过开拓新思路，专门开设了线上学生家长中文班。

李二红说："家长中文班不仅可以让当地社区的成年人有机会学习中文和接触中国文化，也让家长们充分了解到自己的孩子平时在巴纳德小学是怎样上课的，这样更有助于增进学校和家长之间的互动和理解，掀起一股家长与孩子共同学习中文的热情。"而为了让家长们能够学好中文，她利用多种软件制作了有趣的教学素材。

河景小学教师杨梦娇说："培训时了解到老师们的新型教学模式，这对自身启发很大，同时我分享的教学技巧也得到了大家的喜爱，这让我很开心，感觉自己也在为孩子们设计创新的中文学习方式而努力。"

二、提升交流，加强重点难点研讨

面对不同国家和不同中文水平的学生，要想在教学上取得创新与突破，教师们也需要及时发现教学上存在的问题，并不断进行交流改进。

在多米尼加圣多明各理工大学孔子学院举办的中文教师培训活动上，教师李丹宁根据自己多年教学经验，结合当地中文教学特点及发生疫情以来网络课程的情况，详细讲授了网络教学中如何帮助学生课前预习、课中学习、课后复习及教师在从面授课转向网络教学中如何进行课前准备、课中教学，特别是课堂互动、课后作业批改等内容。

不少老师表示李丹宁老师的经验丰富，培训内容非常及时，让他们受益匪浅。"她的相关经验可以让我马上运用到网络教学中，这也增加了我下一步开展网络课程的信心。"

在美国克利夫兰州立大学孔子学院的线上教学研讨会上，中美两国多位教学专家围绕教学方法、教学活动、教学工具等方面进行了深入的探讨和交流。

来自克利夫兰高地高中(Cleveland Heights High School)、瑞芙恩娜高中(Ravenna High School)、特尔品高中（Turpin High School）的三位教师在教学经验分享中，分别阐述了如何利用游戏法促进阅读理解、线上教学的反思及在线上游戏教学中进行教学评价的方法。

来自北卡罗来纳州新世纪国际小学（New Century International Elementary School）教师徐远则是从游戏的内在驱动力理论入手，详细讲解了中文教学中如何充分运用多重激励机制构建自主学习环境，激发学生学习的主动性。

印第安纳州外语教师协会副主席、洛根斯堡高中（Logansport High School）教师关春梅分享了自己如何利用脸书和推特来扩大语言教学的影响。她号召广大的中文教师融入到外语教学中，通过这些大众化媒体，提高中文项目在社区的认可度，扩大中文教学的影响力。

此外，也有教师结合培训的思路，充分考虑学生的年龄和认知特点，设计了生动活泼的教学材料和教学活动，受到与会者的高度评价。

据了解，此次研讨会不仅加强了孔院与学区、美国中小学与大学、中美教师之间的沟通与交流，也得到了与会者高度赞誉。他们表示，“研讨会干货满满、收获颇丰，许多理念和经验具有很强的启发意义”。

在泰国玛哈沙拉坎大学孔子学院举办的网课教学视频研讨会上，公派教师刘梦璇详细介绍了自身开展暑期网络授课的教学流程与经验，建议老师们要特别注意增加互动与游戏来提升教学效果，要注意选择和调试好设备以最大程度地减少设备问题对教学的影响。

公派老师杨婧、刘贵全则是分享了自身网络教学软件使用心得和网课培训体验。此外，全体与会教师还针对目前网络授课存在软件崩溃、网络延迟、课堂管理困难等问题进行了讨论，群策群力，畅所欲言，共同探讨解决了面临的各种教学问题。

三、心得分享，促进中文教学理论知识建设

通过参加线上学习和相关的研讨培训活动后，不少老师也感受颇深，纷纷写下

了自己的所听、所思和所获……大家也希望通过不断总结教学中的心得和感受，不断学习，与时俱进，使教学效率大大提高。

参加了拉美及加勒比地区中文教师线上培训的志愿者教师唐笑凡说："我认为，教师一定要认清面授课和网课的区别和各自的特点，绝不能照搬面授课的教学步骤，应该根据学生特点和网课特点，制订新的教学方案，这样才能达到良好的教学效果。同时我也认为，教师应该不断学习新的技术，应对各种各样的问题，否则很有可能在面对突发情形时乱了阵脚。"

志愿者教师葛晓峰说："在听了王涛教授《新形势下汉语多媒体教学实践》讲座后，我对教学软件有了全面的认识，这些软件对课程材料的制作有很大的帮助，极大地提高了我制作课件的效率。"

公派教师茆爱丽说："我认为，例句操练很重要。在学生对某个语法理解掌握以后，老师可以给出几个外国学生容易出错的句子，让学生改错，这一点很有必要。通过练习，学生对这个语法的印象会更加深刻，通过纠错学生也可避免以后再犯类似的错误。"

志愿者教师郑妙燕说："我最深刻的感受是语法教学的目的不止是讲清楚语法是什么、怎么用，更要告诉学生什么时候使用。通过体验式语法教学，以精讲多练的方式促进学生对知识的吸收，可以充分发挥学生的主动性，在课堂中为其创设情景，并促进其运用于实践中，而非停留在课堂。

除此之外，语法教学要求教师在备课阶段能预见学生的问题，从而在教学环节中予以解决，真正做到目标清晰，寓教于乐。"

志愿者教师李毓琪表示："作为一名合格的中文教师，不仅应该从自身做起，具备充足的语法知识，更应长期保持热情，不断学习，不断完善教学，才能使语法教学变得更加简单、更加生动有趣，也更加有效。相对于传统的机械式练习，有意义且能让学生有'体验感'的操练才是我们应该不断追求的。不论是实物法、图片法，还是动作演示或者视频法，教师都应该在备课阶段做好充分准备。"

参加了澳大利亚悉尼大学孔子学院"中文线上教学研讨会"的公派教师郑露菲表示，线上教学意味着教学双方均需网络配置，变化后的教学场地让学生拥有太高的自由度，隔着屏幕，教师难以便捷自如地与学生产生互动，如果我们可以发挥学员课前主观能动性，课上激发学生利用所处的家庭环境创造性地使用语言，借助 Zoom 平台增加语料的多样性等策略，润物无声地发展学习者的意义潜势（meaning potential, Halliday）和他们对于当今中国社会的认知程度，这样就可以巧妙地化被动为主动。

本土教师王正威则表示，在枯燥的语言课堂上，教师在线上可以采取丰富的肢体语言和面部表情，利用精心设计的 PPT 和板书，切入时事话题等加深学生对学习内容的理解和记忆。当遇到语法难点时，教师可以在示范后马上分组进行操练，并通过老师带读和示范等手段，提高线上教学的趣味和效率。

随着全球学习中文人数越来越多，针对不同国家以及不同中文学习程度的学员，如何把更好、更有趣且创新的中文课堂展示给他们，也是现阶段每位国际中文教师不断思考的问题。

第二部分　疫情下国家与学校层面的举措与思考

新冠病毒令至少 15 亿学生和 6,300 万中小学教师受到新冠肺炎疫情造成的空前教育中断的影响。不同的国家与学校正在探索疫情带来的突发问题，对于中文教育背景下国家整个教育系统所面临的问题，以及在新形势下如何解决此时此刻正在面对的问题。面对不确定的未来，如何协调网络课程与传统课堂教学的比例，优化教学资源配置，成为大学管理者与师生必须思考与解决的问题。新冠肺炎疫情带来的突发问题对于中文教育既是挑战也是机遇，它使高等教育工作者们更加深刻地理解全球化教育的使命和全球命运共同体的真谛。我们同舟共济，风雨兼程，以广博包容的胸襟和开放坦诚的态度，与世界各国的教育工作者一道培养具备国际视野的人才。

疫情条件下的俄罗斯教育

库兹涅佐娃·B.B.（Kuznensova）/ 莫斯科大学历史学副教授

玛什金娜·O.A.（O.A. Mashkina）/ 莫斯科大学教育学副教授

冠状病毒的暴发令全世界数亿学生本学年的学习被迫中断。俄罗斯也不例外。停止各级教育机构的面授学习模式已成为受该流行病影响的国家政府防止冠状病毒传播的战略之一。转为远程学习加剧了之前被讨论过或已部分解决的许多问题，而这些问题即便是在正常生活节奏下，教育当局、教学界或教育信息技术提供者的代表之间都还没有商讨出解决办法。

一、中小学教育：挑战和应对

几天之内，学校不得不将课程从全日制课程转移到虚拟课程。俄罗斯是一个多民族和多样化的大国，在地理、社会经济、文化和历史发展条件方面差异巨大。由于这些原因，俄罗斯联邦不同地区在向远程学习过渡中的情况差别也很大。首都的所有学校是最先全部转向远程学习的。

俄罗斯的中小学系统面临着许多不同的挑战。我们总结出几组教学方式突然发生变化带来的主要问题。一般来说，它们可以分为三组：宏观层面的问题；教育机构的问题；家庭和学生的问题。

宏观问题：当转向远程学习时，大多数学校没有准备好在政府规定的时限内改变教学形式。据俄罗斯教育部长谢尔盖·克拉夫佐夫（Sergei Kravtsov）说，即使在莫斯科，那里的学校配备了在线学习工具，也不可能在几天之内理顺一个完整的教学流程。

在“学校高峰期”的早晨，许多在线平台显然无法承受巨大的负荷。在所有类型的教育机构中，能同时满足数百万课程的在线平台很少。为教师提供的培训和在线服务也是不堪重负。因此，许多教师被迫通过学校官网布置大量的家庭作业，让学生课下自己准备并通过邮件发给老师检查。这种教学形式，首先，中断了直接的师生反馈和班级之间的沟通。实践表明，教师和学生实时接收反馈非常重要，而不是等待工作完成。其次，远程学习大大增加了教育过程中所有参与者的工作量，除了教师和学生外，还涉及父母，其中许多人也被迫休假和居家隔离。

事实上，提前结束学年的决定涉及小学学生，即1—8年级。因此，哈巴罗夫斯克边疆区宣布1—3年级从4月13日开始放暑假，4—6年级从4月20日、7—8年级则从4月27日开始。而莫斯科政府做出了如下决定："5月15日之前所有年级必须提交成绩，接下来的两个星期学生可以自由远程访问。"这样一来，将根据学生的意愿开展教学，如果他们觉得没有正确地掌握了教学内容，那就继续进行，但不会布置家庭作业，也不再打分。

至于高中（9—11年级），迫切需要应对的主要挑战是如何以及何时举行全国统一考试（高考）的问题。最后的决定尚未做出，但超过99.5%的毕业生已经成功地写完了最后一篇论文，这被认为是11年级学生顺利毕业的必备条件。

教育机构的教学问题。俄罗斯只有少数教师具备远程互联网教学的技术。教师的"毫无准备"现象至少有三个方面的表现：缺乏必要的计算机知识技能；不掌握远程教学技术；无法为学生掌握知识创造适当的心理和动机氛围。

俄罗斯联邦总统令《关于2024年以前俄联邦的国家目标和战略发展任务》中指示建立国家教师成长系统，其中包括在教师之间建立"辅导系统"，并促进他们的"持续发展"。但是，在当前强制采用远程学习的过程中，很明显，教师（尤其是老教师）无法将课程转到线上，因为并未对教师使用现代信息技术进行针对性的培训，而只是由教师自行决定和主动进行。

出现的问题既有客观的也有主观的。主观的一面在于问题清楚地揭示了最活跃的两个参与群体（教师和家长）的最普遍的需求。例如，Facebook里一个最受欢迎的群中，有超过7千位家长和教育系统的员工，每天会出现数十条关于远程学习问题的消息。最常见的抱怨有：

★卡顿的成绩作业平台，使得学生或家长无法按时接收和发布作业；

★教师在线上平台工作很困难；

★由于老师无法在线教学而取消课程；

★缺少儿童可以使用的电脑、笔记本电脑或智能手机；

★毕业生无法充分准备全国统一考试（高考）；

★缺乏专门针对残疾儿童的在线课程。

客观问题更加复杂和深入，可以被分成四大部分。

一、在虚拟教室中构建心理和激励气氛的困难。在实践中，每位老师都必须自己寻找方法，在没有现场接触的情况下如何引起学生的兴趣并保持他们的注意力，如何发展学生的认知能力，如何使在密闭空间中的孩子保持健康的心理氛围。和医生们一样，老师们被动员起来为生命而奋斗，如果说医生是为病人的身体健康而奋斗，那么老师不仅要负责认知能力的发展，还要负责那些处于不习惯的状况中的青少年和年轻人心理和情商的发展。等疫情结束时，社会应当赞颂老师们的无私工作，他们像医生一样，暂时把个人和家庭事务放在一边，确保学生们的受教育权，维护受外部极端环境威胁的人们的利益。

二、缺乏必要的计算机知识技能。老师们要学习新的教学技术，学生们要学习快速学习的方法。虽然两者都面临技术问题，但学生往往显示出比老师更好的技术操作能力。俄罗斯功勋教师 E. 亚姆布尔格将他们形象地称为虚拟世界的土著，而老师则是星外来客。这是现实，如果教育的两个主体（老师和学生）之间缺乏信任和相互尊重，可能会导致教师权威的丧失。

三、缺乏在线教学方法。俄罗斯在疫情前有 34 所临床学校取得了良好的教学经验。在有重病儿童的医学院工作的老师精通在线教学技术，并且知道如何让学生保持学习积极性。当然，教那些长期在医院接受治疗的儿童不同于教健康儿童，但由于被迫隔离，也有共同的特征。遗憾的是，这种经验尚未在俄罗斯和国外教学界得到广泛推广。

四、改变教师的工作条件。老师们在备课和批改家庭作业方面承受着巨大的负担。疫情让老师们学会了创造、耐心沟通和合作。 E. 亚姆布尔格准确而形象地描述了这一状况："为了准备在线课程或视频会议，你需要坐在电脑前一整天。"请相信，这确实是一项非常困难的工作。

1. 自我隔离给任何年龄阶段的人带来压力，尤其是那些失去了原有的生活秩序、无法与学校的朋友和老师沟通的儿童。远程通信的方法无法为他们提供真正的沟通，没有这种沟通，社会化进程就会遭受破坏。学校不仅是个人学习的过程，通过适当的刺激可以使学生们在虚拟空间中独立建立一个社会化的地方，在那里年轻人与同龄人和长辈建立关系，在那里他们能收获合作、领导、宽容和不容忍的技能。与此同时，学校是一个社会机构，旨在保障安全和最低限度地满足生活需求，特别是对来自弱势家庭的儿童。有种幽默的说法将学校称作“家长们在工作时安置他们孩子的保险柜”，这个说法很大程度上来说是真的。

2. 在扩大学习边界的同时，数字教育也有其局限性，尤其是它无法涵盖师生关系的全部。老师不仅是打开知识世界之门的最重要的钥匙，还需要成为孩子们生活中可以信任的人。著名苏联和俄罗斯教育家、心理学家、教育心理学领域的研究和创新人沙尔瓦·阿莫纳什维利（Shalva Amonashvili）教授非常准确地指出：“使教学过程生动、欢乐和积极向上的支撑点只有一个，那就是老师。”在回答自我隔离会如何影响教学过程以及学校和家庭教育的问题时，89 岁的传奇教师阿莫纳什维利说：“疫情和隔离结束后，我们将不得不改变我们的方法，改变我们自己。我们面对的不是以前的孩子。隔离结束后老师们能像以前一样吗？新时代的孩子们已经不再适合旧的教学方法了。”

3. 突然向远程学习的过渡使得之前全日制义务制学校已经消除了的不平等现象更加明显：

★物质不平等。家庭没有经济能力为他们提供各种现代电子设备的儿童被迫脱离了“公共义务教育”。父母失业或收入下降也会使儿童边缘化。由于人口经济活动被迫停止而造成的经济危机（衰退）可能会加剧儿童获得教育服务的不平等。

★并非所有的家长都有基本的数字素养水平来帮助孩子在线学习。家庭中也可能存在其他局限，例如缺乏技能的父母无法在困难时期为孩子提供必要的学习帮助。

★自学和搜索信息能力的不平等。“如果您不知道如何自学，如果您不知道如何规划时间，如果您没有内在动力，在新条件下您就无法取得成功。”在这种情况下，就需要考虑一个问题：一个没有能力自我学习能力的成年人（老师或家长）如何教导孩子在新的、迅速变化的生活和工作条件中取得成功？

然而，尽管存在许多问题，我们的老师并没有失去他们的乐观和幽默感。以下是一位老师同时也是两个孩子的母亲对目前情况的评价：“历史上有很多例子，儿童和成人由于外部的不可抗力而被隔离。而且这些情况往往比我们的情况更糟。但他们仍然有时间做重要的事情——享受阳光、欢笑、争论、阅读、写日记、爱，以及对未来的固执的看法，一切都会实现。我们已经算得上是英雄了，我们还有孩子、工作、爱情、坚持和外卖，所以一切都肯定会变得更好。”

二、高等教育：问题和前景

在疫情背景下，俄罗斯高校自2020年3月16日以来已经转向远程教学。由于许多大学在隔离前积极引入各种远程学习课程并创建了自己的教学平台，因此高校相对容易转向远程教学。2015年，莫斯科高等经济学校和8所俄罗斯知名高校发起了创建一个国家开放教育平台的项目。目前，该平台上共发布了564个不同领域的培训课程。在访问活跃的高校在线平台中，首先我们会注意到多功能学习平台："无国界大学"，您可以在该平台上学习莫斯科国立大学优秀教师的远程课程。在门户网站"无国界大学"上教育空间组织合理，并提供了各种资源，例如：在在线课程中分批和分组组织学生；分发文本资料以完成任务；组织测试作为培训和检验材料（可以限制开始和完成时间）；接收学生的家庭作业；跟踪和评估学生的活动；以同步和异步形式与学生沟通（聊天/论坛）；组织远程网络研讨会和协商会议。

在隔离的状况下，他们在俄罗斯国家研究型技术大学（莫斯科钢铁合金学院）和"俄罗斯高等经济研究大学在线教学平台"的基础上成功建立了EDCRUNCH大学。目前，俄联邦科学和高等教育部正在建立一个在线课程的公共数据库，它不仅向俄罗斯大学本校的学生开放，还向中学生、其他高校的学生以及所有想要提高学识和技能的人提供在线课程。可以说，由俄罗斯一流大学的教师和教育企业共同创造的现代教育产品可以考虑到教育路径和培训个性化的要求，组织一个完整的教学过程。

教师对远程教学的反应。从教师在社交网络上的发言可以看出，向在线教学的过渡中显示出一系列优点和缺点。其中大学教师所认为的优点包括：

1. 学生的心理自由。秋明国立大学国家历史系副教授A. 福基恩写道："主要优点是，对于许多学生来说，小型设备的屏幕消除了心理障碍。他们会更愿意参与讨论。那些以前在教室里更愿意保持沉默的人现在表现得很活跃。"

2. 开发新的教学方法。教师创建在线课程和在线学习材料的积极性激增。这场危机迫使教师去做一些以前不必做的事。教师不仅开始加快改变已有的课程，寻找提供教材的新方法，而且还要检查学生们的掌握程度。

3. 视听结合传递信息的能力。

4. 交流经验。那些强势参与者们，特别是顶尖大学，开始积极分享在线教学领域的经验、信息优势和所有可能的资源。

5. 加强不同国家大学在线教学领域的网络合作。学生们在家将能够学习由不同大学开发的在线课程以及获得相应的电子学习材料。得益于此，新知识的传播进程将加快，使得教育更加开放。

与此同时，大学教师在社交网络讨论时提到了他们所面临的一些严重的不足：

1. 在线课程需要学生高度自律和勤奋。并非所有学生都能够在教学计划所有的科目中保持相同的学习强度。

2. 学生在网上持续学习的效率尚不明确。学生对某一科目的兴趣在很大程度上取决于老师的个性。学生往往还是在与老师真正面对面的接触过程中，才会更好地体会到自己感兴趣的是什么以及将来想做什么。

3. 在线直播课程的形式能够“实时”对所研究的主题进行集体讨论，但老师与学生的直接对话仍然不足。可是，这种教师和学生之间的互动形式正是这一代学生的需求。

4. 如果没有来自学校的教学法的帮助和技术支持，并不是所有教师都能够充分掌握在各种数字教育平台上工作的技能。在紧急过渡到全面在线教学的情况下，大多数教师选择了最简单的沟通方式，将研讨会转移到 Zoom 或 Skype，而不是专门为教育需求设计的平台。

5. 一般学校对具体的远程教育技术的选择仍然是由老师和系里决定。教师通过自己熟悉的社交网络和通信软件与学生进行交流，因此学生通常不得不从一个平台切换到另一个。

6. 对于自然科学所研究的一些科目，没有计算机模拟器和实验室，而现有的条件达不到教育课程要求的复杂程度。正因为如此，工程和自然科学课程的学生面临着无法完成教学计划的风险。与此同时，一些专家不相信“虚拟实验室可以取代真实的实验室。这是一个游戏世界，如果你弄坏了某些东西，你可以回到开头，但在现实世界中，这是不可能的。此外，创建虚拟实验室是一个非常昂贵的过程，尽管科学技术正在迅速发展。可能会出现这样一种情况，即今天将数字化的内容明天将变得无关紧要”。

7. 缺乏对教师版权的保护。大学的高级课程中，许多课程的编写都是属于创作者的。在线开放模式教学引起了教师和高校版权保护的问题。此外，许多培训课程都无法获取公开测试材料，因此必须先花费大量的时间开发它们，然后检验，尤其是如果有大量学生参加该课程时。

学生调查的结果。2019 年高等经济学校使用 Coursera 在线学习平台对 21,000 名学生进行了调查，以确定学生在课堂中的学习积极性。调查结果显示：

★学生更喜欢观看视频讲座，而不是传统讲课；

★ 65%的学生学习的第二周已经毫无积极性；

★只有 10%的学生在整个在线课程中继续主动学习；

★在课程期间，只有约 5%的学生提高了学习积极性。

这项调查的结果也证实了学生在疫情期间对于远程学习的意见。他们对自己以及老师完全转向在线教学的准备程度持怀疑态度。全日制学生不满意取消课堂授课，因为教师只是发送“千篇一律没有解释的课件”。虽然学生喜欢在 Zoom、Skype 或其他平台上开展讨论，但他们还没有准备好完成大幅增加的书面家庭作业。此外，根据学生的说法，在他们应有的水平上独立完成一些任务是非常困难的，因为无法在家里免费获取专业文献。

作者较早前对莫斯科国立大学的中国学生进行的调查显示，他们中的大多数人选择在俄罗斯大学学习，不仅是因为高质量的教育和不高的费用，而且还因为他们被俄罗斯文化所吸引，他们喜欢参观博物馆、剧院和欣赏俄罗斯的自然风光。

然而，今年由于两国的限制和防疫措施，许多中国学生的期望没有得到满足。有些学生在寒假后无法返回俄罗斯。他们中的一些人目前仍在中国，正在按照个人学习计划继续学习，而另一些人与俄罗斯学生一起使用各种沟通渠道参加在线课程。最后一组中国学生面临的主要问题是：无法访问个别数字平台和社交网络；互联网连接质量不够好；由于俄罗斯和中国的时差，课程的时间安排也是个问题。

然而，大多数中国学生对未来持乐观态度。根据一项快速调查的结果，许多中国学生利用他们的空闲时间阅读俄罗斯文学并提高他们的俄语会话能力。他们喜欢录播的视频，然后反复听回放。中国学生也很高兴老师给他们发送学习材料以提前预习，这使得他们更容易理解视频教学课。据中国学生所说，听俄语是他们交流中最困难的方面之一。而现在，与老师和其他学生的沟通不是面对面，而是通过视听方式，这些困难就增加了。

未来前景：教师如何看待它。俄罗斯高校的教师和领导以及学生都明白，疫情结束后的教育不会完全回到以前的轨道上，但传统的课堂学习模式会在多大程度上发生变化及变化速度有多快，目前尚不清楚。对这点，目前有截然相反的评估和预测：有人认为全日制教育和大学将会完全消失，也有人全盘否定远程学习的有效性。

许多大学教师将他们的在线工作尝试评为效率低下。他们是基于俄罗斯教育的传统所做出的，该传统是基于“从大师到大师，知识和经验的传授是在学生和老师的直接接触下进行”的原则。此外，学生，尤其是低年级的学生，往往没有自主学习的经验，因此可能在在线学习的过程中，更需要老师对他们更加直接的激励。由于这些原因，他们希望在疫情结束后，恢复到通常的传统课堂教学形式。这种保守的看法来自少数教师。

目前，俄罗斯大学领导和教师的普遍看法是，疫情结束后，教育系统教学模式一定会发生变化，但面授模式中教师和学生之间的互动仍然很重要。关于“是否有可能在疫情后会不再需要传统形式的大学”这一问题，莫斯科国立大学校长维克多·萨多夫尼奇院士回答说：“三四年前 Coursera 的代表来访问时，我谈到过这个话题。这个想法并不新鲜，它是由一些外国专家提出的。他们认为随着时间的流逝，只会有一所远程授课大学，并且它可以应对所有的教学。我认为这个想法是无法实现的，并且不太可能发生，因为大学教育本质上不仅仅是吸收一些信息、知识，也是人格形成的过程，其中涉及大量的情感和精神力量。主要是与同学、老师的沟通，还有阅读以及深入的独自思考。”

大多数俄罗斯大学教师同意莫斯科国立大学校长的这一评价。他们写道，尽管教育机构，特别是大学会觉得“既然过渡到在线教学这么容易，那就继续保持这一现状”，但是也不能“拒绝教室里的线下工作”。

大学教师和研究人员强调，“根据需要使用线上教学的形式是一回事，但别无选择却是另一回事”。随着向线上教学的突然过渡，不采用相应教学法的教育过程已经变为 Skype 会议、网络研讨会和国际国内教育在线平台上学生自学课程的无序组合。随着向远程学习的突然过渡，教师和学生都没有应有的动力去掌握有效利用教育平台的方法。基于相信这种情况是暂时和短期的，他们选择了最简单的互动方式。这使教育过程得以延续，但没有实现选择那些可以让教育质量有巨大飞跃的技术资源。

与此同时，教育界认为，信息教育技术将逐渐自然选择，“有用的想法将得到巩固，失败的方案将被淘汰”。

结 论

俄罗斯教育体系过渡到远程方式可以解决主要的任务是：保护学生、教师和教育机构的其他工作人员免受新冠病毒感染。

在线学习的一项伟大成就是扩大了个人选择的教学方式、形式和教学方法以及学习方法的机会。疫情结束后，所有课程将以线上和线下的形式同时提供。这对教师和大学来说都是一个严峻的挑战。重要的是要提前了解这一情况，并要了解在学生的选择里什么因素将占上风：是去教室里面对面教学还是远程教学？这种选择将如何影响高等教育的组织和结构？全日制大学应该采取严格的政策措施对待学生，还是应该使用灵活的方法来测试和评估掌握材料的情况？在这种情况下，将如何评估教育标准中规定的普遍能力的形成，例如科学思维、团队合作和领导才能、沟通和跨文化互动?

过渡到远程学习形式的同样重要的积极成果是：加快了国内学校配备高速互联网设备的速度，大多数教育平台提供了免费服务，为困难学校和家境贫困的学生提供免费使用各种教具、计算机、平板电脑等。

在 4 月 27 日举行的莫斯科国际教育沙龙（MMSE-2020）框架内，进行了主体为“新高等教育：被迫远程工作后会是什么样子”的讨论。出席会议的有俄联邦科学和高等教育部副部长 D. 阿发纳西耶夫、俄罗斯总统国民经济与公共管理学院校长弗拉基米尔·莫和高等经济学校校长亚罗斯拉夫·库兹米诺夫。开展纪念高校沙龙活动时，俄罗斯联邦科学和高等教育部长瓦列里·法利科夫说：“我们的任务是利用我们在这个困难时期积累的最好的想法和最好的模式，使俄罗斯高等教育在世界上更具吸引力。”

我们赞同莫斯科国立大学校长萨多夫尼奇院士的观点，俄罗斯大学已经完成了向在线学习的过渡。积累的经验将有助于在教育进程中更多地使用信息技术，并将成为发展混合式教育形式的催化剂，这将使高等教育不仅只是大众化的，而且也是更个性化的创造过程。

（管玉红 王思凝译）

新冠肺炎疫情时期肯塔基大学孔院创新性践行三大使命的理性思考与实践探索

修华静

美国肯塔基大学孔子学院院长

随着新型冠状病毒肺炎（COVID-19）在全球蔓延，美国进入“重大灾难状态”。这场全球大流行造成世界经济崩溃、国际秩序变化、种族主义抬头和工作方式转变。面对国际教育发生的巨大变化及前所未有的挑战，肯塔基大学在努力践行大学的教学、科研、学生成功、大学社区多元化和服务肯塔基州的办学方针，使肯大成为一所更强大的全球研究型大学。作为肯大国际中心下属职能部门，肯大孔院秉承大学多样性和包容性理念，与大学各部门密切协作，为后疫情时代培养具有全球意识、跨文化能力的公民做好准备。用创新思维和策略不断践行孔院融汇大学、服务社区和领军中小学中文项目的三大使命，并向世界敞开大门。

一、参与重构大学全球学习进程

新冠病毒全球大流行时期，肯塔基大学国际中心预算削减，海外教育、国际学生和学者项目难以实施。国际教育形势的变化倒逼孔院人思考如何在后疫情时期，使个体思想和学习能够摆脱身体移动的限制，通过虚拟跨境移动将全球跨文化学习融合在一起。

四、五月份，孔院连续组织多场在线会议，支持肯大师生将面对面交流转向云端，在 Zoom 里“面对面”进行项目讨论。例如，关于肯大秋季返校方案问题，孔院专门组织中国吉林大学、北京语言大学、上海第二工业大学和中国矿业大学校领导和肯大校内秋季返校计划工作小组和各学院领导进行线上交流会，肯大 80 多位领导参加会议。大家表示会议举办非常及时，对于制订肯大秋季返校计划有很大启发，中国经验有借鉴意义，并呼吁以后更多召开这样的会议。

有研究表明，参加过海外教育的大学生就业率明显上升，美国用人单位非常看重本科学习期间的海外学习经历。此次疫情对肯大海外学习项目产生很大冲击，为维护肯大海外教育项目的持续进行，孔院正与各学院密切合作，借助科技力量为后疫情时代设计虚拟海外学习项目，做好迎接后疫情时代挑战的准备。

通过孔院平台，肯塔基大学与中国十余所合作伙伴大学签署了“2+2、2+3 等双学位项目”。疫情期间，受入境禁令、签证问题和航班减少等因素的影响，2020 年秋季 90% 以上的中国留学生不能按期返回肯大。孔院为此成立了在线学习技术服务小组，加强与学院和教职员工的合作，探讨混合式的线上授课模式，一年线上、一年在校。通过虚拟交流、全球互联教室和在线协作支持全球学习、国际研究及对外合作的开展。

同时，肯大孔院领导了国际中心的后疫情创新项目——“肯大全球在线学院”的开发工作。为大学初步设计了后疫情状况下国际学生在线云端学习的宏图和具体方案。比如，联手中国合作伙伴大学进行“线上合作教学”；合作开发“线上新课程”；联手肯大各部门开发“线上证书课程和 micro credential”项目；协助国际学生和学者工作处开发了“全球肯大美洲豹在线课程群”，专门为对 2020 年不能到校的新生量身定制了一批大学第一学期的课程，以便国际新生可以在自己的国家顺利开始大学的课程。为了能够帮助国际新生过渡到大学的线上课程和尽量多地体验大学生活，孔院专门成立了“中国学生辅导小组”，为中国学生提供 24 小时服务，中国学生可以随时打电话、发邮件和通过 Zoom 进行线下和线上的提问和求助。

二、驰援国际学生、推动大学多元化发展

多元化和包容是肯塔基大学的价值所在，孔院结合三大使命的核心，为肯大国际学生在高度相互联系和相互依存的世界中生活和工作提供帮助和选择。

疫情期间，肯大孔院成立翻译小组，通过孔院微信平台翻译并发布了多篇肯大校长、教务长和国际中心负责人的公开信，为国际学生传递肯大官方声音。包括疫情资讯、相关移民政策变化和出入境限制、签证类别、在线学习的大学政策、网上共享资源等。4 月 6 日，孔院微信平台翻译推送肯塔基大学校长就抗疫致全校师生的第三封信。信中指出，新冠肺炎疫情可能会引起对种族歧视，包括对华人的歧视。大学国际部声明并警告肯大对种族歧视零容忍。4 月 15 日，孔院微信平台翻译推送肯大校长伊莱·卡佩罗托博士电视讲话。校长讲述了1918年西班牙大流感席卷美国时肯塔基大学医院的故事，回顾历史，感召当下，让历史告诉未来，肯大将携手肯塔基共同保卫这片土地。

孔院微信平台咨询为肯大国际学生尤其是中国学生更好地了解大学政策、完成学习计划和树立抗疫信心发挥了不可替代的作用。

与此同时，孔院还通过多种途径解释中美之间关于佩戴口罩的文化差异。中国是自律的民族，全民积极配合控制疫情措施，包括自觉戴口罩、居家、社交距离。在亚洲戴口罩有取暖、防尘和时尚的功效，美国文化则认为有病毒的人才戴口罩。美国文化注重个人自由，很多部门在戴口罩政策实施过程中都遇到不同程度的挑战。

面对经济与生命之间的辩论和中美文化的差异，孔院人不断思考如何让美国人更好地了解亚洲文化。孔院多次将中国伙伴大学援助的N95口罩和医用口罩捐献给肯大校医院、肯大教职员工、肯大国际学生、肯大马丁·路德金中心的学生，身体力行进行口罩文化教育，以避免种族之间的歧视。疫情期间，孔院多项工作的开展较好地维护和推动了大学多元化发展。

三、服务社区、电波发声每日疫情简报

3月6日，肯塔基州法兰克福出现第一例冠状确诊病例，州长安迪·贝希尔于当天宣布肯塔基州进入紧急状态。面对美国医疗物资缺乏和来势凶猛的疫情，肯大孔院借助各种平台配合肯塔基州各级政府共同抗击疫情。

3月12日，孔院翻译小组通过孔院微信平台翻译推送莱克星敦市长琳达·戈顿（Linda Gorton）和卫生署署长克莱格·洪堡（Kraig Humbaugh）博士的公开信，将卫生部关于防止新型冠状病毒传播途径、新型冠状病毒的传播方式、美国疾病防治中心的防控建议以及莱克星敦-费耶特县（Lexington-Fayette County）卫生部门为公众提供的服务方式介绍给公众。

从4月9日起，孔院翻译小组把肯塔基州长每日疫情简报译成中文并在孔院微信平台发布。同时翻译小组成员通过肯塔基州电台用中文向全美播报州长发布的疫情简报，将疫情咨询和防控举措传递给肯塔基州数万名华人。这是肯塔基电台历史上用英文、西班牙文、俄文、法语、印度语广播之外首次使用中文广播。

孔院还将国内合作院校驰援的数千只医用口罩捐献给莱克星顿疫情紧急行动中

心。莱克星顿市长专门给肯大孔院写了感谢信并将感谢信发布在莱克星顿市官方网站上。莱克星顿市市长先后两次致信肯大孔院，感谢孔院在危难时刻伸手相助，她说“肯大孔院对我们莱克星顿市出手相助，我们很感激孔院是我们社区的一部分”（4 月 7 日）。“你（指院长修华静）和你的孔院是我们社区的财富，孔院的员工是我们伟大事业的精彩伙伴。”（“You and the institute are such an asset to our community! You and your folks are such wonderful partners for the greater good!”）

四、创新线上中文项目 维护汉语学习热情

目前，孔院下设 24 个中文教学点，共有 13,000 余名中小学生学习汉语。随着疫情形势在美国不断加剧，肯塔基州教育部 3 月 13 日下达停课通知。将线下课程转为线上，开展“非传统教学计划”（Non-Traditional Instruction Program）。为应对线上中文教学面临的挑战，孔院领导层制订了线上密集培训计划，旨在提高教师运用科技工具进行中文教学的有效性、创新线上中文项目。

孔院组织了公派教师六次参加肯塔基州世界语言学会在线培训，主题围绕通过 NTI 如何与学生建立相互鼓励和支持、掌握交互学习平台的使用方法等。孔院还为公派教师量身定制培训课程模块，特邀肯塔基州肯亚特县高中的图书情报管理员带来三次专题讲座，聚焦网上中文阅读资源的应用和技术工具在中文教学设计中的作用。

疫情期间，孔院教学点教师实现跨国云端交流，使学生的身体不受时空局限，从家中走出校园、国门，让美国学生与不同国籍的同龄人交流，碰撞思维、拓展视野。例如伍德福德学区西蒙斯小学和北边小学公派教师组织了四次美中小朋友云端相聚活动，以维护 NTI 时期美国学生对汉语的学习热情。北边小学校长亨得利·斯科特（Hundley Scott）在云端第一次见到这么多中国小朋友而感到非常高兴，他用中文和英文问候大家，鼓励每一个学生大胆交流，希望大家在不同国度为抗击病毒和世界和平共同努力。

两国学生主动学习了解对方的语言和文化，结成跨国好朋友。结对笔友活动开阔了学生的视野和思维，助力他们更好地成为 21 世纪的“世界公民”。

在肯塔基州各中小学校区紧锣密鼓地策划秋季开学的关键时刻，肯大孔院举办了第二次线上疫情之后返校的交流会，这次是针对美国中小学领导。孔院特邀中国西安高新一中和吉林大学附中力旺实验初中分别为肯塔基州和外州的40多名校长和学区负责人介绍返校经验。与会者表示，中国学校根据中小学生的年龄特点灵活制定开学政策，注重个体健康和发展，防护措施环环相扣。中国经验对肯塔基中小学秋季返校方案的制定将起到积极的参照作用。

结　语

如果说这次史无前例的全球性的疫情给我们有什么启发或希望的话，那就是从事教育工作的永远都要考量我们学生的未来和明天，我们看到的应是学生的明天而不是今天。而疫情让我们更紧迫地感到在瞬息万变之中，我们要随时随地做好准备为学生提供随时随地的学习机会和可能；疫情也逼迫我们对以前不敢尝试或满足于现状而懒于尝试的线上教育重新审视和实践，从中认识到科技在教育上的重要性和巨大潜力。疫情让我们明白了一个道理：机会不存在于现状的维持中，而是在创新和变化中求生存中找到。具体地说，我们在国际教育中要重新审视我们的目标，不能固守原有的项目，以国际教育的目标和结果作为我们的导航，根据新的情况重新设计和开发国际教育的项目，把我们的项目多元化，让学生的思想和学习能够不受时间、空间和地域的限制和影响。而要做到这一点，就更加需要国际间的合作，共同设计、分享，和利用跨文化的优势，为学生打造国内外一系列的国际化课程和学习经历。

疫情为国际教育和跨文化交流提出的警示是：要么我们在创新和变革中生存，要么我们在维护现状中灭亡。

美国高校能否应对网络教学的挑战？

马　钊

美国圣路易斯华盛顿大学东亚系教授

新冠病毒肆虐美国以来，对公共健康、经济发展以及社会生活等方方面面均造成重大影响。目前新闻媒体较多关注身处抗疫第一线的医护人员，也及时报道了遭受疫情沉重打击的制造、服务、运输等行业。但是应该指出的是，美国的高等教育也深受疫情影响。自2月底以来，随着疫情开始蔓延，美国各大学相继被迫关闭校园，这极大地冲击了学校的财务、科研、教学、学生服务等诸多领域。其中仅财务一项，各大学就损失严重。一方面，学校要投入大量资金应对疫情引发的应急额外开销，例如购置教学设备与软件，退还学生的住宿费与伙食费，协助参与各种海外留学项目的学生安全返回常住地，负责将春假外出无法返校的学生留在宿舍的私人物品装箱寄送回家，为无法返回原住地的学生提供住宿餐饮服务，等等，事物繁多。以我所工作的圣路易斯华盛顿大学为例，仅文理学院所在校区第二季度应急资金投入即高达2,500万美元。

另一方面，学校的正常收入锐减，比如很多私立研究型大学与州立旗舰大学都拥有庞大的医疗系统，但是为了救治新冠肺炎病人，医院不得不暂缓或者取消各种择期手术或门诊服务。同样以华盛顿大学巴恩斯犹太医院（Barns and Jewish Hospital）医疗系统为例，疫情暴发第一个月，全系统损失6,000万美元，目前医院病床空置率在60%左右，到年底为止预计损失1.5亿美元。出现这样情况的绝不止华盛顿大学医疗系统一家，根据印第安纳大学所属医院的第一季度财务报告，该系统于3月15日以后，日常门诊量锐减，较去年同期收入下降50%。疫情之下的美国各大学不仅正在经历财务、科研、教学等多重危机，还必须面对一个非常不确定的未来：如何重新开启秋季学期？如何应对新生入学率下降所带来的学费收入减少？如何填补可能出现的留学生人数断崖式下跌所引发的财务问题？如何为学生和教职员工提供一个健康安全的学习与工作的环境？

本文关注的是美国大学所面对的众多挑战中的一项，即网络教学对传统课堂教学模式与教学质量的挑战。从3月初到4月初，全美有1,400所大学陆续关闭校园，转入网上教学模式。在过去的两个多月里，网络教学的优势得以充分体现。网络课程为教师提供了新的授课平台，在学生无法到校，传统课堂教育被迫中断的情况下，网上教学为学生提供了继续学习的可能。但是网络课程并非一剂万灵丹药，经过此次全民网课的实践，也充分暴露出网课的各种短板。那么如何解决网络课程的种种缺陷？如何进一步丰富网上教学的技术手段？如何促使网上与线下教学相配合？面对不确定的未来，如何协调网络课程与传统课堂教学的比例，优化教学资源配置？凡此种种，都成为大学管理者与师生等必须思考与解决的问题。这些问题的答案，以及探索答案的过程，都将深刻改变美国的高等教育体系，也将对世界其他国家与地区的教育产生深远影响。

从学生与教师的角度来看，网络课程的最大优势在于解决了学生在不同地区、不同时区、不面对面接触状态下继续学习的需求。目前比较普遍的做法是，开启网络实时听课与录播线下观看双轨模式，既可以使学生在原定授课时间内参加课程，也可以为因时差或其他因素无法到课的学生，提供后续线下听课的可能。但是经过近两个月的实践，学生与教师对网络课程的授课效果评价不一。

问题之一是如何吸引并保持学生的课堂注意力，目前大学课程时长为每节课50至75分钟，但是根据教育心理学家的研究，学生的注意力一般只有10至15分钟。在传统课堂教学中，教师可以借助一系列手段吸引、保持或延长学生的注意力，比如增加提问环节，将学生直接引入课堂教学，通过师生互动，或者学生之间互动，提高学生的参与意识。教师也可以随机插入一些较为轻松的桥段，比如讨论与课程内容相关的时事，分享一些个人性质的感受等，给学生提供必要的放松空间，让学生在短暂缓冲之后，再次回到课堂与课程之中。目前看来，网络课程不利于教师实时观察学生的反映并相应调整授课节奏。这可能是教师缺乏网络课程的培训和经验，没有及时调整教学方法；另外，也有学生因为技术原因，虽然到课，但是无法视频接入，因此屏幕上只能显示姓名，而没有图像，这也不利于教师观察学生的上课体验。

问题之二，目前在校就读的大学生是网络媒体文化下成长起来的一代，因此网络娱乐的体验直接影响到网络学习的体验。具体讲，学生的成长过程伴随着各种各样的电子设备，包括电视、电脑、平板电脑以及智能手机等屏幕，他们的娱乐生活也深受网播文化影响，如线上游戏与网络追剧等。其中网络追剧是一种比较被动接受的娱乐模式，剧集的制作人员将故事情节通过演员的演绎、声像效果的配合，将观众吸引到屏幕之前。为了能够吸引观众，我们可以看到电视剧集的制作者采取了很多手段，比如借助明星效应、增加故事的悬念、强化音响效果等。除此之外，还有一些更小的技术手段与播放安排，比如插播广告给观众提供短暂的休息空当，采取前长后短的播出模式（鉴于观众在收看前期注意力比较集中，因此延长播出时段，而在节目后半段，增加更多的停顿）等等。最重要的是，这种网播文化塑造了一种观赏体验与期待，由此影响到了学生的网上听课体验。从某种程度上讲，网课有些类似于网播剧，是由教师自编、自导、自演的知识剧集。但是，绝大多数教师并不具备影视明星的气质，课程本身也很难制造更多的悬念与声像效果，再加之上文提到的缺乏互动与有效间段，网络课程很容易沦为教师自说自唱、自娱自乐的独角戏。我曾经询问过几名华盛顿大学本科生的网课体会，其中数学专业学生曾若凡说，网课的主要问题是“老师不能直接看见学生的反应，所以平时很注意学生跟没跟上、抄没抄完笔记的老师，这时只会闷头讲课”。

第三个问题是如何服务那些只能观看课程录播、无法到课参加实时学习的学生。这些学生可以得到课程的基本信息，但是无法参与课堂讨论，也无法向老师提问，因而成为课堂的旁观者。如华盛顿大学生物专业学生李梓芃认为，录播“让发言和课下提问更有难度，学生的问题得不到很好的回答”。环境专业学生王逸辰说“很多小班课有课堂讨论环节，但是网课无法做到有效的小组讨论，面对面的讨论是很重要的，这样这些课的质量会大打折扣”。这里学生所说的提问与讨论，是传统课堂诸多活动中的一部分，也是构成“课堂生态链”（class ecosystem）的重要环节。换言之，传统课堂包括众多因素：教师与学生、目标与手段、语言与图像、问答与讨论、传授与回馈等，但是在网课条件下，这些相互关联的因素被一块电子屏幕分隔开来，如何穿越屏幕重构课堂生态链，成为网络授课的一大挑战。

环境专业学生王逸辰还有这样一段评语：网课条件之下，学生的“学习劲头不足，没有学习氛围，在家学习效率偏低，会被其他琐事影响”；另一位学生张珑宇也提到“居家确实缺少学习氛围”。两个学生都提到了“氛围”一词，这可以从“时间”与“空间”的两个维度去理解，所谓“时间”维度，是指传统教学将学生的生活划分成上课与下课两个时间段，并通过学生选课，重新规划学生的日常起居时间与生活节奏，目的是确保学生在规定的时间段内完成规定的学习任务。所谓“空间”维度，是指学生的活动场所被分割成为教室内与教室外、学习空间与生活空间，不同的空间有不同的空间设置，比如教室内只有学习工具，目的是保持学生的注意力，减少干扰。同时，通过学生在同一课堂、同一时间段、完成同样的学习内容，构建一个“学习共同体”（learning community），学生之间可以相互影响、相互促进。应该说这种传统的课堂教学模式深受工业化社会文化的影响，近代以来的大工业生产区分了工作时间（上班）与生活时间（下班）、工作空间（工厂）与生活空间（宿舍），目的在于最大限度发挥工人的生产潜能，也便于现代化工业管理。但是网络课程却重新模糊了空间与时间的差别，这固然使授课更具灵活性，但是也产生了负面影响，如学生李梓芃所说“拖延症同学容易跟不上进度落下太多的课程”。国际与区域研究专业的学生张泠然的比喻更加形象：网课“唯一优点是可以随时暂停，随时 1.5 倍速学习，但是的确没有了同学，会少了很多积极性，有时候会偷懒，导致最后刷课（binge-watching lectures）”。

如果说上文所述都是来自课堂内部对网络课程的挑战，那么来自课堂之外的挑战则更大，也更难解决。网络课程需要教师与学生都具备必要的硬件设备与网络连接，但是美国的现状是：全国有大约 11% 的人口还生活在无网络时代，另据美国联邦通讯委员会的统计，大约 2,100 万美国人无法享受宽带上网，另外一些调查统计的人数更多，例如微软技术研发团队认为美国全国有多达 1.6 亿人不具备宽带上网条件。这一现象在少数族裔和低收入家庭中更为明显，皮尤中心的调查表明，美国全国 21% 的白人家庭没有安装宽带，而黑人家庭与拉丁裔家庭同比分别为 34% 和 39%。如果再以收入划分，个人年收入在 75,000 美元的人群中，只有 8% 没有安装宽带，但是收入在 30,000 美元之下的人群，未安装宽带的比率多达 44%。这种现实造就了美国的“数字鸿沟”（digital divide），在城市中体现为低收入家庭没钱订购宽带服务，在农村则体现为缺乏宽带服务。从这个社会角度来看，学校实际上提供了一个平权发展的机会，低收入、少数族裔可以在校园内享受网络服务，也可以利用学校的硬件设备来学习，弥补了社会因素造成的教育资源不均。然而，随着疫情导致校园关闭，原有的由贫富不均引发的“数字鸿沟”再次彰显。还需要注意的是，美国目前是全民网络状态，成年人需要网络工作，学生需要网络学习，多子女的家庭如何共享电脑，如何分享网络而不至于降低网速，这些看似琐碎的问题，都直接影响了网络授课的效果。

由于目前新冠肺炎疫情尚未彻底遏制，同时各个大学也还要准备应对二次暴发的风险，这决定了网络课程还将持续。至少对于秋季学期而言，网络课程将与传统课堂并行，如果冬季疫情卷土重来，学校也将被迫重新回到全民网课的时代。很显然，学校与学生都不希望看到一个网络学期，如张珑宇所说：“华大的教授尤其非常体谅和宽容学生，比如对迟交作业和课堂缺席都表示非常理解，但是缺少了一定的规章的约束结果是让学生学习到的东西变少了。我不知道网课怎么能找到这个平衡。”

还有很多学生的表态更为坚决，美国高等教育协会的问卷调查显示，秋季入学新生中有 12% 的学生表示，如果届时学校还是网上授课，他们将选择停学。学校的表态也很清楚，布朗大学的校长曾经发文指出，美国大学的运营模式是建立在一年两个学期、两次收缴学费的财务系统之上，如果学校暂停学期，或者大量学生选择停学甚至弃学，那么大学将无以为继。可以这样说，在财务与教学、教授与学生、疫情与健康的多重压力下，网络课程的改进与创新将成为教育产业所面临的紧要课题。

新冠病毒肺炎与非洲的教育

爱德蒙·木卡拉（Edmond Moukala）
联合国教科文组织遗产中心非洲部主任

由于新冠肺炎（COVID–19）大流行，全球有 87%的学校和学生受到学校停课的影响，联合国教科文组织发起了“全球教育联盟”，以帮助各国发展最佳的远程学习解决方案，以帮助处于严重风险地区的儿童和年轻人。

根据 3 月 26 日更新的数据，全球 165 个国家 / 地区中，学校和大学停课涉及超过 15 亿的学习者。

联合国教科文组织总干事奥黛丽·阿祖莱（Audrey Azoulay）说：“教育遭到如此程度的破坏，这是我们前所未有的。”

她还补充说：“伙伴关系是朝前走的唯一途径。联盟呼吁采取协调和创新行动，以寻求解决方案，这些解决方案不仅现在为学生和教师提供支持，而且还将在经济恢复期提供支持，重点解决包容性和公平性问题。”

一、虚拟教育与发展的不平衡

为遏制疫情学校被迫关闭，各国政府先后出台了很多远程教育解决方案，并竭力解决虚拟教育的复杂性问题，无论是教学内容还是对教师的支持，包括对家庭的引导和网络连接等各种问题。

备受关注的是公平性问题，因为学校停课对依赖学校等相关社会服务，尤其在健康和食品方面处于弱势的学生和处于不利环境的学生受影响程度是不同的。

联合国难民事务高级专员特使（UNHCR）安吉丽娜·朱莉（Angelina Jolie）表示：

“我们必须加快寻找途径，以帮助最脆弱的人群尽快分享我们的经验，无论他们是否可以访问互联网。”该组织已与教科文组织建立了伙伴关系，并建立了联盟。

联合国副秘书长阿米纳·穆罕默德（Amina Mohamed）承诺，联合国将全面支持联盟，并警告说：“对于数百万生活在贫困环境中的儿童和年轻人，关闭学校可能意味着生命安全线的断裂，即失去营养、保护和情感支持。”

她又补充说：“不平等现象绝不能加剧。现在是投资教育变革的契机。在开始采取行动的十年之际，作为全球的社会责任，就是绝对不能在上路前落下任何人。”

二、多部门伙伴关系

全体联盟成员深信，必须为各国迅速提供支持，并做好各国之间的协调，以减轻由于学校关闭而造成的后果，尤其是对处境最不利者的负面影响。

世界卫生组织、难民署、国际劳工组织、联合国儿童基金会、世界粮食计划署、国际劳工组织（ILO）国际电信联盟（ITU）、世界银行、经济合作与发展组织和亚洲开发银行都加入了该联盟，此外还有全球教育伙伴，如法语国家及地区国际组织（OIF）和教育不能等待（ECW）等机构。

微软、全球移动通信系统联盟（GSMA）、卫东、谷歌、脸书、Zoom、毕马威和大型公开在线课程项目 Coursera 等私营企业也加入了该联盟，他们带来了资源和技术应用，以及网络连接和网站扩容。致力于开发学习者数据和教育数据的公司也承诺在使用这些数据时遵守伦理要求。

该联盟成员还包括可汗学院、迪拜关怀组织、普鲁富图罗基金会和芝麻街等慈善机构和非营利组织。

他们竭力调动各种资源和服务，目的是在前所未有的教育中断时期为学校、教师、家长和学生提供支持。

英国广播公司（BBC）和其他媒体也应邀加入了联盟。

三、抗疫期间的四种远程教育技术

在当前新冠病毒大流行背景下，由国际捐助者资助的教育系统和项目如何确保学生学习的连续性？

选择远程教育似乎是最合乎逻辑的解决方案。幸运的是，大多数国家都拥有某种形式的远程教育基础设施，可以立即启动，提供继续教育。

本文特别关注撒哈拉以南非洲地区，并研究了服务提供者、捐赠者和教育者在使用远程教育时最常用的四种技术。

1. 收音机

在充斥着数字和移动技术的时代，收音机仍然是世界上最容易使用的技术。根据教科文组织的统计，在全球范围内，至少有75%的家庭拥有收音机，在撒哈拉以南非洲地区，80%至90%的家庭都拥有能正常运行的收音机。

当今，对于许多国家而言，通过广播上课是学生继续学习立即能用的方法。大多数国家/地区都有公共的、私人的或社区广播电台，这些电台都可用来（有可能用来）上课，学生们突然发现大家在校外也能相聚在一起。

一些国家将广播用于教育，从这个意义上讲，佛得角（Cabo Verde）可能是最好的例子之一，收音机可以播放广播剧、课程、教师辅导，以及其他教育节目，这让10个岛屿的学生都能上课。

迄今为止，尚无人能预测疫情的结果，但可以假设疫情在未来几个月内仍将继续，这种情况下，某些教育系统可能会改用交互式无线电教学（IRI）。这是一种单向无线电教学方法，学生和教师（也可能是学生及家长）都可通过预先录制的互动课程学习或授课。

交互式无线电教学已在世界范围内获得成功，促进了学生的学习，如洪都拉斯、尼加拉瓜、巴布亚新几内亚、几内亚、利比里亚、索马里、佛得角、安哥拉、莫桑比克、几内亚比绍、桑给巴尔、圣多美和普林西比、马里、非洲南部、印度和刚果民主共和国等国家和地区。因此，许多国家都拥有该领域的基础设施和相关的专业技术。

30年来，教育发展中心是交互式无线电教学主要的计划设计和实施机构，已经为超过25个国家/地区的多种语言和学科编写了教学计划。该中心有过去的项目目录，可以在抗疫中向公众提供（如需更多信息，请联系Rachel Christina）。

2. 电视

尽管生产成本高，但电视至今仍具有相当大的影响力，并且具有大众熟悉和高吸引力的视觉媒体优势。在古巴和英国，广播或卫星基础设施很发达，在加拿大、澳大利亚、中国、墨西哥、巴西、印度尼西亚和美国（Burns，2011年），电视广播覆盖地区很广。

2018 年，全球有 16.7 亿个（英语）家庭可以收看电视（其中撒哈拉以南非洲地区有 7,500 万）。快速浏览中央情报局英语广播媒体列表可以发现，大多数非洲国家至少有一个公共电视频道，其中许多国家拥有公共和私人频道。尼日利亚、肯尼亚、南非和埃塞俄比亚等国家 / 地区拥有很好的技术基础设施和人力资源，而且其电视工业闻名内外，生产制作能在传统电视和互联网上播放的、极具吸引力的节目。

此外，撒哈拉以南非洲地区的国家 / 地区还有电视订阅服务，提供大量的国家和国际频道，如法语国家的法国国际电台（RFI）和法国 24 小时（France 24），还有葡萄牙语国家的 RTP 和英语非洲的 BBC。这些服务可以为学生提供葡萄牙语和英语的综合教育计划。

墨西哥的“telescundaria”节目是教育电视中最古老、最成功的节目，值得观看。“telescundaria”为墨西哥农村地区（以及最近的危地马拉）提供初中全年的教学内容，包括课堂教学、课文讲解和（未经过正式教师培训的）督导参与的课堂讨论。

在撒哈拉以南非洲，博茨瓦纳国家电视台（BTV）提供日常教育节目，主要是数学和科学课程，通过其地面发射台向 90%以上的地区播送，并通过卫星广播覆盖 100%的国家领土。由于并非博茨瓦纳的每个人都有访问数字电视频道内容的机顶盒，BTV 使用的是模拟传输。

南非基础教育部还提供教育电视节目（Burns 等，2019）。

法国、肯尼亚、南非和美国等许多国家都认为电视肯定是学生接受继续教育最直接、最有效的手段。因此，他们使用的是公共广播服务（法国 4 台、肯尼亚广播公司和南非广播公司）。

在美国，马萨诸塞州基础和中学教育部从工作日中午至下午 5 点通过 WORLD 频道向中小学推出家庭教育节目。

3. 移动电话

近年来低价智能电话的数量逐渐增加，全世界大量人都在使用移动电话，包括撒哈拉以南非洲，所以疫情期间移动电话被视为另一个重要的教育工具，可确保教育的连续性。

以下是手机如何为学生提供学习机会的案例：

访问教学内容、培养方案、语言教学和课程计划。在尼日尔，手机短信已用于阅读、写作和算术教学。南非是第一个使用手机连续播放（英语）小说的国家。南非数字教育学院还提供手机故事书。

借助教育应用程序帮助学生掌握阅读、写作、算术等基本技能，也有许多应用程序涵盖了几乎所有的教育领域。许多教育网站（如可汗学院）都提供包含教学内容的应用程序。学生不仅能在多种教育应用程序上查询，还可以创建内容。

社交媒体：教师可使用 Twitter 等社交媒体组织讨论、发布信息、共享视频等。老师还可以组织班级瓦次普（WhatsApp），通过这个广为流行的应用程序共享数字内容和资源（前提是可以访问）。

辅导：撒哈拉以南非洲地区有着悠久的电话辅导和基于短信的学习支持传统。在整个地区，尤其是在尼日利亚、肯尼亚和南非，有许多商业机构通过视频或短信对学生提供实时辅导。

教育计划：家庭拥有智能手机的幼儿可以在手机上访问 Ubongo，Akiki 和 Me 之类的节目，有数据显示，观看了这些节目的孩子上小学时要比其他孩子适应性更强。发短信也是一种促使人们采取“主动”行为的行之有效的方法，如教导怎样洗手、给孩子读故事等。

4. 在线学习

在拥有技术、人力资源和（数字内容、评估等）教育基础设施的地方，凡是学生能在家里使用计算机和能保证互联网连接质量的地方，在线学习是最佳选择，因为在线学习最接近学校学习所期望的实时和多模式的交互式体验。

许多国家和学校正在转向借助 Google 环聊或 Zoom 等学习管理系统或虚拟学习平台组织在线课程。

一些国家拥有数字学习平台，可以为教师和学生提供数字内容和教学。当然，其中许多还只是在理论上存在，但基础设施随时可启动，能够先向学生提供教学内容和学习指导。

在开放式在线课程（MOOC）环境中，Coursera 和 EdX 现在都免费向受疫情影响的大学提供其课程。许多 MOOC 是免费的，有些内容可能还会用于高中学生。如果想搜索，可转到搜索页面或跳转到英语页面。

在线学习拥有极大的好处，但同时也需要基础设施保障，需要设计大量的教学要求。目前，各国可能会在线上传播教学内容和资源，因为这是广播或电视教育计划的一部分，或是独立学习计划的一部分，但是“将内容放在网上，希望学生自学的愿望本身不应成为中期或长期的学习策略。

在下一篇文章中，我将详细介绍线上学习程序。

四、做计划的过程既快也慢

目前，“好的”远程教育不存在。每个国家都应根据访问权限、技术基础设施、内容、已拥有的将内容与特定方法相匹配的能力，以及让学生能够以最快速度进入这些学习工具的能力选择最佳方法或一种混合方法。

除了基础设施要求外，本文中讨论的每一种远程学习工具都具有优点和缺点。广播和电视是被动媒体，但在世界范围内广泛普及，覆盖面广，易于使用，并且一种学习有一个中心点。

移动电话是大家普遍使用和赞赏的“自下而上”的技术。但是，至今还没有专门针对电话设计的大规模的教育计划，而且学习比较分散，需要教师和学生的深入参与。

在线学习可能是保持继续学习的最佳方法，但需要时间，相匹配的内容、资金、规划和设计工具，这对教师和学生都有约束。即使在基础设施最强大的国家，互联网从未像今天这样受到如此多的检验。

我们还是来看一下远程教育，必须注意的是，绝不能再次出现措手不及。所有教育系统都必须开始规划，需要建设长期的远程教育体系，以应对下一次不可避免的紧急情况。

如果需要从新冠肺炎疫情中吸取教训，那就是远程教育不能被仅仅视作是与现有教育体系共同发展的“一个好的选择”，在线教育应该是教育体系的重要组成部分，不可或缺，并融于其中。

（刘和平译）

同舟共济，风雨兼程——中美高等教育交流合作与抗击新冠肺炎疫情

高 青

孔子学院美国中心执行主任

一、美国疫情形势发展

2020 年伊始，新型冠状病毒以前所未有之势逐步肆虐全球。截至 5 月初，美国已成为全球感染病例和死亡案例最高的国家。

根据美国约翰斯·霍普金斯大学资源中心的资料，目前认定美国第一例 COVID-19（新型冠状病毒肺炎，以下简称“新冠肺炎”）感染确认案例是 2020 年 1 月 21 日。随后，疫情在华盛顿州西雅图附近的老年人社区较大规模出现，并在 2 月 29 日导致首例死亡病例。

1 月 31 日，美国联邦政府宣布新冠肺炎疫情为公共卫生危机（Public Health Emergency）；3 月 13 日宣布进入全国紧急状态（National Emergency），美国疫情全面暴发。根据美国疾病控制预防中心（Center for Disease Control and Prevention）的数据，3 月 19 日，全美确认感染病例总数超过 1 万例；3 月 23 日，单日新增感染病例超过 1 万例，疫情在全国范围内大规模增长。4 月 6 日，全美因新冠肺炎导致死亡总数超过 1 万人。4 月 28 日，全美感染确认病例超过 100 万[1]。至 5 月初，疫情增长仍未受到遏制。

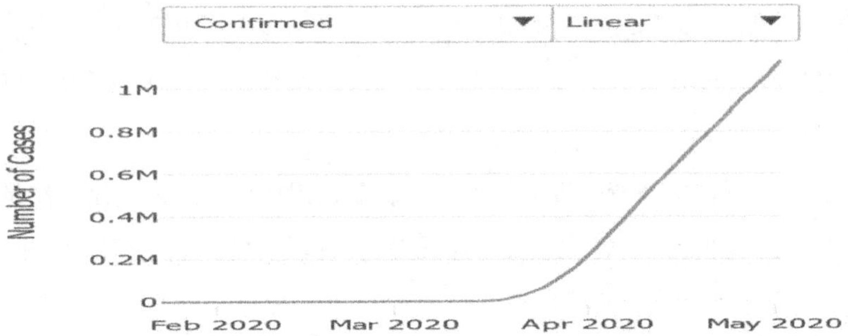

图 3：2 月至 5 月美国新冠肺炎感染确认人数增长趋势图（单位：百万人）[2]

[1] 疫情发展信息来源于美国疾病控制与预防中心网站，https://www.cdc.gov。

[2] 数据来源：约翰斯·霍普金斯大学新冠肺炎资源中心，网址 https://coronavirus.jhu.edu/data/cumulative-cases。

日期	3/2	3/3	3/4	3/5	3/6	3/7	3/8
感染确认数	23	25	20	66	47	64	147
日期	3/9	3/10	3/11	3/12	3/13	3/14	3/15
感染确认数	225	290	278	414	267	338	1,237
日期	3/16	3/17	3/18	3/19	3/20	3/21	3/22
感染确认数	755	2,797	3,419	4,777	3,528	5,836	8,821
日期	3/23	3/24	3/25	3/26	3/27	3/28	3/29
感染确认数	10,934	10,115	13,987	16,916	17,965	19,332	18,251
日期	3/30	3/31	4/1	4/2	4/3	4/4	4/5
感染确认数	22,635	22,562	27,043	26,135	18,819	9,338	63,455
日期	4/6	4/7	4/8	4/9	4/10	4/11	4/12
感染确认数	43,438	34,347	31,534	31,705	33,251	33,288	29,145
日期	4/13	4/14	4/15	4/16	4/17	4/18	4/19
感染确认数	24,157	26,385	27,259	29,164	29,002	29,916	26,008
日期	4/20	4/21	4/22	4/23	4/24	4/25	4/26
感染确认数	29,468	26,527	25,868	37,144	30,226	33,119	29,355
日期	4/27	4/28	4/29	4/30	5/1	5/2	
感染确认数	23,459	23,901	26,512	30,787	30,326	29,078	

图 4：3 月至 5 月美国新冠肺炎感染人数每日增长表 [1]

至 4 月下旬，除了阿肯色、爱荷华、内布拉斯加、北达科他、俄克拉荷马、南达科他、犹他和怀俄明等 8 个州之外，其他所有的州、以及首都哥伦比亚特区和波多黎各均已颁布地方禁令，限制商业经营和居民出行 [2]。所有各州教育厅和中小学学区均已要求或建议中小学休学 [3]。高等教育方面，几乎所有全日制高校均已采取居家网上教学的方式。

二、中美高等教育共抗疫情

自 2020 年 1 月武汉疫情发生之后，美国高等教育界对疫情发展和中方合作伙伴院校的近况格外关注。以孔子学院为例，共计 45 家美国孔子学院所在高校和美

[1] 数据来源：美国疾病控制预防中心（网址：https://www.cdc.gov/coronavirus/2019-ncov/cases-updates/cases-in-us.html）。

[2] 信息来源：CNN（网址：https://www.cnn.com/2020/04/13/politics/asa-hutchison-arkansas-coronavirus/index.html）。

[3] 信息来源：教育周刊（网址：https://www.edweek.org/ew/section/multimedia/map-coronavirus-and-school-closures.html）。

方合作教育机构向孔子学院总部、中方合作高校、和中方教学人员致信表示关心和慰问。

众多高校的中国留学生、高校的本地教职员工、以及各界华人华侨均投入到支持武汉及中国其他地区抗击疫情的事业之中。人们纷纷从当地购买大量医疗防护物资,并从美国各地源源不断寄往中国。多家孔子学院都参与其中,筹集善款购置物资。

目前美国确认的最初多个新冠肺炎感染案例都有过前往武汉旅行的经历，在2月份美国医疗界关于新冠肺炎疫情的预防组织工作侧重于收集信息和追踪有过中国旅行经历的人员。因此，语言沟通和文化理解能力对于美国新冠肺炎预防工作有着特殊重要意义。2月11日,美国疾病预防与控制中心副主任Anne Shuchat博士表示，孔子学院在中国语言文化方面的专业特长有助于美国新冠肺炎疫情的应对与防治。孔子学院美国中心等随即在第一时间宣布向美国医疗机构和医务人员提供中英文语言翻译义务服务，充分体现了孔子学院作为语言教育机构在紧急情况下挺身而出的责任感。

新冠肺炎疫情全球发展的过程中，美国一些思想狭隘的人士针对华人表现出带有种族主义倾向的言行；在民间舆论中，对于中国预防病毒的做法，也有一些误解和片面信息以及人为杜撰的小道消息甚嚣尘上。美国多家大学很快做出反应，表达对于中国留学生的坚定支持，强烈反对种族主义和排外思想。孔子学院也逐渐成为传递正能量、传播准确信息的消息源。孔子学院美国中心专门开辟网页专栏，总结美国疾病控制预防中心及其他权威医学机构关于冠状病毒的准确信息和预防做法，呼吁人们摈弃偏见，共同合作。孔院主办机构之一纽约华美协进社专门举办正确对待新冠肺炎疫情的研讨会，现场连线武汉医生介绍情况，介绍中美相互支持的案例，反对污名化。

进入3月，全球新冠肺炎疫情发生变化：中国疫情控制趋于稳定，医疗防护物资充足；而美国疫情形势急转直下，全国各地资源告急。中美高校合作支持抗疫进入新的阶段。国内大学纷纷向美国合作机构提供捐助。据不完全统计，20余所美国孔子学院收集中方合作院校捐赠以及当地筹措购买的医疗物资转赠给高校和所在社区的政府、医院、警察局、消防局等，累计超过3万支N95口罩、医用外科口罩，及医用面罩,防护服数百件。此外,孔子学院还为当地政府机构翻译医疗及疫情文件、协助设立疫情信息推送服务系统、组织疫情防范知识讲座、举办线上文化活动等[1]。孔子学院美国中心与美国红十字会建立合作关系，支持红十字会在各地社区的救助行动。美国孔子学院在各地应对疫情、筹集物资，以及丰富人民居家生活、调节心理状态等方面都做出了积极的贡献，获得了当地政府、民众和各类社区机构的广泛赞誉。

三、一些思考

每逢遇到重大灾难，跨越国界的人性光辉总会散发出夺目的光彩。这正是人类文明生生不息、薪火相传的原因。当今世界，各个国家和社会已经结成密不可分的全球家园，你中有我，我中有你。当灾难在一个地区发生时，没有人可以袖手旁观，隔岸观火。相反，只有各个国家精诚合作，共赴时艰，全球性灾害才能被更快更有效地控制和解决。

新冠病毒是全人类的共同敌人。世界各地的新冠肺炎疫情牵动着每一个善良者的心。面对疫情，中美两国高校的教育工作者们展现了兼济苍生、同仇敌忾的大爱。在疫情应对防治过程中，我们可以从中得到一些宝贵的经验，以不断提高自己。这里抛砖引玉，分享二三。

首先，充分认识当今信息化飞速发展的趋势，加强信息化建设与数据收集整理和分析工作。约翰斯·霍普金斯大学几位中国留学生发起建立新冠病毒数据库可视化地图，并成为美国乃至全球流行病学专家和疾控决策者所依赖的重要数据来源。圣地亚哥郡地方疫情数据平台也是在中国留学生和孔院教师的协助支持下收集、制作和维护的，并成为疫情期间与当地人民日常生活息息相关的组成部分。这些都是中美国际教育交流的成果，同时也体现了数据收集分析工作的重要价值。不仅是重大决策需要翔实的信息和有效的整理，信息化在各行各业的业务工作中对于提高效率、提升质量都具有重要的作用。

第二，应重视对外沟通渠道和推广宣传的能力。疫情期间，美国政界和媒体一些别有用心者将病毒与中国挂钩，通过污名化等手段，转移视线，分散了人们共抗

[1] 孔子学院总部统计信息：截至2020年4月15日，59国153所孔子学院（大学、人员等）向228个以上的社区或机构捐赠口罩413,300个；防护服1,775套；其他防疫物品若干；直接捐赠现金折合人民币约2,754,955元，提供151次翻译或中国抗疫经验信息宣传服务。

疫情的注意力，反而对中国社会对美国及其他国家施以援手横加指责，混淆黑白。这既与当前美国及西方国家民粹和排外主义大行其道的政治大气候有关，也是中美关系严峻形势的体现。这要求我们在当前形势下，不仅需要审时度势，合理分配资源，有意识地推动合作共赢等主旋律，更需要在具体事务中注重方式方法，强调对外沟通和推广工作的重要性；既要怀着一片赤忱做好事、做实事，又要合理运用宣传推广手段说好自己的故事。尤其是在美国为首的西方国家，如何在以负面信息为主的舆论阵地中占据一席之地有效发声，是包括教育在内各个领域国际交往中必须重视的问题。我们应通过适应当地文化语境和符合当地受众偏好的推广渠道和表达方式，注重方式方法，充分利用当地语言的社交媒体平台和多类型全媒体推广形式，加强与媒体联系互动，主动表达，主动发声，做到既能做也会说。

第三，注重追踪回访，提升成果影响力。在新冠肺炎疫情中外国际互助实际过程中，我们看到诸多可歌可泣的事迹，但见诸报端被广而告之的并不多。与此相对的韩国等其他亚洲国家和地区，在对外援助中非常重视援助工作的成果收集，尤其是通过当地的最终受益人现身说法，用他们自己的语言介绍受援过程，表达感激之情，从而扩大影响力，达到事半功倍的效果。而我们往往把注意力集中在过程上，却缺乏对终端成果的收集和影响力提升工作的重视。以对高校捐赠物资为例，高校是物资的接收方，但不一定是产生终端成果之处。而且，一些居心叵测的媒体恰恰是以此为由做文章，让读者产生负面印象认为中国向美国高校而非社区机构捐赠医疗物资是另有所图。实际上，即使是赠予高校的物资，高校的校医院、医疗服务站、校警、清洁保洁等工作人员往往才是校内的最终受益人，当然还包括大量由高校以及所在孔院转赠给医疗机构、消防站、警察局等当地社区抗击疫情的一线机构。如果能够由这些工作人员亲口介绍情况抒发感情，更能说明问题打消顾虑，同时更能充分地体现民心相通、人文交流的效果。

中美高等教育交流与合作事业在过去十多年间取得了长足的进步和丰硕的成果，成为两国人文交流最重要的组成部分之一。高校的交流合作不仅推动了人才培养和科研工作的发展，更促进了两国人民的理解和友谊。

新冠肺炎疫情在全球的暴发既是挑战也是机会。它使高等教育工作者们更加深刻地理解全球化教育的使命和全球命运共同体的真谛。同舟共济，风雨兼程，以广博包容的胸襟和开放坦诚的态度，与世界各国的教育工作者一道培养具备国际视野的人才。高等教育国际交流与合作为世界各国民众提供了促进跨文化沟通、加深彼此了解的契机。我们应该坚定信心、满怀热情，将高等教育国际交流合作事业不断推进；努力提高工作质量和工作效果，消除误解、摈弃成见，提高沟通质量，丰富交流方式，从而实现文明互鉴、民心相通，共同书写全球命运共同体的新篇章。

第三部分　后疫情时代的教育方向

新冠肺炎疫情改变了世界人们的生活方式。许多公司已迅速适应了新的工作方式，在线购物和快递服务引入了非接触式交付，隔离下的员工可以足不出户，在家生活、办公。新的生活工作方式导致了社会各方面活动的变化，其中就包括教育的变革。庞大而繁琐的教育系统受疫情影响，也改变了它运作的规则。在这场与新冠病毒恶魔的斗争中，我们语言工作者没有忘记自己的使命，用自己的行动与方式，积极迎接挑战。

新冠肺炎疫情是灾害是挑战是镜子

陆俭明

北京大学中文系教授

人传人的新冠病毒不认人，不认国家，在很短的时间内，发疯似的在全球肆虐，酿成世界性大灾害。

在这场与新冠病毒恶魔的斗争中，我们语言工作者没有忘记自己的使命，用自己的行动与方式，积极迎接挑战。武汉疫情刚一暴发，北京语言大学联合其他单位的语言学学人组成了“战疫语言服务团”，在教育部、国家语委的直接指导下，迅速开展语言应急服务研究，很快就先后研制、推出了三种语言应急服务的研究成果：

（一）为来自全国各地赴鄂医疗队与湖北、武汉医患人员之间的有效沟通与交际而专程制作的《抗击疫情湖北方言通》；（二）为了能有效对在华来华留学生和外籍人士提供疫情防控和治疗方面的语言服务而特意制作的《疫情防控外语通》；（三）为向在华外籍人士用汉语介绍新冠肺炎疫情相关信息、提升疫情防控效果而精心设计、制作的《疫情防控“简明汉语”》。

以上三种研制成果虽说是应急语言服务产品，但在这一次防控抗击新冠病毒的战役中真起了大作用。据有关报道，《方言通》对一线帮助很大，既适合不同人群、不同情境使用，也给了医务人员底气，广得好评。《方言通》微信版系统访问人数就高达 3 万余次，录音播放次数高达 39 万余次；网络版访问量近 13 万次；免费发放融媒体口袋书近 6,000 册。《外语通》，所有语种视频播放、转发共计 3.2 万多次；电脑端访问近 7,000 人次，手机端访问近 1.2 万人次。《外语通》推出后受到中国多个驻外使领馆、多地外事管理部门、国家有关卫生管理部门、多地教育管理部门、高校、留学生群体和社会大众的广泛好评，并正在通过外交部、交通运输部、国家移民局、国家卫健委等国家部委不断扩大使用范围，产生了良好的社会反响。而《简明汉语》，于 3 月 12 日在教育部官网正式上线发布，在华外国人士上网浏览、阅读量不少，起了很好的交流作用。

语言应急服务在 20 世纪五六十年代有过，那就是扫盲运动和推广普通话运动，但都不像这次疫情那么紧急。因此，这次上述三项应急语言服务产品的推出，是我国语言学事业发展中的一项新的创举，意义深远——

其一，这充分显示了中国语言学人把自己的学术跟国家重大危机事件结合了起来，跟世界人民的安危结合了起来，为我国的语言应急服务开了个好头，树立了榜样。

其二，重启了在专家带领下形成团队进行合作攻关搞科研这一良好的传统做法。在 20 世纪五六十年代，高等院校和科研单位，正是依靠“专家带领形成团队合作搞科研、集体攻关”的做法，产出了一个个从无到有的科研成果；而从 80 年代开始，在一些失当的科研机制影响下，逐步转向个人争国家或省部级科研课题，各人自己闷头搞科研、写学术论文的情况，集体科研很难搞起来。而这一次的语言应急服务的三种产品就是靠团队合作搞科研在很短的时间里搞出来的。据有关报道，参与《方言通》研制的有北京语言大学、武汉大学、华中师大、清华大学、暨南大学、广州大学、首都师大、商务印书馆、科大讯飞股份有限公司、传神语联网网络科技股份有限公司和湖北九市方言团队等10多个单位70多位学人。参与《外语通》研制的学人更多，总计有120余人，涉及北京语言大学、浙江师范大学、北京外国语大学、天津外国语大学、北京第二外国语学院、新华社、厦门大学、云南民族大学、福建师范大学、东北师范大学、信息工程大学等10所国内高校、国内中央各部7个有关单位（包括某些驻外机构）以及国外10所高校和相关单位，共计28个单位。《简明汉语》，参与研制的单位有北京语言大学、北京大学、北京师范大学、中国人民大学、首都师范大学、中国传媒大学、新乡医学院、湖北省当阳市人民医院、湖北省襄阳市樊城区委组织部等10个单位，参与研制人员25人。

其三，我们知道，教育部、国家语委于2012年发布的《国家中长期语言文字事业改革和发展规划纲要（2012—2020年）》明确提出，要“建立国家语言应急服务和援助机制……提供突发条件下的语言应急服务”。《国家语言文字事业“十三五”发展规划》再次强调这一点。这次面对突如其来的疫情，迅速而成功地推出语言应急服务的三种产品，这也是我国“建立国家语言应急服务和援助机制”的初次有效实践，这无疑为实施我国“建立国家语言应急服务和援助机制”积累了一定的经验。

这场肆虐全球的新冠肺炎疫情，从某种意义上说，也是一面“镜子”。

就我们国内而言，在这场疫情面前，绝大部分人，特别是广大医务人员、大批志愿者，还有不少快递飞哥，他们不惧怕被传染甚至生命危险的威胁，奋战在抗击新冠肺炎疫情的第一线；一般老百姓也以“居家不外出”的实际行动响应政府号召，用实际行动支援了这场疫情防控抗击战。但也有个别干部不但不作为，还从中舞弊营私；也有一些人不听劝告，到处乱跑，瞒报疫情情况，以致酿成疫情扩散；还有少数不法商人竟制造、贩卖伪劣防护产品，发国难财；也有少数人凭自己好恶，不负责任地在网上散布虚假不实信息，起到扰乱人心的不良作用。

就国际而言，也是如此。“灾难是观照民族灵魂的镜子。”新冠病毒肆虐全球之后，各个国家广大医务工作者和有良知的政治家、科学家，以及广大民众，在世卫组织和各国政府的指导下，奋起抗击新冠病毒，开展了国与国之间的相互支持、相互救援的活动。我们国家不仅给予国际上以实质性的人员、物资方面的救援，而且还同时向全球发出“携手抗疫、共克时艰”的中国声音——“新型冠状病毒是全世界共同的敌人。在全球疫情大考面前，没有哪个国家可以孤军作战，没有任何地方能成世外桃源。人类是一个休戚与共的命运共同体，面对疫情，世界应该以团结取代分歧，以理性消除偏见，共同抗击新冠病毒，捍卫我们人类那美丽的家园。”这些方面都极大地引发国际社会的广泛共鸣。

这场大疫情是坏事，但它也提醒了人类要看到在重大疫情防控体制机制、公共卫生体系等方面所存在的缺憾与不足。中国政府敏锐地看到了这一点。正如国家主席习近平最近指出的，“要改革、完善疾病预防控制体系，建设平战结合的重大疫情防控救治体系，健全应急物资保障体系，加快构建关键核心技术攻关新型举国体制，深入开展爱国卫生运动，不断完善我国公共卫生体系，切实提高应对突发重大公共卫生事件的能力和水平”。亡羊补牢犹未为晚，但愿各国政府都能从这场新冠肺炎疫情中吸取教训，总结经验，以进一步提高面对突如其来疫情这类全球性灾难时的防控和抗击能力。

“历史所告诉我们的”——肯塔基大学校长关于疫情的电视讲话

伊莱·卡皮罗托（Eli Capilouto）

肯塔基大学校长

照片残破不堪，黑白的影像已经模糊。老比尔军械库的墙边摆满了床，这里是肯塔基大学第一场篮球赛的举办地，也是我们今天引以为豪的后备役军官训练队的训练场地。护士和出访工作人员的脸显得疲惫不堪。他们的故事让我们想起了一段波澜壮阔的历史，他们的故事也告诉我们，目前我们面对的，我们再次被召唤去做的事情，艰难无比。

在 1918 年的西班牙流感大流行期间，社区瘫痪，世界大部分地区被摧毁，当时肯塔基大学挺身而出，响应召唤。将比尔军械库改建成了临时医院。那时的肯塔基大学关闭了一个多月，约 400 名患者在那里接受治疗。随着时间的推移，我们的社区和我们的国家开始恢复。

今天，为应对新型冠状病毒肺炎（COVID-19）我们再次响应号召。大学的体育部，我们肯大的骄傲的前锋，又一次发挥了作用。我们正在将莱克星顿的体育中心 Nutter Field House 改建为拥有 400 个床位的医院，以应对潜在患者增加的情况。在接下来的两周内，曾经举办过最高级别的体育比赛的肯塔基大学室内运动场（Athletics）将被改建为另一“赛场”，战胜这种新型冠状病毒的比赛；主导这场比赛的肯大同事们，不惜将自己置于危险之中以治愈最需要帮助的人。

这家医院将和一个世纪前的医院有所不同，设有分隔间、护士站、休息室，还有严格的消毒程序以及世界一流的医务人员。医生和护士、临床医生和技术人员、保洁人员和烹饪人员……他们都是生命护卫者。在抗击新型冠状病毒的关键时刻，他们以不同的方式提供护理。和以前一样，我们会保卫我们的肯塔基州。志愿者和治疗者联合起来在平凡的工作岗位上取得了不平凡的成果。这就是我们的职责，这就是我们的使命，我们是肯塔基的大学，和肯塔基州携手，为肯塔基州而奋斗。

（张桂林 吴莎莎 赵蕾译）

新形势下国际中文教育面临的挑战与我们的对策
——初中年级中文教师讨论群网络论坛侧记

梁　霞

美国华盛顿大学（圣路易斯）东亚语言与文化系中文语言项目负责人、教学教授

应耶鲁大学中文项目负责人梁宁辉老师的邀约安排，2020 年 5 月 16 日晚，初、中年级中文教学微信群在华盛顿大学（圣路易斯）东亚系梁霞老师的主持下，举行了一场面向全球汉语老师的题为“新形势下国际中文教育面临的挑战与我们的对策”的线上讨论活动。这一热门话题吸引了业内众多同行的关注，在线最高人数达到了 295 人。发言嘉宾有普林斯顿大学周质平教授，杜克大学刘艳教授，加州大学（戴维斯分校）储诚志教授，欧柏林大学李恺老师，哥伦比亚大学刘乐宁教授，明德暑期中文学校校长张曼荪教授（威廉学院），圣母大学朱永平教授，北京语言大学王瑞烽和闻亭教授，弗吉尼亚大学耿子怡老师和北卡罗来纳大学蔡罗一老师。讨论会分三大板块进行。

纵观美国中文教学与外语教学的发展历程我们不难发现，正面和负面的历史事

件都有可能带来机遇。第二次世界大战的爆发和日本偷袭珍珠港，促使美国建立了中文强化项目。随着军队教学法的出现，汉学研究也走出象牙塔，朝着实用的方向前进了一大步。1940 年代后期的“战争新娘法案”等使不少华人女性有可能来到美国与丈夫团聚并促进了华裔中文教学的发展。1950 年代后期，苏联率先发射人造卫星成功，美国因应形势变化出台的国防教育法案，推动了全美中文教育的发展和中文教学向中小学的大普及。19 世纪 70 年代中美建交和随之而来的中国的改革开放极大地推动了美国中文教育的发展。19 世纪 80 年代末到 90 年代初前苏联的解体和冷战的结束，造成了俄语教学的式微。而 20 世纪初的 911 事件，却带来了阿拉伯语教学的飞速发展。可见，影响外语教学发展的因素众多。冷战、热战，国家安全的需要，移民法的改变，政府政策的支持，经济交流的需要，地缘政治的影响等都会对中文教育的发展走向产生至关重要的影响。有些历史上的灾难，可能无意间推动了外语教学的发展；有些历史上的进步，却反而使某一语种作为外语教学的发展基础不复存在。现在我们再次站在了历史发展的十字路口，一起讨论疫情对我们学科可能产生的影响，意义重大。我们期待复工复学，期待拯救我们专业的“人民希望”和“疫苗”使我们国际中文教育领域能够实现“群体免疫”，从而安全渡过此次劫难。

具体来说我们认为目前国际中文教育至少面临着如下挑战：

1. 2010 年以后美国乃至全球诸多大学中文课目注册学生人数的增长比较缓慢，有些学校甚至出现了学生人数下降的情况。

2. 课程设计变化较少，因应对时代变化而进行的更新相对不足。

3. 面对互联网时代带来的年轻一代学习方式的改变，如知识获取的碎片化和视觉化等特点，教学方式缺少相应的变化对应。

4. 如何根据学生选课的需要，调整各院校已有的教学内容与方法。

5. 高等院校近些年重理工、轻人文的倾向对中文教学和海外项目都产生了一定的负面影响。

6. 网络教学给语言课教学带来的冲击，等等。

面对上述挑战，是否有手到病除的灵丹妙药呢？其实即使疫情没有发生，很多问题也是一直存在着的，只是疫情使这些问题更集中、明显地显现了出来。普林斯顿大学的周质平教授就目前中文教学呈现出的新特点首先发表了意见。

周教授提纲挈领地指出：新形势产生了新的变化，但语言课教学的基本规律是不能改变的，特别是课堂教学听说为主的原则不能变。语言学习仍然是口耳之学，听说为“体”，汉字认读、书写为“用”，不能颠倒，否则就是将中文教学倒退回了二战之前。这是所谓的不变。需要变化的是教材的内容和学习的材料。例如各大学暑期项目因疫情不能在中国举办，以北京生活为背景的教材就需要做出调整。普林斯顿北京班已为今夏的网课准备了新教材，课文题目包括：线上上课、戴口罩、洗手、握手、居家隔离等与目前社会生活关系密切的内容。这是所谓的变。教学原则的不变与教材内容的改变相结合，这是目前美国中文教学的一大特点。

杜克大学刘艳教授首先分享了开设新课的经验。为了调动同学学习中国文化的积极性，她在杜克大学开设了一门同时面向中国留学生和美国大学生高级汉语学习者的跨学科汉语课程，课名为“理解中国和美国：刻板印象、冲突与共同面临的挑战”。该课程的主要内容涉及中美关系的历史、现状以及中美两国所面临的共同挑战等内容。这门课为中美学生提供了一个真实的跨文化交际的平台，同时也提高了中文课程的注册率。学习内容是双语材料，对两类学生都有裨益，不仅帮助了中美学生互相了解彼此的国家和文化，也加深了他们对自己国家的认识和理解，还为双方提供了多角度看问题的机会，增强了同学们批判性思维的能力。

加州大学戴维斯分校的储诚志教授指出，今后几年，美国的中文教学很可能会继续面临学生减少、课程减缩的严峻形势，其主要原因在于外在环境呈现的中美关系紧张、经济形势艰困和学校经费减缩这三重困局。在力所能及的范围内，中文教师当积极应对，在专业精进与课程建设上有所作为，以期减轻课程减缩的程度，甚至在局部有所增益，为将来大局改观之后的发展准备条件。具体说来，当前一个时期国际中文教师有三项专业要务：一、巩固好既有课程，特别是注册人数较多的既有课程；二、尽快适应疫情中的网络教学，优化网课教学方法，提升教学效果；三、与系科同仁共同努力，为维护外语课程争取学校的充分理解与支持。此外，中文教师还可结合自己学校的实际情况灵活施策，朝着“轻一些”“活一些”“宽一些”和“高一些”的方向开出新的中文课程，这对吸引学生、增加中文课程注册人数应有积极效果。

因新冠肺炎疫情把课堂搬到网上也给当前的中文教学带来新的挑战，但这不会成为影响中文学习人数的主要原因。待疫情缓解重返课堂之后，网课很可能会以与传统课堂互补乃至在较大范围内局部并行的形式长期延续并得以发展。语言教学是最讲究教学法的学科，当前疫情之下的全面网络教学的特殊阶段，正是研究建立网上语言教学方法体系的重要时期。

欧柏林大学的李恺老师指出："大学语文"是中国大学生的必修课，赴美的中国留学生也不应例外。把这门课和美国学生高年级中文课结合起来，中美学生同班，在提高语言水平的同时，增加较为系统的文化、知识方面的教学内容。这门课在欧柏林大学已经取得了良好的教学效果！中文老师对任何一个选课学习的学生，都要尽可能使他们"苗而可秀"：鼓励他们一直学下去，使中文成为其终生技能！对学生要珍惜和爱护，耐心培养并保护他们对中文矢志不渝的兴趣，助其成才！

佐治亚州立大学的郦帅老师在发言中指出，面对疫情带来的教育经费缩减的挑战，佐治亚州立大学中文项目采取了若干举措保持注册学生人数。第一、大力增设不受学生语言水平限制的用英文教授的中国文化课；第二、在外语系整体面临生存挑战的情况下，跳出单个语种的思维模式，争取系里支持进行课程设置改革，争取联合其他院系成立跨语种跨学科的联合项目，以达到增加注册学生人数的目的。

哥伦比亚大学的刘乐宁教授指出：正面的学习体验是留住学生的最根本的方式。网课这一教学形式对深度学习带来了不利影响，需重新划分教学时间，有意识地加长一对一的比例。在学校制度的层面上一定要让学校坚持对外语的学分要求，假如外语课不是必修课，那势必会带来注册学生人数的滑坡。大学应停止对中文 AP 成绩的认可，以支持学生在大学继续选修外语课。中文教学要配合好相关文化、文学等课程的教学。从编制上应力求让中文项目留在外语系或者东亚系，要与系共存亡，而不要将中文教研室并入语言中心，使其脱离标准学术机构的框架。

明德暑期中文学校校长、威廉学院张曼荪教授指出：明德暑校希望在网络上复制"明德经验"，达到"线上暑校"的境界。因此课外活动扮演着不可或缺的关键角色。以往明德师生朝夕相处，除了上课以外，还同吃同住。课余时间也有学校安排的全校性的和各年级的课外活动。包括演讲、大型中国传统音乐会、周末电影、中文广播、太极拳、烹饪、民歌、茶艺、绘画、麻将、书法以及各种体育活动，另外，还有小型同乐会等。多样性的课外活动，不但增加了学生对中国文化的认识，师生的密切接触也大大地增加了学生用中文交流的机会；更重要的是能适度地为学生疏解压力，并创造浓厚的群体感和归属感。这种浓厚的群体感和归属感是“明德经验”的精髓。今年的网课，要把适合用网络形式来实现的活动内容保留下来，以增加学生对中国语言文化的认识。同时还打算为学生组织聊天室，并与大陆和台湾的研究所合作，请研究生跟学生进行一对一的口语练习，同时为这些研究生提供观摩课程的机会，以期创造双赢的效果。

CET 留学项目中国学术主任朱俐老师随后发言指出：首先 CET 给暑期项目的每位同学都安排了中国大学生语伴，每周线上见面两次，交流对中国文化、生活、时事等共同关心问题的看法，为学生创造真实语境。二是坚持虚拟网络实习项目，满足学生了解中国企业、多用汉语、增加在跨国企业工作经验的愿望。三是增加一对一时间，弥补线上教学互动不便带来的缺憾。四是提早了解每位学生的具体情况和要求，早做准备，因材施教，有针对性地备课。

圣母大学朱永平老师认为，面对网络教学的局限，既要坚持语言教学的口耳之学本质，又要在无奈之下发掘出网络教学的优势，他提出了适用于低年级的、暂且命之为“看图说话”的教学法。心理学的研究发现，在人类获取信息方面，视觉与其他感官相比，获取的信息量最大，大约为 90% 左右。以前的教学法重视听和说，但有时听和说却互相干扰，然而视觉与听和说却基本不冲突。网络教学因其可以大量使用带有图片的幻灯片（PPT），为视觉配合语言学习提供了一个很好的发挥机会。“看图说话法”的基本思路是以带有诱导意义的图片引出所要教授的语言结构 / 句型，然后通过有选择的、与句型相匹配的图片进行多种形式的操练。一张幻灯片可以包含多幅与句型相对应的图片，以节省幻灯片，既节省课堂时间，又可以加快课堂操练的节奏，使每位同学都有操练的机会。图片选择既要切题，又要幽默有趣，以增强学生的注意力和学习效果。

北京语言大学王瑞烽、闻亭老师着重介绍了北京语言大学的中文线上教学情况。王老师的介绍基于对北语四个留学生学院的 99 名汉语技能课教师和 763 名外国留学生进行的问卷调查，以及对 3 名教师和 3 名教学管理者进行的访谈。

目前四个外国留学生学院的汉语技能课的线上教学模式类型主要有录播模式、直播模式以及录播直播并用模式三类，占到所有相关课程的 98%，其他模式（如慕课模式、学生自学模式）几乎很少有教师使用，仅占2%。这三种模式的使用比例存在差异，其中直播模式使用比例最高（46%），录播模式次之（34%），录播直播并用模式最少（18%）。录播模式和直播模式各有千秋，在解决时差问题、网络问题、优质教学资源共享等方面，录播模式相对优于直播模式，但是在人际言语交互、对学生自主学习能力的依赖、集体学习氛围等方面，直播模式更有优势，而且时差问题和网络问题基本也可以通过技术手段加以解决。

目前最为重要的工作是建设基于录播直播熔合模式教学、汇集本学科优质师资和课程资源的汉语线上教学公共平台。平台课程是由某一学科领域的最优秀的师资打造，课程团队以学科为单位，是一种跨校、跨区域甚至跨国的团队。这些团队共同设计制作科学化、标准化的课程资源，进行直播互动教学，打造最优课程。

闻亭教授指出，北语很多老师是采用直播形式上课，同时录下来，让当时不能看直播的同学稍后看录播。但是有很多同学即使上了直播还会再看录播，甚至还有人多次看录播，自己复习巩固，这种效果是在教室里达不到的。为了取得较好的教学效果，老师们自发开始集体备课，之后轮流给同学们上录播的大课，下了大课各班再直播上小课，老师们的这种合作方式，使学生们能听到老师们精心准备的大课，同时又能在小课上充分讨论。这种播出方式对老师之间互相交流，取长补短也大有裨益。与同事们的交流也会带来了个人教学上的新突破。国内很多高校在网课教学的推动下，有的给老师家增加了宽带服务，北语专门增加了教学业务费用，经常请专家进行技术上、教学上的指导。这些都为网络教学的发展产生了重大的推动作用。

弗吉尼亚大学的耿子怡老师和北卡罗来纳大学的蔡罗一老师在如何运用网络优势克服教学中的短板方面，提出了非常详细的解决方案。他们认为面对预习效果不佳、影响教学效率的问题，可以借助翻转课堂的设计理念，将语法、词汇、课文的预习工作通过不同的任务设计放到课外，同时注意预习材料的形式多样化，比如可以用解说视频制作、词汇与语法预习自测、线上课堂预习测试等方式加强预习效果。关于领说、齐唱的减少与互动效果的削弱，则可以重新养成网上课堂齐唱、跟读习惯，要充分利用Breakout room功能增加学生间的互动，利用Zoom Chat-box和社交软件调动全班的参与度，还要增加破冰、预热活动。

对于学生语言表达不充分的问题，线上课堂可采用说、打（字）结合的方式，可根据任务类型，分组与全班参与相结合；结合科技工具帮助学生输出；至于学生上课容易走神、分心，可要求同学摄像头全程打开，PPT 和学生头像分屏，还可以让互动形式多样化：有师生互动、学生之间互动以及学生与平台互动等多种形式。网上考试监督相对困难，要避免作弊，可以采取的手段一是让学生签字，表明自己的考试过程是诚实的；二是采取镜头锁定的方式监考；三是采取屏幕分享的方式监考。此外还可在考试内容和形式上进行改革：例如让学生做专项研究，也可利用限时在线测试工具，或者增加主观题比例，合理利用真实语料等。

对于教学进度拖慢、教学难度降低带来的挑战，可通过给予学生和教师双方足够的时间来适应新的教学模式；有机结合同步与异步教学；充分发挥网络教学的优势，帮助学生在课外学习的科技辅助工具更多样化；视频、播客、分级阅读等真实语料库的应用；用邀请嘉宾，搭配语伴等方式来解决问题。面对学生心理问题增多，老师需要构建一个友好、包容的课堂学习环境；对于个别需要额外帮助的学生多提供特殊帮助。课堂之外，通过语言任务的设计来增进师生、生生之间的联结；通过文化活动、学生社团建立归属感。

网络课堂教学的特殊性和挑战性包括：由于技术因素带来的不确定性不可避免：断网链接、设备问题、平台错误，等等。教师在上课时可选择多设备多平台同时使用（手机 + 电脑）；课前充分考虑到各种可能出现的问题，准备好若干备用方案；同步课堂的教学之外，提供给学生足够的异步学习资源。

目前还有很多网络资源可供中文教学之用。例如：

教学互动视频类：Voicethread；Edpuzzle；Kaltura；Playposit。

学生同步 / 异步互动平台：Padlet；Flipgrid；Canvas/Sakai 平台自带 Forum/Discussion Board。

作业、考试的制作平台有：Canvas/Sakai 自带 Assignment/Quiz & Test 功能；Classkick；Google Drive。

可供利用的社交平台：Facebook Group；Wechat；Line 等等。

适合学生课外使用的资源库有 ChinesePod；Chaiman Bao；iChineseReader。

全景 VR 资源则有 Nearpod；YouVisit（https://www.youvisit.com/virtual-reality-360-experience）。

网络同步课堂对老师的科技工具使用的熟练度、时间管理都提出了更高的要求，但大家务必要注意：科技工具的使用是为教学服务的，教师应把主要精力放在中文课内容的准备上，放在课堂教学本身上，切勿本末倒置，在科技工具的使用上花费太多时间。教师应筛选、精简科技工具，做到课前预演、贴流程贴士提醒自己把握网上课堂的时间和节奏等。

线上讨论会进行了两个多小时，气氛热烈，节奏紧凑。由于目前新冠肺炎疫情尚未彻底遏制，世界各国还要准备应对疫情的二次暴发，这决定了网络课程可能不仅是春季学期的权宜之计，而且秋季学期还将继续，甚至将在相当长的一段时间内与传统课堂并行互补。假如冬季疫情真的卷土重来，学校也将被迫重新回到全民网课的时代。对此大家应充分做好精神上与教学上的相关准备，使我们的中文教学受到的干扰和损失降到最低。

大规模在线教育后将呈现教育新生态

余胜泉

北京师范大学二级教授、博士生导师

一、疫情期间在线教育为日后解决教育个性化与规模化难以兼顾等教育难题奠定了基础

抗疫期间，师生、生生时空隔离，师生的社会性交互从实体空间向虚拟空间转移。虚拟学习空间里，教师和学生进行同步或异步的远程授课、讨论交流、作业评价等活动，在一定程度上替代和延续了传统学校师生面对面的社会性交互。同时，学生接受教学服务的渠道从单一走向多元。教师的知识权威逐步被打破，教育服务来源不再局限于学校，提供教育服务的主体也不再仅是教师。海量的学习资源和教育服务来自校外大规模社会群体——教育企业、辅导机构、高校教师、师范生、科研工作者、博物馆等，学生可选择的服务面和获取服务的便利性得以扩展。

教育形态的变化趋势在未来会推动学校的双向开放。双向开放意味着社会上各种优质在线教育都可以成为学校教育的有机组成部分，同时学校教育中一些有特色和优质的教学服务，也会向社会和其他渠道辐射。未来 5G 技术将使信息和数据迅

速流通，大数据与人工智能将使在线教育服务更智能、更精准、更有效率，这些变革都会加速学校教育与社会教育相互融合的教育服务业态的形成。

虽然借助网络和多媒体技术来提供教育公共服务是特殊时期的应变之举，但社会机构协同参与的在线教育具有大幅提高教学效率和提供个性化学习方式等优势，为疫情后通过信息技术提高教学效率，解决教育个性化与规模化难以兼顾等未来教育发展难题提供了基础，值得大力发展。

二、疫情后在线教育与学校教育双向融合将带来新的教育生态

育人，即促进儿童高级思维的发展、社会能力提升与情感的培养等，这一点永远不可能被互联网所完全替代。但简单的知识、低级的技能，通过互联网学习却非常高效。笔者认为，未来的教学形态将是线上线下的融合，互联网教育一定得想办法融入教学过程中，成为教师手里的利器。线上线下融合可以降低学生时间投入，促进认知投入，既能使之掌握更多知识，又能使之具备交流、表达和问题解决能力。而且，线上线下融合可以把教师从低层次的、单调的、重复的工作中解脱出来，让他们有时间与学生互动。

1. 在线教育将助力和优化学校教育

未来在线教育可以在以下几个方面助力和优化学校教育，实现线上线下教育的融合。

简单知识，线上规模化学习：未来浅层次的知识获取可以不再依赖于校内教师，线上教育在这类知识的获取方面可以替代教师。

查漏补缺，线上个性化指导：在线教育更大的优势是其智能化、精准化的资源推荐服务。传统的班级授课制是基于整体平均水平的教育活动，而个体之间的差异在时间、内容容量有限的课堂教学中无法得到回应；而在线教育可以通过汇聚丰富优质的资源，记录分析个体的学习行为表现，为学生提供个性化的学习支持服务。

精准学情，线上数据分析：学情分析是通过对学生过程性数据和结果性数据的记录和关联分析，对学生学习状态进行全方位的直观呈现，旨在帮助教师更好地了解学生，实施教学干预和改进，保证学习的有效性。此外，学情分析可以实现不同角色（如校长、教研员、教师、家长、学生等）对学习情况的一致性理解，从而促

进活动实施相关角色采取协调行动，确保活动更好地落实。

社会互动，在线学习社区：在线学习社区是在网络环境中由学习者和各类助学者（学习同伴、教师、研究者和家长等）共同构成的一个交互协作的学习共同体。在线学习社区能够为学习者提供一个资源丰富且开放的学习环境，学习者通过交流、互动、讨论、反思和协作来分享彼此的观点、想法、资源、知识、学习经验和集体智慧，帮助学习者完成知识和社会人际网络的双重建构，最终使学生的社会性成长成为可能。

2. 线上线下融合将引发教学变革

在互联网时代，任何学习者都可以凭借网络获得丰富的信息资源和广泛的人际互动交流机会，教师所承担角色及人才培养方式都将重新定位。

课程实施形态的转变。首先，课程形态将越来越多地体现出虚实融合的立体化形态，课程会越来越多地体现出线上线下优势互补的发展趋势。其次，课程结构将越来越多地体现出整合性和跨学科的结构，这种课程结构具有情境性、体验性、趣味性、实证性、协作性、设计性、艺术性等特点。再次，课程实施方式将发生根本性变化，大部分知识性的教学会由互联网或人工智能所取代，课程的育人部分主要由教师组织实施。

教育教学范式的转变。教学将从教师讲学生听单向知识传递的教学范式，转变为教师引导学生进行问题解决，促进学生知识建构的教学范式，再进一步转变到教师引导学生进行知识表达和作品创作，实现知识创新的教学范式。整个演化趋势使得学生从解决书本上的良构问题，转变到解决蕴含知识的情境问题，促进学生从浅层次认知到深层次认知。教学要从“双基”关注到“四基”“四能”，即不仅要关注学生基础知识、基本技能，还要让学生理解基本的学科思想，获得基本的活动经验，培养学生发现问题、提出问题、分析问题、解决问题的能力。

学生知识获取方式的转变。首先，在知识获取的来源上，未来学校的空间是虚实融合的空间，学校不再是唯一获取知识的场所，教师不再是唯一教授知识的角色，获得知识也不再是学生来学校的唯一目的。未来学校将是社会性的成长空间，学校的宿舍、教室、运动场、音乐厅、美术馆等，都可以是重要的学习和社交空间。其次，在知识获取体验上，未来学习是随时随地发生的，虚实融合的泛在学习空间，将会给学生提供真实情境的，随时可获得的教育体验。

3. 线上线下融合将带来教育新生态

在线教育与学校教育的双向融合，将促进教育大规模的社会化协同，形成新的学校教育生态，这种生态是实体和虚拟空间的结合。学生在实体学校会接触到教师、家长、同伴、教练，在虚拟网络空间里能够获得更便捷的交互工具、更广泛的信息源、更合适的学习同伴、更优质的教育服务。在这种生态中，学校和教育机构不再是静态知识的仓储，而是开放的、流动的、连接的社会认知网络与个性化发展空间。各种教育服务的主体不再是封闭的独立社会单元，而是在网络汇集作用下形成的集体智慧聚变的节点。学习空间不再是割裂的、狭隘的、固化的，而是一个充满活力、人性化和高度社会化的地方。

未来的学校将是无边界的，学校不会消失，但学校正在跟我们的社会融合，通过网络可以连接实体空间和虚拟空间、校内和校外、国内和国际、现实生活与未来生活。

三、推倒学校围墙推进线上线下教育融合

未来互联网教育的发展方向，不是做影子教育，也不是在校外延长学生的学习时间。政府应积极推进教育供给侧改革，加强基于互联网的教育公共服务体系建设，通过互联网丰富教育供给，用政策手段、市场手段或技术手段，推倒学校围墙，改变学校的教学组织。

1. 教育服务供给的主体将呈现多元化

在智能时代，知识的生产是群智协同的过程，教师作为知识垄断者的地位将被彻底打破。每个人，不仅是知识的消费者，也是知识的生产者。每个拥有情境性知识和社会性知识的人，都可以通过网络提供教育服务，越来越多的教育服务将由社会机构和社会人士提供。疫情期间，师范生、教育公益组织志愿者、奥运冠军、健身教练、心理咨询专业人士、医学专业学生等，通过社交网站开展开放辅导、在线答疑、体育知识分享、心理咨询、生命教育等教育服务。这些社会人士虽然不是一般意义上的教师，但在网络学习中提供了丰富的教育服务，是教育服务社会化协同的主体。

2. 人工智能将协助教师提高教育生产力

未来是人与人工智能协作的时代，人工智能教师将协助人类教师提供更精准、个性化的教育服务。首先，人工智能教师能够采集学生整个学习过程的数据，根据学生特征，自动命题、自动批阅、诊断学习障碍并及时评估学生问题解决能力，协助教师开展个性化教学和辅导，促进学生知识水平和关键能力的提升。其次，人工智能教师可以通过多感知终端，采集学生的多模态数据，对学生的心理素质、体质健康、问题解决能力、职业倾向等进行实时监测和评估，辅助教师引导学生积极健康地成长，根据特长和兴趣进行学业和生涯规划。人机协同可以增强教师处理更高层次问题的能力，显著提高教育体系的生产力。

3. 开放的教育服务采纳机制亟待建立

要满足学习者随时随地开展个性化学习的需求，仅依靠学校提供的教育服务是远远不够的，学校要积极纳入外部教育服务来大幅度增加服务的种类和数量。如何保证大规模教育服务的质量，如何设计服务购买与评估机制，是学校组织形态变革面临的一大挑战。首先，设计相关标准和规则，对提供教育服务的教师、提供外包教育服务的社会机构进行资质审核。其次，允许学习者对多样化的教育服务进行自由的选择、评价和反馈，采集学习者的选择偏好和反馈信息，对开放的教育服务进行评估，定期对评估得分低的教育服务进行改进或淘汰。再次，要借助社会知识网络建立教育服务间的关联，完善开放教育服务的共享和互认机制，并根据学习者的需求推荐适合的教育服务。

4. 推进基于大数据的教育监管，完善教育供给治理体系

建立并完善基于大数据的教育公共服务供给治理体系，推进教育资源与服务治理方式变革。依靠大数据和人工智能提升数字化教育服务有效治理能力，实现从服务条件的监管到服务质量的监管、从结果的监管到过程性监管、从事后补救到实时预警，通过及时干预或调整，实现稳定、有序的教育公共服务。

推进教育资源与服务评估方式变革，建立公开、透明、基于数据、可信的第三方教育服务评估体系。充分吸收各种行业协会、专业组织、社会团体等社会力量以及学生、家长等参与教育公共服务评估，规范和促进教育服务的良性发展，确保教育服务水平的稳定与持续。

碰撞改变超越，疫情后的在线教育

纪中展

智趣科学创始人、《知识分子》CEO、科学队长创始人、资深媒体人

如何通过互联网和科技创新实现教育资源的均衡，实现教育行业的整体升级，不仅仅是解决长期以来的社会问题，更是一个拥有巨大商业价值，让教育行业从业者和互联网行业从业者们不断尝试力求突破的重要方向和领域。

最近20年，在线教育也做了非常多的尝试和努力，有过非常多的创新和产品，更有层出不穷的新商业模式出现，在一定程度上推动了教育行业的整体发展。

但因为教育的特殊性，虽然在线教育一直试图颠覆传统教育形态，但因为条件不成熟要素不具备还都是以线下教育的补充出现，整体呈现的是热闹但不主流，线下教育还是家长的第一选择，教育的主力形态。

在2019年，本人曾经在一次教育行业的研讨会上断言：1. 在线教育5年左右会出现百亿美金市值公司；2. 在线教育整体市场5年内会突破千亿收入规模；3. 在线教育行业在未来10年内都不会成为教育行业的主要形态，即使用户可能会有很大突破，人均使用在线教育时长不会超过线下教育。

突如其来的新冠肺炎疫情，让本人的这个严谨的推论不能成立，且让中国乃至世界整体教育行业的在线化进程提前了两年。

这主要体现在三个方面：

一、教育行业的主管机构、家长和学生、教育行业的从业者，为教育行业提供新基建的互联网和科技领域的相关机构等对在线教育的重视、推动和普及，已经为教育领域的在线化提供了生态发展的土壤，这是非常难得的，是过去需要千亿资金规模驱动的，目前因为疫情已经被动的实现全生态推动。

二、因为在线教育在疫情期间从补充性产品到国民性需求，暴露了从教育的完整性、有效性、体验性和替代性方面的巨大缺陷，也推动了在线教育接下来的整体变革和优化，这也极大地推动了在线教育的进程。

三、线下教育机构在疫情期间遭受的危机，也驱动了线下教育线上化的努力，

这也直接推动了OMO（线上线下融合）的发展，对在线教育的主流化起到了巨大的作用。

在疫情期间，线下收入为主的好未来教育集团承受了很大的压力，但这也给好未来推动OMO提供了巨大的契机，线下业务在线化、线上业务精细化成了全集团共识，调整了主攻方向，以学而思网校、未来魔法校为主力从2C、2G两个层面从在线出发解决学员的学习需求，以及公立校的在校开课需求，并且能够为下沉市场的教育机构赋能。

新东方教育集团在疫情期间，虽然同样全国各地的校区受到了影响，但新东方在线和东方优播的提前布局成了新的火车头，带动了整个集团OMO的融合进程。科学队长也同样，在整个教育行业都是在线教育一种形态时，在原有的在线课的基础上重新做在线课。也就是在原来纯粹的直播课和录播课的基础上，设计制作了与课程相对应的邮寄到家的实验器材，形成了在线直播＋在家实验的新型OMO形态。

3月份本人曾发文判断，疫情当前，教育行业如果只有一种形态了，也就是没有啥线下在线了，都是在线公司了。但在疫情期间，在线教育的所有短板也会暴露，但并没有太多时间给这些在线公司修补，因为疫情，留给在线教育的窗口期和静默发展期严重缩短。

换句话说，在线教育相比线下教育在学习内容的体系化、学习形式的体验化、学习效果的评测化、学习质量的稳定化都还存在很大的差距。如何在教学体验上有更大的精进，怎么平衡硬件与软件的投入和使用关系，家庭教育与课堂教育的融合，师资搭配，学和习如何拆解等都是在线教育需要思考和提高的问题。

而且在线教育行业里的头部企业还处于商业模式验证期，还是资本支持和催生阶段，生存还不能依靠自身循环完成，还是需要外部输血，这些对于在线教育行业是存在动能不足的隐忧的。

在目前，教育行业已经形成共识，不是继续大力推进在线教育，而是线上与线下的更深度融合，也就是说今后只有一个形态，线上线下深度融合，大家都是OMO教育企业。

在这种情况下，教育行业过去的格局将发生巨大变化，但这个变化会是渐进的。也就是教育行业不在像过去那样是碎片化的、区域性的，而是将会形成轻垄断。当教育是线下的时候，物理空间是垄断不能逾越的鸿沟，毕竟海淀的课外辅导机构再好，我也不会从密云来回路上花 4 个小时去上课。

当教育是在线模式或线下线上融合的模式时，垄断就会产生。最先覆盖的是行业巨头，毕竟线下受物理条件影响太大，在线扩科增加学位的供给相对容易，而且互联网的流量法则起作用了。也许教育行业有特殊性，会对垄断产生一些阻碍，但轻垄断也会产生。教育行业将会电商化和游戏行业化，也就是 80% 的市场被 10% 的顶端企业控制，10% 的市场被 20% 的中型企业占有，剩下的 10% 的市场被 70% 的各类企业争夺。

经过碰撞改变的在线教育，能否超越在线教育成为新的在线教育，这是一个问题。

从教育角度谈隔离下的社会精神是否病了

普拉门·列格科斯图普（Plamen Legkostup）

保加利亚大特尔诺沃大学教授、前校长

保加利亚议会于 3 月 13 日投票通过并宣布保加利亚进入为期一个月的紧急状态，关闭所有大中小学。这些学校被迫开启线上授课模式，虽然关闭学校，但是不能停止学习，因为政府和学校已经意识到教育数字化是教育发展的必然趋势。一开始对远程教育有顾虑的老师们，现在正在学习新的工具并互相帮助，许多平台也提供免费网络研讨会，帮助教师适应新的工作模式。已经在线工作过的教师也尝试在社交网络上组织培训，分享经验，并向其他同事提供帮助，共同讨论研究线上教学的新方法。各所大学都可以根据自己的实际情况自由选择在线教学的模式。在保加利亚新冠病毒传播的背景下，高等教育在紧急状态下开展工作的状态已经持续两个月了。我校已做好充分准备，可以为学生提供远程在线教学，该教学模式与当今社会对高校现代适应能力和创新教育教学的要求相一致。

目前线上教学模式已经在大特尔诺沃大学和保加利亚的其他大学普及推广，几乎所有的学生和老师都能参与进来。根据我校校长的指示，自 2020 年 3 月 16 日起，教学过程以远程方式进行，并依赖我校的信息“E-teacher”系统，学生可以通过

"E-student"系统使用教育资源。在学术委员会的一系列会议上，采用了学期在线认证、在线考试以及在线毕业论文答辩（包括博士论文答辩）的程序。通过这样的方式，保证在疫情期间学生也能顺利完成学期课程或顺利毕业，所有老师也都能完成每周的教学和科研任务。我校的信息"E-teacher"系统作为大学信息系统的组成部分已经建成数年，主要应用是在学生的全日制和非全日制教育中提供电子资源，并为教师提供设计完成的电子课程或其他教材。

远程教育可以通过各种平台和应用程序来实现。很多保加利亚的大学，包括我校在内，均具有在线授课的经验，因此适应当前的情况对我们而言更加容易。下面我想简单谈谈学生和教师在线上教育中面临的困难以及高等教育面临的挑战都有哪些。

困　难

技术水平——包括拥有什么硬件、多少台服务器、能共享多少信息、网络技术特点等。从技术角度来看，大特尔诺沃大学能够不受限制地提供远程教育，但是可能存在不同性质的技术问题，例如互联网技术薄弱或者缺少互联网（家里没有电脑），从而导致沟通不畅。互联网服务提供商和在线平台的开发商，以及大中小学校，尚未计划如此大规模地向远程教学进行过渡，况且服务器也无法一次为众多用户设计。现在，最大的公司正在尽一切可能确保对资源的正常访问。

组织——直到最近，是否上传教学资源到大学的电子系统还是教师的个人选择，而大部分的同事喜欢面对面的授课方式，因为他们认为人与人的交流非常重要。所有精英大学都是这种情况，并不是完全在线授课，因为教室里的教学是教育过程中非常重要的一部分。然而，早在 2020 年 3 月 20 日，校长下达命令后的第四天，在"E-teacher"系统中我校教师上传了 2,143 个课程，其中包括 6,988 个教学资源（教材）。在 3 月 16 日至 20 日这段时间里，学生的系统访问快速增加——共有 6 万次的课程访问量，平均每天 1 万次。我观察的结果是教师非常迅速地专注于远程教学，因为他们意识到在社会孤立的情况下，让所有学生参与各种形式的电子教学和培训变得尤为重要。虽然我们有大学和国家行政管理部门的理解以及教师的全力配合支持，但是组织学生的学习过程也很难。首先，一些学生将隔离视为放假，并不认真学习；

其次，即使老师不是第一次在线上工作，也很难同时吸引几十名学生的专注力；最后，家庭环境使学生意识放松并失去动力，进而导致集中精力解决问题——哪怕是简单的问题——比在教室里更加困难。

监管——除了由我们的IT专家开发的"E-teacher"系统外，大学还使用了Moodle平台，这个应用程序是我校远程教学的基础，但是教师不仅使用Moodle，还使用其他应用程序和平台进行远程教学。例如，其中一些同事说他们使用Facebook、Messenger和Viber等平台，并且已经讲了很长时间的课。这样的教师不会以任何方式反映在"E-teacher"系统或Moodle中，虽然这并不意味着他们没有远程工作，但是这种工作方式在监管培训实施方面产生了问题。为每位老师或学生任命一名主管是不可行的，我们正在寻找其他组织形式，但如何建立适当监管系统的问题仍然存在。大特尔诺沃大学领导要求每门课程在系统规定日期前上传完毕，这样教师可以报告工作量。大学的管理层需要监管，尽管是通过远程模式，但这是高质量线上授课及培训的基础。每个学院都有一名副院长负责电子教学，并专门成立了一个工作组来提供帮助。

尽管人们清楚地意识到在紧急状态下远程教学是一种保障教师、学生工作和学习的新模式，但仍然存在一些困难，这是从一种教育形式快速过渡到另一种教育形式而产生的问题。

为了应对从传统教育模式向在线教育模式的过渡，我们需要认真对待。严格把关师生的在线教育过程是基础，也是根本，这关系到整个教育能否在"放逐在家"的时期变得更加强大，从而为明天的挑战做好准备！

前　景

新冠肺炎疫情的背景下，远程教学模式的转变不仅使得保加利亚的高等教育系统发生变化，疫情之后的整个教育系统肯定也会有所不同。回到正常工作模式之前（隔离前），远程教学将变得更加重要，并且相对占比在所谓的混合变体（线上和线下）中将会增加。这种形式可以节省教师的时间，节省大学日常校园维护的开支。因此，我们应该重视并完善远程教学的发展与投资。

现代科学技术为我们提供了快速可靠的通信方式，这些机会不仅可以改变教学过程，还可以为教育、文化、艺术的全面革新做出贡献。我们要做的是积极接受这些变革带来的挑战。

也许我们每个人在疫情期间都经历了隔离。众所周知，当今时代，时间总是紧缺的资源，显然，疫情隔离期间，正是思考改变自己的时刻——除非我们希望隔离后的社会在精神层面出现病态。这段时间，我们已经学会了关注简单但真实的事情，比如简单的笑容、周围人的善意之言等。我们深刻意识到与周围的人正常且充分地沟通是一门艺术，需要耐心、谦虚和真诚。

（伊斯卡拉·曼多娃译）

第二章

“疫”后新文明

人类历史上，每次重大的灾疫都会改写世界文明的进程与交流方式。14 世纪肆虐欧洲的“黑死病”让文艺复兴运动得以乘势而起；1755 年的里斯本地震引发了启蒙主义哲学家伏尔泰、卢梭等人关于宗教与社会、人与自然的关系等问题的深刻思考。这一次，新冠疫情又会开启一个怎样的文明交流新纪元呢?

本章将对后疫情时代的人文交流发展进行广泛探讨。探讨疫情给人文交流和艺术发展带来的影响，专家和学者们产生了哪些新的思潮，联合国教科文组织、世界各国的文化部门、全球的文化交流机构分别在疫情中有哪些坚守，而当代青年又对因疫情出现的文化现象有着怎样的思考。

【本章聚焦】

焦点一

新冠肺炎疫情的暴发，给全球人文交流和艺术发展带来哪些影响？

焦点二

疫情给全球化带来哪些鸿沟？全球化给疫情带来哪些助益？

焦点三

互联网如何改写文化艺术的传播路径？如何重新定义人与人之间的距离？

焦点四

全球文化机构如何应对疫情大考？

焦点五

孔子学院付诸了哪些有益实践？

【大事记】

2020年1月25日，中国的农历新年第一天，故宫博物院宣布：因新型冠状病毒感染的肺炎疫情防控工作需要，为避免人员聚集引发交叉感染，故宫博物院即日起闭馆。随后，国家博物馆、国家图书馆、鸟巢国家体育馆、中国美术馆等纷纷发布闭馆公告，开放时间未知。

2月7日，面对新冠肺炎疫情，原定于3月19日至3月21日在香港举行的巴塞尔艺术展宣布取消。[1] 巴塞尔艺术博览会被誉为“世界艺术风向标”，展会从瑞士小城巴塞尔出发，横跨欧洲大陆，扫过美国迈阿密海滩，继而调转风向拥抱亚洲，落户香港。如若不是突发的新冠肺炎疫情，2020年将是巴塞尔艺术博览会进驻香港的第八年，也是巴塞尔艺术展自1970年诞生的50周年。

2月8日，2020年中国农历鼠年元宵节。中央广播电视总台《2020年元宵节特别节目》一改往年传统，以歌舞、情景报告、配乐诗朗诵、现场连线等多种形式，聚焦疫情防控一线。现场没有一位观众，但每一个坐在屏幕前观看的人都被全国人民众志成城的强大精神力量深深震撼。[2]

3月8日，意大利政府出台紧急命令，博物馆和文化遗址都将关闭。即将举行的“纪念拉斐尔逝世500周年大展”，也不得不临时关闭。[3]

---

[1] 搜狐.2020年香港巴塞尔艺术展正式取消！2021年见.(2020-02-08).https://www.sohu.com/a/371435932_407898.

[2] 腾讯.央视元宵特别节目鼓舞人心 现场无观众却看哭无数国人.封面新闻，(2020-02-08). https://new.qq.com/omn/20200209/20200209A011EQ00.html?pc.

[3] 网易.全球博物馆闭馆数量再增！欧美18个国家的博物馆现状如何?(2020-03-16). https://3g.163.com/news/article/F7S7KU0F0514E1IF.html.

3 月 12 日，据 The Athletic 报道，美国国家篮球协会（NBA）爵士队中锋鲁迪 - 戈贝尔的新冠病毒检测呈阳性。为此，NBA 宣布无限期停赛一个赛季。随后，以“疯狂三月”（March Madness）大学篮球锦标赛而闻名的美国大学生篮球联赛（NCAA）在第二天也采取了同样的行动。美国职业棒球大联盟、全国冰球联盟和美国职业足球大联盟等美国体育组织也都实施了旨在降低感染率的措施。

3 月 13 日，法国卢浮宫、奥赛博物馆、蓬皮杜中心和埃菲尔铁塔都宣布关闭，何时开放另行通知。原定于在 4 月 23 日展出的“德国文艺复兴时期艺术家——阿尔布雷希特·阿尔特多夫特展”和 5 月 6 日展出的“肉体与灵魂——从多纳泰罗到米开朗基罗”也将延期。

3 月 16 日，印度旅游部决定从 17 日起关闭所有由国家旅游部门直管的博物馆和名胜古迹，这一规定初步将执行到 3 月 31 日。受这一规定影响，泰姬陵、红堡、胡马雍墓等古迹都将暂停对外开放。[1]

3 月 18 日，法国文化部长弗兰克·里斯特（Franck Riester）宣布政府将拨款 2,200 万欧元支持因新冠肺炎疫情而遭受重创的文化艺术产业。在这项援助中，1,000 万欧元将用于音乐领域，500 万欧元用于表演艺术，500 万用于图书出版，以及 200 万用于视觉艺术方面。[2]

3 月 24 日，国际奥委会和东京奥组委共同宣布 2020 年东京奥运会延期举行。奥运会定于今年 7 月在东京开幕，但因为疫情，国际奥委会、运动员和东京奥组委等各个方面都面临着一个前所未有的局面，推迟举办所带来的后续问题，其复杂性远远超出预期。[3]

3 月 27 日，美国国会通过了美国现代历史上数额最大、高达 2 万亿美元的经济刺激计划。计划中包括给美国国家艺术基金会的 7,500 万美元和给美国国家人文基金会的 7,500 万美元，后者可以将资金分配给需要的机构。另有 5,000 万美元指

[1] 人民日报海外版 . 受疫情影响 印度将暂停开放泰姬陵等景点 . 央视网，(2020-03-17). http://m.haiwainet.cn/middle/3541083/2020/0317/content_31744019_1.html.

[2] 搜狐 . 疫情带来二战之后最大的挑战，各国出台救助政策，病毒给文明带来的创伤开始显现 . 艺术新闻 / 中文版，(2020-03-30). https://www.sohu.com/a/384228308_256863.

[3] 新浪体育 . 官宣：东京奥运明年 7.23 开幕 残奥会 8.24 举行 .(2020-03-30). http://sports.sina.com.cn/others/others/2020-03-30/doc-iimxyqwa4131188.shtml.

定给博物馆和图书馆服务研究中心。[1]

3 月 30 日，据中国文化与旅游部发布，各地政府针对文旅企业资金链紧张等难题，拿出“真金白银”帮助文旅行业解决眼前困难、恢复发展活力。上海将对旅游等困难行业企业员工每人补贴 800 元；广西将给予困难中小微企业财政贴息扶持；山东将安排 1.5 亿元用于文旅项目建设、文化惠民活动；辽宁省文化和旅游厅推动开展“春台行动”，帮扶文旅企业高质量恢复发展；四川省文化和旅游厅与四川省农村信用社联合社合作，将为文旅企业安排 150 亿元专项信贷额度；江苏无锡明确提出要对揽客有力的旅行社给予最高 200 万元奖励等。目前，各项资金支持正逐步落实，帮助企业渡过难关。[2]

4 月初，迪拜最大艺术博览会被取消后，阿联酋政府购买了价值逾 40 万美元的阿联酋艺术家作品，阿联酋外交部公共文化外交办公室是这次购藏的幕后推手，旨在帮助在新冠肺炎疫情中受影响的该国的文化领域。[3]

4 月 13 日，美国大都会艺术博物馆在闭馆期间迎来了 150 岁生日，同样在今年迎来建馆 150 周年纪念日的波士顿美术馆也关闭着。这对难兄难弟面临着惨重的损失：大都会艺术博物馆预计将损失 1 亿美元，而波士顿美术馆或将损失 1,200 万至 1,400 万美元（截至 6 月底）。大都会艺术博物馆筹划许久的 150 周年庆典、募捐晚会以及数千项活动纷纷取消。波士顿美术博物馆也在庆生活动过后短短两个月，宣布在 4 月 23 日到 6 月 30 日期间裁掉一半以上员工。[4]

4 月 14 日，联合国教科文组织发起了“分享我们的遗产”（Share Our Heritage）全球社交媒体运动。在“谷歌艺术与文化”的技术支持下，联合国教科文组织已启动一场线上展览。展出内容为分布在全球各地的数十处文化遗产。教科文组织将通过其网站上的线上地图和社交媒体提供最新信息，通报新冠肺炎疫情对世界遗产地

[1] 搜狐．疫情带来二战之后最大的挑战，各国出台救助政策，病毒给文明带来的创伤开始显现．艺术新闻 / 中文版，(2020-03-30). https://www.sohu.com/a/384228308_256863.

[2] 中国人民共和国文化和旅游部．各地真金白银促文旅恢复活力．中国旅游报，(2020-03-30). https://www.mct.gov.cn/whzx/whyw/202003/t20200330_852165.htm.

[3] 搜狐．各国真金白银援助艺术行业．莲福美术馆，(2020-04-03). https://www.sohu.com/a/385325370_120609100.

[4] 新浪时尚．大都会艺术博物馆 150 周年 特展与活动纷纷取消．界面新闻，(2020-04-17). https://fashion.sina.cn/2020-04-17/detail-iirczymi6817283.d.html?vt=4&wm=3049_0006725553768&pos=111.

的影响和他们的应对举措。受疫情影响，全球 89% 的国家的世界遗产地已经部分或完全对游客关闭。

4 月 19 日是第十一个“联合国中文日”，相关活动有声有色地在线上举行。联合国总部举办了中国传统诗词书画展示活动，孔子学院总部旗下“中文联盟”开设了中文示范课程，北京语言大学推出了“国际仓颉在线——全球中文信息共享云平台”，世界汉语教学学会发布了纪念视频，还有很多中文教育机构和汉语学习者进行了庆祝。这些纪念活动，为疫情期间的“中文日”带来别样色彩。

5 月 18 日，是国际博物馆日。据人民网报道，疫情期间，世界各国的博物馆少了人头攒动，多所博物馆以各种方式征集抗击新冠肺炎疫情的见证物，他们呼吁市民捐赠那些记录他们疫情生活的纸质和电子物品，收集到的点点滴滴将成为后人了解、研究这段历史的重要证物。

5 月 20 日，联合国教科文组织举办“全球新冠肺炎疫情背景下的青年担当”青年论坛特别对话，120 多名“一带一路”青年创意与遗产论坛往届与会代表在三场平行会议上就重要议题进行了深入讨论，分享了对新冠肺炎疫情各种影响的看法，并就如何将我们的社会“重建得更好”交流了意见。[1]

6 月 23 日，据外媒 CNET 报道，西班牙刚刚解除了为期三个月的封锁，Liceu 歌剧院的艺术家在 2,292 株室内植物面前上演了普契尼的《挽歌》(Crisantemi) 弦乐四重奏，结束后，植物们被捐赠给巴塞罗那大学医院 Hospital Clínic 的医护人员。这场演出被称为“生物世音乐会”，表达出一个相互关联的生命共同体的概念。

6 月 29 日，据《北京晚报》报道，美国纽约百老汇联盟宣布，由于新冠肺炎疫情的不可预测性，百老汇所有剧院将关闭至今年年底。

7 月 6 日，《联合早报》消息，英国政府将为文化与艺术机构提供将近 15.7 亿英镑的资金，以帮助因为新冠肺炎大流行和封锁措施而陷入瘫痪的表演艺术团体。

7 月 12 日，据《每日经济新闻》报道，今年 1 月至今，在中国，已有近 1.2 万家影视类企业被注销。调研公司 Moffett Nathanson 发布的 6 月研究报告显示，北美

[1] 搜狐．赵立坚：联合国“一带一路”沿线国家青年对话在线举办，各国青年点赞中国防疫成就．经济日报，(2020-05-21). https://www.sohu.com/a/396803696_120702.

市场2020年度票房收入预计将减少一半，从2019年的114亿美元下降到55亿美元，降幅高达52%。

【各家观点】

第一部分　跨文化交际在疫情背景下的挑战与应对

新冠肺炎疫情的暴发开启了一本“灾难历史”，各类文化活动取消、文化场地关门、人文交流停滞。跨文化研究者凯瑟琳说：“我们为培养世界公民、促进文化间交往和流动等理念所做的一切努力都白费了，都被新冠病毒冲走了。”这一部分，你将看到跨文化研究学者如何开始重新思考他们的历史使命；艺术家们如何为艺术找到抵达受众的新方式；成长于互联网时代的年轻人如何向内探索，挖掘国境关闭、城市封锁之下，人与人之间的新关系。

跨文化研究者应该如何回应新冠病毒造成的人类危机？

麦克·拜勒姆（Michael Byram）

杜伦大学荣休教授、卢森堡大学教授

疫情期间，在德国生活多年的法籍同事凯瑟琳带着自己的两个已成年的孩子滞留在哥斯达黎加，随着新冠病毒危机的加剧，法国和德国当局用包机将自己本国人接回国，凯瑟琳一家也急于想回国。凯瑟琳持有法国护照，但法国当局不让她乘坐法国包机，因为她长期居住在德国。两个孩子既有德国护照也有法国护照，所以德国当局起初只允许她的孩子们登机，但拒绝凯瑟琳登机，因为她只持有法国护照，没有德国护照。在欧盟的“欧洲无国界”口号中，法国人去德国旅行或居住在德国并不需要德国护照，但突然之间，国与国的边界又出现了，幸好凯瑟琳携带了一份证明她住在柏林的文件，最后，负责登机的德国官员的同情心占了上风，让她“作为孩子的母亲”登上了飞往德国的飞机。[1]

在危机来临的时刻，欧洲的理想消失了，民族主义重新登场。幸好人们认识到凯瑟琳不仅是一个国家的公民，而且还是一位母亲，情势才得以缓和。凯瑟琳也是一位跨文化研究者、一位大学教师，她说：“我们为培养世界公民、促进文化间交往和流动等理念所做的一切努力都白费了，都被新冠病毒冲走了。”那些将当代世界描述为“超级多样化”的人最喜欢的两个词是：“液态”“流动”。正如凯瑟琳所写，如今（“液态”）已“凝固成国家护照”。这是跨文化研究者面临的一个重大挑战，因为他们臆想我们生活在一个“后现代”世界中，现代性的“宏大叙事”和欧洲启蒙运动被认为不再与后现代相关，然而现实并不总是应验学者的分析和热情。他们该如何对当下现实做出回应呢？

这不仅仅是欧洲的问题。在退出欧盟的英国国内，各类偏见很快就出现了。东亚裔的英国人开始感到害怕“外国人”——事实上“外国人”也一样害怕他们——这对东亚裔来说是一种全新的、不幸的经历，因为以前偏见都是针对南亚裔的：

詹森·恩根和他的兄弟在曼彻斯特皮卡迪利车站搭便车时无意中听到“如果这些家伙朝我们打喷嚏，我们就有麻烦了”。詹森是法律顾问，他说他在曼彻斯特出生并长大，那里有 7,000 多中国人，冠状病毒引发的反亚裔的种族主义到了“令人震惊”的程度。

恩根说：“这针对的似乎是整个族群，完全暴露出这些对中国人或者至少是任何看起来像中国人的人的潜在偏见。在当今这个时代真是令人震惊，太明目张胆了……”

我可以不受惩罚地批评我自己国家存在的偏见，我赞成塞缪尔·约翰逊（Samuel Johnson）看法，隐藏在爱国主义背后的沙文主义——“不管我的国家是对还是错”——是“无赖最后的庇护所”。然而，偏见并非某个国家专有，无赖到处都有。

[1] 来自与凯瑟琳·杰格（Catherine Jaeger）私人交流。

我可以很容易地举出其他国家的例子，但每个人都享有批评自己国家的特权；无须我为他们这样做。

总之，跨文化主义和国际主义正受到民族主义和沙文主义的挑战。和谐、合作和追求人类共同目标的理想——无论对“他人”还是“自己”而言——都面临着只关心“自己”和排斥“他人”的挑战，面临着争相购买最多口罩、动用金融超级力量和拥有“最佳”统计数据的竞争。难道这是跨文化主义和国际主义的终结吗？

随着 2020 年 4 月危机的肆虐，“世界将永远不再是原来的样子”这句预言在我们周围反复回响。是否一语成谶还有待观察。在 1918 至 1919 年那次“西班牙流感”之后，人们做出的回应是诞生国际主义——有别于俄国革命和国际联盟的形式——而不是今天的民族主义。为什么反应如此不同，这是留给未来历史学家的一个问题。但我们现在确实知道，1918 至 1919 年的大流行病，造成至少 5,000 万平民死亡。在此之前，政客们鼓吹的民族主义日益泛滥，第一次世界大战造成了 2,000 万士兵阵亡，引用英国的说法是“驴牵狮子”的荒唐。国际主义是对民族主义所造成的破坏而做出的反应；当前的民族主义似乎是对全球化做出的反应。历史不会重演，但历史确实警告过我们要小心做出预测。我们不知道“世界是否将永远不再是原来的样子”，只是在一般的意义上讲，世界也不会再是“原来的样子”，我们当然也不知道将来世界到底会是什么样子。跨文化研究者要扮演一个角色，但我们现在还不知道是什么角色。

一、理论遭遇现实

凯瑟琳的经历是对理论的挑战。她经历的现实挑战了声称能洞察和分析“后现代”世界中社会变化的理论，也挑战了为指导“跨文化教育”而发明的跨文化能力理论，这些理论告诉研究者和教师如何培养年轻一代——也许还有成年一代——使其为“后现代”世界做好准备。

第一个挑战并不稀奇。在科学领域，任何理论都必须不断变化以适应新的发现，“后现代”理论也需要对复兴的民族主义和“现代性”回归的现实做出回应。第二个挑战是对跨文化教育理论的挑战，这一挑战却有所不同。大多数跨文化教育模型和理论框架都是基于这样的（通常是较含蓄隐性的）概念，即我们需要跨文化能力来克服文化差异，而文化差异又往往被视为国家与国家之间的差异，尽管后现代理论对此加以强烈批评。当国家边界似乎随着全球化而消失时，其他类型的边界就成了聚焦点：性别、种族、宗教、阶级和政治站位等，需要克服的差异是与这些或其他实体认同方面的差异。国家边界、民族主义意识形态和民族身份的重新出现意味着尽管其他因素仍然很重要，但跨文化（交际）能力理论必须再重新重视国与国之间的沟通交际。

这些都是在学校和大学等学术机构的教师及研究人员面临的挑战。他们是否应该在他们学术机构的围墙之外也做出回应呢?

二、跨文化研究者 / 教师的回应

跨文化研究者对边界问题的关注应该使他们能够意识到，他们教学的教室四周的围墙和他们从事研究的图书馆、研讨会室等场所的边界围墙只是实体墙。这些机构的实体墙总有允许进出外面世界的门。虚拟世界的到来使边界墙更具穿透性。因此，他们在墙的一边所做的工作与另一边的事件息息相关，反之亦然。大学与大学所在的直接和不太直接的社区之间的“迁移转化”这一观念——可以说，他们也应该“服务”其社区——并不新鲜，特别是在自然科学和技术以及社会科学方面。人文科学反映比较缓慢。跨文化研究与教学既存在于社会科学领域，也存在于人文科学领域，早已与隔墙的世界保持着互动。跨文化研究者与商界的互动由来已久，早已司空见惯。

教师研究者对新冠病毒危机的反应应该也没有什么不同。除了修正理论外，他们还应该运用理论来批判性地分析社会和社会群体之间发生的事情，并提出行动建议。例如，凯瑟琳所描述的事件和报纸所报道的事件都是偏见发生过程的实例，跨文化研究者很了解偏见产生的过程，如果要从根本上逐渐削弱日常生活里的人们的偏见，跨文化研究者知道该推荐什么。他们可以建议他们的学生和其他人寻求接触那些被政客污名化的人，而不是回避他们；这种接触可以是虚拟的、可见的，不仅限于面对面的接触。因为跨文化理论告诉我们，“反对”一群人并疏离他们是向导致排斥、暴力和最终种族灭绝的方向迈出的第一步。保持接触会阻止人们一步步滑向下一个暴力阶段。从理论中获取的洞察力可以也应该迁移转化到现实生活里，正如现实经历可以而且应该影响理论的发展一样。

值得注意的是，这种分析是批判性的分析，不是无关利益的。批判性的分析发起的挑战指向现实经验。“批判性思维”不仅仅是冷静的、不带偏见的纯智力活动；这样的批判性引发变革和完善。“完善”意味着“更好”的愿景，是关于哪些方面需要改善的一套信念或意识形态。首先，这种批判性可以并应该指向自身以及自己的思考；其次，也应该指向自己从事研究的学科领域——在我们的案例中就是跨文化研究；第三，它应该指向一个人生活的社会和社区，无论大小，地方的还是国家的，甚至更大的国际社会和整个全球。“开放国际主义”就是一个突出有代表性的世界愿景，表达一种乐观的信念，相信独立的国家和自主的个体在不丧失独立和自主的情况下能够而且应该为创造和平与繁荣以及一个健康的世界进行合作，而不是竞争。

作为批判性思考的结果，跨文化研究者可以选择“参与担当”，这一概念来自于法国的“责任担当”的传统，例如让-保罗·萨特等人的“文学担当”（littérature engagé）概念。作家、知识分子、学者以两种独立但相关的方式活跃在社会中：把他们的思想和理论聚焦在社会问题和社会危机上，并采取行动。教师也可以成为“担当者”，鼓励学生参与“社区行动”。无论是通过理论上的批判分析，还是通过将理论迁移到他们的大小社区生活，大家都成为“积极的/有责任感的公民”。国际问题可以通过利用跨文化能力和积极的跨文化公民身份开展国际合作得以解决。如果他们看到需要解决的问题只能通过改变社会结构来解决，那么他们作为“积极的/有责任感的公民”所从事的工作就从社会参与转变为政治参与。这是另一种不同程度的参与方式，需要一种新的、有高度的批判性。

结　语

对于跨文化研究者来说，跨文化主义和国际主义的理论明确告诉他们，批评和参与应当促进国家和国家之间以及国家民众之间的合作而不是竞争。凯瑟琳所经历的以及报纸上报道的民族主义是跨文化研究者所不齿的，许多从事跨文化研究的人认为民族主义正在衰亡，只存在于个别国家和“无赖”的思想中，比如唐纳德·特朗普和维克多·奥班之流，他们斥之为“民粹主义”，意味着民粹主义者的思想是落后的、没有得到教化的，容易受到当权者的操纵。“民粹主义”标签意味着“我们”

比他们看得更明白，“我们”的前瞻性的愿景将必然获胜。当各国领导人经常谈论着文化交流和世界共同体之时，民族主义的兴起的确是一个令人震惊的现象，这股充满偏见的沙文主义暗流在危机的压力下赫然浮出水面。

跨文研究者必须更新他们的分析和理论，在理论和实践中都应该成为“有担当的参与者”。如果说这场新冠病毒危机给了我们什么启示，那么它至少告诉了我们这一点。

（王丽虹译）

乔姆斯基：在自我隔离中提问，我们想要生活在怎样的世界中？[1]

诺姆·乔姆斯基（Noam Chomsky）/ 斯雷科·霍瓦特（Srecko Horvat）

近日，正在美国亚利桑那州自我隔离的诺姆·乔姆斯基（Noam Chomsky）接受了 DiEM25 TV 主持人斯雷科·霍瓦特（Srecko Horvat）的邀请，分享了他对于本次新冠肺炎危机的反思与看法。乔姆斯基表示，当前的疫情值得人们认真对待，但是人们也应该意识到，疫情背后，人类也正在面临核战争威胁、全球变暖和民主衰退等一系列更为可怕的威胁。与此同时，乔姆斯基表示本次疫情已经将“新自由主义”所带来的社会与经济问题暴露无遗，他相信在不远的将来，许多国家都将做出重大转型。乔姆斯基认为，当下人们的首要任务，应该是利用被隔离的这段时间，仔细找寻“我们想要生活在什么样的世界中”这一问题的答案。

斯雷科·霍瓦特：您生于 1928 年。您在年仅 10 岁时就写下了关于西班牙内战的第一篇论文。事实上，那发生在巴塞罗那被攻下之后的 1938 年。您经历过二战，见证了发生在广岛的核爆。您同样见证了许多的政治、历史事件：例如越南战争、石油危机、切尔诺贝利核事故、推倒柏林墙、911 事件和 2008 年的金融危机。对于您这样一个见证了许多历史和政治事件的学者和个人而言，您是否认为本次新冠病毒是一次史无前例的危机？您是否对此感到惊讶？您又是怎样看待这次危机的？

乔姆斯基：应该说，至今困扰着我的最早的回忆发生在 19 世纪 30 年代。就是

[1] 澎湃新闻．乔姆斯基：在自我隔离中提问，我们想要生活在怎样的世界中？(2020-03-31). https://www.thepaper.cn/newsDetail_forward_6769405.

您提到的，在巴塞罗那倒台时我所写那篇文章，它主要是关于“法西斯瘟疫”在整个欧洲的无情蔓延，以及它将如何结束。后来，当内部文件被发布后我才发现，美国政府的分析家在当时及随后的几年里也预期战争将会结束。战争将以这个结局结束：世界被分为美国主导的区域和德国主导的区域。因此，我儿时的恐惧并没有被完全消除。这些回忆现在又回来了。我记得，当我还是个孩子的时候，在收音机里听希特勒召开的纽伦堡集会，我听不懂那些词，但是你可以很容易地理解那种心情和感受到威胁。我不得不说，我今天听唐纳德·特朗普集会时的讲话，又引起了我对于那段回忆的共鸣。特朗普不是一个法西斯主义者，他没有太多的意识形态，他只是一个有着反社会人格的个人，是一个只关心自己的人，但是那种情绪和恐惧是相似的。现在国家和世界的命运被掌握在一个反社会的丑角（sociopathic buffoons）手中，这令人震惊。新冠病毒已经足够严重，但值得回顾的是，还有两个更大的威胁正在逼近。我们正在走向灾难的边缘，而它远比人类历史上发生过的任何事情都要糟糕。唐纳德·特朗普和他的奴才们在争先恐后步入深渊方面，已经处于遥遥领先的位置了。实际上，我们面临着两个巨大的威胁。其中之一是核战争威胁变得越来越大，由于遗留下来的军控体系被撕毁（tearing what's left of the arms control regime），核战争威胁变得越来越大；另一个当然是日益增加的全球变暖的威胁。这两种威胁都应该可以被解决，但是我们剩下的时间已经不多了。新冠病毒非常可怕，可能会带来难以预料的后果。但是我们要意识到，有的事情是可以恢复的，而有些事情将不可能被恢复，它们已经完结了（It's finished）。如果我们不好好处理这些问题，我们就完了。所以，童年的记忆又开始回来纠缠着我，但这次，这些回忆却是从另一个层面袭来。核战争的威胁并没有使人知道世界所处的真实位置（where the world really is）。回看今年 1 月，就像你们知道的，每年“距离世界末日的时钟”都会重新被设定，其分针被重新设定在离午夜有一定距离的位置上（午夜意味着世界的终结）。但自从特朗普当选以来，分针已经越来越接近午夜了。去年，分针距离午夜只有两分钟的距离。这是历史最高纪录，与曾经达到的最高水平一样。今年，分析师把分针换成了秒针，我们距离午夜只有 100 秒。这是最接近的一次。我们可以看到三件事：核战争的威胁、全球变暖的威胁和民主的衰退。民主的衰退看似不属于这个分类，但它确实有着直接的影响，因为民主是我们唯一的希望，民主将会让我们克服危机，并让公众控制他们的命运。如果那没有发生，我们就注定要失败。如果我们把命运交给那些反社会的丑角，我们就完了。这已经（离毁灭）很接近了，特朗普的出现是最糟糕的事情，这是因为美国的力量是压倒性的。我们谈论的是美国的衰落，但如果你去观察世界，你却看不到美国的衰落。美国像刽子手一样，实施着破坏性制裁。美国是唯一可以这样做的国家，每个人都必须遵循它的规则。欧洲可能不喜欢、事实上讨厌针对伊朗的行动，但他们必须追随主人（master），否则他们就会被赶出国际金融体系。这不是自然法则，这是欧洲的一个决定，要服从于华盛顿的主人；至于其他那些国家，他们甚至没有选择。

回到冠状病毒，它最令人震惊，最残酷的一面，就是使用制裁，最大限度地增加痛苦，而且这完全是有意识的行为。由于收紧制裁的束缚（stranglehold of tightening sanctions），伊朗陷入了一个巨大的内部问题中。这些制裁是有意识地被公开设计出来的，现在使受害者痛苦不堪。从古巴获得独立的那一刻起，古巴就一直饱受其苦，但令人惊讶的是，他们幸存了下来，仍保持着韧性。而这次病毒危机中最具讽刺意味的一点是，古巴正在帮助欧洲。我是说，这太令人震惊了，不知道该怎么形容它。德国不能帮助希腊，但古巴可以帮助欧洲国家。如果你停下来想想这是什么意思，你会发现自己无法用语言来解释它。就像当你看到成千上万的移民和难民，他们逃离一个遭受了数百年苦难的地区，却最终被送往地中海地区，然后在那里死去。你不知道使用什么样的词汇去形容这样的事情。对这场危机而言，此时西方的文明危机是毁灭性的。回想起来，这确实让人想起童年时代听到希特勒在收音机里对着喧闹的人群胡言乱语的情景。这让你怀疑（人类）这个物种能否存活下去（viable）。

斯雷科·霍瓦特：您提到了民主的危机。此时此刻，我认为我们发现自己也处于历史上前所未有的处境。在某种意义上说，几乎有20亿人，这是我今天发现的数字，或多或少被限制在家里，无论是以隔离、自我隔离还是疾病隔离的方式。世界上有近20亿人住在家里，如果他们足够幸运有个家的话。与此同时，我们可以看到的是，欧洲，以及其他国家，关闭了他们的边界，不仅是内部的，而且还有外部的边界。我们所能想到的所有国家（都实行了封锁），这意味着许多国家都实施了宵禁，例如法国、塞尔维亚、西班牙、意大利和其他国家。军队驻扎在大街上。我想请问作为语言学家的您一个有关于现在流行的语言的问题。如果您不光去听特朗普的演讲，如果您去听马克龙以及其他一些欧洲政客的演讲，您会经常听到他们谈论“战争”。甚至媒体都说医生都位于第一线的“前线”（front lines），而病毒也被称为敌人。这让我想起了二战(幸运的是这不是我童年的记忆)时期所写的一本书：维克多·克莱普勒的《第三帝国的语言》（Victor Klemperer, *Lingua Tertii Imperii*）。这本书是研究第三帝国如何通过语言加强意识形态的宣传。那么，从您的角度来看，关于战争的语言给了我们什么启示？为什么他们把病毒当作敌人？这仅仅是将新的例外状态合法化还是有更深层次的原因呢？

乔姆斯基：我认为这并不夸张。它具有一定的意义。意思是，如果我们想应对危机，就必须转向战时动员，以及采取类似的行动。因此，如果您联想到一个像美国这样的富裕国家，它有资源来克服当前的经济（形势问题）。第二次世界大战的金融动员，使美国背负的债务比今天预期的要多得多。那是一次成功的动员，使美国制造业实际增长了三倍，并结束了经济萧条，使该国有了发展的能力，而不是仅仅背负着债务。但我们需要的可能不像战争动员那么多，并不是说抗疫是一场世界大战，而是我们需要一种运动，一种社会（动员）的心态，来克服短期的严重危机。此外，我们还可以回想起2009年的猪流感疫情，该疫情起源于美国。数十万第一批被感染的人从最坏的情况中恢复过来，人们意识到（猪流感疫情）必须得到解决。那发生在一个像美国这样的富裕国家。现在有20亿人在隔离，其中大多数在印度。对于印度人来说，他们过着停手停口的生活，他们孤立无援，随时可能饿死。在文明世界中，富裕的国家将向需要帮助的人提供援助，而不是扼杀他们（这是我们正在做的事情）。这样的扼杀集中发生在印度，但在世界许多地方也上演着同样的事情。这种危机是否会在像印度这样的国家内（持续暴发），我不知道。要记住，按照目前的趋势，如果它们在南亚持续蔓延，南亚将在几十年之内变得难以生存。今年夏天，拉贾斯坦邦（Rajasthan）的气温达到了50度，并且还在持续上升。现在，水质变得更糟了；两个核大国将在针对减少供应水的限制方面展开斗争。我的意思是新冠肺炎非常严重，我们不能低估它，但是我们必须记住，这只是即将到来的重大危机中的一小部分。它们可能不会像今天的冠状肺炎那样直接杀死生命，但它们会破坏生命，使这个物种无法存活，而且这一切不会发生在遥远的未来。因此，我们有许多问题需要处理。眼前的问题是，新冠病毒很严重，必须加以处理，而且还有一个更大的问题正迫在眉睫：我们现在面临着一个文明的危机。因为新冠病毒我们现在有时间去思考我们究竟想要一个什么样的世界。我们想要这样的世界吗？我们应该考虑这场危机的根源。为什么会发生新冠病毒危机？它来自于巨大的市场失败。它可以追溯到市场的本质，新自由主义带来的深层的社会经济问题，野蛮的新自由主义使市场加剧恶化。众所周知，人们认为大流行很可能发生，一种由SARS改变而来的大流行很可能会暴发。15年前，SARS被攻克了，病毒被鉴定、测序，我们终于有了疫苗可用。那时，世界各地的实验室可以着手开发针对潜在冠状病毒大流行的保护措施。他们为什么不那样做？因为市场给出了错误的信号。我们将命运交托给了私人暴君——制药公司，而他们是对公众不负责任的公司。在这种情况下，对大型制药公司来说，制造新的润肤霜远比研发保护人类免受彻底破坏的疫苗更有利可图。相较于战时动员，政府介入药物研发似乎是不可思议的，这就是正在发生的事情。我清楚地记得，在当时，脊髓灰质炎是一个可怕的威胁，但它被罗斯福政府支撑的政府机构所发明的Salk疫苗终结。Salk疫苗没有专利，向所有人开放。他们这次也可以这样做，但新自由主义瘟疫（neoliberal plague）阻止了这样的做法。我们生活在这样的意识形态之下，经济学家对此负有很大责任。新自由主义试图让我们摆脱政府，这意味着，让我们将对公众做出决定的权力移交给不负责任的私人暴政。在大西洋的另一边，撒切尔曾告诉我们，在这样一个社会中，个人必须因为某种原因被扔进市场以求生存，除此之外，个人别无选择。世界被富人困扰了多年，而现在正是改变的时候。我们有可以采取的措施，例如政府直接干预Salk疫苗的发明。但由于意识形态的原因（新自由主义的瘟疫），这样的做法是被禁止的。

现在的关键是预防这种新冠病毒的流行。事实上，政府有许多可供阅读的信息，实际上病毒早在暴发之前的2019年10月就被发现。美国机构通过预测该瘟疫在美国范围内的传播情况，对瘟疫在世界范围内的传播情况进行了预测。但是，政府与官方机构没有继续制定相应的后续措施。现在，由于政治体制的背叛（treachery），危机变得更加严重。我们没有注意到他们所能知道的信息。12月31日，中国向世界卫生组织报告新发现的特殊肺炎，其伴随着病因不明的症状。一周后，一些中国科学家将这种病毒鉴定为新型冠状病毒。此外，他们对其进行了排序，并将信息提供给了全世界。那时，病毒学家和其他不愿阅读世界卫生组织报告的人都知道它们是新冠病毒，并且知道如何处理。他们做了什么吗？好吧，是的，有些国家采取了行动。中国、韩国、新加坡开始行动起来，通过很多遏制措施，至少抵御住了第一波瘟疫的暴发。

在某种程度上，这是在欧洲发生的：及时采取行动的德国拥有自由主义下的医院系统，具有多余的诊断能力（did have spare diagnostic capacity），以高度自私的方式行事——它没有帮助别人，但至少对自己有合理的控制。其他国家则忽略了它。这些国家中，较为糟糕的是英国，最糟糕的是美国。据某人在某天所说：没有危机，它就像流感一样。第二天他说道：这是一场可怕的危机，而我从一开始就知道了。第三天他又一次改口：我必须让企业来处理它（give it for business），因为我必须赢得选举。这个世界被这样的观念所掌握，这令人震惊。但要指出的是，它是从巨大的市场失灵开始的，它指出了社会经济秩序中的基本问题，但新自由主义瘟疫使它更加恶化，伴随着各种功能性结构（如果它们起作用的话，可以对处理瘟疫有帮助）的崩溃，这种情况还在继续。这些主题是我们应该认真考虑的，正如我所说，我们应该更深入地思考我们想要生活在什么样的世界中。如果我们以某种方式克服了问题，那我们将会有条件做出选择。

选择的范围从建立高度专制的野蛮国家，一直到激进地重建社会和实施更人道的条款，关注人类对私人利益的需求。我们应该记住，高度专制的邪恶国家是与新自由主义相容的，事实上，新自由主义的大师们，从米塞斯到哈耶克都对大规模的国家暴力非常满意，只要它支持他们所谓的健全的经济。新自由主义起源于20世纪20年代的维也纳，米塞斯对它被掌握在奥地利国家的原法西斯主义者的手中，并粉碎了工会和奥地利的社会民主制度高兴不已，他赞扬了法西斯主义，因为其保护健全的经济。当皮诺切特在智利建立了一个如刽子手一般的残暴独裁政权时，他们（新自由主义者）都对此表示喜爱。他们都在那里战斗，帮助创造了这个“奇迹”（helped out of this marvelous miracle），它通过伤害一小部分人口，带来了健全的经济和巨大的利润。所以，一个野蛮的新自由主义体系可能会被“自称为自由主义者”的人用强大的国家暴力重新建立起来，这样的想象并不过分。这是一个可能会发生的噩梦的一部分。但这样的做法并不是必须的，人们可以通过组织，参与的方式，（就像许多人做的那样）带来一个更好的世界。但是，这也将面临巨大的、即将而来的问题，核战争比以往任何时候都离我们更近，环境灾难的问题也无法轻易恢复。一旦我们到达那个阶段，除非我们果断地采取行动，否则我们将无法直面这两个问题带来的、近在咫尺的毁灭。所以，现在是人类历史上的一个关键时刻，不仅仅是因为冠状病毒，我们应该认识到世界的缺陷与不足，整个社会经济的功能失调的深刻缺陷。如果要生存的话就必须解决这些问题。因此，这可能是一个警告、一个教训，不仅是让我们在今天来应对它（新冠），防止其进一步的爆炸，而且要想想它的根源，想想这些根源将如何导致更多甚至是比这更严重的危机。

斯雷科·霍瓦特：既然我们没有多少时间了，我想提最后一个问题。我们在社会运动和动员中很活跃，利用人与人之间的物理的和社会的亲密关系（physical and social closeness）进行了几十年的活动。但是现在我们突然都要去习惯这个被称为“社会距离”（social-distancing）的东西。因此，我的问题是，您如何看待在保持“社会距离”情况下，社会抵抗运动未来发展的前景？在我们可能不得不自我隔离或在家里待上几个月甚至一到两年的情况下，您对世界各地的进步人士、活动家、知识分子、学生、工人有何建议？在这种新情况下我们如何组织运动？而且，您能否告诉我们，您是否看到未来全世界不进入“全球威权主义”的希望（global authoritarianism）？这种开放的历史局面是否会导致世界的彻底变革，让我们建立一个更加绿色、平等、公正和团结的世界？

乔姆斯基：首先，我们应该牢记，在过去的几年中出现了一种自我隔离的形式，这非常有害。现在，您进入麦当劳，看看一群围坐在桌子旁吃着汉堡的青少年。您看到的是，他们同时在进行两种对话。一种，是他们之间进行的浅谈（shallow discussion）；另一种，是每个人都在他的手机上，和一个同样与朋友一起的、很远之外的人进行着对话。这在很大程度上将人原子化和孤立化。撒切尔夫人提出的原则——没有社会，已经升级了；被滥用的社交媒体使人们变成了非常孤立的生物，对于年轻人而言尤其如此。实际上，现在在美国，有的大学的人行道上设有提醒人们抬头的标示。因为每个孩子都在边走边盯着手机。那是一种自我诱发式的社会孤立，这是非常有害的。我们现在处在真正的社会孤立状态。必须通过以任何可行的方式重建社会纽带来克服它，以一切方式去帮助有需要的人。联系他们，发展组织，扩大分析范围。在让它们发挥作用之前，我们要为未来制订计划，在互联网时代，我们要尽可能地把人们聚集在一起，一起讨论，一起找出他们面临的问题的答案，再一起解决问题，这是可以做到的。它不是面对面的交流（尽管这对人类来说是必不可少的）。但是面对面交流会被剥夺一段时间，你可以把它搁置起来，找到其他方法，继续进行交流，实际上是扩大和深化所开展的活动。这可以做到，尽管绝非易事，但人类过去也面临过问题。

（澎湃新闻记者龚思量译）

以保加利亚为例，谈疫情催生的艺术变革

普拉门·列格科斯图普（Plamen Legkostup）
保加利亚大特大学前任校长

新冠肺炎疫情的暴发对政治、经济、教育和文化等各个领域造成了不可预测的恶果，这不仅是对保加利亚，也是对全世界而言。保加利亚艺术家以及其他国家的艺术家都意识到文化对于发展社会经济和社会关系的重要性。直到疫情之前，许多人还认为艺术品的数字访问对正常的社会生活没有意义。但是现在改变已经来到，目前我们能在线观看歌剧、音乐会、戏剧表演，并在画廊中进行虚拟散步。实际上，人们在隔离期间比以往任何时候都更容易获得文化，病毒让人类被迫隔离，但也同样促使人们团结在一起，比如许多世界上权威的服务机构在疫情期间免费提供其产品。保加利亚的许多文化机构都用手势与观众互动。

最早的是“复兴”市政剧院的演员，他们于 3 月 10 日在一个空荡荡的大厅前播放了他们的剧作“瓦尼叔叔”,线上同时观看的人数达到了 3,600 余人。在同一天，瓦尔纳歌剧院也现场直播了其表演。在早前的 3 月 8 日，即新冠病毒正式越过保加利亚的边界之日，索非亚“爱乐乐团”宣布：被取消的大厅音乐会将被广播形势的音乐会录音代替。不同的社交网络平台为保加利亚的观众在家里提供了戏剧表演、音乐会和歌剧的精选节目。除了 Facebook 和 YouTube 网页上正在进行制作的节目之外，有的机构还发起了“剧院阅读”活动——即每天提供一段录像带，供选定的演员阅读或观看自己喜欢的作品。

看书是隔离期间人们的另一种娱乐方式——早前一些出版社发布了免费的电子

书，同时纸质版的书以较便宜的价格继续出售。由于全国各地的书店在疫情期间不营业，出版社建议读者直接从其网站上订购书籍。然而，根据3月22日至24日对艺术和文化人士的调查，保加利亚独立文化成分在2020年上半年将蒙受750万列弗的损失，这个数字对保加利亚来说并不小。预计2020年度全球文化的损失也将非常巨大。联合国教科文组织称，由于疫情，联合国教科文组织《世界文化与自然遗产名录》中有89%的遗址被关闭。

很多艺术家在线展示自己的作品，例如我的展览“中国印象”开幕两天后，画廊就被隔离了，我不得不在虚拟环境中展示画作。其他艺术家通过“FLASHMOB”的形式展示他们的作品。例如，一位作者在社交网络上展示他的七幅画，为期一周，同时每天邀请另一位艺术家参加。利用诸如此类的方式，画家还可以通过游戏形式来推广艺术，保证人们即使被隔离，也能欣赏到艺术作品。此外还有与文献有关的倡议，如一周之内，不需要批注，直接上传你最喜欢的书籍的封面。大家通过线上交流心得，目标也是促进文学知识的沟通与了解，使居家生活更丰富愉快。

除了上述的线上交流，一些作者还发起了“防范病毒绘画”活动，其中包含免费在线教程。这些教程每天在特定时间通过Facebook进行直播。事实证明在隔离条件下，仍可以通过社交网络组织比赛，比如国际慈善项目——“儿童帮助儿童”。该项目收集儿童绘画，直到隔离期完全结束为止。

大特尔诺沃大学教育学院的另一个有趣倡议是组建“大学生读者和儿童读者”的圈子，该圈子于5月2日启动了一系列在线研讨会，专门针对5月24日举行的保加利亚教育文化节和斯拉夫文字节。圈子中的成员，即VTU的学生，将与意大利、西班牙、塞浦路斯的保加利亚的留学生、老师和家长一起阅读，孩子们自己也将展示他们最喜欢的简短读物和歌曲。

疫情隔离期结束后，一些倡议、技术和工具可能将不再持续下去，但如果人们从另一个角度来看文化、艺术的变革过程，我相信本文提及的很多举措还将在发展领域起到关键性的作用。

（伊斯卡拉·曼多娃译）

那时，你身在何处？

奥斯卡·霍顿·钱德勒（Oscar Horton Chandler）
英国谢菲尔德大学硕士研究生

“她调暗了房间入睡；她醒了，又把房间调亮；她和朋友们一起吃东西，交流思想，一起听音乐，听讲座；她把房间调暗，睡着了。机器嗡嗡作响，在她的上方、下方和四周环绕着她，从不停息；她并未注意到这些声响，因为从她出生起，耳边就伴随着这些声音。地球载着她，嗡嗡作响，却犹如在寂静中疾驰，把她带向隐形的太阳，现在，又去向看不见的星星。她醒了，把房间调亮了。”

——福斯特《机器休止》

熬过那些“那时你身在何处”的历史时刻总是荒诞而真实，尤其当这些时刻长达数月之久。双子塔被袭击时你在哪儿？柏林墙倒塌时你在哪儿？股市崩溃时你在哪儿？东北鼠疫期间你在哪儿？冠状病毒大流行期间你又在哪儿？我一早下定决心，就在整个欧洲大陆都不可避免地要进入隔离状态时，我的答案是，我会在自己家中，在距离西班牙东部小城瓦伦西亚半小时的家中。

至少，从地理角度来说，是这样。

因为此刻我身在此处，这就形成了对这个问题的充分答案吗？一点也不。我可以告诉你，就在一个月前的今天，我到达了瓦伦西亚机场。在那里我被接上车，并以当时已知的最快路线被送出城市，送入山区。一进入山区，我就直接去往家中；这个家，位于一个名叫奥洛考的沉寂村庄之中。之后我就一直住在那里。

但关于“我现在身在何处”这个问题，在一个月的居家生活之后，我再也不能去周边地区冒险，更不用说去我从小玩到大的城市街道闲逛。在这一个月的时间里，我和身处地球另一半朋友的接触比和邻居更为亲密，由书本、无休止的电视节目和电子游戏所构建的自我世界占据了我的生活。

可以诚实地说，我现在处在一个迥然不同且全然一新的世界中。

诸多因素促使我对自己的内在认知进行了完全的重构，让我们从“视频通话”这个最明显的因素聊起。在过去的一个月里，我发现自己有一个非常庞大的好友和熟人群体，他们和我一样，与在布里斯托尔、北京、美因茨、巴黎、柏林和吉隆坡等地有着相同经历的人们进行详细的交谈。还应该指出的是，这些人中的许多人都是我几个月甚至几年都未曾联系过的朋友。上述过程彻底瓦解了我们即将谈到的第一个关键维度：当数字媒体和互联网取代现实世界的运动时，所有的距离都会瞬间变得相等。社交生活不再是由朋友离你的远近来决定，而是由他们与你的亲密程度来决定，这迫使你比以往任何时候都更直接地思考，谁才是你生活中真正最重要的人。

这反过来又带来了社交媒体对上述活动体验的影响。当然，在这里我只能讲述自己在社交媒体方面的经历，尽管我一直认为，Instagram 等平台主要是由那些努力向世界表达自身个性本质的人推动的。在我们浏览过的许多内容中，每一条帖子都在力求通过艺术表达或轶事记录告诉世界人们的个人规划、奋斗、胜利和失败。那么，当这些人中的每一个人，无论所在位置、年龄或个人兴趣如何，突然间都在经历并积极回应相同的经历时，会发生什么呢？这结果，至少在我看来非常荒诞。在我自己的各种社交媒体平台的“朋友圈”中，曾经都充斥着对个性的宣扬；而现在，每个人都在重申着日益增长的同质感、团结感和共享体验。所有这些，造成了第二个维度的瓦解。

所以，我们现在身在何处？我仍然被告知，我身处西班牙东部的一个小村庄。然而，在几个关键方面，这个问题的答案似乎越来越不简单。虽然我们用地区之间的距离作为自我导航的核心手段，但随着空间本身被互联网的数字世界所取代，距离便发生了扭曲。我们常见的特定困难和规划，在前所未有的、全球共享的经验中日益统一。而所有这些，甚至在我们寻求疫情期间自我娱乐的解决办法之前，就已经开始了。

电影、书籍、电子游戏、播客正逐渐成为我们日常生活中的主导部分，它们都包含着各自遥远的且充满想象的世界和故事。就在今天，我深入研究了 20 世纪 90 年代纽约烹饪行业的怪诞世界，偷听了两位喜剧演员在洛杉矶工作室讨论他们一生工作的对话，还策划了一系列想象中的外星物种之间的太空之战。我不曾走出自己的卧室，就完成了这些事情。在这个数字时代里，我们没有了时断时续的“现实世界”的对话、挑战和经历，而这些对话、挑战和经历往往伴随着我们所有人都要面对的文化冲击。在这样做的过程中，我们保持了现实与想象、真实与虚构、此处与别处之间的坚实屏障，所有这些分歧都不可避免地开始消失成虚无。

那么，五年、十年、二十年后，当我的子孙们问起我这个不可回避的问题：“冠状病毒大流行期间，你在哪儿”时，我能简单地告诉他们，就像我告诉你的那样，我在家里，在一个离西班牙东部巴伦西亚市半小时的地方吗？或者我会告诉他们我去了一个全新的地方？我们生活在一个日益缩小的世界里，快速的运输系统和更快的宽带连接为我们提供了便利。也许随着时间的推移和这些事物的进一步发展，那些构建我们现今生活结构的维度将开始模糊并改变——距离不再那么至关重要，差异不再那样凸显，想象和现实的界限也不再那般清晰。

所以当我们真的被问到这一切发生时我们身在何处的时候，难道我们的答案不可能是，事实上，我们第一次来到了一个全新的世界——一个有着不同结构和规则的世界！这个世界与我们子孙后代可能有朝一日认为完全理所当然的世界并无丝毫不同。

（龙芸译）

第二部分　不能被疫情隔离的关爱与深情

疫情过后，“世界是否将永远不再是原来的样子”成为全人类的公共议题。我们正视问题的存在，更愿意着力探寻解决问题的方法，和谐、合作和追求人类共同目标，依然是我们不弃的理想。如此多的世界人民为了防疫需求居家隔离、保持距离，但文化的力量让我们紧紧连接。在这一部分，你将看到耕耘在孔子学院一线的教育工作者，主动担当，点燃中外人文交流的点点星火；有着不同文化和多国教育背景的留学生，主动扮演成为人文交流的使者。

从“口罩”入手进行跨文化教学

赵　霞

英国谢菲尔德大学孔子学院中方院长

这场世界性的危机打乱了大家的正常工作生活，带来了前所未有的挑战，不可避免的，也给以沟通东西方文化为已任的孔子学院出了新的课题。谢大孔院及时应对，将病毒防控宣传，消除恐歧，作为当务之急。孔院教师充分发挥自身中英文化使者的作用，利用课堂资源在疫情初期就以“口罩”的跨文化现象作为切入点，在课堂上组织进行了“DIY 口罩卡片”制作等活动，使“‘疫’口同声，共‘赢’春天”的观念深入人心。消除当地大、中、小学的口罩文化误解的同时，也提高了师生们自我防范与保健意识。一位来自谢菲尔德当地小学的女孩这样写道：我爱全人类，我不爱病毒。

经过孔院的远程授课和防疫宣传，学生和家长也备受鼓舞。由于英国国家医疗服务体系（NHS, National Health Service）医护人员防护设施不足，孔院部分学生家长和教师们为此时刻担忧。2020 年 3 月 27 日起，在孔院青少年部学生家长的积极协助下，谢菲尔德大学孔院再次主动发起捐款，善款将通过“英国中文教育促进会”（UKAPCE, UK Association for the Promotion of Chinese Education）以英国华校及华人团体的名义一起捐赠给“英国公共卫生部”（PHE, Public Health England）。上百位孔院学生家长和教师积极响应捐款号召，有的家长还表示孩子愿意捐出自己的压岁钱、零用钱，支持前线医护人员抗击病疫。学生家长表示：“我们的善举是孩子们学习的最好榜样。孩子们的压岁钱红包都捐了，我们在感动之余看到了希望，我们一起出小小的钱把爱心传递下去，困难再大我们也将克服。”4 月 6 日，孔院已将所有捐赠款项转交“英国中文教育促进会”，并由其呈交“英国公共卫生部”。部分家长和老师目前也正在向谢菲尔德医院慈善机构（Sheffield Hospitals Charity）捐款。

孔院师生的安全是这个特殊时期的重中之重。谢菲尔德大学孔院严格按照大学的要求，第一时间将孔院所有面授课程改为网课。孔院也每天与员工、教师沟通，密切关注大家的身体状况。孔院还专门设立了临时抗疫小组，由孔院中方院长肖莉牵头，公派教师段智鹏和黄慧慧全程协调负责物资的收取与发放，从而保障了抗疫工作的有序进行。借此机会我谨代表谢大孔院，向疫情期间给予我们温暖关怀与帮助的中国驻英国大使馆、中国驻曼城总领事馆以及孔子学院总部、英国中文教育促进会等机构表示由衷的感谢。同时我们也非常感谢孔院合作院校南京大学和北京语言大学，向孔院捐赠了上千个口罩及百余双防护手套。

在世界全球化的进程中，各个国家之间都越来越成为你中有我、我中有你的命运共同体。病毒是没有国界的，这次全球性的肺炎疫情以一种最为直观的方式，让我们更加真切地感受到各国命运休戚与共，紧密相连。英国疫情隔离期间的一点一滴我都历历在目，每一句来自学生的积极肯定，每一份源自老师的辛勤付出，每一堂鲜活的线上课程……汇聚成一股温暖的力量直抵人心。这些共克时艰的每个须臾瞬间，都将化成我不朽的记忆被珍藏。

社会危机背景下孔子学院的桥梁作用

陈旦娜

西班牙马德里孔子学院中方院长

新冠肺炎疫情肆虐全球，对各国的冲击不仅在卫生防疫层面，国家经济、社会、政治各个方面均受到深远的影响。危机面前，不同群族之间的沟通和理解显得格外重要。孔子学院作为设于海外的中国语言文化交流机构，在特殊时期尤其应该发挥联结中国和当地民众的桥梁作用。

马德里孔子学院是一个中国教师志愿者和西班牙当地工作人员及学生深度融合的空间。中西双方长期共处，齐心协力搭建两国民众之间的友谊桥梁。在西班牙疫情严峻之际，孔院的西班牙师生就疫情对中西两国带来的影响和启迪进行思考和讨论，提供与中国民众不同的视角，增进相互理解。

马德里孔院外方院长孙歌迪（Gladys Nieto）注意到华人群体和西班牙民众对待新冠病毒的不同态度，她说："我们这些中国邻居应对病毒威胁采取的方式与我们不同。除了大家对病毒相同的恐惧感外，我们经常听到广播中提及中国有着纪律严明的民众。世界卫生组织也对中国为减少病毒传播所做出的一系列措施表示赞赏。但是，同样的措施在西班牙却很难实施。就算实施了，民众也不可能像中国人那样一板一眼地遵守。社交生活是我们日常生活不可分割的重要部分。有的西班牙人认为预防是一回事，完全停下生活则是另一回事。面对疫情，尽管我们处于十分艰难的境地，但华人移民们依然认为只要大家一起采取防控措施，我们还是可以战胜病毒的。”

孔院的成人学生中除了大学生，还有商人、公务员、律师、教师、退休人员等西班牙社会各界人士。疫情期间，学生们的面授课程转为网络授课，课堂上老师们联系实际，提出与疫情有关的话题。学生们通过视频会话和小作文的方式用汉语表达自己对疫情以及中国的看法。透过这些观点，不仅可以窥见普通西班牙民众面对疫情的态度，更能看到语言学习对学生理解目的语国家的国情、拓宽视野和思路起到积极的推动作用。

孔院学生们在疫情中看到众志成城的重要性，认为西班牙与中国应互帮互助。卡门（Carmen）同学在她的作文中写道：“新冠肺炎疫情证明了团队精神是最重要的。对我来说，在这情况下，中西两国关系保持得非常好，我们两国一直互相帮助和密切合作。”玛丽亚（María）同学认为：“我们都与一个共同的敌人做斗争。国家之间的合作对于赢得与冠状病毒的战争至关重要。西班牙和中国应合作研发疫苗，并共享有关该疾病的信息和数据。”

同学们普遍看到中国采取措施反应迅速，“从一开始，中国政府就采取了遏制这一流行病的措施……使中国在两个月内克服了这一流行病”，“中国采取行动比西方国家更快，因为中国政府又有权又坚决”。另一方面，“在西班牙的中国人行为特别负责，他们自己开始隔离”。

当谈及近日甚嚣尘上的“病毒阴谋论”及“中国赔偿论”时，这些与中国早早结缘的西班牙学生们一致表现出清醒的认识。爱德华多（Eduardo）在他的作业中写道：“COVID-19不是一个中国病毒，而是全球病毒”；冈萨雷斯（González）同学回想起非典时期“中国和附近的国家成功隔离，所以西方社会以为（新冠）病毒只是亚洲的问题。这是一个很严重的错误。”佩雷兹（Pérez）同学认为“一般来说西班牙人认为中国人是非常努力工作的人，非常诚实、受过良好教育、非常友好。他们不喜欢说谎，从不说‘不’，他们有强烈的社区意识”。同时他一针见血地指出“不幸的是，世界上有非常糟糕的人，他们需要创造敌人才能生活，同时讲很多谎言”；

毕胜德（Vicente）同学也认为某些言论是“居心不良的政治家造谣生事”，“最重要的是吸取教训，不要归罪于任何人”。学生们说得没错，新冠病毒没有国界，它是全人类的共同挑战。中国拒绝任何污名化的说法，而我们需要做的便是紧紧团结在一起，共同抗击疫情，战胜病毒。

不仅如此，学生们更是开诚布公地对中国及海外华人提出建议。罗沙里奥（Rosario）同学认为中国人应该在平时努力“改善自己的可信度”，消除他人的猜忌。面对不信任，华人“应该要有耐心”，并且“必须捍卫中国无罪”的原则。从事商业活动的艾乌海尼奥（Eugenio）则建议中国“向世界开放其金融市场和经济”，采取“更加透明和开放”的姿态，从而获得国际社会的信任。

在被问到为什么在疫情期间还坚持学习汉语，安凯（Antonio）表示他从小“迷上了中国文化”，但是一直没机会学汉语，现在学习汉语是“梦想成真”，所以要坚持。艾乌海尼奥说：“中国的经济越来越强大。在不久的将来，如果你想成为一个成功的生意人，你将需要会说中文。”

孔院高级班学生在西班牙重要节日圣周假期期间一致要求不放假，希望继续上课，学习热情高涨。这些学生对汉语和中国文化的热爱没有受到疫情影响，相反，得益于长期相互学习和沟通理解，开阔的思维和看待问题的不同视角令彼此在人类共同的敌人面前更加团结。

面对疫情，各国团结合作是最有力的武器。在中国面临疫情威胁时，包括西班牙在内的世界各国对中国伸出援手，马德里孔院也组织各类活动为中国加油祈福：孔院孙歌迪院长接受西班牙国家电台采访，赞赏中国防疫措施，为当地民众消除疑虑；孔院在社交网络上为中国加油的识词卡片得到众多点赞；书法班学生为中国送上刚刚学会的“福”字。待到西班牙疫情严峻之际，中国政府积极为西班牙提供援助物资以及专家支持，西班牙的各个孔子学院纷纷为当地居民和医疗机构捐赠口罩，莱卡内斯（Leganés）市政府的工作人员收到马德里孔院捐赠的口罩非常高兴。这样的互助令中西两国人民以及海外华人都深受感动，更为深化两国友谊助力。

疫情折射出各个国家社会百态，其中不乏不和谐的声音。然而，马德里孔子学院师生的思考表明海外民众中有不可忽视的善意之声。孔子学院这座中外文化和友谊之桥应该让善意之声被更多人听到，也应该更好地回馈持开放态度，愿意认识中国，了解中国，倾听中国的外国民众。

不能被疫情隔离的关爱与深情

世　玉（Pichai Kaewbut）
泰国教育部基础教育委员会汉语项目官员

有人说：“社会隔离，会让人们的关系变远！”新冠肺炎（COVID-19）疫情发生以来，保持社交距离，就成了人们的新习惯。许多人担心再这样下去我们之间不仅是距离，关系也会越来越远。但事实却是大多数人感觉到新冠状病毒肺炎疫情发生以来，人们之间的关系越来越密切了。

人们通过视频聊天、微信语音、脸书聊天室等APP，天天彼此嘘寒问暖，关心对方和家人的平安健康，一起期待新闻报道病例减少的佳音，阅览来自世界各地的朋友一起用自己的语言为中国、为世界的白衣英雄送上的祝福，共同祝愿大家能够早日战胜疫情、护佑世界人民的康宁！

还记得中国疫情暴发时，中国游客在泰旅游会受到当地人的歧视，甚至有一些商场在门口写上了“不允许中国游客进入店内”的言语。这件事情受到各家媒体的关注，也成了网友议论的话题。我当时在普吉岛跟家人过春节，在一家便利店碰到中国游客和服务员用肢体语言沟通交流，鉴于他们之间的语言障碍就帮忙翻译了一下。中国游客非常客气地跟我道谢，并问我说：“你不怕被感染吗？很多泰国人看到中国游客都离得远远的。”我对他们说：“我曾经在中国留过学，我对中国是有感情的，我相信中国会顺利渡过这一关。没什么可怕的，就是人类刚发现的肺炎病毒而已，很快这个问题就会被解决！而且我们生活在先进和安全的社会中，不可能每个人都会被感染，也不是那么容易就会被感染的，所以我比较放心。我相信如果疫情最先在泰国暴发的话，中国政府和中国人民同样会为我们祈祷并帮助我们的！”讲完这番话后我们彼此脸上带着微笑告别。我把这件事写在自己的微信和脸书平台，并受到了媒体的关注，其实我想让更多人知道和了解病毒是不选择种族的，哪个民族都有可能被感染，不应该有种族的歧视，我们要有包容和关怀的心。

3月底至4月中旬是泰国新冠肺炎发病的高峰期，泰国政府宣布宵禁、封国、封城等防疫政策。这时候我们更理解了什么是“岁寒知松柏，患难见真情”。在国家层面，泰国政府借鉴了中国防疫措施的经验，中国政府为泰国抗疫提供积极协助，如：捐赠医疗物资、新冠肺炎药物、医用外科口罩、检测试剂等。在两国人民层面，我周围的中国朋友、老师、学生天天给我送上祝福、关心我和家人的健康。让我感动的一件事是之前给孔子学院总部培训时候认识的中文教师志愿者跟我联系并从中国邮寄了一次性口罩给我，希望我和家人都平安无事，我心里感到暖暖的。

随着疫情的蔓延，今年中文教师志愿者培训项目改变为线上培训的模式，但我发现永远不变的是志愿者老师们执着、认真的眼神以及志愿者精神。今年除了大讲座之外，我还担任了小班课的指导老师，从志愿者们的表情中我能感觉到他们对我的认可，从他们的笑声里我能感觉到课堂教学及方法的生动有趣；通过一场场认真的培训，我看到了各位学员们写给我的评语，有位学员的评语确实让我大吃一惊。他说“世玉老师，您演得很好”，而不是“世玉老师，你讲得很好”。但我却感到更加高兴，因为他们所记的是我的模样和每一个细节的画面。当一名普通的汉语老师不难，但要当一名优秀的汉语老师不是一件容易的事。我的导师李宇明老师曾经跟我们说过：汉语课就像一台戏，教室是我们的舞台，教材是我们的剧本，而我们就是舞台上的演员，好演员拿到什么样的角色就要演出什么样的角色，同样当一名好老师有时候也要有演员的精神，要演得像，要有感染力也要让我们的观众也就是我们的学生看得投入、模仿得投入、有激情要参与我们所设计的课堂活动。课堂的点点滴滴牢记在我们心中并成了我和志愿者们的美好记忆，现在虽然培训已经圆满结束了，疫情也在慢慢地好转，我们每天仍然在微信群里彼此问候。可见，新冠肺炎疫情的发生拉开了我们的距离，却阻隔不了中泰两国人民之间的友情！更要感谢它的出现，让我们知道其实爱我们和关心我们的人实在太多太多了！

病毒无情人有情——我的中国乡村行

图德伦（Dylan Reider Maxfi Tulett）
北京语言大学留学生

11点40分，铃声再次响起，标志着本学期最后一节课（期末考试）终于结束了。

我一心只想坐上火车直抵美丽的文化名城西安。所有的行李装备都收拾好了，女朋友正耐心地在宿舍等我接上她。我们抓起行李直奔去火车站，坐了23个小时的火车从北京到达西安。

从兵马俑到穆斯林居所，我们走遍了西安的名胜古迹，对这座文化名城无限敬仰，对中国的地大物博和中华文化的博大精深有了新的认识。在西安旅行一周后，我们的下一站是贵州。我们决定去贵州是因为我女朋友的家乡在那里，我很想看看她成长的地方。幸运的是，我热爱大自然，而贵州蕴藏着无比丰富的自然风景资源。我们去的公园美不胜收，比如贵阳的黔灵公园。我们参观了山顶的古庙，然后冒险去寻找一个有熊猫展览的动物园。游玩了省会贵阳后，我们又来到一个非常偏远的苗族村落。我的女朋友是布依族，所以我对当地各少数民族的传统习俗很感兴趣。旅行两周后，我觉得女朋友应该和她的家人待一段时间，其间我自己独行。两周后我再回到村子见她的家人。于是，我就自己一个人冒险去了贵州和广西境内非常美丽的地标景点，如铜仁山、小七孔自然保护区、镇远古镇等。这是我第一次独自旅行，考虑到我的普通话还不灵，此次旅行就算非常顺利了。

乘了火车又坐长途汽车，我终于到了离我女朋友的村庄几个小时车程的一个小城，她在那里接我，我们又团聚了，感觉真好。我很高兴在城里见到她叔叔婶婶，他们出售自家果园结的橘子。我们给家里买了些蔬菜，然后动身去她家。车子在山间蜿蜒的道路上开了很长时间，我们到了布依族村庄，这个偏远村庄坐落于风景秀丽的山区，有山，有水，有茂密的森林。可以说这是我见过的最美丽的地方之一。一家人热情地接待了我，请我吃他们的传统食物。因为春节快到了，他们特意为节日准备了食物：糯米猪肉包，甜米糕，腌萝卜，食材配料都是自产的农作物。

然而不久后，甜蜜的气氛被打破了，病毒袭击了武汉，并开始蔓延到中国其他地区。我们都是通过手机微信得到消息通知的，可以看到有多少人被感染、多少人死亡和治愈。那段时间虽然充满不确定性，但也觉得我们在村子里很安全。这个地方如此与世隔绝，村里人不必到外面去买任何东西，因为他们都是自给自足的。我很喜欢待在村里，还有机会跟村民出去钓鱼，穿上他们的传统服装，在山上远足祭祖，教孩子们英语。他们还教我如何包粽子，做传统食物。我对中国和丰富的中华文化有了更深的了解，不虚此行。

病毒疫情确实令人担忧，护士来村子里给我们检测，没有人感染，我们很安全。但一个多月后，我父母非常担心我，希望我回家。地方政府派人把我安全地送到机场，几经转机我回到美国的家。虽然疫情影响了我的旅行计划，但这次经历对我来说却是无价之宝，让我了解到中国农村和传统民族文化习俗，这些传统文化习俗与我上学时居住的大城市大不相同。

这次疫情也让在北京语言大学的求学时光在我的生命中有了不一样的意义。这是一次非常棒的经历，对我的个人发展和教育都是如此。在中国学习一直是我的梦想，当我获得奖学金将去北京留学时，我很高兴。北语给了我语言项目以及更多知识。这是一种系统化的语言教学方式，帮助我将课堂上学到的知识运用到实际生活中。最重要的是，我遇到了来自世界各地的人，这让我对生活有了更广阔的视角，这对我来说是无价的。周末和假期有空闲时间，我就去那些令人叹为观止的标志性建筑游玩，如长城、颐和园、北海公园等。我还去了中国许多其他的省份和城市，如云南、青岛、内蒙古、天津、大同等。

令我印象最深刻的是学校现在是如何致力于在线教学。由于新冠病毒，我不得不回国，但我仍然想继续我的中文学习。非常感谢老师们在这段时间里加班加点为我们提供课程，这样我就可以继续远程学习中文了。我期待在病毒大流行之后回到北京语言大学继续我的中文学习。我也期待着到中国更多的地方旅游，进一步了解中国丰富的文化和美丽的建筑。

（王丽虹译）

空城之后，伊斯坦布尔的猫

朱　末

土耳其伊斯坦布尔奥坎大学孔子学院中文教师志愿者

我是土耳其伊斯坦布尔奥坎大学孔子学院的志愿者朱末。截至我落笔，土耳其新冠肺炎的总确诊人数已逾 8 万，我所生活的城市——伊斯坦布尔，由于地理条件和经济地位特殊，其确诊人数达到土耳其全国确诊人数一半以上，形势十分严峻，但总的来说仍处于可控范围之内。奥坎大学已于 3 月 23 日开始实行网上教学。学校食堂正常供应餐食，但全部更换为一次性餐具，取消酱料等公共调味品的供应，进餐人员不得集中进餐，实行分散就餐制度。就我自己的观察来看，当地政府的防控做法是相当到位的。疫情期间，65 岁以上的老人和 20 岁以下的青少年不能上街，人群聚集场所必须佩戴口罩，违者罚款。由于近几日单日确诊人数的急剧上升，政府也实行了周末居家令。

这篇文章我想谈一谈疫情期间，土耳其政府颁布的一项很特别的政策。4 月 5 日，土耳其内政部向 81 个省发函，要求为流浪动物提供食物和水，并为其栖息地进行消毒。对比国内疫情初期，出现的个别几例怀疑宠物传播病毒便残害小动物的新闻，人们的态度似乎大不一样。我想，个中缘由，离不开文化的差异。

猫是被很多人喜欢的宠物，伊斯坦布尔更是有着自己独特的“猫文化”。稍微了解土耳其的人可能都知道，伊斯坦布尔被称为“猫的天堂”。有人说，“没有猫，伊斯坦布尔就失去了一部分的灵魂”。在伊斯坦布尔的大街小巷，猫的身影随处可见，它们俨然已经成为了这座城市不可或缺的一部分，也成为了观光客眼中流动的景点。

那么伊斯坦布尔为什么会有这么多猫呢？这也与一场传染病有关。十四世纪，黑死病席卷了整个欧洲，夺走了数千万条人命，而这场瘟疫的一个重要传播媒介就是老鼠。作为老鼠的天敌，猫自然成为了对付病毒的不二之选。当时的伊斯坦布尔海上贸易发达，是东西方通道的枢纽，于是，很多航海家们开始在船上养猫，既能防止病毒传播，又能避免老鼠破坏船上的货物与粮食，一举两得。就这样，大量的猫被带到了这座城市，疫情得以缓解。此外，土耳其人大多信仰伊斯兰教，善待动物本身就是他们信仰的一部分。传说先知穆罕默德有一次宁可剪断祈祷的袍子，也不愿意惊醒在其袖子上睡觉的猫。

此后的几百年里，土耳其人渐渐建立了对猫的特殊情感，慢慢地，善待流浪动物也演变为一种城市文化，延续至今。2015 年，土耳其立法院删除了“对长期没有安置的流浪动物可以进行宰杀”的规定。2017 年又正式施行对流浪动物的“零安乐死政策”。平时，这些流浪猫狗大多徘徊在繁华的场所，好心的人们会给它们投喂食物，当地政府也会采用绝育等人道手段控制流浪狗的数量，对于一些无法自行生存的，政府还会帮忙找主人进行照顾。疫情让那些熙熙攘攘的场所如今已门可罗雀，一时间这些流浪猫狗的温饱就成了一个大问题。于是，政府就行动起来，发函要求为流浪动物提供食物和水，并为其栖息地进行消毒。就我所在的奥坎校园，流浪狗居多，它们大多“蹲守”在食堂和宿舍楼下，工作人员和学生们会不定期地给它们投喂食物。

新冠病毒扰乱了人们正常的生活步调，也引发了人类对社会问题的反思、对人与自然关系的重新关注，当然，也包括了对生命与文化的思考。伊斯坦布尔的猫只是一个小小的视角，但通过小动物，我看到了大自然与人类共存共荣，共同塑造出的一个城市的独特文化。而这种温暖又充满力量的文化，在疫情期间，格外鼓舞着我们勇敢前进。

第三章
“速冻”的全球经济

“失业潮”、欧债危机、金融爆雷……疫情让全球经济迅速冷冻，大萧条以来最严峻的局面已在眼前。

“我们看到的最大风险是破产和裁员潮，这将使经济复苏更加困难。”国际货币基金组织（IMF）总裁格奥尔基耶娃表示，新冠肺炎疫情带来的经济衰退的方式比全球金融危机更加糟糕。

国际劳工组织6月30日发布的第五版全球劳动力市场监测报告显示，2020年第二季度全球工作时间减少了14%，相当于4亿个每周工作48小时的全职岗位消失。

这场全球性紧急事件似乎没有留下任何安全庇护所，世界各国都在各自的金融政策工具箱中苦苦搜寻，试图撑过这次与疫情的“赛跑”。

世界经济能否很快复苏？全球产业链、供应链会怎样演变？全球抗疫是否催生机遇？这些问题关乎人类福祉，关乎世界未来。

【本章聚焦】

焦点一

疫情对全球经济的影响体现在哪些方面？中国乃至世界的经济走势将如何？疫情结束后会形成经济冷战吗？

焦点二

要挽救经济，有哪些对策？国际货币基金组织、二十国集团（G20）、亚洲基础设施投资银行、世界银行等各大经济组织做出了哪些应对？

焦点三

如何利用经济纾困措施保障民众基本生活？疫情对各行业的影响程度有所不同，那些受影响比较大的行业将如何渡过难关？疫情又会对哪些行业带来机遇？

焦点四

新冠肺炎大流行对全球经济影响越来越明显，由此而导致的失业人数也随之增加，我们将如何应对随之而来的失业潮？后疫情时代的社会保护又应该关注哪些内容？

【大事记】

因疫情引发的经济下滑、失业问题、贫困问题、社会保障等问题的时间轴：

联合国的国际劳工组织（ILO）3月18日发表的一份报告预计，由于受新冠肺炎疫情的影响，2020年底全球的失业人数会在2019年的1.88亿人的基础上再增加530万至2,470万人。此外，报告认为，各国为控制疫情而采取的严厉的封城、禁止工人外出上班以及禁止货物流通的政策将导致2020年全球工人收入损失8,600亿美元至3.4万亿美元之间；这又将导致民众消费能力的减弱，并进一步影响各企业和国家经济的前景。[1]

美国政府4月29日公布的经济报告显示，由于疫情迫使企业停产，投资和采购活动受限，全球最大经济体第一季度GDP大幅下降4.8%。这是2014年二季度以来美国经济首次出现萎缩，也是自2008年四季度以来的最大跌幅。

突如其来的新冠肺炎疫情对中国经济社会发展带来前所未有的冲击。2020年一季度国内生产总值（GDP）同比下降6.8%，居民消费价格指数（CPI）同比上涨4.9%。

受新冠肺炎疫情影响，APEC区域经济2020年预计将收缩2.7%。这将是自2009年以来的最大降幅，当时该地区的经济增速接近零。相比之下，2019年APEC区域经济增长率为3.6%。

德国伊弗经济研究所28日发布的一份调查报告显示，为遏制新冠肺炎疫情而

[1] 凯迪．国际劳工组织：新冠疫情增加失业人数恐超雷曼危机．(2020-03-19). http://m.kdnet.net/share-13635682.html.

实施的停工停产等限制措施，已导致德国经济产出下滑 16%。

澳大利亚第一季 CPI 较前季上涨 0.3%，较上年同期上涨 2.2%，为 2014 年第三季以来最高，并超过预估增幅 2.0%

第一生命经济研究所首席研究员熊野英生在 4 月 30 日的最新报告中表示，如果“紧急状态”再延长一个月的话，日本国内生产总值（GDP）将蒙受 23.1 万亿日元的经济损失，加上截至 5 月 6 日的第一轮“紧急状态”，已经对经济造成了 21.9 万亿日元的经济损失。

据《亚洲经济》报道，韩国 4 月对外出口额度减少 24.3%，创下自 2008 年金融危机以来的最大跌幅，韩国企划财政部认为，这种冲击仍将持续，第二季度的增长率跌幅可能会更大。

世界银行发布多篇的报告显示，受新冠肺炎疫情影响，欧洲中亚、南亚、拉加、撒哈拉以南非洲等地区经济都出现了不同程度的下滑。

3 月 26 日，联合国贸发会议发布《投资趋势监测报告》特刊。报告指出，自今年 3 月初以来，61% 的跨国公司更新了其收益预期，57% 的跨国公司还就新冠肺炎疫情大流行冲击全球需求及销售发出了警告。由于新冠肺炎疫情影响，全球多数跨国公司已经将其 2020 年收益预期下调了 30%，而且这一下降趋势可能还会继续。[1]

4 月 1 日，联合国经济与社会事务部发布报告，预计受新冠肺炎疫情影响，2020 年全球经济萎缩 0.9%，而非此前预计的增长 2.5%。报告认为，如果各国就疫情采取的限制措施持续至今年第三季度，加之财政措施未能提振民众收入与消费，经济萎缩幅度可能高于 0.9%。[2]

国际货币基金组织 4 月发布的《世界经济展望》预测，受 2019 冠状病毒大流行疫情影响，2020 年全球经济增长率将降至 -3%，与 1 月的预测相比下调 6.3%。假设疫情在 2020 年下半年消退，2021 年全球经济增长率将回升到 5.8%。[3]

---

[1] 百度 . 联合国贸发会议报告：疫情将导致全球外国直接投资急剧下降 . 经济日报，(2020-03-27). https://baijiahao.baidu.com/s?id=1662243721445062096&wfr=spider&for=pc.

[2] 搜狐 . 联合国预测 2020 年经济萎缩 0.9%. 新华社，(2020-04-03). https://www.sohu.com/a/385245294_162522.

[3] 中华人民共和国商务部 . 国际货币基金组织预测 2019 冠状病毒大流行将导致 2020 年全球经济增长率降至 -3%.(2020-04-15). http://genevese.mofcom.gov.cn/article/jmxw/202004/20200402955508.shtml.

《世界经济展望》最新增长预测

COVID-19 疫情将严重影响所有地区的经济增长。

（实际GDP，年度百分比变化）	2019	2020（预测值）	2021（预测值）
世界产出	2.9	-3.0	5.8
发达经济体	1.7	-6.1	4.5
美国	2.3	-5.9	4.7
欧元区	1.2	-7.5	4.7
德国	0.6	-7.0	5.2
法国	1.3	-7.2	4.5
意大利	0.3	-9.1	4.8
西班牙	2.0	-8.0	4.3
日本	0.7	-5.2	3.0
英国	1.4	-6.5	4.0
加拿大	1.6	-6.2	4.2
其他发达经济体	1.7	-4.6	4.5
新兴市场和发展中经济体	3.7	-1.0	6.6
亚洲新兴市场和发展中经济体	5.5	1.0	8.5
中国	6.1	1.2	9.2
印度	4.2	1.9	7.4
东盟五国	4.8	-0.6	7.8
欧洲新兴市场和发展中经济体	2.1	-5.2	4.2
俄罗斯	1.3	-5.5	3.5
拉丁美洲和加勒比	0.1	-5.2	3.4
巴西	1.1	-5.3	2.9
墨西哥	-0.1	-6.6	3.0
中东和中亚	1.2	-2.8	4.0
沙特阿拉伯	0.3	-2.3	2.9
撒哈拉以南非洲	3.1	-1.6	4.1
尼日利亚	2.2	-3.4	2.4
南非	0.2	-5.8	4.0
低收入发展中国家	5.1	0.4	5.6

来源：国际货币基金组织2020年4月《世界经济展望》。

国 际 货 币 基 金 组 织　　IMF.org

图 5:《世界经济展望》最新增长预测[1]

联合国世界旅游组织（UNWTO）5 月 7 日发布的报告显示，今年一季度全球跨境旅游规模下降（同比，下同）22%，国际游客减少 6,700 万人次、造成 800 亿

[1] 图片来源：国际货币基金组织 2020 年 4 月《世界经济展望》。

美元损失。报告预计全球跨境旅游人数在2020年全年将下降六至八成。报告指出，由于许多国家实施的关闭边境、“封城”以及旅行限制等措施，今年3月的国际游客抵达人次大幅下跌57%。一季度，亚太地区跨境旅游下降规模最大，达3,300万人次；欧洲则下降了2,200万人次。[1]

世界贸易组织4月8日预测，受新冠肺炎疫情影响，今年全球贸易将缩水13%到32%。世贸组织当天发布年度《全球贸易数据与展望》报告。报告显示，受贸易紧张局势和经济增长放缓影响，2019年全球货物贸易量已下降0.1%。2021年很大程度上将取决于疫情持续时间和各国抗疫政策的有效性。[2]

4月17日上午，中国国家统计局公布了一季度经济运行的主要数据。据初步核算，一季度国内生产总值206,504亿元，同比下降6.8%。其中，第一产业增加值10,186亿元，下降3.2%；第二产业增加值73,638亿元，下降9.6%；第三产业增加值122,680亿元，下降5.2%。全国居民人均可支配收入实际下降3.9%。疫情发生及其防控，不可避免地带来了流动性受限，无疑会给中国的交通运输业、服务业、旅游餐饮、文化娱乐等带来直接冲击。

4月21日发布的《全球粮食危机报告》预测，受到新冠肺炎疫情的经济冲击，如果不及时采取措施，2020年面临严重粮食不安全的人口数量将增至2.65亿，比2019年的1.35亿增加近一倍。[3]

北京时间5月3日，巴菲特股东大会开始前，伯克希尔公布了一季度财报。财报显示：伯克希尔一季度净亏损497.46亿美元，创历史纪录，投资组合遭遇“账面巨亏”超545亿美元，同时账面现金达到了创纪录的1,373亿美元。在美股大跌的3月，巴菲特并没有抄底。[4]

5月10日，中国人民银行发布2020年第一季度中国货币政策执行报告指出，

---

[1] 中国新闻网．世界旅游组织：2020年全球跨境旅游人数或减少六至八成.(2020-05-07). http://www.chinanews.com/gj/2020/05-07/9177802.shtml.

[2] 新华网．世贸组织预测今年全球贸易将缩水13%至32%.(2020-04-08). http://www.xinhuanet.com/fortune/2020-04/08/c_1125830175.htm.

[3] 蝌蚪五线谱．联合国专家：疫情导致全球粮食危机．环球科学，(2020-05-08). http://news.kedo.gov.cn/c/2020-05-08/1031316.shtml.

[4] 微信．巴菲特股东大会25个重点：疫情对投资影响、何时抄底、切勿借钱炒股.21实际经济报道，(2020-05-07). https://mp.weixin.qq.com/s/G6T3lKYSXbzdQhEBBfSWgA.

新冠肺炎疫情快速蔓延，全球经济遭遇供需双侧冲击，短期已滑入衰退轨道；疫情走势尚不明朗、各国应对力度参差不齐，全球经济面临极大不确定性；局部金融风险加速积累，值得警惕；全球主要经济体宏观政策空间进一步压缩。[1]

5月22日，中国两会政府工作报告对今年的形势做出了研判："受全球疫情冲击，世界经济严重衰退，产业链供应链循环受阻，国际贸易投资萎缩，大宗商品市场动荡。国内消费、投资、出口下滑，就业压力显著加大，企业特别是中小微企业困难凸显，金融等领域风险有所积聚，基层财政收支矛盾加剧。"[2]

6月8日，世界银行在6月的《全球经济展望》中显示，受新冠肺炎疫情影响，全球经济受到巨大冲击，疫情和防控措施造成的经济停摆使世界经济严重萎缩。世行预测今年全球经济将萎缩5.2%，这将是第二次世界大战以来最严重的经济衰退，人均产出下降的经济体比例将达到1870年以来的最高水平。[3]

人们为抗击疫情做出努力的时间轴：

在货币政策方面，各国央行开足马力，纷纷开启宽松模式。3月3日，美联储意外宣布降息50个基点至1.00%至1.25%，这是其自2008年金融危机以来首次在计划会议之外降息。

3月15日美联储再次突然宣布降息至0%至0.25%，并表示将购买7,000亿美元的国债以及住房抵押贷款支持证券，以应对新冠肺炎疫情给经济造成的冲击。

中国人民银行国际司司长朱隽近日表示，全球范围内很多经济体已经采取了激进的货币放松举措，3月份有40家左右的央行降息。[4]

3月17日，世界银行和国际金融公司（IFC）董事会批准，将协助企业和国家预防、发现及应对新冠肺炎快速蔓延的快速融资方案增加到140亿美元。这一融资方案将加强国家公共卫生防范体系，包括遏制、诊断和治疗疾病。与此同时，国际

---

[1] 百度 . 央行：全球经济面临极大不确定性 . 新浪财经，(2020-05-10). https://baijiahao.baidu.com/s?id=1666265441873513420&wfr=spider&for=pc.

[2] 中国网 . 疫情对发展影响如何？政府工作报告作出六个判断 . 人民网，(2020-05-22). http://www.china.com.cn/lianghui/news/2020-05/22/content_76078390.shtml.

[3] 百度 . 世行：全球经济将萎缩 5.2%，为二战以来最严重衰退 . 人民日报，(2020-06-09). https://baijiahao.baidu.com/s?id=1668945201965280168&wfr=spider&for=pc.

[4] 搜狐 .IMF 预计今年全球经济将萎缩 3% 为大萧条以来最糟衰退 . 新中经纬，(2020-04-15). https://www.sohu.com/a/388103725_561670.

金融公司（IFC）将其用于应对新冠肺炎的资金从早先的 60 亿美元增加到 80 亿美元，作为 140 亿美元整体援助方案的一部分，以援助因受到新冠肺炎疫情影响的私营企业及其雇员。[1]

3 月 17 日，英国政府公布了总额高达 3,500 亿英镑（约合 3.08 万亿元人民币）的贷款和补助规划。

3 月 17 日，法国财政部长勒梅尔宣布了一项 450 亿欧元（约合 3,468.55 亿元人民币）的援助计划。3 月 23 日，德国政府宣布推出 7,500 亿欧元（约合 5.78 万亿元人民币）的一揽子计划应对新冠肺炎疫情冲击。[2]

联合国的国际劳工组织（ILO）3 月 18 日发表的一份报告显示，新冠肺炎疫情可能会导致全球增加 530 万人到 2,470 万人失业，因此敦促国际社会各国采取紧急的、大规模的协调措施来保护在职人员，刺激本国经济和保护各国的就业机会。[3]

3 月 25 日，加拿大国会众议院通过了总额为 1,070 亿加元（约合 5,243 亿元人民币）的新冠肺炎疫情救助计划。

3 月 27 日，美国出台总额约为 2 万亿美元的财政刺激计划，这是美国历史上规模最大的财政刺激计划。

受疫情影响最严重的意大利政府已出台了 36 亿欧元（约合 287.57 亿元人民币）的财政刺激计划，并酝酿计划至少 500 亿欧元（约合 3,869.1 亿元人民币）的经济援助以应对疫情冲击。

4 月 7 日，日本内阁会议通过史上最大规模经济刺激计划，总额达 108 万亿日元（约合人民币 7 万亿元）。韩国明年拟实施扩张性财政政策，预算规模或超 550 万亿韩元（约合人民币 3.1 万亿元）。新加坡政府目前共拨出近 550 亿新元（约合 2,376.4 亿元人民币）以抗击疫情。

4 月 3 日，亚投行宣布，将拿出初始额度 50 亿美元帮助成员进行公共卫生抗压，

---

[1] 中国经济网 . 世界银行将疫情应对融资增至 140 亿美元 .(2020-03-18). http://intl.ce.cn/specials/zxxx/202003/18/t20200318_34518245.shtml.

[2] 搜狐 .IMF 预计今年全球经济将萎缩 3% 为大萧条以来最糟衰退 . 新中经纬，(2020-04-15). https://www.sohu.com/a/388103725_561670.

[3] 凯迪 . 国际劳工组织：新冠疫情增加失业人数恐超雷曼危机 .(2020-03-19). http://m.kdnet.net/share-13635682.html.

恢复经济。4 月 16 日晚，亚投行视频董事会做出决定，扩容资金，将初始额度翻倍至 100 亿美元。[1]

4 月 30 日，联合国秘书长古特雷斯在纽约总部通过视频连线向记者发表谈话指出，在目前 COVID-19 大流行的背景下，实现全球停火、解决面临最严峻经济困境人们的迫切需求和规划最佳复苏方式是人们应该为之努力的三个关键方面。

4 月 31 日下午举行的二十国集团财政部长和中央银行行长特别视频会议上，各国代表商定了一份联合行动计划，确定了疫情期间及之后二十国集团将为支持全球经济复苏采取的措施，并将着力解决疫情期间低收入国家可能面临的债务风险，以使这些国家能够集中精力应对新冠肺炎疫情这一全球性挑战。各国财长和央行行长表示，欢迎世界银行在未来 15 个月内部署 1,600 亿美元资金以支持其成员国应对疫情的计划。

5 月 12 日，联合国拉丁美洲和加勒比经济委员会（ECLAC）在今天发布的一份报告中，建议该区域各国确保立即进行临时现金转移，以满足人们的基本需求，并着眼于长远，迈向一个实施“普遍基本收入”的社会，确保人们享有生存的基本权利，建设福利型社会。

世界旅游组织正与各国际机构、国家政府以及私营部门密切合作，为及时和负责任地恢复旅游业提供支持。过去两周以来，旅游组织秘书长波洛利卡什维利已分别向二十国集团部长以及欧盟委员会发表讲话，呼吁各国在危机后的复苏过程中将旅游业作为重点。

5 月 13 日，联合国经济和社会事务部在纽约总部发布的 2020 年中期《世界经济形势与展望》称，在 COVID-19 大流行的大背景下，世界经济预计将在 2020 年萎缩 3.2%，标志着自 19 世纪 30 年代大萧条以来最剧烈的经济收缩。[2]

5 月 28 日，联合国秘书长古特雷斯、加拿大总理特鲁多和牙买加总理霍尔尼斯联合召集世界领导人和国际组织，共同发起一项联合倡议，以加强和加快对 COVID-19 造成的重大经济和人类影响做出全球性反应，并针对发展问题陷入困境

[1] 中国经济网 . 白岩松对话金立群：经济复苏需全球合作！ . 央视新闻，(2020-04-17). http://intl.ce.cn/sjjj/qy/202004/17/t20200417_34709026.shtml.

[2] 联合国新闻 . 联合国预测今明两年全球经济将因新冠危机损失 8.5 万亿美元 .(2020-05-13). https://news.un.org/zh/story/2020/05/1057352.

提出具体解决方案。[1]

6 月 3 日，联合国贸发会议近日发布一项最新研究显示，受新冠肺炎疫情影响，2020 年全球大宗商品对中国出口或大幅下降 46%，货值下降总额在 155 亿美元到 331 亿美元之间，但大豆和铜等产品的出口增长可能会带来一线希望。[2]

[1] 联合国新闻 . 联合国与 50 国元首和政府首脑在线磋商 为新冠疫情危机解套寻找融资解决方案 .(2020-05-28). https://news.un.org/zh/story/2020/05/1058452.

[2] 搜狐 . 联合国贸发会议最新研究发现：2020 年全球大宗商品对中国出口总额将减少 . 经济日报，(2020-06-03). https://www.sohu.com/a/399383770_118392.

【各家观点】

第一部分　新冠病毒大流行可能导致更多人陷入失业和贫困

新冠病毒疫情的全球肆虐仿佛给人类社会按下了暂停键，为应对疫情，许多国家采取了强有力的防控措施，例如要求民众必须佩戴口罩、减少外出时间、保证社交距离，甚至采取宵禁、封城等强制措施。然而，大范围的停工停产让全球许多企业难以维系，无论大中小企业，都面临着严峻的倒闭风险，无数劳动者也面临着失业的危机，特别是那些从事旅游、餐饮、服务等行业的普通劳动工作者。

国际劳工组织：COVID-19 可能导致全球失去近 2,500 万个工作岗位[1]

根据国际劳工组织的最新评估（2020 年 3 月 18 日），由 2019 新冠病毒大流行造成的经济和劳工危机可能会使全球失业人数增加近 2,500 万，数以百万计的人将陷入失业、就业不足和工作贫困之中；但如果世界像 2008—2009 年全球金融危机期间那样，采取国际协调的应对政策，那么大流行对全球失业的影响可能会大大降低。

根据 2019 新冠病毒对全球 GDP 增长的影响的不同假设，国际劳工组织估计，

[1]　联合国新闻 . 国际劳工组织：2019 冠状病毒可能导致全球失去近 2500 万个工作岗位 .(2020-03-18). https://news.un.org/zh/story/2020/03/1052982.

全球失业人数从将从2019年1.88亿人的基础之上，上升幅度介于530万至2,470万。相比之下，2008—2009年的全球金融危机使全球失业人数增加了2,200万。

疫情带来的经济后果将转化为工作时间和工资的减少，预计就业不足还会大规模增加。

就业下降也意味着工人面临大量的收入损失。劳工组织的研究估计，到2020年底，这些损失将介于8,600亿美元至3.4万亿美元之间。这将转化为商品和服务的消费下降，进而影响企业和经济的前景。

预计工作贫困也将大大增加，因为“经济活动下降导致的收入压力将摧毁接近或低于贫困线的工人”。疫情发生前，国际劳工组织原本估计2020年全球工作贫困人口预计将减少1,400万人；目前该组织估计，今年全世界的贫困人口将增加880万至3,500万。

迅速而协调的政策应对

国际劳工组织总干事莱德说：“这不仅是全球性的健康危机，它还是一场对人们产生巨大影响的重大劳动力市场和经济危机。2008年，世界结成了一个统一战线，以应对全球金融危机的后果，最坏的情况得到了避免。我们现在需要同样领导力和决心。”

国际劳工组织呼吁在三大支柱方面紧急采取大规模和协调一致的措施：保护工作场所的工人，刺激经济和就业，支持工作和收入。

这些措施包括扩大社会保护，支持保留就业，即短期工作、带薪休假和其他补贴，以及财政和税收减免，包括针对微型、中小型企业的减免。此外，劳工组织还建议采取财政和货币政策措施，以及对特定经济部门的贷款和金融支持。

联合国：缓解疫情对劳动力市场的冲击[1]

“这场危机表明，在2020年，体面劳动仍普遍不足，数百万劳动者面临危机时十分脆弱。”

——国际劳工组织总干事

[1] 联合国. 缓解疫情对劳动力市场的冲击 .(2020-04-17). https://www.un.org/zh/node/70851.

由于冠状病毒大流行对全球劳动力市场造成严重破坏，联合国呼吁全球共同应对这场大规模危机。与此同时，世界各国推出了紧急刺激计划以保障生计。

COVID-19已扰乱数十亿人的生活，危及全球经济。基金组织（国际货币基金组织）已宣布全球经济陷入衰退。劳工组织（国际劳工组织）预计，2020年第二季度全球减少的工作时间，相当于1.95亿名全职工人的全部工作时间。到2020年底，全球就业者可能会损失3.4万亿美元的收入。全球约81%的劳动力、近27亿工人受到工作场所全部或部分关闭的影响。

因此，各经济部门的企业都面临着灾难性的损失，偿付能力受到威胁，数百万工人可能被裁员。无保障的工人和非正规经济中的最弱势群体在收入方面受到的影响尤其严重。

在很大程度上，2020年全球失业人数将取决于这场新冠肺炎疫情的未来发展走向和所采取的缓解措施。国际劳工组织表示，到2020年底，全球失业人数极有可能大大高于国际劳工组织最初预测的2,500万人。

4月17日，劳工组织总干事盖·莱德在基金组织和世界银行春季会议上发表的一份书面声明表示："这场危机表明，在2020年，体面劳动仍普遍不足，数百万劳动者在面临危机时十分脆弱。"

旅游业遭受重创。为应对此次大流行病，截至4月6日，全球96%的旅游胜地已实施了旅行限制。

联合国世界旅游组织（世旅组织）秘书长祖拉布·波洛利卡什维利表示："COVID-19对旅行和旅游业的影响是史无前例的。由于旅游业受阻，该行业能带来的效益面临着威胁：数百万个工作岗位可能会消失，在均衡和可持续经济增长方面取得的进展可能出现衰退。"

他呼吁各国政府持续评估旅行限制，并尽快在保障安全的同时放松限制。

应对疫情的四项支柱政策计划

劳工组织总干事莱德先生已拟定出以人为本的四项支柱政策计划，以全球团结为基础，应对COVID-19危机。

首先，利用现有的财政和货币工具以及债务减免，刺激经济和劳动力需求。对卫生系统的公共投资将为打击大流行病和创造体面工作等两方面做出至关重要的贡献。

第二，立即提供援助，维持企业生存、保障工作机会和收入。莱德先生强调，当前，对社会保障措施进行投资尤为重要。这些措施在缓解危机的同时，能够稳定经济。

第三，确保在疫情期间继续工作的人员得到充分保护。需要保障他们在办公场所的安全和健康，合理安排他们的工作（例如远程办公），确保他们享有带薪病假。

第四，充分利用政府、工人和雇主组织之间的社会对话，有效、切实和公平地解决目前职场中存在的各种挑战。

国家应对

联合国呼吁采取协调、全面、大规模的多边应对措施，总投入至少应占全球GDP的10%。各国政府已宣布采取措施，缓解COVID-19带来的社会经济影响。

3月27日，美国颁布了应对COVID-19疫情的措施，包括追加2.2万亿美元的拨款，这是国会为应对此次危机颁布的第三项、也是最大的刺激计划。这项计划为员工人数少于500人的小型企业和非营利组织提供了近3,500亿美元的部分可免除贷款。美国联邦储备局已将利率降至零，并宣布将购买至少7,000亿美元的国债和抵押担保债券。

为应对COVID-19的影响，日本出台了一揽子计划，总额为108万亿日元（约合1万亿美元），占该国GDP的20%。该计划旨在保护生命、保障生计，使日本经济从危机后逐渐复苏。计划包括向家庭和中小型企业发放现金。

中国实施的措施包括：为涉及医疗物资、运输和日用品的企业提供支持，向企业、个人和社会组织推行综合税收减免措施。

法国进一步扩大应急计划，投入1,100亿欧元，约占法国GDP的5%。

英国为企业提供了3,300亿英镑的贷款及担保，相当于英国GDP的15%。

为提高金融体系的流动性，巴西中央银行提供了12亿雷亚尔的资金，相当于国家GDP的16.7%。

尼日利亚设立了500亿奈拉（约合1.366亿美元）的信贷，支持受COVID-19重创的家庭以及酒店、航空服务与医疗公司等中小企业。

联合国秘书长呼吁较富裕的国家应制定财政与货币对策，确保最贫困的国家无须承受负担。

截至4月17日，尼泊尔已正式报告16例2019新冠肺炎确诊病例。联合国工作组已启动了一项耗资3,823万美元的国家防范与应对计划，向尼泊尔实施人道主义救济，为该国社会与经济复苏做出必要的初步干预。

联合国工作组还在开展短期与长期的危机恢复工作，缓解疫情封锁带来的影响，保障生计与流动人口回归。各国际金融机构通过了对尼泊尔的援助计划。其中，世界银行提供2,900万美元优惠贷款，亚洲开发银行提供2,000万美元，基金组织提供1.13亿美元的信贷融通。

平衡行动

一些国家正在考虑放宽针对疫情防控所采取的限制，但世界卫生组织（世卫组织）总干事谭德塞则表示，过早解除限制会导致COVID-19卷土重来。

世卫组织正与各国合作，制定逐步、安全放宽限制的战略，并建议各国应遵从六项标准。首先控制疫情传播。必须提供充足的公共卫生和医疗服务，并将在如长期护理场所等特殊环境中的暴发风险降到最低。在工作场所、学校和其他人们必须去的地方，预防措施必须到位。至关重要的是，输入病例风险应得到管理，以及社区对病毒应拥有充分认识，并参与其中。

谭德赛表示："在终结这场大流行病的过程中，每个人都要发挥自己的作用。"

三大国际机构呼吁确保疫情期间粮食安全[1]

新华社北京4月2日电 联合国粮农组织总干事屈冬玉、世界卫生组织总干事谭德塞、世界贸易组织总干事阿泽维多日前发表联合声明说，应谨防为遏制新冠肺炎疫情所采取措施对粮食供应可能产生的不利影响，并呼吁加强国际合作，保证粮食供应链正常运转。

声明说，在采取措施保护民众健康和福祉的同时，各国应确保贸易相关措施不

[1] 新华网. 三大国际机构呼吁确保疫情期间粮食安全.(2020-04-02). http://www.xinhuanet.com/world/2020-04/02/c_1125806991.htm.

会阻碍粮食供应链的正常运转。农业和食品行业工人的正常流动受限，食品集装箱在边境停留时间过长，都会导致易腐食品变质，加剧粮食浪费。粮食贸易限制措施也可能引发对食品安全的不必要担忧。此类后果一旦显现，将对粮食供应链造成破坏，对最弱势群体和粮食不安全人口造成尤为严重的影响。

声明说，粮食供应的不确定性可能会引发一连串的出口限制举动，导致全球粮食市场出现供应短缺。此类市场反应可能改变粮食供需平衡，导致价格飙升、波动加剧。“以往的危机告诉我们，此类措施特别不利于低收入缺粮国和那些需要采购粮食以援助饥饿人口的人道主义组织。我们必须防止重蹈覆辙。”

声明指出，当务之急是加强而非弱化国际合作。在实施封锁管控以应对疫情期间，必须想方设法维持贸易自由流通，尤其要避免出现粮食短缺；必须确保粮食生产、加工和零售从业人员的安全，最大限度地减少疫情在相关部门内的传播，维护粮食供应链的正常运转；同时还必须保障社区内的食品供应，满足行动受限的消费者，特别是最脆弱人群的需求。

声明说，还必须确保向各方及时提供信息，令其掌握粮食贸易措施、粮食生产、消费和库存水平及粮食价格相关情况。这样可以减少不确定性，有助于生产者、消费者和贸易商做出知情决定。最重要的是，此举有助于遏制“恐慌性购买”及囤积食物和其他必需品的行为。

声明呼吁，疫情当前，必须同舟共济，采取负责任行动，恪守共同承诺，即：加强粮食安全、食品安全和营养，从总体上提升世界人民福祉。在采取应对新冠肺炎疫情的措施时，必须确保必需品供应不出现意外断档，谨防饥饿和营养不良状况出现恶化。

第二部分　疫情冲击全球经济，后疫情时代如何拉动经济复苏？

受新冠肺炎疫情的冲击，2020 年的世界经济持续呈下滑趋势，长时间的停工停产给全球经济复苏蒙上了阴影。在此背景下，各国家政府积极采取措施，加大扶持力度，尝试帮助本国企业走出困境。后疫情时代，尽快复工复产，拉动经济尽快复苏，成了摆在各国面前的重要课题。

全球贸易格局“疫”变[1]

张海鑫

《环球》杂志记者

历史上的每一次大的危机，往往会第一时间传导到国际贸易中，进而对推动国际贸易格局重塑产生深刻影响。

2008 年的全球金融危机，改变了美国主导的全球化进程，“顺差国”与“逆差国”角色转换，发展中国家在世界贸易中的地位快速提升。

11 年后，这场发端于卫生领域的健康危机再一次传导到贸易端，又将给中国对外贸易带来哪些影响，各国在国际贸易中的份额和影响力会否重新洗牌，带着这些问题，《环球》杂志记者专访了商务部原副部长、中国国际经济交流中心副理事长魏建国。

一、下半年或迎来复苏

《环球》杂志：世界贸易组织（WTO）4 月 8 日预测，受新冠肺炎疫情影响，今年全球贸易将缩水 13% 至 32%。有 WTO 经济学家认为，这一数字很可能会超过 2008 年全球金融危机带来的贸易衰退。你对今年的全球贸易形势如何研判？

魏建国：目前疫情的全球蔓延确实已经直接冲击了全球最重要的三大贸易圈，

---

[1] 张海鑫．全球贸易格局“疫”变．《环球》杂志，2020-04-29（9）．http://www.xinhuanet.com/globe/2020-04/28/c_139012114.htm.

即以美国为枢纽的北美贸易圈，欧盟贸易圈的德国、意大利等，以及东北亚贸易圈的中日韩三国。农产品等大宗商品和服务等消费需求量大幅缩减，无疑会对2020年前半年的全球贸易造成较大影响。

但这次疫情对外贸的影响不同于历史上的经济大萧条和金融危机。诱因不同，2008年全球金融危机，是由基础资产恶化叠加实体杠杆率高所引爆的，而此次主要是新冠肺炎疫情导致，并不存在房地产泡沫这样的系统性危机，而是一种短暂性的危机。如果要对比，则可参照2003年非典对于国际贸易的冲击。

根据2003年的中国海关数据统计，当年前四个月我国进口外贸保持了高增长趋势，非典流行时期的4月份进出口开始回落，大概减少的幅度是10.7个百分点。广东是当年最早出现非典病例之地，这也影响到了广交会，2003年的非典大概影响广东外贸出口5亿美元，相应影响GDP增长约0.5个百分点。随着非典疫情被控制，中国外贸的数据马上又恢复到正常。

从全球新冠肺炎疫情控制情况来看，各国现在都采取了严格的防控措施，并且对疫情及危机后的经济恢复等问题采取了积极的货币和财政政策，所以我认为2020年的全球外贸在经历急剧下降后，会从下半年开始复苏，呈现一个前低后高的态势。

二、崛起的东北亚贸易圈

《环球》杂志：各国在国际贸易中的份额和市场影响力会否发生改变？

魏建国：疫情会让一些出口导向型的国家比如美国、德国、俄罗斯和日本等遭受重创，全球贸易产业链及产业集群会发生很大变化，以前是北美、欧盟、东北亚三大贸易圈三分天下，但未来以中日韩为核心的东北亚贸易圈将会一路领先，形成新的雁阵型贸易格局。

全球供应链也将“从西到东”转移，对此我归纳为“四个东移”：

一是高端产业东移。疫情过后，中国及日韩等东北亚地区恢复较快，包括云计算、机器人、大数据、智能制造、新材料等高端产业将向东北亚聚集。按照经济规律，全球产业的发展会向消费增长热点地区靠近。中国有4万亿中等收入群体的巨大消费市场，疫情过后中国消费会呈现井喷式的发展，特别是新型消费、升级消费、实物消费、服务消费将领跑未来消费市场。今年我国消费品零售总额将达到45万亿元人民币，有望超过美国，成为全球第一大消费市场。

二是技术资本东移。全球产业链向东北亚经济圈的集聚，也给中国带来了全球领先的技术和大量国际资本。今年中国外商投资法的实施，进一步改善营商环境，将迎来外商投资新一轮热潮。疫情过后，中国通过供给侧改革进行经济结构的重大调整，进一步提升中国经济发展的质量，也将吸引全球高科技企业投资中国。

三是高端服务东移。此次疫情将促使中国消费升级，包括高端消费品、高端医疗等都会东移。而且，中国高质量的经济发展，需要有更高水平的服务。此次疫情对餐饮酒水等造成较大影响，2019 年全国餐饮总收入 46,721 亿元，餐饮规模占社会消费品零售总额的比重为 11.3%。疫情过后，人们在餐饮方面的消费升级也会推动服务升级，这将吸引全球更多高端服务企业进入中国市场。

四是高端人才东移。全球产业转移必然带来高端人才的东移，而且国际高端人才也在瞄准中国市场。麻省理工学院在香港成立首个海外创新中心，就是看中了粤港澳大湾区的发展机遇。更重要的是，国内各地区为吸引外资，对高端人才和紧缺人才给予政策补贴，这也可以消除国际人才东移在税负方面的疑虑，有助于促进国际人才向中国流动。

由此可见，全球供应链、产业链、服务链东移是大势所趋，不可阻挡。东北亚（中国、日本、韩国）将成为全球经济发展的引擎。而这不会发生在欧洲，也不会发生在美国。就如美国苹果公司首席执行官库克所说，即使在特朗普要求下，苹果也搬不回美国，因为在美国连一个螺丝钉都找不到供应商。因此，随着全球供应链的东移，包括美国、德国、法国等的高端制造业可能都将东移，这为疫情后今年中国经济仍然稳定增长打下了良好的产业基础。

三、寻求新机

《环球》杂志：中国应该如何抓住预期中的贸易东移的机遇？

魏建国：当务之急，是打造一个开放、稳定、安全的产业链和供应链。

首先是开放，发挥各国特长，在市场贸易上进行资源互换。比如泰国的香米、澳大利亚的铁矿石、越南的水果、欧美的奢侈品，我们必须打造一个开放的、首尾衔接的供应链闭环，打通从生产、加工、运输到消费的整个链条。

改革开放40年来，中国打造了十大产业集群，但地域优势并没有完全发挥出来，上下游产业链也并不协调。产业集群之间应该要水平分工、垂直整合、协同创新。同时，我国产业链、供应链同国际产业现存的链条接轨不足、匹配不够、融通协同还有待改进。

造成这种局面的原因，是多年来我国对传统产业转型升级重视不够，一些地方和地区战略性新兴产业重复建设，还有一些行业存在高端产业低端化发展的倾向。特别是在生产性服务行业比较突出，例如，2018年我国工业设计能力日产规模已增至1,200亿元人民币，比2015年增长68.4%；2018年全国电子商务交易额31.63万亿元人民币，雄踞全球第一。但这两项市场化程度低、准入门槛较高，管制也较多、竞争不充分，加之服务水平尚待提高，标准也不规范，因此从全球范围看，接轨匹配不足也比较突出，这是下一步要着重改进的地方。

其次是稳定，中国是全世界唯一拥有联合国产业分类中所列全部工业门类的国家，这是我们的优势，不是所有的低端制造业都要淘汰。疫情中，正是口罩这种低端制造产品，发挥了不可替代的作用。

最后是安全，即使有风吹草动，链条也不能脱落。比如，武汉作为中国车都，在汽车及零部件领域拥有成规模的产业集群，是中国第二大汽车制造商和国有公司东风汽车集团总部的所在地，以及通用汽车、雷诺、标致、本田和日产等全球公司的生产工厂所在地，但过于集中的产业构成也一度让全球汽车产业在疫情之下受到冲击，或许可以考虑适当向中西部区域转移部分产业，增强产业链韧性和抗风险能力。

此外也要加强研发和创新，特别是高端芯片、数控机床等核心部件，智能制造等关键技术要掌握在自己手上。虽然我国规模以上的制造业研发经费占主营业务收入比例有所提高，但研发投入强度仍有待提升，特别是数字化设计应用还不够广泛，设计研发工具普及率与欧美有较大差距。比如我国工业企业研发投入占营业收入比例与发达国家的2.5%至4%相比较，还有距离。根据科睿唯安（原汤森路透知识产权与科技事业部）最新发布的“德温特2020年度全球百强创新机构”榜单，中国大陆有华为、腾讯和小米三家企业入榜，其中腾讯为首次入选。2018年我国科技贡献率，仅为58.85%，还有很大的改善空间。

《环球》杂志：对处在疫情旋涡中的外贸企业，你有哪些建议？

魏建国：疫情发生以来，我通过电话、邮件等方式调研了江苏、福建、广东等地很多的外贸企业。企业订单起初受制于整体复工复产中存在的问题，现在又受制于国外疫情发展，特别是小微出口企业不敢接单。

对于出口企业而言，订单就是“生命”，有了订单就有了市场。因此，当前小微出口企业的主要任务就是接单，如果不接单，就会有生存问题。小微企业只有抱团取暖，度过严寒，才会获得更大发展。

企业也要积极探索寻求转型之路，不是说所有的企业都要转向生产口罩、消毒液等防疫物资。我举个例子，这次疫情中，深圳有一家工厂原来是生产大功率马达电机的，海外疫情暴发后订单没了，他们就转而生产电动窗帘的小马达。原来大功率马达的订单，价值200万元，这次创新转型后，一下子变成600万元的订单。

另一个关键就是政府和中介机构（商会、协会）能够了解更多信息，掌握小微企业的资源情况，可以搭建平台协调小微企业进行合作，共同完成出口订单，然后再在内部进行分配。

国际货币基金组织：通往复苏桥梁的四点行动计划[1]

国际货币基金组织（IMF）总裁克里斯塔利娜·格奥尔基耶娃在4月9日发表的视频讲话指出，COVID-19预计将给全球带来自大萧条以来最糟糕的经济后果，现在采取的政策行动将决定经济复苏的速度和力度。因此，她提出四项优先事项，呼吁全球共同努力，直面危机并重振经济。

格奥尔基耶娃指出，发达和发展中经济体都将面临暗淡的经济前景。2020年全球经济将急剧跌入负增长，预计今年将有超过170个国家出现人均收入负增长。世界经济遭到了沉重打击。同时，经济危机对脆弱国家的打击也是最沉重的。非洲、拉丁美洲和亚洲多数地区的新兴市场和低收入国家面临较高的风险。

格奥尔基耶娃强调，能否实现2021年局部经济复苏这一前景，一切都取决于

[1] 联合国新闻. 基金组织：应对新冠大流行 四个优先事项对重振全球经济发挥关键作用.(2020-04-09). https://news.un.org/zh/story/2020/04/1054672.

现在采取的政策行动。她因此提出了四个优先事项：

第一，继续实施必要的防控措施，为卫生体系提供支撑。

将卫生支出优先用于检测和医用设备、为医生和护士支付薪酬、确保医院和临时诊所正常运转。

第二，采取大规模、及时、有针对性的财政和金融部门措施，为受影响的民众和公司提供保护。

这根据各国的国情而有所不同，但包括税收递延，针对最脆弱群体的工资补贴和现金转移支付，扩大失业保险和社会援助范围，以及临时调整信用担保和贷款条款等措施。

第三，减轻金融体系压力并避免风险蔓延。

金融体系正面临严重压力，货币刺激和流动性便利能发挥不可或缺的作用。很多国家已下调利率，主要央行还启用了互换额度并建立了新的互换安排来缓解金融市场压力。将为更广泛的新兴经济体改善流动性提供进一步救助。

第四，我们必须做好复苏阶段的计划。

当前我们必须通过政策行动尽可能减少危机可能造成的创伤。这要求我们基于流行病消退的明确证据，谨慎考虑逐步放松限制措施的时机。随着稳定经济的措施得到巩固且企业开始正常运转，我们将需要快速转向刺激需求。协调一致的财政刺激将是必要的。

中国：五大举措消除疫情对脱贫攻坚影响[1]

4 月 24 日下午，国务院联防联控机制召开新闻发布会，介绍加强农村贫困人口帮扶工作情况。国务院扶贫办政策法规司司长陈洪波表示，突如其来的新冠肺炎疫情确实给脱贫攻坚工作带来了新的挑战，主要是给贫困人口产业、就业、扶贫项目、帮扶工作这四个方面带来了不利的影响。

“目前从总的情况来看，832 个贫困县全部是低风险地区，建档立卡贫困人口

[1] 人民网财经频道 . 国务院扶贫办：五大举措消除疫情对脱贫攻坚的影响 .(2020-04-25). http://finance.people.com.cn/n1/2020/0424/c1004-31687127.html.

新冠肺炎患者已经全部清零。”陈洪波认为，这次疫情对贫困人口的“两不愁三保障”影响不是太大，它的影响主要是体现在收入上，所以要着重在以下几个方面，来消除疫情对脱贫攻坚的影响，追回损失。

第一，就业方面，通过点对点的方式，组织贫困劳动力返岗就业，同时以多种形式，促进就地就近就业。

第二，解决卖难问题，主要是开展消费扶贫行动。

第三，扶贫产业发展问题，我们对受疫情影响还款困难的贫困户，扶贫小额信贷延长到年底，对贫困户新增贷款申请加快办理，及时满足需求。

第四，扶贫项目开工问题，加快中央财政专项扶贫资金的拨付进度，压实项目实施的主体责任。

第五，对受疫情影响致贫返贫的建档立卡贫困人口要及时纳入低保、特供供养、临时救助等保障性政策的覆盖范围。

（本文整理自人民网北京 4 月 24 日电，记者毕磊）

后新冠肺炎疫情下的中德经济走势比较分析

李京晔

德国波恩大学孔子学院中方院长

新冠肺炎疫情暴发以来，各国的社会和经济形势先后进入了紧急状态。截至 5 月 16 日，德国累计确诊 176,352 例，现存确诊 17,992 例，治愈 151,700 例，累计死亡 8,126 例。总人口 8,150 万的德国，累计确诊和累计死亡数据为同期中国的 2.08 倍和 1.75 倍（中国总人口约 14.02 亿）。

从全球单体经济总量排名来看，中国和德国分占第二和第四。在采取不同抗击疫情模式的前提下，中德两国在经济层面所采取的措施也有所不同。本文仅就疫情发生以来两国经济走势与采取的经济措施进行简要对比分析，以期探寻互相照鉴之处。

一、中德两国抗击疫情模式和短期经济表现比较

1. 全球抗击疫情的主要模式

一种是以中国为代表的“严防死守”策略，通过全面封城阻止病毒传播。采取这样的措施获得了极好的成效，但同时由此导致的经济损失也是巨大的。第二种模式是以英国、瑞典等国为代表的“群体免疫”部分限制或不限制民众行为。在疫苗面市之前，有60%至70%的人都感染病毒、获得免疫，避免出现医疗资源挤兑，减缓病毒传播系数，最终逐步降低病毒传播和数量。

以德国为代表的国家则借鉴了这两种方法。3月中旬以来，默克尔领导的大联合政府果断实施比较严格的限制政策，要求民众遵守防疫规定，尽可能减少病毒的扩散。但是随着社会停摆带来地巨大经济损失，德国民间开始出现大批反对限制政策的声音，重压之下，4月最后一周德国政府逐渐开始放松管制，整个德国社会把新冠病毒视为长期存在的病毒。

2. 在不同的抗疫模式下，两国的短期经济走势也表现也不同的特点

从中国国家统计局公布的数据来看，今年一季度国内生产总值206,504亿元，按可比价格计算，同比下降6.8%。从产业分布看，第一产业下降3.2%，第二产业下降9.6%；第三产业下降5.2%。从拉动经济的三驾马车——消费、投资、进出口贸易来看，在一季度也都有不同程度的下降。社会消费品零售总额78,580亿元，同比下降19.0%；全国固定资产投资84,145亿元，同比下降16.1%；进出口稍好，但同比也下降了6.4%。这是1992年中国开始公布季度GDP数据以来的最低数值，也是首次出现季度增速为负值的情况。中国经济出现季度负增长在过去40多年里极为罕见。

德国联邦统计局公布，2020年一季度德国国内生产总值下跌2.2%，出口、消费和投资额均出现明显下滑。这是德国自2008年全球经济金融危机以来的最大跌幅，也是两德统一以来的第二大跌幅。造成GDP下降的主要原因是个人消费支出和设备投资的急剧下降。在当前的第二季度，下降趋势更加明显。德国商业银行预计本季度经济跌幅将超过11%，德意志银行预计的跌幅甚至达到14%。德国联邦政府已准备迎接战后最严重的一次经济衰退，GDP今年全年或将出现更大的下行空间。

二、中德两国当前采取的经济刺激措施比较

为了向经济注入更多的确定性，对冲疫情带来的经济衰退风险，全球超过100

个国家在本轮疫情经济救助中普遍采取了十分宽松的货币政策和财政政策，特别是欧美日等发达国家普遍采取了“0 利率”+“无限制 QE”+“超级财政刺激”+“直接信贷注入”的超级政策组合。这些政策的力度超过罗斯福新政的力度，超过 2008 年金融危机的力度。

中国更多地在货币政策方面加大了合理充裕的流动性，同时引导市场利率稳步下降。一季度，人民银行通过降准、OMO、MLF 及 LPR 降息、再贷款再贴现等货币政策工具释放长期流动性 2 万亿元。通过适度扩大信贷投放规模，推动信用条件走阔，引导金融体系全力支持疫情防控与刺激经济。财政政策方面，保持积极的财政政策取向，采取包括加强经费保障、减税降费、贷款贴息等有力措施。继而进一步提出适当提高财政赤字率、发行特别国债、增加地方政府专项债券规模等重要举措。此外，从保民生，保就业，保市场主体，保产业链、供应链，保粮食和能源安全，保基层运转几个方面进行，如对企业和个人减免税费；对企业和个人进行补贴；保持流动性的充足和降低利率等。这些举措对冲了疫情给经济社会平稳运行带来的负面影响，为稳定经济运行提供了良好支撑。

德国政府采取的财政组合政策是新冠危机中经济政策的重中之重。核心思路是支持保住企业。启用“短时工作制”这一在历次经济危机中均奏效的法宝力求保住就业岗位，保护企业不至于在危机中破产倒闭。具体做法是通过提高短时工工资，向上百万企业雇员提供短时工模式。从三月份短时工资按上一次净工资的比例为 60% 至 67% 提高到四月份的 70% 至 77%，从第七个月起分别提高到 80% 至 87%。针对中型和大型企业，德国政府则推出了一系列保障现金流运转通畅的政策。包括为其提供总价值为 4,000 亿欧元的政府贷款担保，让企业能够更好的在金融市场上融资；政府为濒临破产的企业准备好了 1,000 亿欧元的特别贷款额度；另有 30 亿欧元保障个体劳动者的基本生存需求，申请获得社会福利保障。

三、中德两国中长期采取的经济复苏方案比较

此次疫情引发的衰退将持续多久？中德经济将如何逐步恢复？恢复的路径将会是 V、U、W、L 哪一种类型走势？

1. 德国中长期经济复苏措施

德国政府提出了经济复苏的“四阶段计划”。

目前处于第一阶段，即政府继续对企业提供资金援助。已有的救助计划将更趋完善，包括对小企业的紧急注资、国有复兴信贷银行（KFW）的纾困贷款以及旨在避免具有战略意义的经济环节受创的稳定基金。

第二阶段，政府计划关注那些经营活动较晚才会被解封的企业，例如大型活动承办、展会服务、文化以及酒店餐饮业。这些行业需要恰当的措施、规范，分步骤计划。

第三阶段，计划推出“依据现状和需求的刺激经济计划”，例如新车购买补贴。德国经济部长阿尔特迈尔称，汽车工业对德国经济的荣枯意义重大，在新冠危机前就处于一个关键转型过程中，目标是可持续发展的交通运输模式和显著减少温室气体排放。

第四阶段被称为经济的“重获活力计划”。主要涉及经济结构问题，也包括国际供货链和市场。目前尚未公布具体方案，但德国政府表示不希望世界经济退回到自产自用的时代。

2. 中国中长期经济复苏措施

根据路透社的预测，中国经济一季度同比下降后，二季度将叠加海外疫情带来的“二次冲击”，实现V形反弹的可能性比较小，预计二季度增速只能回升到3.5%。如果海外疫情能在4到5月间得到控制，下半年随着经济逐渐恢复常态，预计三、四季度能达到5.9%和6.3%，全年经济增速将可能为2.5%。反之，若下半年拉美、非洲和南亚等地区出现本次疫情的第三波高峰，则国内防控措施难以全面撤回，疫情对宏观经济的冲击也将继续。

中期来看，经济的核心是投资，出口和消费恐难成为重点。从投资的方式来看，第一，公共产品投资将持续加大，除了继续加强传统基础设施建设，新基础设施建设将成为重点。新基建主要指5G等信息类基础设施建设、用高新技术来改造传统基础设施（智能交通、智能能源）、科创类基础设施建设。第二，推进都市圈的建设，如对大湾区、长三角、京津冀等城市经济圈要加大建设。第三，加大投资公共卫生体系建设。公共卫生的供给能力将成为公共产品投资的一个重点。

中长期来看，仍需继续深化经济改革，主要体现在三个方面：第一，市场经济，关键是处理好市场和政府的关系；第二，混合经济，关键是公平地对待民营经济；第三，法治经济，只有在法治经济基础上，才能提振对经济长期增长的信心。

由于中德抗击疫情的模式与措施不同，两国的经济发展模式和体量不同，因此刺激经济与恢复经济的手段和措施也存在较大差异。但是在反对去全球化和继续保持经济开放度方面则有着高度的共识。在未来的一段时期内，作为经济大国，中德双方都将尽己所能发挥各自的比较优势，为本国和全球经济的恢复与增长做出重要贡献。

扩内需、稳增长对冲疫情影响，要“牵住牛鼻子”、稳住产业链

韩志峰

中央人民广播电台经济之声首席评论员

新冠肺炎疫情持续蔓延，全球经济增长面临重大挑战。有观点说，全球经济面临至暗时刻。还有分析说，我们应该做好应对新一轮经济金融危机的充分准备。毫无疑问，疫情短期内对经济社会发展、百姓工作生活带来剧烈冲击。当务之急，就是统筹疫情防控，加快复工复产，扩内需，稳增长。

扩内需，稳增长，就要“牵住牛鼻子”。在这次疫情中，从行业看，住宿餐饮、旅游、文体娱乐、交通等几个行业受到的冲击最大；从企业规模看，自身抗风险能力较弱的中小企业，遇到的困难最大，一些企业甚至面临能否活下去的问题。背后的原因，一方面是疫情导致正常经营突然受阻，复工复产面临资金、人力、成本等多方面的压力。面对疫情给广大中小企业带来的严峻考验，中央高度重视，及时出台了一系列的惠企政策，如定向降准、加大金融支持、实施税费减免、支持稳岗就业、社保及公积金优惠、降低经营成本、促进外贸稳定等。可以说，政策“对症下药”，抓住了关键点。

“牵住牛鼻子”，还要大力促进消费。消费已经连续六年成为我国经济增长第一拉动力。2019 年，我国社会消费品零售总额达到 41.2 万亿元，同比增长 8%。消费对经济增长贡献率为 57.8%，拉动 GDP 增长 3.5 个百分点。消费如此重要，却因为新冠肺炎疫情被抑制，一些行业和场景的消费甚至被冻结了。虽然疫情期间数字经

济、“线上”模式让一些行业、企业生存下来，成为新的经济增长点，还引发了一些资本跨界并购。但是从整体看，很多行业、企业来不及转型，或者缺乏相关能力，面临着市场需求萎缩、没有订单的艰难处境。

因此，刺激消费，必须精准发力。近期从中央到地方，一系列刺激消费的重磅政策纷纷出台。或者提振汽车这个大宗消费品市场，汽车消费社零占比高，增长空间大，带动效益强，是消费结构升级的主要内容；或者发放消费补贴或者消费券，拉动中低收入者消费，这是政策的重要目标之一；或者扩大数字消费，加大“新基建”投资力度，打造未来经济增长的新引擎。一系列政策，力在尽快释放被抑制、被冻结的消费，不断扩大新型消费。这成为带动企业复工复产、激发企业活力，进而稳增长的关键举措。

对冲疫情影响，保持稳增长，还要抓住另一大关键，就是稳住产业链。疫情之下，全球产业链都面临生死大考。一些产业链深度捆绑，一个链条中断，上下游都难以幸免。比如，液晶显示屏就是全球大产业链，在疫情造成全球市场供需受限背景下，这个行业的供应链感受更加明显。因此，一方面，我们要努力推动全球形成抗疫合力，尽快战胜疫情，将中断的产业链重新激活；另一方面，要做好自己，稳住国内产业链。工信部强调，要把推动产业链协同复工复产作为当前工作的重点。协同复工复产，就是要坚持全国一盘棋，维护统一大市场，促进上下游、产供销、大中小企业整体配套、协同复工，切实提高复工复产的整体效益和水平。这不仅是促进中国经济企稳回升的重要举措，也将有力推动全球产业链“转起来”，提升抗风险能力。

第三部分　疫情阴霾下的社会保护和人道主义

在世界发展极度不均衡的今天，贫富差距问题越来越凸显。新冠肺炎疫情的暴发无疑加剧了这一问题的严重性。病毒的传播感染不会因人而异，但是生活水平处于贫困线的人们抵抗病毒风险的能力更低，面对疫情冲击，他们能做的防护措施也是最少的。

地球是一个村，在面对疫情冲击时，没有哪一个国家、哪一个民族能够独善其身。我们必须要关注那些生活贫困地区的人们，并且尽我们该尽的责任去帮助他们。新冠病毒是全人类的敌人，我们要帮助我们的伙伴战胜它！实际上，帮助他人，就是在帮助我们自己！

疫情之后的“最佳平等”

努里亚·马林·普拉（Sánchez Marin Pla）/ 西班牙 Mejor Igual 基金会主席
安和·烈斯哥·阿尔卡伊德（Angel Riesgo Alcaide）/ 西班牙 Mejor Igual 基金会副主席

新冠肺炎（COVID-19）在毫无征兆的情况下，于2020年肆虐全球，打了全人类一个措手不及。当人们渐渐从起初的惊慌失措中走出来时，发现还要面对新冠肺炎疫情带来的诸多负面影响，比如经济的复苏、公共卫生体系的完善，再比如针对受新冠肺炎疫情影响严重的社会弱势群体的保护。

西班牙“最佳平等”（Mejor Igual）基金会[1]是专门致力于保护社会弱势群体、集中社会力量发展教育事业的协会。基金会的宗旨和它的名字“最佳平等”一样，为的是力争为每一个社会弱势群体提供帮助和保护。新冠肺炎疫情加剧了原本就不完善也不平衡的社会保护问题。许多慈善组织、社会团体，当然也包括我们这样的基金会，应该在这个艰难的时刻承担起社会责任，认真思考后疫情时代的社会保护和人道主义问题。

2016年，我们在墨西哥城向墨西哥参议院推出了“妇女与体育”项目后，又相继在尼加拉瓜、秘鲁，当然还有我们的国家西班牙开展了各类公益活动，我们的活动始终聚焦于社会需要保护的人群：妇女、儿童和老人。

至今为止，新冠肺炎（COVID-19）已导致西班牙29,000人死亡，在我们家乡马德里大区，死亡人数至今已超过9,000人。经过70天禁足，我们需要大力度的恢复力来战胜这场巨大的危机，帮助人们从生活、身体、经济和情感等多方面的损害

[1] 西班牙“最佳平等”（Mejor Igual）基金会官网网址：www.mejorigual.org。

中恢复过来，这些工作也将是我们“最佳平等”基金会（Mejor Igual）在今后几个月乃至几年中的主要工作。

在这短短的数月里，马德里600万市民（整个西班牙4,700万人民）经历了不同阶段的情绪状态：绝望、愤怒、烦躁、急躁、恐惧、自律、希望，等等。这种种的感受都是可以理解的，但必须要说的是：这些情绪的出现最好有利于我们战胜病毒。在这种情况下我们应当学会调节自我情绪，尊重配合政府当局的政令。

我们现在处于什么阶段？从孩子们的身上能清楚地看到情绪的不稳定性，因为孩子们的情绪比成人的更有自发性，当然也不同程度地映射着我们成年人的自发性情绪。而青少年们总是认为自己离危险很远，忽视纪律性，因此有的时候不得不通过强制措施才能使他们自行遵守特殊时期的规章制度。许多老年人经过10周的禁足后，自然而然地感觉非常压抑，烦躁不安的他们进而开始抗议和指责。我们在帮助他们从疫情阴霾中走出来的同时，不能忽略他们在情绪表达上的需要。

我们要么选择被情绪支配，要么选择支配掌控情绪，通过积极的努力调节情绪，进而战胜困难和解决问题。你会怎么选择呢？成年人需要做的是直面现实，学会调节情绪，并把情绪上的反应转化成行动力和正能量，这样，我们才能具有韧性的人格，以及强大的心理力量。这种坚韧不拔的人格意味着在面对困难的时候，可以自如地应对。

新冠肺炎疫情在全世界暴发时，很多国家关闭了大门，封锁了边境，只有少数国家愿意为别国提供帮助。西班牙政府积极采取措施，帮助本国人民抗击疫情，我觉得物质层面的援助当然必不可少，但是心灵层面的帮助与安慰也极为重要。因为对于很多人来说，新冠肺炎疫情对人们心灵的打击，要比身体的打击更大。我们应该在接受别人帮助的同时也为他人提供帮助和协作。我们必须团结一致来抵抗新冠肺炎（COVID-19）。如果我们抛弃了任何一个国家、一个群体、一个个人，只要病毒还在，它就会回来。

最近有一个词成了我们谈论的热点，那就是“弹性公民”。什么是“弹性公民”？简单说来，就是能够应对社会变化、具有自我调节能力的社会公民。

科学研究显示，禁足期间，封锁的环境会导致许多人患上“创伤后压力症”或者出现某些和此症相关的症状。这使得我们很是担忧孩子们的心理健康状况。儿童在成长过程中，不断开发着智力和情商，并慢慢学会了如何与他人相处，逐渐适应融入社会。但是在这短短的三四个月的禁足时间里，社会和家庭都在“爆炸式”地、有意无意地给孩子们灌输着“病毒很可怕”“提防身边人”“勤洗手戴口罩”“高标准清洁”“保持社交距离”等等意识形态，这让他们感到特别担忧。

我们成年人在接受现实的同时，无意中也在影响着孩子们。社会正在急速变化，我们需要在匆忙中快速适应这种新型生活，改变的不止是行为，还包括我们的心态，关注的不仅仅是公共卫生，更包括我们心灵的健康。

我们应当把这场危机当作一次非常难得的变革机会，因为我们这个不完美的世界需要改变，它一直都在改变，但这一次要变得更好，不是从外到外的转变，而是从外到内的转变。正如这次疫情危机不但让我们重新审视我们所处的外在世界，也让我们不断充实自己内心的世界一样。

关注弱势群里是我们一直努力做的，这一次我们不但要关注他们物质上的需要，还包括情感上的需要。我们的基金会名叫“最佳平等”，我们也相信“更好的社会保护”和“平等的人权”应该是大流行病之后，新世界里建立的人类新常态共存模式。

（李居洋译）

新冠肺炎与非洲的祈盼

爱德蒙·木卡拉（Edmond Moukala）
联合国教科文组织世界遗产中心非洲部主任

一、引言

我们正生活在一个前所未有的时期，面前只有一条路，且此路有去无回！无形的病毒从去年年底开始在人与人之间传播，严重地打乱了我们的生活和环境，而且也许会持续下去，病毒在冲击我们的思维方式，甚至会重构未来。“我们的”是指社区和个人所及的所有人的一切。（几乎）所有国家都经历着强烈和不断加剧的恐惧与焦虑，无法独善其身。

看上去，我们周围的信息铺天盖地，里面充斥着对非洲大陆局势的分析与预测，其共同点都是竞相发出升级警报。

关于新冠肺炎疫情和发展趋势，世卫组织总干事于3月18日发出警告："非洲该苏醒了"，他呼吁非洲大陆"做好最坏的准备"。埃塞俄比亚总理、诺贝尔和平奖获得者阿比·艾哈迈德（Abyi Ahmed）3月25日在《金融时报》每日专栏中也警告说，不能忘记非洲大陆是在下一盘棋，切忌各自为战的"短视"抗疫行为。

非洲将面临不可避免的严重的经济危机，其原因一方面是由于许多国家采取隔离和/或活动限制措施，交流与国际贸易中止，港口停运；另一方面则是由于在疫情前不久油价突然下跌，原材料价格下跌，旅游业也被迫突然歇业。3月底，联合国贸发会议将非洲大陆的经济增长预测从3.2%下调至1.8%。根据世界银行4月9日的预测，非洲大陆的增长将跌至-2.1%，甚至是-5.1%，这是25年来的首次经济衰退。世界银行非洲副行长哈菲兹·加纳姆先生说，"新冠肺炎疫情很可能给非洲国家带来极其沉重的打击"。非洲开发银行的预测是，非洲经济衰退为-0.7%至-2.8%。

与此同时，另一种社会危机的幽灵袭来：非盟预测大陆失业人口将达到2,000万，而根据联合国的相关预测，这一数字将高达5,000万。

还远不止如此，随着边境的封闭、全球物流链的断裂对严重依赖进口国家的冲击、加工厂的关闭和各地的强制隔离，一场粮食危机有可能接踵而至。经合组织萨赫勒俱乐部预计，2020年3月至2020年5月，萨赫勒地区遭受粮食危机的人数将达1,140万，而去年同期为480万人……这不是一场梦，也不是海市蜃楼，非洲的危机已经到来。这场危机的规模将不断扩大。

截至2020年4月21日星期二，非洲已有23,505人感染冠状病毒，过去24小时内新增1,230例。非洲疾病预防控制中心（CDC Africa）在推特上称，整个非洲大陆已有1,158个死亡病例。该中心指出，整个非洲大陆被治愈人数为5,833人。新冠肺炎致死人数最多的国家是阿尔及利亚和摩洛哥，南非和埃及则是新冠病毒检测呈阳性人数最多的国家。根据"Worldometer"网站的数据，周二下午，全球感染冠状病毒人数已超过2,505,000，其中死亡人数超过171,000，被治愈人数超过659,000。

各国采取的抗疫措施差异很大：保持距离的手势交流、居家隔离（很多国家采取的措施都是全国或主要城市隔离）、关闭边界、航空停运、宵禁、公共场所必须佩戴口罩、禁止聚会，等等。讲到措施，在某些非洲国家的都市里，人们的生活空间狭小拥挤，多家邻居共用一个水龙头和一个厕所的情况下，采取这样的隔离措施又能获得什么效果？

为了缓解此次全球性危机对经济和社会的影响，降低由于疫情采取的隔离、减少活动等措施的影响，特别是疫情对雇用绝大多数人口的非国家经济的影响，一些国家推出了针对个人或企业的救助计划：如在多哥投入 4,000 亿非洲法郎（合 6 亿欧元）支持其国家团结与经济复苏计划；向企业提供 300 亿兰特的资金（合 15 亿欧元），用以资助南非为解决失业采取的措施；向塞内加尔最脆弱的家庭提供 1,000 亿非洲法郎（合 1.5 亿欧元），还有延期支付费用、代缴水电账单等社会款项。特别的金融支持计划也先后出台，还有大规模的捐助倡议行动，如联合国、摩洛哥、西非、欧洲……有了这么多支持，各国是否有能力确保公平分配并在紧急情况下启用这些资金呢？

二、经济形势

世界银行发布了关于非洲经济前景的《非洲脉搏》报告。这是世界银行首次针对冠状病毒对非洲经济的影响所做的分析。该报告对非洲大陆经济增长趋势和贫困变化状况做出了预测。同时报告还向面临这一新的全球冲击的国家提出了建议。

世界银行在报告中指出，“新冠病毒的大流行给人类生命造成了沉重打击，并严重破坏了全球的经济活动。从这场史无前例的危机对人类生活和全球经济的影响可以看出其扩散速度和严重程度，也反映出市场的一体化程度，以及中国在全球供应链、旅游和商品市场中扮演的重要角色”。尽管该病毒到达非洲稍晚，但最近几周已在撒哈拉以南地区迅速传播。

截至 2020 年 4 月 4 日，在非洲撒哈拉以南的 48 个国家中，已有 45 个国家出现新冠肺炎，确诊病例为 5,425 例。鉴于该地区许多国家的检测能力不足，实际感染人数有可能被低估。

非洲大陆的特征非常明显，先显示出的是经济危机，随后才是严重的健康危机。在非洲，第一个风险会比第二个风险造成的受害者更多，因为非洲的死亡率与其经济增长和贫困水平直接相关。经济危机已经开始重创非洲的中小企业和初创企业。

这是因为，经济危机会将不可避免地传导到脆弱的小企业。其传导机制十分简单。中国经济活动停滞了，依赖中国供应的中小企业便受到影响。那些向亚洲和欧洲出口的人眼睁睁地看着他们的市场在一夜之间烟消云散。那些正在筹款的人，尤其是在技术领域，所有的前景瞬间都破灭了。

这还仅仅是开始。与社会隔离措施相关的运营问题给国内需求造成冲击，更何况非洲大陆的大多数国家实际上没有社会安全网，数百万人很可能陷入赤贫。国际货币基金组织前面提到，2020 年撒哈拉以南非洲地区的国内生产总值将下降 1.6%，这对小企业来说是灾难性的。

无论规模有多大，宏观经济措施从根本上讲都远远不够。同解决健康危机一样，各国和国际社会目前主要筹措的还是公共预算收支不平衡问题所需的资金。目前，减轻债务的重要途径开始依稀可见，对此应表示欢迎。减轻债务是必须的，但却远远不够的。

当务之急是非洲各国政府、开发银行和国际出资人需要密切关注中小型私人实体的命运，这些企业正在陷落。只有关注这些企业的命运才能保持创新的动力，这是非洲大陆过去十年中具有的特征之一，而且在减轻失业压力方面发挥了巨大作用：就业战役主要看中小企业的表现。为此，可以从三个主要方向着手。

有三点必须考虑，过去讲过，今天再次强调。

很显然，首先要考虑的非洲不是一个局部，而是多个局部。从疫情流行的发展、影响和抗疫措施角度看，将北非、南非、中非或西非放在一起，并试图找到一个共同特征是没有任何意义的。南非的卫生系统，其社会保护体系和总体抗灾能力与中非国家绝对没有可比性。尼日利亚大城市的情况与以农业为主的国家和萨赫勒沙漠地带等国的情况不同，抗疫措施自然也不同。

为了更好地理解当地的情况，更好地对抗病毒的蔓延，必须放弃没有任何意义的“非洲大陆”概念。

第二点，这场变化多端的危机告诉我们，若想取得抗疫效果，必须采取包容性方法。包容，旨在确保每个人都能了解（各种）危机的严重程度以及面对危机应采取的措施，如加强卫生系统建设、不久前开展的可持续城市、与全球变暖做斗争、与不安全做斗争、与极端贫困做斗争、为经济发展和粮食自给自足做斗争。

第三点，对机构出资人和一直提供发展援助的国家来说这是名副其实的挑战：

从结构性上看，多个需求同时出现，这让捐助人和国家很难承受。最大的危险是，看着新的资金来取代用于抗击全球变暖或获得基本服务发展的拨款，而这些基本服务却始终且严重不到位……要知道，这些是全球应对措施的一部分资金。提升（水、电、卫生）基本服务就能提高抗击流行病蔓延的效果，这一点谁会怀疑？

总之，由于非洲也是希望之地，我们这里引用伟大的谢赫·哈米杜·凯恩（Cheikh Hamidou Kane）在《模棱两可的冒险》（L'aventure ambiguë）中的一句名言："我们和你们没有相同的过去，但严格意义上讲，我们会有相同的未来。独特的命运时代在演变。没有人可以独善其身。"这句话也许能帮助我们做出正确的抉择……

三、粮食的自给自足

根据世界粮食计划署（WFP）所言，如果不迅速采取行动，遭受粮食危机的人数将增加一倍。

该计划署预测，由于新冠肺炎大流行，严重饥饿的人数可能翻倍，到2020年底将超过2.5亿。

粮食计划署首席经济学家阿里夫·侯赛因（Arif Husain）说："新冠病毒对数以百万计本已十分脆弱的人可能造成灾难性影响。"

鉴于新冠病毒疫情对经济的影响，预计2020年面临严重粮食不安全（3级或更高级）的人数将增加到2.65亿，比2019年增加1.3亿。去年，受冲突和气候问题影响，全球55个国家约1.35亿人处于"粮食极不安全"之中。

世界粮食计划署指出："这是此项研究四年以来的最高数字。"此外，报告涵盖的55个粮食危机国家中，2019年有7,500万儿童发育迟缓，1,700万儿童极度消瘦。

四、萨赫勒地区的担忧

在中低收入国家，如果不迅速采取行动，到2020年底，全球将有2.65亿人陷入严重的粮食不安全中。"这对数百万因挣不到钱而吃不上饭的人来说可谓当头一棒。"侯赛因补充说，"他们的经济已经被隔离和全球性经济衰退所摧毁。"

据联合国机构称，这突如其来的新冠病毒对他们而言是雪上加霜，很有可能是"致命的"。世界粮食计划署首席经济学家强调说："我们现在必须立即采取集体行动，以降低这场全球灾难的影响。"

此外，人道主义机构也表示担忧，粮食不安全状况在一些国家和地区日益恶化。冲突、内乱和社区间暴力加剧，极端天气事件和/或经济危机加剧将导致“生计的丧失，粮食价格的上涨和流离失所人数的增加”。

在受冲突影响的西非和萨赫勒地区，如布基纳法索、乍得、尼日尔、尼日利亚和马里，暴力升级，新的流离失所以及农业和贸易的中断，加上气候条件不利，粮食危机正在加剧。

该报告称，2019年，冲突仍然是粮食危机（7,700万人）的主要诱因，但极端天气（3,400万人）和经济冲击（2,400万人）愈演愈烈，报告发出警报说，冠状病毒很有可能导致危机加剧。

2019年有10个国家面临最严重的粮食危机：也门、刚果民主共和国、阿富汗、委内瑞拉、埃塞俄比亚、南苏丹、叙利亚、苏丹、尼日利亚和海地。

2019年，南苏丹61%的人口面临粮食危机（或严重的粮食危机）。在苏丹、也门、中非共和国、津巴布韦、阿富汗、叙利亚和海地等国，至少有三分之一的人口遭受粮食短缺危机。

鉴于2019年出现的这些令人担忧的数字，鉴于2020年新冠病毒大流行，联合国机构呼吁维持粮食援助计划。尤其是粮食计划署的计划可以挽救世界上将近1亿最脆弱的人们的生命。

对联合国粮食计划署而言，粮食危机、无法获得食物多样化、可饮用水、卫生设施和保健机会，这些因素都将继续导致儿童严重营养不良的恶化。

（刘和平译）

饥饿的威力比恐惧更强大吗？——新冠病毒危机下的保加利亚

伊丽莎·科瓦切娃（Eliza Kovacheva）

英国谢菲尔德大学国际公关和政治传播学硕士

2020年3月13日，官方宣布国家进入紧急状态，几代保加利亚人发现自己处于未知懵懂的状态，目睹着国家前所未有的不利局势。在过去的几个月里，新冠病毒袭击了中国和整个亚洲以及意大利、西班牙和世界其他国家，我们在家里的电视屏幕、社交媒体、电台和报刊杂志上看到有关致命的新冠病毒的新闻和信息越来越多。

必须说，虽然我敏感地意识到“远方的痛苦”，但从来没有真正想到保加利亚也会在病毒袭击的名单上。以前没有感到太害怕，就是觉得这灾难不会发生在我们身上。我们一直处于一种“隔离”的状态，为什么这次疫情会不同以往？然而，自然和病毒没有国界。这个世界被隐形的敌人占领了，这在几天前还难以想象，而现在的保加利亚全国都在与新冠病毒作战。

宣布紧急状态半小时后，我奉命为在家远程继续工作做准备。之前我怎么也没想到我会在家里继续履行职责，也没想到在宣布进入紧急状态的几天后，我会担心失去工作而不是失去健康和幸福。我是幸运儿之一，因为我仍然有工作，有稳定的收入，但对7万多保加利亚人（在大约700万人口中）来说，新冠病毒在保加利亚肆虐意味着失去工作和遭遇经济困难。伴随着医疗体系中出现的紧急情况，新冠病毒危机影响到公共生活和商业领域的方方面面，经济遭受的最主要影响之一是失业率上升。保加利亚疫情危机期间，失业 / 就业领域有几方面尤为突出。

或许逐渐适应和完善“居家办公”系统是这次疫情带来的为数不多的积极影响，许多有条件允许其员工远程办公的公司都强化了这一居家办公模式。其实早在危机发生之前，许多单位就提供了居家办公的可能性，但显然一些部门对这种制度和员工自身责任缺乏信任，更喜欢老式可靠的“办公室办公”模式。而且，我相信很多雇主不喜欢远程办公是因为他们认为这会影响职业归属感和团队合作的气氛。然而，在紧急状态下，一些单位被迫采取远程办公继续其业务活动，因此整个工作流程需要调整。我相信危机过后，这对未来的居家办公、线上系列活动以及提升雇主的信任度和满意度都将产生相当积极的影响。

尽管有上述的积极影响，但消极的影响似乎大大超过了积极的影响。在疫情早期，由于病毒危机在全世界造成的不安全感加上许多西欧国家对季节性工人颁布的禁令，越来越多在西欧国家工作的保加利亚人返回家园。此前，保加利亚政府努力吸引这些到西欧工作的保加利亚人回国，现在政府需要立即想出办法在危难时刻向他们提供什么帮助。这种情况如果在其他时期本可以有更积极的办法，但现在需要通过财政手段解决这些问题，更加剧了政府所面临的经济困境，因为保加利亚是欧盟中最贫穷的国家之一，财政已经是捉襟见肘。现在这些人失去了在西欧的工作，而且由于疫情危机，他们在保加利亚找不到新的工作，又将如何获得经济资助？他们的家庭怎么办？以前他们的家庭主要都是依靠他们在西欧的收入。这些人会在局势稳定后留下来支持当地经济吗？关于这类问题在一段时间内可能都不会有答案。

这就引出了我的主要观点。我认为，由新冠病毒危机造成失业的最坏的影响是日益增长的焦虑、“对饥饿的恐惧”和无力养家糊口的担忧。这种焦虑高过有意识地关心自己的身心健康。它给国内数千个家庭带来了经济不确定性，导致人们忽视实际的危险，不遵守安全防疫规则。这又进而增加病毒进一步传播的实际危险，加大了延长紧急状态时限的可能性。反过来又会以消极的方式影响经济危机和金融安全。在这种情况下需要严明纪律，坚守阵地，才能更快恢复元气。

失业率的上升也对国家失业保险的预算产生了负面影响。由于所征收的保险金不够，在新冠肺炎疫情导致经济危机和财政预算收入下降的情况下，更多纳税人的钱将用于支持养老金基金，使经济问题更加日趋严峻。

很多人可能被诱惑到“灰色地带”工作，只是为了能有一些收入。然而，无合同、无保险的工作不仅违法、破坏经济的稳定，而且从长远来看，对员工本人也是不利的。

正如我们所知，新冠病毒疫情已经改变了世界。它真实地向我们展示了我们都生活在一个地球村里，尽管存在着距离，但我们彼此影响。危机的复杂性给社会方方面面带来了剧烈的影响，需要采取快速有效的措施来应对。金融风险和饥饿焦虑使人们更害怕担忧，而不是病毒感染本身。这虽然可以理解，但我敢说，在当下，饥饿的恐惧不应大到让人们拿身心健康来冒险。我想这是一个明确而简单的问题——当紧急状态解除却没有足够的健康劳动力来激活经济时，将会发生什么？如果我们有机会工作，但身体不够健康，又会发生什么？我们现在需要保持冷静、清醒和自律，以便在一切结束后能够迅速适应。经济将再次运转起来，就业机会也会充足，但目前，我们必须首先确保我们自己和我们的家人健康。我相信有一件事是肯定的——我们要珍惜我们的健康！既然没有人就没有经济，我们只需提醒自己，总有一天一切会恢复正常，而我们只需要保证自身的安全健康就好。

（王丽虹译）

新冠病毒留下了什么？

劳拉·普里托（Laura Prieto）
英国谢菲尔德大学硕士研究生

2020年3月中旬。昏暗的灯光，微弱的音乐，轻声的念叨，黏稠的地板，混合着啤酒的强烈汗味，这些，都是关于酒吧的遥远记忆。那天比我们预计的还要忙，不停有顾客下单。我在厨房和吧台之间来回奔波，忙着给顾客上菜。在从桌上撤走空盘之前，我戴上了橡胶手套。手套粘在手上，增加了我的工作难度。我看到顾客们焦虑不安的神情，也听说他们认为我戴手套是一种冒犯。毕竟，他们躲在一个黑暗的酒吧里，就是想忘记外面发生的一切。我撤下他们的食物，连同手套一起扔进垃圾箱，然后洗手。很惭愧，我没法带给顾客们一切都好的假象，因为我内心深感焦虑。我一遍又一遍地洗手。

经理的办公室里挤满了人，大家都蹲着，想看一看那小屏幕里会说些什么。大家都耐心等待着鲍里斯·约翰逊政府将发布的首次新冠肺炎疫情每日更新。我不打算留下来听他要说什么。我已做出了选择。决定留在英国生活和学习后，我面临着许多移民共同面对的问题：现在是回家的时候了吗？对我来说，已经太迟了。我的家人都在法国，回家存在太多风险；而我的工作性质决定了我携带病毒的可能性很高。政府宣布进入社交隔离状态。英国许多酒吧都关闭了，连同我所在的那间。一夜之间，成千上万家庭面临贫困的威胁。

我的工作报酬不算最高，但这笔收入可以维持我的生活。像很多人一样，我不知道如果我不工作，我将如何支付房租、饭钱和各类账单。这并不是个例。2019年，约有89.6万人签订的是零小时合同。零小时合同不约定雇员每周的固定工作时间，更倾向于兼职的工作性质，为雇主和雇员提供了更多灵活性，但赋予雇员的权利少于签订固定工作时间合同的员工。由于签订这类合同的雇员大多只能得到最低限度的工资，以此为主要收入来源的家庭很难建立任何形式的储蓄。而今的状况引发诸多焦虑，因为很多人发现自己可能面临失业，前途一片黯淡。为了稍加缓解这种焦虑，政府出台了一项保留工作计划，该计划涵盖了某类员工80%的工资，以防止大规模裁员的出现。这项计划能起到暂时缓解当下危机的作用，计划的实施也能减缓经济衰退。然而，由于整个社会进入社交隔离状态，经济活动随家庭支出的减少而减少，进而导致国内生产总值下降。雇主们担心经济危机随时暴发，正尝试降低成本，越来越多的雇员在申请国家基础保障，这对国家劳动力市场产生了巨大的影响。有的雇员签订的是零小时合同，因此他们争取自身权益的能力十分微弱，也无法要求他们的工作安全能在疫情期间得到保障。政府的这项计划并不足以消除人们所面临的恐惧和绝望。

然而，在这场危机中，英国已经意识到，零小时合同工对经济起到了重要作用，维持了国家的持续运转。数十年来，英国政府和媒体常常将那些从事体力、护理、零售、运输、农场等行业的工人蔑称为“非技术劳动者”或“低技能劳动者”。在英国公众眼中，这些人大多数都从事的是“低收入”的工作，并不重要。这些工作高度依赖移民，目前，从事这些行业的外来移民比例比以往任何时候都高。英国脱欧加剧了移民所面临的结构性种族主义，政府的言论导向也让移民感到在此地不受欢迎且不安全。仅在社会护理部门，移民占比就超过 17%。从业医师中有 20% 是在英国境外取得的从业资格，他们也是第一批死于新冠肺炎疫情的医护人员。那些从事低薪工作的人群现在被视为“关键劳动者”，是他们在拯救生命，为国家提供粮食，并照顾着英国社会中最弱势的群体。鲍里斯·约翰逊是唯一一位感染病毒的英国领导人，他本人也接受了一名新西兰移民护士的治疗。按照这个比例，英国医疗服务体系缺少 12,200 名社会护理人员，而这个缺口只能由移民来填补。此外，水果采摘工短缺 9 万名，这类工人通常来自东欧。没有了移民，英国社会将举步维艰。这就是要建立一个更公平社会的原因，政府比以往任何时候都更应保障工人权利，对那些被贴上“非技术劳动者”和移民标签的群体，政府应改变态度。

疫情期间，每个人的工作都有所变化。政府鼓励人们待在家里，而不少人发现这样的生活更轻松，因为不必花时间通勤，并能享受更多的家庭时光。不少人看到了未来工作模式的改变：办公室工作时间减少，居家工作时间增多。公司也需要适应员工的需求。然而，对有些人来说，新冠肺炎疫情已经暴露了他们工作的不安全性，并拉大了贫富差距。于女性而言，新冠肺炎疫情更是一场灾难，因为她们要直面疫情带来的压力。在英国，签订零小时合同的雇员大多为女性，这主要是因为这种工作的灵活性能让她们拥有更多时间进行家庭的无偿照料工作。

除了日常工作，她们还常常要操持家务，照顾家中的老人和孩子。2020年3月4日发表的一份下议院简报显示，有630万名妇女正从事兼职工作，其中约79%为公共卫生和社会护理行业。这意味着这些女性通常在抗击疫情的一线，因而更容易感染病毒。相比男性，她们更有可能拿到最低工资。因此，这构成了一个贫穷的循环，她们不太可能摆脱低薪工作，只能继续从事不安全的零小时合同工作以维系家庭开支，而她们也因此更有可能因为新冠肺炎疫情失去主要的收入来源。疫情期间压力加剧，她们必须照看在家学习的小孩，而不能兼顾照料家庭中的老人使她们更加焦虑。疫情对这些妇女中的大多数将产生持久的影响，因为她们看不到摆脱其不稳定处境的出路。

新冠肺炎疫情的影响涉及方方面面。这一次，全世界在这种共同的经历中团结起来，各国正以不同的方式应对此次疫情。自此，人们认为生活不能再像从前那样继续下去。长期以来，英国对低薪劳动者、移民以及一定程度上对某些女性的污名化言论一直存在。新冠肺炎疫情已经表明，那些曾被认为对社会贡献较小的人，却是在危机时期保证国家持续运转的最重要的人。现在是我们共同意识到这一点的时候了。在疫情后的世界中，人们应该重新思考未来的工作定位，工人、移民和妇女应作为我们社会的重要成员得到认可。

（雷妍译）

第四章
拉响全球公共卫生警报

2020年1月30日，世界卫生组织总干事谭德塞在日内瓦宣布，新冠肺炎疫情构成“国际关注的突发公共卫生事件”，发出该组织最高级别警报。当时，很多人不会想到，这场疫情可能会成为近百年来人类社会遭遇的最严重的公共卫生危机。

突如其来的新冠肺炎疫情，让全球卫生治理机制经受严峻考验。能力短板和资金瓶颈是全球治理面临的普遍问题，如何更好平衡全球公共利益和国别利益面临很大挑战。

习近平主席在第七十三届世界卫生大会视频会议开幕式的致辞中表示，人类终将战胜疫情，但重大公共卫生突发事件对人类来说不会是最后一次。要针对这次疫情暴露出来的短板和不足，完善公共卫生安全治理体系，提高突发公共卫生事件应急响应速度，建立全球和地区防疫物资储备中心。

【本章聚焦】

焦点一

疫情期间，一方面多国限制非必要商业活动和个人出行以减少病毒的人际传播，另一方面隔离措施严重抑制了生产与消费，给民众的生计带来很大的压力。我们不得不面对的问题——生命与生计，应该如何平衡？

焦点二

疫情带来恐慌，一些国家重启“零和游戏”，强调“本国优先”。世贸组织数据显示，多个国家和地区针对医疗物资等采取贸易限制措施。我们不禁思考，全球疫情大流行背景下，要封闭还是要开放？

焦点三

新冠肺炎疫情的暴发给很多国家和地区的医疗卫生体系带来严重的冲击，很多医院超负荷运转，大批病人没有得到及时治疗。疫情背景下，我们不得不重新审视我们原有的医疗卫生系统。后疫情时代，我们又该如何完善社会公共卫生安全机制？

焦点四

新冠肺炎疫情大流行再次将世界范围内公共卫生体系的不平衡问题暴露出来，虽然发达国家和发展中国家都受到疫情严重的冲击，但发展中国家无疑是更脆弱的一方。疫情全球大流行背景下，没有哪一个国家和人民可以独善其身，世界公共医疗卫生问题该如何平衡？

【大事记】

新冠肺炎疫情全球发展时间表[1]

2019年12月31日

武汉市卫健委首次发布情况通报，确认有27例源于华南海鲜市场的病毒性肺炎病例。但是英国顶级学术期刊《自然·医学》刊发的一项研究分析“指向了比那更早的起源”。

2020年1月1日—5日

世卫组织在该组织三个层级（总部、区域总部和国家一级）组建事故管理支持小组，并进入抗疫紧急状态。世卫组织发布关于新型冠状病毒的第一期《疾病暴发新闻》。这是该组织面向科学界和公共卫生界以及全球媒体的主要技术出版物。

2020年1月10日

世卫组织在线发布一整套综合性技术指导，向所有国家提 供了如何发现、检测和管理潜在病例的建议。世卫组织还发布了感染防控指导建议，以保护卫生工作者，并建议了在救治患者时采取的飞沫和接触防护措施，以及医护人员在进行可产生气溶胶的操作时采取的空气防护措施。

2020年1月12日

中国公开分享了新冠病毒的基因序列。

2020年1月14日

世卫组织疫情应对技术负责人在媒体通报会上指出，该冠状病毒可能已存在有

[1] 联合国新闻.世卫组织抗击新冠疫情大事记.(2020-04-15). https://news.un.org/zh/story/2020/04/1055072.

限的人与人传播，主要是通过家庭成员传播，并且表示有可能暴发更大范围的疫情。

2020 年 1 月 20—21 日

2020 年 1 月 20 日，日本、泰国、韩国都报告了其境内出现的第一例新冠肺炎确诊病例。21 日，美国华盛顿州也报告了第一例新冠肺炎确诊病例。

2020 年 1 月 22—23 日

世卫组织总干事谭德塞召集突发事件委员会开会，评估疫情是否构成国际关注的突发公共卫生事件。

2020 年 1 月 24 日

第一批支援湖北的省外医疗队到达武汉，随后各地陆续派出医疗队前往武汉，医护人员总计达 42,000 多名。为了收治更多病人，武汉火神山、雷神山医院在十天时间内双双落成。

2020 年 1 月 28 日

由总干事谭德塞率领的世卫组织高级代表团前往北京会见中国领导人，以便更多地了解中国的应对措施，并提供各种技术援助。

2020 年 1 月 29 日

中国所有省级行政单位都已启动重大突发公共卫生事件一级响应。国内城市采取严格的管控措施，全国经济随之陷入停摆状态。国家不计成本对生命的救治对于遏制疫情的蔓延起到了积极作用。

2020 年 1 月 30 日

世卫组织总干事谭德塞再次召集突发事件委员会开会，并宣布这一新冠肺炎疫情构成国际关注的突发公共卫生事件。这是自《国际卫生条例》于 2005 年生效以来，世卫组织第六次宣布国际关注的突发公共卫生事件。

2020 年 2 月 1 日—4 日

2020 年 2 月 1 日，菲律宾报告了中国境外首例新冠肺炎死亡病例。当天，“钻石公主号”邮轮上一名乘客新冠病毒检测呈阳性。4 日，“钻石公主号”停靠在日本横滨港，船上超过 3,700 人被隔离。

2020 年 2 月 11—12 日

世界卫生组织正式将此次疾病定名为 COVID-19。世卫组织召集关于新冠肺炎病毒的研究与创新论坛，来自世界各地的400多名专家和供资机构代表出席会议。

2020年2月28日

世界卫生组织将新冠肺炎的全球传播风险和影响风险级别上调为“很高”。

2020年3月7日

全球确诊病例已超过100,000人，病毒已蔓延至100多个国家和地区。

2020年3月11日

世界卫生组织宣布新冠肺炎构成全球大流行。在中国之外，韩国、伊朗和意大利成了新冠肺炎疫情蔓延的“震中”。

2020年3月13日

世界卫生组织宣布欧洲成为了疫情“震中”。此前，像英国等欧洲国家曾对疫情采取“放任自由”的态度，如今也不得不调整措施应对新冠肺炎的暴发。欧盟各成员国也纷纷关闭边境，暂停欧盟内部的人员自由流动。

2020年3月16日

中国境外新冠肺炎累计确诊病例数已超过中国累计确诊病例数。三天后，全球新冠病毒检测呈阳性者数量已超过200,000。

2020年3月18日

世卫组织和合作伙伴发起了团结试验，这一项国际临床试验旨在从世界各地获得可靠数据，以找到新冠病毒的最有效治疗方法。

2020年3月24日

全球确诊病例已接近50万。世界卫生组织提醒全球疫情正在不断升级，而随着美国确诊病例的增长，美国或将成为下一个疫情“震中”。[1]

2020年4月1日

世卫组织总干事谭德赛在疫情媒体通报会上表示对感染迅速攀升和全球蔓延深感忧虑。谭德赛表示，在过去五周里，新增病例的数量呈近乎指数级增长趋势，遍及几乎每个国家、领土和地区。过去一周，死亡人数增加了一倍多。在接下来的几天里，将达到100万确诊病例，5万人死亡。虽然非洲、中美洲和南美洲报告的确诊病例相对较少，但新冠病毒可能会对这些地区产生严重的社会、经济和政治后果。

[1] CGTN. 疫情大事记 .(2020-03-24). https://news.cgtn.com/event/2020/The-Pandemic/index.html.

2020 年 4 月 14 日

武汉雷神山医院最后 4 名重症患者转出，在院病患正式清零。法国总统马克龙称“禁足令”将延长至 5 月 11 日。以色列总理内塔尼亚胡宣布“封城”。拉美报告累计确诊病例数超过 6.6 万，巴西、秘鲁、厄瓜多尔和智利仍是疫情最严重的国家。

2020 年 4 月 15 日 [1]

特朗普宣布美国暂停向 WHO 缴纳会费。

2020 年 4 月 23 日

中国外交部宣布，在前期 WHO 捐款 2,000 万美元现汇基础上，增加 3,000 万美元现汇捐款。

2020 年 5 月 1 日

中国科学家在《柳叶刀》发表瑞德西韦治疗新冠肺炎的首项高证据登记临床试验结果，显示瑞德西韦与安慰剂相比在治疗重症患者方面获益有限，且未显著加快病毒载量下降速度。WHO 确认新冠病毒源自自然界。

2020 年 5 月 10 日—13 日

意大利单日新增确诊病例和死亡病例将至两月来最低。新西兰结束国家紧急状态，进入为期 90 天的过渡阶段。俄罗斯总统普京宣布全国性统一休假结束，将逐步开始解除限制措施。

2020 年 5 月 22 日

世界卫生组织表示南美洲已成为全球新“震中”，其中受影响最严重的是巴西。

2020 年 6 月 18 日

意大利高等卫生研究院发布的一项研究结果显示，研究人员在意大利北部两座城市米兰和都灵去年 12 月的废水样本中检测出新冠病毒的核糖核酸。

2020 年 6 月 19 日

巴西新冠肺炎确诊人数超过 100 万人，巴西成为继美国后全球第二个确诊病例超过 100 万例的国家。

2020 年 6 月 26 日

[1] 财经 . 一图读懂 | 新冠肺炎疫情大事记（五）（2020.4.15-2020.5.13）.(2020-05-14). https://news.caijingmobile.com/article/detail/416459?source_id=40.

西班牙巴塞罗那大学 6 月 26 日发布公告称，该校的一个研究小组对当地废水样本做了检测，结果发现在去年 3 月 12 日采集的废水中含有新冠病毒。随着全球对新冠肺炎疫情研究的不断深入，多个国家的疫情发展时间线被改写，出现确诊病例或疫情本地传播的时间点或被大幅前推。

2020 年 6 月 28 日

根据美国约翰斯·霍普金斯大学的统计数据，美国确诊新冠肺炎的人数突破 250 万人。在美国已有超过 12.5 万人死于新冠肺炎。与此同时，全球的新冠肺炎感染数字突破 1,000 万大关，据约翰斯·霍普金斯大学截至周日午间的统计，目前全球的新冠确诊总数为 10,005,970 人，逾 49.9 万人病亡。

2020 年 7 月 2 日

巴西圣卡塔琳娜联邦大学表的一份研究报告说，由该校领衔的一个研究小组在圣卡塔琳娜州首府弗洛里亚诺波利斯市去年 11 月 27 日采集的废水样本中检测出新冠病毒。

2020 年 7 月 7 日

联合国秘书长发言人杜加里克表示，美国政府于已于 7 月 6 日通知联合国秘书长，它将退出世界卫生组织，并告知这一决定将于 2021 年 7 月 6 日正式生效。

【各家观点】

第一部分　世界如何应对疫情

随着新冠肺炎疫情的快速蔓延，整个世界都笼罩在疫情的阴霾之中。要想有效遏制疫情进一步扩散，各国政府必须加强多边协调，制定共同遵守的国际规则。国际社会有望以这次全球抗击疫情为契机，将人类命运共同体理念落实到国际公共卫生安全合作领域，推动建立更加完善、相互对接的国际公共卫生安全治理体系，有效加强国际公共卫生安全合作，从而提升人类共同应对当前和未来可能出现的更大的国际公共卫生风险挑战的能力。

非洲战疫进行时[1]
——专访非洲疾控中心疾病控制高级顾问王晓春

吴美娜

《环球》杂志记者

令人担心的事情还是发生了。据非洲联盟建立的非洲疾病预防控制中心（非洲疾控中心）数据，截至北京时间 2020 年 4 月 24 日，整个非洲大陆的新冠肺炎确诊

[1]　吴美娜．非洲战疫进行时——专访非洲疾控中心疾病控制高级顾问王晓春．《环球》杂志，2020-04-29（9）．http://www.xinhuanet.com//globe/2020-04/29/c_139011958.htm.

病例超过 2.7 万例，死亡人数超过 1,200 人，且数字还在增加。

4 月 15 日，联合国秘书长古特雷斯表示，非洲最终可能遭受新冠肺炎疫情的最大冲击；4 月 16 日，世界卫生组织专家说，非洲可能会在 3 到 6 个月内出现多达 1,000 万确诊病例；4 月 17 日，联合国非洲经济委员会称，新冠肺炎疫情可能导致非洲至少 30 万人死亡……面对非洲疫情，近来多方的预测情况更趋严峻。

这一背景下，非洲一百位著名知识分子、作家和学者共同签署了一封公开信——《行动时刻：就 COVID-19 危机致非洲领导人的公开信》，希望能够敦促非洲大陆领导人以疫情为契机，推动和改变非洲未来的发展方向。

非洲在应对新冠肺炎疫情方面，有优势也有劣势。优势方面，它有相对更长的准备时间，第一例病例报告出现于 2 月 15 日。

非洲多年来传染病状况一直相对较为严重，但实际上传染病防治模式是相同的。

任何一种传染病要在一个国家、一个社区传播开，都得具备三个环节——传染源、传播途径和易感人群。非洲国家总在应对各种传染病，针对三个环节，有专业的防控队伍，至少在国家这一级已经有了丰富的传染病防控经验。所以，在应对新冠肺炎疫情方面是有一定能力的，至少在国家这一级。

但非洲的劣势也是显而易见的，其基础医疗设施和医疗服务都非常薄弱，且大部分非洲人群的基本生活条件差，因此可能会面临更大挑战。比如居家隔离的问题，如有些非洲专家所言，很多非洲人群是靠日收入为生的，每天打工，有日收入才能生活下去。隔离一周或许还行，隔离两周甚至更长，他们就没有收入了。他们可能在银行也没有存款，即没有办法保证"居家隔离且没事"。

此外，面对疫情我们都知道不要聚集、减少聚集。而在非洲一些国家，很多老百姓就是居住在一起的，或者在居住条件较差的情况下继续生活。

还有一个资源挤兑的问题。就新冠肺炎疫情防控而采取的封城等举措当然对其他病患会有些影响。一些常见的或经典的传染病如艾滋病、结核等，都是慢性传染病患者，需要长期治疗长期关注。非洲目前依然有拉沙热、登革热、鼠疫、麻疹等传染病流行，相应病人依然需要治疗。这对国家而言，一是病人本身的管理问题；二是防控人员分配问题，即公共人员队伍和医生队伍。如果更多投入到新冠肺炎疫情管控中，可能其他疾病应对方面就没有那么多力量了。

在气候方面，非洲各地情况也不一样，比如4月西非已经很热了，40℃左右；东非和中非则要进入雨季，天要变凉了。有人说天一热呼吸道疾病传播会减弱，但非洲的凉热显然也不统一，所以气候这个因素很难和疫情的发展态势联系起来。

人口结构方面，首先至少在非洲大部分国家，首都等大城市人群密集性很强。年龄层面，非洲的中青年占了很大比重。就新冠肺炎而言，似乎老年人更易感，中青年不易感。但其实很多年轻人也在感染，只是轻症可能会多一些，感染之后不易被检测出来，当然还有一些无症状感染者，里面中青年可能会更多一些，所以这一点也很难说明问题。

目前新冠病毒的相关研究还处于初始阶段，即这个病毒生存环境的影响因素等还不清楚，可以说基于一些观察，气候和人口结构因素对其疫情态势有一定影响，但不是决定性的，至少在非洲，短期之内不是决定性的。

非洲国家面临的挑战多，面对疫情，眼下的难题主要有如下几个方面。

首先，非洲的确诊病例数在迅速增加，问题严重。

第二，尽管很多非洲国家的病例一开始是输入性的，但现在大部分非洲国家疫情已经转为本地传播和社区传播了。输入性传播相对社区传播要好管控得多。

第三，一些非洲国家在许多方面仍然没有完全准备好应对新冠肺炎疫情的暴发，比如若要确保隔离措施落实，如何解决一些人没有收入的问题。

第四，大部分非洲国家基础医疗设施薄弱，很难应对新冠肺炎疫情在本国的流行。如果发现有大量病例，要把所有感染者隔离起来，有没有地方？如果重症病人多了，有没有足够的ICU病房，有没有足够的呼吸机？现在一些普通要求可能都达不到。这是其面临的问题。

非洲应该怎么办？可重点借鉴中国经验。病人不管是重症的，还是轻症的，都是传染源，要早发现、早隔离、早报告、早治疗。我们也在鼓励非洲当地人建自己的“方舱医院”，尽量做到早隔离。他们现在也在积极行动，要建治疗中心，等等。

切断传播途径方面，非洲国家也在宣传，但宣传怎样贯彻下去却是关键。目前知道的主要传播途径是飞沫传播和接触传播。针对飞沫传播，还是要戴口罩，针对接触传播，要勤洗手，这些在非洲要很好地贯彻非常困难。

保护易感人群方面，要对大众进一步做宣传，全民动员，让大众都意识到问题的严重性。

非洲第一个病例出现于2020年2月15日（在埃及），第二例为2月底（在阿尔及利亚）。相比美欧等地，非洲有更长的准备期，也采取了更积极更严格的措施，且通过学习借鉴中国经验增强了信心。尽管疫情很严重，但中国的经验告诉非洲，只要措施得当，疫情是能够控制住的。

第一，非洲在第一例病例出现后，就实行了旅行限制。55个国家各自采取的具体措施不一样，但大都比较迅速有力。

第二，社交距离策略。53个国家已经由政府颁布了社交距离的措施，即关闭学校、禁止聚会、关闭公共场所等。

第三，有关国内活动的限制。现在非洲23个国家在实施宵禁；14个国家在部分城市实施封城，部分城市指的是疫情严重的城市；18个国家采取了完全封城举措。

非洲疾控中心的成立主要源于2014年西非埃博拉疫情之后，非盟认为应该建立一个疾控中心，协调55个成员国之间新发和再发传染病的预防与控制。对于这次新发疫情，非洲疾控中心起到了非常积极的作用。

在疫情刚开始时，非洲疾控中心就启动了应对“大流行”的战略规划。为实施规划，中心成立了非洲应对新冠肺炎疫情的专题工作组，其成员来自一些非盟成员国。工作组有具体的工作小组，包括管监测的、管治疗的、管大众宣传的，等等。同时，中心内部建立了突发事件管理系统，把55个非盟成员国都连接起来，能够实时通报非盟各国的疫情。

非洲疾控中心主要做了六大工作。一是领导力建设，即部长会议、战略规划等。二是能力建设。在新冠肺炎疫情流行之前，非洲疾控中心就开展了针对疫情防控的各类培训，大部分非盟成员国都派人参加了这个培训工作，他们现在在开展监测、检测等这些工作。三是物资支持。目前非洲大部分国家都收到了非洲疾控中心提供的诊断试剂。四是根据各国需要，派出专业人员对包括刚果（金）、喀麦隆、埃塞俄比亚等国家予以帮助。五是技术支持。非洲疾控中心编写了各种技术指南，比如社交距离、监测、检测等，并发给各个非盟成员国。六是沟通协调。非洲疾控中心每周都要召开应急反应会议，与各成员国沟通，并进行疫情通报和信息交流等。

一个国家或社会的人群总体性死因问题，是评估社会发展的一个指标。比如在中国，列前十位死因的包括心血管疾病等慢性病，传染病已不是主要死因。而在非洲，排前十位的死因里大概有 6 到 7 个都是传染病，其中很多国家排在第一位的死因是腹泻病，如霍乱等。死亡人群中 5 岁以下儿童占很大比例，然后是疟疾、艾滋病、结核等。对非洲来说，传染病依然是个很大的问题，一些在世界其他很多地区已经得到控制的传染病在非洲依然处于流行状态。新冠肺炎疫情进入非洲以后，是一种新发传染病。

非洲整体需要建立一个完善的公共卫生体系来保障传染病的预防与控制，目前应急状况下外界当然可以援助它，但从长远来看，无论是政府间的国际组织还是非政府组织，应该在帮助整个非洲建设公共卫生体系上进一步发力，这样才能兼顾长远。

中国目前整个公共卫生体系，从国家到省到市到县区，都有公共卫生人员在工作，由各级疾控中心去开展有关传染病的监控、预防、控制等，非洲在 2017 年以前是没有这样的机构的。

非洲疾控中心建立之后，一直在协调非洲每个国家的公共卫生体系建设，主要包括三个层面：一是监测和检测网络的建设；二是人员能力建设；三是实体机构的建设。非洲疾控中心正在帮非洲每个国家建设国家级疾控中心。

目前非洲只有 14 个国家建立了国家级疾控中心或国家公共卫生机构。大部分国家正在建立中，也有的国家还没想这个问题。

国家级疾控中心都没有建立的话，就会造成一个后果——这个病出来就忙这个病，那个病出来就忙那个病，没有一个总的体系。所以，不管是应对新冠肺炎疫情还是其他疾病，都应该在这三个层面上发力，也都需要政府间的、多边的国际机构及非政府组织等支持，并且是可行的、可持续的、长远的支持。系统建立以后，才能更好地应对新冠病毒再发或其他传染病的暴发和流行。

非洲会不会成为下一个重疫区？当然有很大的潜在风险。从数据方面看，非洲和欧洲发展很像；非洲的国家和地区数量，与欧洲差不太多；非洲人口有约 12.5 亿，欧洲 7 亿多，但欧洲 2018 年总 GDP 达到将近 22 万亿美元，而非洲只有约 3 万亿美元；欧洲从发现第一例到第 1,000 例用了 36 天，非洲从第一例到第 1,000 例用了 37 天，欧洲到 1 万例用了 45 天，非洲用了 52 天。

这说明在疫情最初发展上，非洲和欧洲是很相像的，一开始的病例都是输入性为主，然后转变为本地传播和社区传播，所以病例增长很快。但欧洲增长到1万例用了45天，增长到5万例用了52天，即一周内就从1万例增长到5万例了，到10万例用了56天。短短几天内欧洲从5万例增长到10万例，说明整个欧洲疫情已经变成社区传播。

非洲从第1例到第1万例用了52天，我们要看在多长时间达到5万例，多长时间达到10万例。如果说非洲达不到5万例数字就开始下降，这是我们最希望看到的。

从影响方面看，此次新冠肺炎疫情不单会给非洲，也会给其他地区带来改变。

这次新冠肺炎疫情过后，相关机构一定会评估其对经济的影响。非典、埃博拉等流行对全球经济影响较大，估计这次新冠肺炎疫情的影响不仅会大，而且会非常深远，即公共卫生问题不再仅仅是公共卫生问题，而是整个社会的问题了，会影响经济、社会的发展，等等。不难判断，此次疫情会让非洲各国更加重视公共卫生问题，更加重视公共卫生体制和机构的系统性建设问题。

中国支援非洲应对新冠肺炎疫情，主要表现在两个方面。

一是捐赠医疗用品，包括政府的和民间的。在非洲各国的中资企业，通过中国大使馆，也在给所在国做捐赠，包括口罩、体温枪、消毒液等物资。随着中国国内疫情的好转，在非洲疫情趋向严重的时候，不管是政府还是民间，都会加大支持力度。

二是分享防治经验。这主要有三个层面：

第一是开讲座。2020年3月初，我们通过中国政府机构，主要是外交部和卫生健康委，开了一个视频会议，中方专家从临床、预防、海关检疫等几个方面同非洲分享经验教训。这次会议至少有30多个非洲国家参与，会议持续时间很长，因为各国都提出了问题，与中方专家交流。以后可能根据需要，还要继续举办这种会议。

第二是提供技术指导。在新冠肺炎疫情暴发之后，中国国家卫生健康委制作了大量技术指南，其中有些已经被翻译成英文、法文、阿拉伯文等。这些技术指南分发到非洲疾控中心及一些非洲国家，对于非洲更科学地应对新冠肺炎疫情起到了一定作用。非洲疾控中心借鉴我们的诊断治疗指南，在指导非洲各国有关诊断治疗的工作。密切接触者追踪指南方面，非洲疾控中心也在参考中国的做法。

目前看来，如果非洲疫情进一步发展，中方可能还会提供更大的支持。比如，近日中方已派专家工作组赴非，更加直接地参与非洲疫情防控。

北京语言大学致信合作孔子学院并捐赠物资[1]

北京语言大学

全球范围内的新冠肺炎感染人数仍在攀升，多个国家进入艰难的战“疫”期。北京语言大学与海外高校合作共建的18所孔子学院、2所孔子课堂，一直保持着良好的校际合作和人文交流。北京语言大学校长刘利在第一时间一一致信，表达关心、支持和祝福。

刘利在信中感谢在中国疫情暴发之初，各所孔子学院及其所在的海外高校向中国伸出的援助之手。例如，美国南卡罗来纳大学孔子学院组织当地华人社区，共同募集多批医疗物资；韩国启明大学给北语寄送口罩；美国佐治亚州立大学孔子学院设计募捐物资箱，由专人负责进社区募捐；更有那些从五湖四海传来的加油视频，祝福卡片，在中国战疫最艰难的时期，给了我们莫大的安慰和鼓励。同时，刘利也对在疫情期间坚守岗位的孔子学院院长、教师、志愿者和工作人员表示了赞扬。

“相知无远近，万里尚为邻。”投桃报李是千百年来中华民族的传统美德，更是特殊时期守望相助的友谊和真情。面对全球疫情，唯有同舟共济方能化险为夷，唯有同心共担方能获得胜利。北京语言大学积极向海外孔子学院及所在高校捐赠抗疫防护物资，第一批2,450只N95口罩正带着全体北语人的深情厚谊飞向世界各地。无论是一衣带水的日本、韩国，还是相隔万水千山的美国、意大利、德国，北语都会与大家站在一起，共同战“疫”。

正如刘利在信中所说：中国与各国人民的交往历史和深厚情谊，再大的困难和挑战也无法撼动。我们勠力同心，共克时艰，一定能迎来百花盛放的吉祥春天。

一、中罗共友谊，并肩战疫情

自新冠肺炎疫情暴发以来，全球进入紧急状态，北京语言大学合作孔子学院的

[1] 孔子学院总部/国家汉办．北京语言大学致信合作孔子学院并捐赠物资．(2020-04-13). http://www.hanban.org/article/2020-04/13/content_805794.htm.

状况牵动着北语人的心。刘利第一时间致信问候罗马尼亚锡比乌·卢奇安布卡拉大学及孔子学院。他在信中感谢罗马尼亚政府对于中国抗疫工作的支持，并表示锡比乌孔子学院师生为声援中国制作的祝福视频令北语人备受鼓舞和感动。面对疫情，罗马尼亚政府高度重视，采取并加强一系列严格防控措施，阻断病源肆意扩散。北语也会叮嘱孔子学院的北语教师严格遵守各项规定，积极配合各方做好防疫工作。

北京语言大学也在第一时间统计孔子学院物资需求，向锡比乌孔子学院寄送了第一批次 N95 口罩 350 个。

二、雪中送炭，全力战“疫”

意大利米兰天主教圣心大学孔子学院是北京语言大学与圣心大学合作开办的一所孔子学院，自 2009 年成立以来，已经走过了十一载春秋。圣心孔子学院始终致力于以语言为桥梁，促进中意两国之间的文化交流与民心相通。全球战疫，不分国界，孔子学院在战疫。我们的心紧紧地挂念着彼此。

2020 年新春伊始，新冠肺炎疫情在国内暴发，圣心孔子学院全体教师、志愿者、意大利学生及朋友都牵挂着万里之外的中国，为武汉加油，为中国加油。圣心孔子学院下属孔子课堂伦纳迪高中更是自发录制了视频声援中国。

如今，中国疫情防控形势持续向好，意大利却限入困境，圣心孔子学院全体教师全力配合意大利政府提出的要求，理性应对，科学防控，但防疫物资短缺仍是当前最大的问题。得知这一情况后，刘利在第一时间发来慰问信，表达了北语的关心与支持。刘利在信中感谢北京语言大学各合作孔子学院在中国疫情暴发之初传递的鼓励和祝福。投桃报李，全球疫情肆虐的当下，北京语言大学及时采买防疫用品并邮寄至圣心孔子学院，缓解了燃眉之急。此外，北语孔子学院处也一直与圣心孔子学院保持联系，时刻关注孔院教师、志愿者的健康状况和生活情况，并表示将不遗余力地提供帮助和支持。

3 月 27 日，圣心孔子学院收到了由北京语言大学孔子学院处寄送的第一批防疫物资：200 个 N95 防护口罩，后续还有护目镜、防护服等物资驰援。4 月 2 日，圣心孔子学院收到了由北京语言大学教授韩祝祥及友人捐助的防疫物资，“雪中送炭”的真情，温暖感动了每个孔院人的心。

三、多方助力谢菲尔德大学孔子学院齐心抗疫

随着疫情的快速蔓延，包括英国在内的整个欧洲大陆都笼罩在疫情的阴霾之中。疫情无情，但人间有情。中国政府和人民时刻秉持人类命运共同体的大国责任与民族担当，在高度重视保护海外中国公民的身体健康和生命安全的同时，也向英国提供了大量的支持与帮助。

作为谢菲尔德大学孔子学院合作院校的北京语言大学和南京大学也向孔子学院捐赠了上千个医用口罩及百余双防护手套，力求将最及时、最贴心的防护，送抵每位孔子学院教师身旁，同时寄托了对身处疫情之中的孔子学院师生的关心和支持。

北京语言大学校长刘利在致谢菲尔德大学校长库恩·兰贝茨（Koen Lamberts）的问候信中代表北语对谢菲尔德大学参与抗疫工作的全体同仁深表关心。刘利坚信“众志成城，高山亦可逾越；勠力同心，难关必能攻克”，并表示北语将始终同谢大一道齐心抗疫。

在致谢大孔子学院教师及志愿者的慰问信中，刘利表示，北语将尽最大努力保障全体外派教师、志愿者的健康安全，一如既往地支持孔子学院/课堂的建设及发展。学校全体同仁会始终作为谢大孔子学院的坚强后盾，不遗余力地为孔子学院提供帮助和支持，以负责的态度和饱满的斗志共同迎接挑战。

投桃报李，共盼春来，中国积极捐赠物资支持国外各高校战疫[1]

孔子学院总部

近期，随着新冠肺炎疫情在海外的发展，多个国家受到不同程度的影响。作为孔子学院的中方伙伴，中国各大高校校长纷纷向海外合作院校致信慰问，师生也积极募集捐助物资，以各种形式送上真挚祝福，与世界各国一起同心抗“疫”。

一、“我们一起携手共克时艰，共战疫情”

北京时间2020年3月9日，当获悉美国俄勒冈州进入紧急状态时，美国波特兰州立大学孔子学院的中方合作高校——苏州大学副校长张晓宏第一时间向波特兰

[1] 孔子学院总部/国家汉办.投桃报李，共盼春来，中国积极捐赠物资支持国外各高校战疫.(2020-03-24). http://www.hanban.org/article/2020-03/24/content_804904.htm.

州立大学教务长兼学术事务副校长苏珊·杰弗兹（Susan Jeffords）转达了苏州大学的真诚问候，并询问是否有防疫物资的需求。

3月12日，苏州大学党委书记江涌、校长熊思东再次向波特兰州立大学孔子学院所有师生表达问候，赞赏和感谢孔子学院每位教师在异国他乡恪守职责的责任感，并决定紧急调配资源，捐赠1,500只口罩以备急需。

3月13日，江南大学副校长徐岩在听闻美国进入紧急状态的消息后，当即致函加州大学戴维斯分校副教务长、国际事务副校长乔安娜·瑞格尔斯卡（Joanna Regulska）教授，表示新冠肺炎疫情是全人类面临的共同挑战，江南大学愿与加州大学戴维斯分校一道携手抗击疫情，并代表学校捐赠2,000个医用口罩和5个电子体温计给加州大学戴维斯分校。

3月14日，江南大学校长陈坚向加州大学戴维斯分校孔子学院师生表达了问候和关心，由衷地赞扬了孔子学院教师的辛苦付出和取得的杰出业绩，并表示母校全体师生作为后盾，将积极提供帮助。在了解到美国医用口罩等防疫物资短缺、购买困难后，学校迅速寄出一批物资，支援孔院作防疫之用。

新冠肺炎疫情在海外的蔓延同样牵动着浙江师范大学师生的心。近日，浙江师范大学校长郑孟状致信喀麦隆雅温得第二大学、坦桑尼亚达累斯萨拉姆大学、美国天普大学、南非西开普大学等海外孔子学院合作院校，向这些学校的校长及在上述国家工作的孔子学院师生表达了关心和祝福。

信中，郑孟状向海外合作院校介绍了国内疫情防控的最新情况和浙师大的应对措施，同时对各国抗疫情况表示关注。他表达了战胜疫情的坚定信心，并希望能与海外各院校携手共克时艰、共战疫情。

与此同时，浙江师范大学快速响应，筹措了一批防疫用口罩，于3月18日、20日分批寄往海外各孔子学院；在寄往海外的物资上，引用了“云销雨霁，彩彻区明”的诗句，表达了海内外携手战胜疫情的坚定信心。

学校汉语国际推广办公室、孔子学院非洲研修中心还召开了各孔子学院院长专题抗疫视频会议，与各孔子学院师生保持密切联系，全天候关注他们的身心情况，用实际行动筑起阻断疫情的“防护网”。

二、积极行动捐赠物资，万众一心战胜疫情

随着全球疫情不断蔓延，欧洲地区形势也日益严峻。当地时间 3 月 16 日，匈牙利政府宣布进入紧急状态。为了保护孔院教师安全，华北理工大学积极行动起来，向匈牙利佩奇大学中医孔子学院紧急捐赠一批防疫物资。

华北理工大学校领导也第一时间向孔子学院教职工致信问候，表达对孔院全体师生的诚挚慰问。信中说，学校始终密切关注匈牙利疫情的最新情况，尤为挂念孔院每一位师生，唯盼大家健康平安。希望大家做好防护，注意自身安全，我们万众一心定能战胜疫情。

疫情期间，佩奇大学中医孔子学院积极配合当地学校开设网络课程，做到停课不停学。孔院教师表示，我们相信没有过不去的寒冬，也没有等不到的春风，只要我们坚定信心、同心协力、积极应对，终将渡过难关。

作为西班牙莱昂大学孔子学院的中方合作院校，湘潭大学一直关注着西班牙疫情状况，第一时间组织购买医疗防护口罩以及体温计寄往莱昂大学，支持西班牙莱昂大学以及莱昂大学孔子学院的抗“疫”行动。

3 月 13 日，得知美国疫情后，美国新罕布什尔大学孔子学院中方合作院校成都大学迅速筹集药品和口罩寄往美国。这批物资包括一次性医用外科口罩，莲花清瘟胶囊、感冒灵颗粒、抗病毒颗粒、复方金银花颗粒等中药制剂。

由于多家快递表示无法邮寄中药，经多方联系，最终于 3 月 16 日，12 个饱含着成都大学及附属医院关爱的防疫物资包裹从成都出发，寄往美国新罕布什尔大学孔子学院。

回望短短两个月前，中国疫情形势严峻，孔子学院在美国募捐购买防疫物资，多批次寄往成都大学及附属医院、河南南阳市中心医院。如今，中国疫情稍定，然而全球各国的疫情又陆续暴发。

病毒无国界，友情更无国界。同一场疫情，美国新罕布什尔大学孔子学院和成都大学都深深地牵挂着对方。虽远隔万里，但彼此之间心手相连，风雨同担。

在英国，当地时间 3 月 11 日，伦敦孔子学院收到中建科工集团有限公司首批捐赠的 500 只医用外科口罩。

自新冠肺炎疫情在英国发生以来，防护物资日渐紧俏，物资筹集也变得异常困

难。中建科工的慷慨捐赠，让伦敦孔子学院全体教职工倍感暖心，也让孔院教师更有信心应对这场来势强劲的疫情。

中建科工相关负责人表示，中国疫情暴发之时，海外孔子学院及合作院校纷纷组织援助，将一批批防护物资寄往中国。现在中国的疫情逐渐得到控制，但境外却出现吃紧的情况。秉持“守望相助，共克时艰”的精神，中建科工正积极开展境外援助。

伦敦孔子学院愿意成为中建科工与英国及欧洲其他相关企业、单位及院校的搭桥人，共同应对全球疫情，并促进可能的合作与交流。

三、中外一起携手，助力当地抗击疫情

随着疫情在各国的不断扩散，当地医疗机构也随之承受着巨大的医疗压力，面对日益严峻的疫情，西班牙莱昂市华人纷纷行动起来，自发筹集口罩、防护服、手套和酒精，价值近一万两千欧的医疗物资，支援莱昂。

当地时间 3 月 20 日，莱昂大学孔子学院中外方院长、秘书与莱昂大学副校长罗伯托·贝洛（Roberto Baelo）陪同莱昂当地华人社区代表前往莱昂市医院、市政厅、国家警察局和地方警察局，将物资亲自送到在前线奋斗的医护人员、警察手中，支援当地抗击新冠肺炎疫情。

此次，莱昂当地华人用实际行动阐释了中华民族在大灾大难面前“一方有难，八方支援”的大爱精神，为当地抗击疫情发挥了积极作用，赢得了莱昂市民的点赞与掌声。

莱昂市医院、市政厅、国家警察局和地方警察局对华人社区无私的爱心捐助，表示高度赞赏以及衷心感谢，莱昂市市长何塞·安东尼奥·迪斯（José Antonio Diez）还特意录制视频表示感谢。

他表示，西班牙正在经历重大的困难时期，他感谢华人群体坚定地与莱昂站在同一战线上，不仅是言语上的支持，更是通过孔子学院与莱昂大学合作，捐赠各种医疗物资，与莱昂共同战疫。他还十分感谢兄弟城市湘潭的支持，尽其所能与莱昂合作，帮助莱昂尽早恢复正常。

在保加利亚，当地时间 3 月 20 日，索非亚孔子学院中方院长高春丽、行政秘书贝蒂雅（Petya Shukerska）作为学院代表，将两箱医用防护服送到索非亚乔安娜皇后大学医院（“Queen Joana-ISUL” University Hospital），以表达学院全体教职员工对该院医护人员抗击新冠肺炎病毒的慰问之情。

该院耳鼻咽喉科负责人科诺夫（Dimitar Kirilov Konov）博士按约定时间在医院门口等待三人的到来。见面后，双方默契地各自伸出右臂、以触碰对方胳膊肘的方式代替了握手。

高春丽将学院慰问信交给科诺夫博士，她说，这些防护服是学院目前能买到的所有医用物资，虽然数量不多，但希望能为当地抗击疫情尽到绵薄之力。她谨代表孔子学院教职员工感谢医护人员们在日益严峻的疫情面前坚守岗位，为民众提供医疗服务，守护民众的健康安全。

科诺夫博士对孔子学院的善举表示衷心感谢，说来自中国朋友的雪中送炭让他们感到无比温暖。双方都表示，希望保加利亚在政府的有力措施、民众的理解与支持下早日控制住疫情的发展，最终取得胜利。

在意大利，米兰圣心大学的学生艾琳（Irene Paddeu），是圣心孔院今年准备参加“汉语桥”世界大学生中文比赛的选手。从上个学期起，她便来到孔院和老师们一起备赛，参加文化知识辅导，准备个人演讲、才艺排演，备赛计划安排得十分全面。然而这场突然暴发的疫情打乱了她的计划。但她并不气馁，依旧努力学习汉语，和老师们协商进行在线辅导，并拍摄了视频声援中意两国！

“虽然情况越来越严重，但是意大利依然坚持对抗疫情，为此，感谢中国的物质和医学上的援助，感谢来自中国的白衣天使。意大利和中国的友谊向我们证明，无论文化上的差距有多大，在有困难时都会互相扶持。我相信在经历了此事之后，两国的关系将越来越坚固。意大利加油，中国加油，我们一起战胜疫情！”

当前，新冠肺炎疫情在全球的发展牵动着每一个人的心。此前中国疫情严重时，世界各国孔院师生及合作院校不断以各种方式伸出援手，送上支持和鼓励。投我以木桃，报之以琼瑶，新冠肺炎疫情是全人类面临的共同挑战，中国愿与世界各国一起携手同心，共克时艰。

中国向多个非洲国家派遣医疗专家组[1]

新华社吉布提市 5 月 12 日电

最高荣誉！一次 12 人受勋

2020 年 5 月 10 日，吉布提总理卡米勒在吉布提人民宫向中国政府抗疫医疗专家组 12 名成员颁授“6·27 独立日”国家勋章，表彰专家组为吉布提抗疫所做贡献。

中国专家组由 12 人组成，来自四川省多所医疗机构，包括流行病、呼吸、重症、检验、中西医结合等领域的专家。他们结束对埃塞俄比亚援助工作后，4 月 30 日“无缝转战”吉布提，协助吉方开展疫情防控工作。

据悉，“6·27 独立日”国家勋章是吉布提授予本国公民和国际友人的最高荣誉，单次授勋一般不超过 3 人。此次同时为 12 人授勋，无论是从勋章数量还是从礼仪规模看，在吉布提历史上均不多见。

卡米勒在致辞中感谢中国政府对吉布提抗疫的大力支持，高度评价中国专家组提供疫情防治指导。

他说，专家组在吉期间不辞辛劳，深入走访基层医疗机构，同吉方充分交流分享经验，为吉抗疫提出许多有益建议。专家组的到来使吉中关系再次得以加强。

中国驻吉布提大使卓瑞生表示，卡米勒总理亲自为中国专家组授勋，不仅是专家组全体成员的荣誉，更是中吉两国人民深厚友谊的象征。中方愿继续同吉方一道努力，延续两国守望相助、团结抗疫的佳话，续写共建人类命运共同体的战“疫”新篇。

[1] 新华网 . 这个国家的总理亲自为中国医疗专家授勋 .(2020-05-13). http://www.xinhuanet.com/yingji-jiuyuan/2020-05/13/c_1210616224.htm.

第二部分　公共卫生视角下的反思与举措

长久以来，传染病一直是人类面临的最严重威胁之一。新冠肺炎疫情在世界范围内的蔓延提醒我们，针对类似病毒类传染性疾病，人类还没有找到更有效的防控手段和治疗办法。通过建立并完善公共医疗卫生体系，是人类有效应对传染病的重要法宝，加强公共卫生体系建设势在必行。同时，我们应该认识到，抗击新冠肺炎疫情，不仅是一场防疫战争，也是一场心理战役。疫情给不同的人带来的影响不同，但所有人都需要做好心理建设。

驯化动植物是传染病根源？[1]

冯伟民

中国科学院南京地质古生物研究所研究员

进入 2020 年 5 月，新冠肺炎疫情仍在全球持续蔓延，许多人开始反思并追溯传染病的历史源头。人们发现疯牛病、禽流感、麻疹、口蹄疫、恶性疟疾等传染病都与被驯化的动物有关，于是不禁要追问——传染病与人类结伴而行，是因为曾经茹毛饮血的古人类，从单纯依靠狩猎采集转向了畜牧业养殖吗？

这场以驯养动物为主要标志的农业革命就是传染病流行的源头？事实上，早在 20 世纪七八十年代，就有学者提出了人群性病菌起源假说，即动物驯化导致人类疾病激增说。

该假说认为，从距今 1.2 万年至 1 万年前开始，野生动物不断被人类驯化，这不但改变了人类在生物链上的位置，同时也逐渐影响了生物赖以生存的环境，在这个过程中一些流行性病菌也随之在家养动物中产生，最后在人类与驯养动物之间不断地交叉感染。事实真的如此吗？

---

[1] 冯伟民 . 驯化动植物是传染病根源？ .《环球》杂志，2020-05-13（10）. http://www.xinhuanet.com//globe/2020-05/18/c_139049778.htm.

一、驯养动物——超级病菌始作俑者

700 万前的非洲大陆，由于东非大裂谷形成，气候与地理环境发生巨变，人猿分道扬镳，走上了各自演化之路。从南方古猿到直立人再到智人，人类经历了二次走出非洲大陆、走向全球的艰难历程。

人类逐渐学会了用火、制作石器、集体狩猎，并最终成为自然界迅速崛起的强大力量。地球上各路动物界的“豪杰”如豺狼虎豹等，都阻挡不了古人类走向全球的前进步伐。非但如此，许多与人类同行的动物纷纷沦为人类演化中的牺牲品，它们有的成为古人类的食物，有的被做成生活日用品。直到大约 1 万年前，随着第四纪最后一次冰期的结束，古人类结束四处流浪的狩猎采集生活，踏上了畜牧业之路，开启了农牧业社会时代。

正是从那个时代开始，古人开始驯养动物，培植植物。古人类在建立与动物密切关系时，未曾料到寄生在被饲养动物身上的病菌开始悄无声息地传染到了他们身上，并与人类的发展结下了不解之缘。随着现代分子遗传学、古病理学、流行病学等领域的研究不断推进，人们逐渐认识到那些被祖先们驯化的动物，可能就是超级病菌的始作俑者。

科学研究表明，很多致病病菌在分支系统图中，与一些家畜身上携带的病菌有着很近的亲缘关系，也就是说它们在分子遗传学上具有相似性。而且，通过追溯古人类驯养动物的历史轨迹，科学家们发现，随着驯化时间增长，人类与家畜之间的共有传染病也逐渐增多。像疯牛病、禽流感、麻疹（牛）、口蹄疫、肺结核（牛）、流行性感冒（猪和鸭）、百日咳（猪和狗）、恶性疟疾（禽鸟）等疾病，都是在一万年前由驯化动物传染给人类的。

此外还有来自黑猩猩的艾滋病病毒、禽类的禽流感病毒及蝙蝠带来的冠状病毒等，无不在提醒人类，大多数恶性病毒传染病都是野生动物体内的病毒通过“跨界”传播给人类的。英国《自然》杂志曾在 2008 年做过统计，世界上新出现的传染病中，有 60% 是人畜共患病，其中 72% 又是以动物为宿主的病原体引起的。显然，在人类饲养的家畜和宠物中，还隐藏着许多危险的未知病菌。

二、超级病菌——人类灾难的元凶

人类社会发展史上记载了许多驯养动物携带的病毒大肆传染人类的事件，其中不乏影响人类历史进程的那些全球性瘟疫事件。例如，天花病曾使最早期驯化家畜的欧亚大陆人民饱受磨难——从公元165年至180年间横扫整个罗马帝国的“安东尼瘟疫”，到英国女王伊丽莎白一世、法国国王路易十四，乃至清朝顺治皇帝等历史名人之死，均与天花病毒有关。

哥伦布发现美洲新大陆是人类发展史上的伟大事件，却掩盖不了美洲土著人惨遭灭族灭种的悲剧。当年西班牙殖民者踏上美洲开辟新的殖民地，带去了西方的文明和科学，也带去了自身携带的天花病菌。尽管那时美洲的印第安人社会发展已达到高峰，强大的中美洲阿兹特克帝国和南美洲印加帝国拥有原住民1亿人口，却抵挡不住天花等来自欧洲的病菌。再加上殖民者的枪炮和贪婪，美洲原住民不仅损失了90%的人口，还失去了土地和资源，最终将辽阔美丽的美洲大陆拱手让给欧洲殖民者。

20世纪早期，人类历史上曾发生过感染人数最多的“西班牙大流感”。这个源自美国兵营，并首先在西班牙暴发的全球性瘟疫事件致大批青壮年死去，甚至加速了第一次世界大战的终结，并最终一发不可收拾地感染了全世界近一半的人口。此后人们对此次病菌的来源做了多种猜测，2014年科学家在英国《自然》杂志发表文章，确认家养禽类为其来源之一。

此次暴发的新冠肺炎病毒的“兄弟”——中东呼吸综合征冠状病毒，它的一大宿主就是人类驯养的单峰骆驼，而2008年流行的甲型H1N1流感则来源于猪的病菌传染。

生物学家研究发现，牛痘病毒与引起人类天花病的天花病毒，具有相同抗原性质。这一成果实际上源于18世纪，有人发现挤牛奶工人和屠宰场工人不容易得天花病，因为他们经常被牛的传染病感染，但这种病又不至于致病。后来人们逐渐认识到，引起“牛痘”的病毒与引起人类天花病的天花病毒似乎具有某种相同的特质。如果让人接种牛痘疫苗，就可以获得抵抗天花病毒的免疫力。

科学家还在秘鲁印第安人的干尸中提取到了肺结核菌DNA，发现它与野生动物中广泛传播的病原体牛科动物分枝杆菌，同样具有较高的相似性。

三、科学研究——佐证人菌关系多源性

古人类驯养的动物和宠物导致人类与动物存在病菌间的亲缘关系，并不能证明驯化动物就是人类病菌的起源。

英国《自然—生态与演化》杂志2月24日发表的一篇多学科交叉论文强调，不能简单地将“动物驯化”与这些人群性病菌的起源进行简单联系。科学家通过古DNA、动物考古学及生物地理学的综合性研究，绘制了很多病菌的宏基因组，明确了各种动物实际被驯化的时间、地点信息。结果发现，在很多动物被驯化前，许多超级病菌就已经存在于自然界的野生动物身上。比如，根据分子钟的计算，导致结核病的结核分枝杆菌已经有近7万年的存在历史，远远早于人类驯化动物的初始时间。

另一个重要成果来自德国马普学者的研究，他们将目光聚焦到动物驯化最主要的区域——欧亚大陆。他们将研究对象锁定在旧石器时代与新石器时代之交的现今俄罗斯及瑞士等国所在的区域，从狩猎采集者到最早的农民近3,000具遗骸中提取出8种最早的沙门氏菌。人们已知“沙门氏菌”是一种常见的食源性致病菌，在家畜与人类之间广泛传播，通常认为这种病菌是从猪传播到饲养人身上的。

根据基因研究所绘制的亲缘关系图谱，科学家们发现这些病菌不仅可以归入到一个大的类群中，而且最新研究显示，在猪被驯化之前，这种病菌就已经存在，并在古老人群中传播了。

四、农业革命——促使人类与病菌相伴而行

在旧石器时代的有限人口中，虽然有了集体狩猎行为，但规模有限，即使有传染性较强的病菌从野生动物进入到人类体内，也往往只在一些部落或某个区域的人群内传播。那时也没有家养动物作为中介为病菌的超级演化提供温床，更不会有因定居而带来的水和土壤交叉传染的风险因素。因此，旧石器时代即便产生病菌传染，其杀伤力、扩散力显然也无法与农业社会的超级病菌相比。

但到了新石器时代，除人口大增外，农业革命带来的人类交往和贸易活动日趋活跃，驯养动物和宠物成为了社会变革的标志之一，极大促进了人类社会发展。但随着城市化进程加快、人口密度不断加大，国际间贸易交流日趋频繁，一个巨大无

比的病菌繁殖场也悄然诞生了，这使得由病菌引发的瘟疫，开始愈加频繁地出现和蔓延。

总之，我们无法忽视，“驯化动物”这一历史性的行为在病菌传播和蔓延方面带给了人类巨大的影响。驯化动物、培植植物所引发的农业革命，开启了人类全新的生态系统，改变了人类社会结构，对推动人类发展进程是个里程碑式的事件。而病菌的演化和传播起到了人们意想不到的重要作用。显然，人类与病菌相伴又抗争的历史还将长期延续下去，人们对此需要有清醒的认识。

国际政治格局演变下的传染病防控[1]

秦　倩

复旦大学国际关系与公共事务学院国际政治系副教授

眼下，新冠肺炎疫情已经成为全球关注的公共卫生议题之一。病毒无国界，遏制新冠病毒的全球流行需要多方多领域发力，携手前行。在国际关系背景下，透视人类传染病防控与全球卫生合作的历史和经验，或可得到一些启示和借鉴。

一、催生公共卫生

在与传染病的长期斗争中，人类逐渐认识到，需要通过卫生干预措施来防控传染病，从而催生了公共卫生——由国家强有力介入，采取社会和群体的手段，预防传染病，保障公众健康。1848 年，在霍乱卷土重来的阴影下，英国议会通过了人类历史上第一个《公共卫生法》，标志着现代公共卫生时期的来临。

那时，卫生还是人类对抗传染病的唯一法宝，医学活动的中心是预防，不是诊断和治疗。直到 20 世纪初，随着现代科技和基础生物医学的发展，以治疗为中心的现代临床医学兴起，人类才开始向人体内部和微观世界探求传染病的病因。

1928 年青霉素出现，1950 年人类第一次可以规模性生产和应用疫苗（脊髓灰质炎病毒疫苗），从此揭开了人类通过抗生素和疫苗控制传染病的序幕。到 20 世纪 70 年代，人类的疾病谱发生了根本性变化，主要烈性传染病基本得到控制，慢性病、

[1]　秦倩 . 国际政治格局演变下的传染病防控 .《环球》杂志，2020-03-04（5）. http://www.xinhuanet.com//globe/2020-03/04/c_138835494.htm.

退行性疾病、老年病变成了疾病主流。

那么人类是不是从此根除了传染病？并没有。冷战结束后，随着全球化的快速推进、贸易和旅游的扩张，在全球范围内，一方面一些传统传染病开始死灰复燃，比如结核病；另一方面，也出现了一些新发传染病。

据全球防范工作监测委员会（GPMB，由世卫组织和世界银行联合发起、旨在全面评估国际社会应对突发公共卫生事件能力）2019 年年度报告——《一个危机四伏的世界：全球突发卫生事件防范工作年度报告》，世界正处于地区或全球灾难性传染病及大流行病的高危之中，这些疾病传染性强、毒性大、流行范围广、致死率高，不仅损害个体健康，而且可能颠覆经济，造成社会混乱，也由此成为国际政治中的主要问题。

二、全球化历程中的传染病控制

“上医医国，其次疾人。”（《国语·晋语·医和视平公疾》）卫生和政治的相互交织由来已久。在历史上，各国在应对传染病威胁的过程中，逐渐经由实践总结出一些措施，有的还发展为民俗。比如，中国古代也提倡“民间隔离”，甚至早在战国时期就有了逐级报告传染病和对可疑病例调查的制度；西欧也在 14 世纪为阻止黑死病传播创设隔离检疫措施。

在古时对传染病的防控中，更多的还是民间措施和局地手段，直到 17 世纪，人类才产生了控制流行性疾病的当代观念，才尝试思考如何在以国家为基础的、全球性的治理机构内，进行大规模的跨国卫生对话与合作，来防控传染病的跨界流行。

自哥伦布发现美洲以来，西方国家在美、亚、非洲的殖民史，都伴随传染性疾病在新旧大陆的传播。

出现于 19 世纪的热带医学，加深了人们对于贸易、旅游和殖民主义本身与疾病传播关系的理解，使得人们越发意识到流行病需要的监测和控制措施超越任何单一国家的应对能力。热带医学通常被人们视为后来全球卫生的起源。当公共卫生被视为某种跨越民族和国家边界的事务时，出于对疾病播散的担忧或恐惧，当时便召开了许多次国际会议。

第一届国际卫生大会于 1851 年在巴黎举行，目的是更好地应对欧洲和中东地区与商业贸易有关的霍乱传播，参与国主要是欧洲国家。截至19世纪后半叶，国际卫生大会共召开了14次，讨论传染病的传播问题，商定在不过度限制贸易和流动性情况下采取协调行动控制传染病。

1900年起，常设性组织开始出现，包括美洲的泛美卫生署（1902年）、国际公共卫生办公室（1907年成立于巴黎）、国际联盟卫生组织（1920年成立）。可以说，这种以国际卫生大会、签署公约以及后来成立地区性国际卫生组织来完成国际卫生合作的活动持续了近100年。

在这一阶段的跨国卫生合作活动中，卫生人道主义和政治目标往往混合在一起，卫生合作动机在相当程度上依附西方强国带有殖民色彩的意识形态，医疗工作的目的被指往往并非旨在促进健康，而是维护更大的政治和经济利益。

二战结束后，国际政治版图重构，非殖民化运动风起云涌，全球几乎所有地区和国家都参与到真正意义上的"国际卫生合作"这一主题中。跨国界控制和根除传染性疾病，以及预防疾病促进健康，成为二战后国际组织推动国际卫生发展项目的基本目标。全球卫生和发展援助紧密相关，卫生成为整体发展议程的一部分。

先是在联合国和布雷顿森林体系建立的金融机构——世界银行和国际货币基金组织之下，迅速出现了参与国际卫生合作的机构。而世界卫生组织作为联合国的专门机构，成立于1948年。值得一提的是，中国与世卫组织颇有渊源，不但是其发起国之一，中国学者施思明还撰写了建立世卫组织的草案与文件，为世卫组织的创建做出了重要贡献。

另外，这个时期，与多边机构并行，国际政治中还出现了双边医疗援助项目，比如中国对非洲的医疗援助。中国对非医疗援助持续半个多世纪，对改善非洲地区的卫生条件做出了积极贡献，也加深了中非人民之间的相互理解。

尤其是在2013至2016年西非埃博拉疫情的暴发和流行时段，中国医药专家全力参加埃博拉病毒诊断试剂和治疗药物等的研制，中国政府向多个西非国家提供紧急物资和资金援助，同时支持和参与以世卫组织和联合国为核心的国际公共卫生多边合作体系，对全球传染病控制、对维护相对和谐的国际关系，贡献了中国智慧和中国方案。

三、国际卫生合作理念演变

传染病控制不只是纯医学或技术问题，全球卫生合作工作也是在世界政治背景下展开的，因此国际事务中的主要格局也会影响卫生合作的偏好和理念。在世卫组织这个平台上，关于根除传染病的路径，在前后几十年里一直存在争论和范式的变化。

世卫组织成立初期，正是现代科学高歌猛进的时代。当时以美国为代表的西方国家，普遍相信只要有足够的政治和财政支持，现代医学技术就可以根除大部分重大的烈性传染病。在这一思想主导下，世卫组织推进的大多数规划和卫生辅助项目，都对准单一传染病问题，比如结核、疟疾、麻风和天花等。这一策略利用“银盘计划”（二战时美军陆航队参战的计划）思路，在短时间内投入大量资源，采用大规模公共卫生措施消除病原体和病媒，用疫苗和检疫手段隔离和根除疾病。

众所周知，这一运动式计划并没有收到预期效果。这一途径取得的最大胜利，是1980年在世界范围内消灭了天花流行；到2019年10月，另有导致小儿麻痹症的两种脊髓灰质炎病毒被消灭。

另外，受限于组织权力，世卫组织主要制定技术标准、确立国际层面的卫生政策，但其缺乏有效的实施机制，所有卫生合作计划还要靠各国来落实。但是，出于包括国家利益在内的各种考量，某些国家可能会拒绝与世卫组织合作，包括在病毒检测和疫苗研发方面。

到了20世纪70年代中期，随着非殖民化运动的推进，大量刚刚获得独立的国家加入世卫组织，关于什么是根除传染病的最优路径的看法开始发生偏移。人们逐渐意识到，如果不从根本上提高世界各国的公共卫生能力，根除传染病的目标只会是镜花水月。换言之，完善各国初级卫生保健系统、提高药物可及性，建立免疫、教育、卫生体系，保障清洁的水和营养供给等，要比根除单一疾病更重要。

可以说，随着国际卫生合作理念的转变，根除单一疾病的目标逐渐为“综合发展规划”所取代。目前，只有1型脊髓灰质炎病毒和麦地那龙线虫还在世卫组织根除单一疾病目标里。然而，即使根除传染病在技术上可行，也还受到世界政治格局的影响。比如，脊灰病毒目前只在阿富汗和巴基斯坦交界区域流行。有人说，成功根除脊灰的最大障碍与科学无关，缺乏保障、军事冲突才是首因。

四、孤军奋战不可行

根除传统传染病任重道远，同时新发传染病也不断涌现，人类与传染病的战争必然是一场持久战，国际合作是打赢这场战争的唯一方式。实际上，早在 14 世纪黑死病流行期间，人们就知道，面对跨国病原体，孤军奋战难以取胜。

国际合作的一条主要战线是科学合作。推动各国主要生物实验室和研究中心联手，能够在疫苗研发技术上获得突破，拯救更多生命，并进一步动员起各国投入资源进行合作的决心与意愿。

另一条主要战线是政治合作。国家间财富的不平等是当前世界政治的一个基本特征。贫富国家间对传染病监测、病毒样本分享以及《国际卫生条例》等都存在意见分歧。阻止重大传染病的全球蔓延，需要发达国家做出技术和经济上的承诺，切实加强发展中国家和地区的公共卫生能力。这是一条任务更加艰巨的战线，因为这需要持续的政策承诺和合作意愿。

“战疫”心理建设法[1]

陈雪峰

中国科学院心理研究所副所长、中国心理学会副秘书长

一、心理应激三阶段

疫情给人们带来的心理应激有一个发生、发展的过程，通常会经历三个阶段。

首先是警戒期，疫情刚发生时，人们受到外界环境中危险信号的刺激，表现出各种心理应激反应。一些人因疫情而产生焦虑、恐慌、愤怒、失望、抱怨、委屈的情绪，体现在行为上就是情绪起伏大、易怒、不愿意做事情、控制不住地想看手机、更容易关注疫情相关的负面信息，等等。这些应激反应是正常反应，是人类在长期进化中形成的自我保护机制，我们通过心理应激反应来提醒自己对外部环境保持警觉、及时调整自己去适应环境。

警戒期持续一段时间后，心理应激反应慢慢减弱，开始进入抵抗期。这个阶段

[1] 陈雪峰．“战疫”心理建设法．《环球》杂志，2020-03-04（5）．http://www.xinhuanet.com//globe/2020-03/10/c_138835509.htm.

通常是从疫情发生几天后到几周内。人们逐渐适应了疫情带来的各种不良情绪体验，适应了隔离生活带来的各种不适，但由于警戒期身体抵抗压力消耗了一定资源，这一阶段免疫力可能会降低。在这一阶段，有些人能够很好地调整和适应，而有些人不能通过自己的努力进行调整和适应，或者由于身边的社会支持系统没能发挥作用，无法缓解疫情带来的心理压力，因此可能会面临比较严重的心理困扰。

随着时间的推移，第三阶段可能是消退期或衰竭期。如果适应较好，疫情带来的压力会逐渐消退，随着疫情防控的不断推进而调整心理和重建生活平衡。如果适应不好，可能进入衰竭期，有些人会有持续性的创伤体验，做噩梦、反复痛苦回忆疫情带来的创伤，也有些人表现为持续性的回避或整体性的反应麻木，还有些人持续保持警觉性增高、情绪烦躁、入睡困难等。进入衰竭期的人往往会感觉非常痛苦，甚至社会功能受损。

二、心理干预与援助的重要性

不是每个人都会经历心理应激的三个阶段。人和人的差异很大，不同人受疫情影响的程度也不同。在此次疫情中，大部分人的心理应激反应属于正常反应，在疫情初期有比较强烈的恐慌和焦虑，随着时间的推移逐渐调整好自己的心理状态和生活方式，因为并未感受到很大的压力。这是积极、良好的自身心理建设。

而有一部分人受疫情影响较大，特别是罹难者家属、患者及其家属，顶着工作压力和心理压力奋战在抗击疫情一线的医护工作者、公安民警、社区工作人员，以及因疫情而遭受较大损失的人。其中，有些人可以依靠自己的努力进行调整和适应，而有些人很难进行自身心理建设。前文提到的受疫情影响较小的人群中，也有一些人由于体质较弱、性格敏感等原因，体验到的心理压力很大，靠自身心理建设无法做到顺利适应，这些情况就需要专业心理建设。

警戒期的专业心理建设主要是“心理危机干预”。这在心理服务中是一个专业术语，指的是对经历心理创伤的个体进行简短、高效的专业干预，帮助其快速渡过心理危机，恢复相对正常的生理、心理和社会功能水平。

心理危机干预主要在创伤事件后 14 天内开展，包括对受创伤人群（特别是丧亲、受伤等高危人群）的评估、诊断和急性干预，是短程和紧急心理咨询，本质上以解决问题为主，一般不涉及当事人心理创伤的长期恢复和人格塑造。

心理危机干预的对象不仅包括疫情的直接受害者，还包括救援人员、医护人员、基层干部、媒体记者等枢纽人群。此次疫情由于具有传染性，最初的心理危机干预主要通过心理援助热线等线上方式开展，有条件的地方也会在定点医院、方舱医院等由精神科医生和心理治疗师等提供线下心理危机干预。

进入抵抗期和衰竭期的专业心理建设主要是“心理援助”。这也是一个心理服务的专业术语，指的是通过心理学、社会工作等专业方法，对应激事件相关人群提供长期心理服务。

心理援助的工作内容包括身心状况评估、个体咨询、团体辅导、专业培训、科普讲座、政策建议和技术研发等。心理援助是一项专业性较强的工作，需要心理咨询与治疗的理论、心理援助技术、危机干预技术等专业知识和技能。实施心理援助的工作者如果没有足够的专业水平，不仅不能帮助受害者摆脱痛苦，而且还可能会给他们带来二次创伤，甚至会给自己带来次生伤害。

三、做好自身心理建设

在疫情期之外的日常生活中，人们更常见的情况是在某个时间段经历压力比较大的时刻。但无论身处何种境遇，我们都应该学习如何做好自身心理建设，包括学习自我调适方法、相信自身心理韧性和善用社会支持系统。

学习自我调适方法，是指压力大时可以针对性地采取一些有效方法进行自我调适。如果情绪压力大，可学习放松技术，如腹式呼吸、正念冥想等方法，在网络平台上很容易检索到相关知识和方法，可以进行自学；如果认知压力大，应当减少各种信息的影响，少看手机，多读书或做其他有益身心的事情；如果行为方面的变化比较大，应当提醒自己及时调整。

相信自身心理韧性，是指让自己积极的心理能力发挥作用，给自己信心和力量。心理学研究发现，有些孩子出身贫穷、家庭破裂、父母患病、艰难成长，但他们仍然可以很好地学习、很好地适应家庭和学校生活，并最终实现社会意义上的成功人生。有些人在生活中经历了暴力事件、丧亲、疾病甚至肢体残障，但他们并没有从此被笼罩在沮丧和悲痛的人生中，而是走出创伤阴影、适应新的生活。心理韧性就像是人类在进化中形成的一种自我保护本能，当环境发生变化时，可以帮助我们进行调整和适应。

心理韧性涵盖的因素很广泛，如自尊、自我效能、自律、乐观、积极行动、热情、情绪稳定、计划能力、问题解决能力、良好的人际关系、社会责任感，等等。这些人类自身具有的潜能，是帮助我们战胜困难、走出逆境、获得成长的信心和能量。

善用社会支持系统，是指"你不是一个人在战斗"。当有需要时，可以在个体、组织、社会、文化等各个层面获得资源。对每一个人而言，疫情发生后，我们通过电视或网络等平台学习心理健康知识、家人之间的关心关爱和互相支持、社区和单位提供的支持、从新闻媒体报道中获取信息和体验感动感恩，等等，这些都是社会支持系统在发挥作用。社会支持系统为我们提供了抗击疫情的物质支持和心理支持。

2018 年中国启动了社会心理服务体系建设，这是一个多层面的相对完善的架构，它针对不同人群的不同需求，提供针对性的心理服务，既包括突发事件后对个体的心理危机干预和更为长期的心理援助，也包括常态生活中对个体的心理咨询、对普通人群的心理健康教育和科学知识普及，以及更宏观层面的社会心理疏导和社会心态塑造。

磨难不会压垮我们。做好心理建设，就一定能够从磨难中获得成长，有更大的勇气和更强的能力迎接挑战、创造美好。

西班牙新冠肺炎疫情的现在与未来

拉斐尔·莫拉·桑切斯（Rafael de Mora Sánchez）

学者、西班牙中医医师

1. 医疗服务和社会健康服务

医院处在新冠病毒抗疫第一线。医护人员包括医生、护士、警卫和清洁人员都是受新冠肺炎影响最严重的群体。在西班牙一共有 19,000 多名医生护士感染，其中大约有 30 多人死亡。此外在现役的警察和军人中也有 13 人因此而去世。他们尽职尽责救人，却因为缺少工作必须的防护用品而牺牲。

西班牙医生迭戈·冈萨雷斯·里瓦斯在包括中国在内的 110 多个国家开展过手

术。由于他的杰出成就，中国授予他国家医学奖。他和中国的同事一直保持交流。他说：“中国不理解为什么我们不能更好地保护医护人员”，而且“（西班牙的）医护人员的情况令中国人吃惊，怎么可以在没有（恰当的）保护措施的情况下开展工作”。

新冠病毒检测和防护材料缺乏，呼吸设备少，口罩也不够。所以政府不得不向中国等地采购所有的物资。西班牙是欧盟成员国，也号称第一世界国家，可是为什么会资源如此匮乏，真让人费解。同时让人不可理解的是我们生产必要的医疗用品的能力竟然如此之低。

医院人满为患，重症监护病房虽然扩建了，但是仍然不能满足需要。甚至有时候，等候室的椅子上、走道的地上都是病人。所以只能建了临时医院，以解燃眉之急。

同样令人悲哀的是，很多患有重疾的病人，因为害怕在医院被传染，所以不去看病，因此有的病情加重，甚至不治而亡。在我们为有千万治愈者而骄傲的时候，却没有人提及新冠肺炎会给很多人留下后遗症。

自从很多年前，西班牙政坛一致宣称我们的医疗系统是全球最好的之一，但是在 2008 年的次贷危机之后，西班牙经历了严重的经济衰退，医疗卫生领域的预算大幅缩减，医疗体系也严重缩水，再加上物资匮乏，这次真是给了我们完美一击。

社会健康服务主要指养老院系统。养老院中有维持老人生活所必须的服务，比如理疗、护理、清洁和饮食，还有一般医疗监护。2020 年 1 月中旬，中国政府就强调了新冠病毒最令人担忧的两个特点，一是传染性强，二是老年人感染后死亡率高。可是，西班牙政府和各个自治区政府都没有重点保护养老院的老人们，他们可是最脆弱的人群。预计大约有 17,000 多人因为新冠肺炎而去世，大部分都不在政府官方的数据统计中，因为既没有给他们做测试，也没有送他们去医院。真是令人汗颜，无地自容。

按全球经验来看，还是居家隔离这一措施是相对更有效的。虽然有不少的声音都呼吁尽快采取紧急措施，政府也很早就得到信息预测我们将面临的问题，而且意大利的严重情况我们也有目共睹，可是政府还是没有作为，也没有告知民众。当他们开始行动的时候，在很多人看来为时已晚。西班牙医疗体系本身就有脆弱性，再加上其他我们讨论的各个方面，西班牙的确诊病例和死亡人数如此之高也就不奇怪了。这对于自诩为现代发达国家的西班牙来说，是不可接受的，是骇人听闻的。

2. **人道主义和团结互助**

在历史上，西班牙就常常受到恐怖袭击侵扰，但不管什么情况，西班牙人民都团结一心，令人敬佩。面对新冠病毒危机，大家也是一样。马德里展会局腾出了三个展馆作为临时医院，在这里收治了4,000多名新冠病毒感染患者。为了缓解马德里医院的压力，展馆内配置了1,300张病床，其中有16个是重症监护病床。如果有需要，还可以增加到5,500个。

军队和行政部门也积极参与。他们组成了高质量的志愿者团队，不收分文，为所有的病床配备了输氧，输水系统。同时，还有很多医生、护士和各类人士都自告奋勇要出一份力量。如果没有他们，临时医院是不可能完成的。这也说明，当政府部门无法顾及之时，人道主义依然发挥着力量。他们的防护措施也并不充分，但是他们冒着生命危险拯救了很多人。

很多志愿者都目睹了医护人员缺少防护措施面临的风险，纷纷用自己的3D打印机生产口罩，并通过互联网加入制造口罩的倡议。还有人用自己的材料生产口罩，或争分夺秒自己研发机械呼吸机，然后捐赠给医院。

总之，我们西班牙人一直以来都很有家庭观念，并把家庭作为社会的基石。我们这种文化与中国其实相差无几。在艰难时刻，越发体现了我们的团结、互助和人道精神。中国也是一样。所以在这方面，以及其他很多方面，我们都很相似。

3. **在西班牙的中国人**

当中国开始暴发新冠病毒之时，住在西班牙的中国移民从中国探亲回西班牙都在家自我隔离14天，而且他们在没有任何症状的情况下，都坚持使用口罩。那时候西班牙卫生部门没有发布任何警示，也没有任何措施，所有集体活动照常。西班牙媒体还报道了“探亲归国的中国移民的奇怪行为”，将此作为奇闻轶事。

不久之后，就出现了西班牙的首例新冠肺炎例，政府再次轻描淡写，一笔带过。那时候的中国移民已开始关门歇业闭门不出，宁愿承受经济损失。西班牙媒体再次对此嗤之以鼻，但是很快西班牙政府就封闭了全国。

很多住在西班牙的中国人（有些已经是第二代了），一闻讯武汉疫情就立刻大量采购口罩寄回中国。但是当情况转变，西班牙需要口罩、药房都已经售罄的时候，也是这些中国人自掏腰包向西班牙医院赠送口罩。西班牙媒体又一次将此作为轶事报道，还有些反华的记者、阴谋论者坚持认为是中国政府在为自己做广告。

总之，在西中国人群体的行动在一个普通的西方人眼中貌似有些难以理解，但是却是我们的榜样，表现了他们的责任感和公德意识。孔子的精神依然代代传承，即使是在 2,500 多年之后，而且是在孔子的故乡山东曲阜之外 9,600 多公里的地方，这真是令人难以置信。

4. 地缘政治和反中国言论使中医发展艰难

虽然中医在西班牙社会一直都被认可，但是在 2019 年，新政府出台了一项新政策，影响了所有的非严格按照西医体系的医学，其中包括中医、自然医学（西方传统医学）、顺势疗法、脊骨神经医学和骨疗法等。他们声称：这些医学并不科学，是伪科学，只不过是封建迷信，毫无道德的人利用此来蒙骗单纯的病人。虽然这是无稽之谈，政府仍然利用媒体广泛宣传自己的一面之词。此外还禁止大学开设任何与中医相关的课程：不论是硕士，还是研讨会或者专修课程。

现在就如此，新冠病毒疫情之后又会如何不得而知。我担心那些反华的行径还会继续，我们所有与中国联系紧密的人都会或多或少地受到负面影响。很有可能，很多像我们这样用中医行医的医生都不得不关闭诊所。其实我们并不是新冠病毒的牺牲品，而是美国针对中国的地缘政治之战的牺牲品。

5. 谣言四起

在西班牙我们有句老话："信口雌黄，事从中来"。在新冠病毒疫情全球大传播之际，美国恰好利用这一契机，编造了美轮美奂的电影剧本，像是好莱坞的作品。他们说到武汉生物安全四级的著名实验室的时候可没有提到，正是因为中国在 2002 至 2004 年经历了非典型肺炎的灾疫，所以才和法国里昂的工程师一起建成了这个生物安全四级实验室，所以这个机构既不是秘密机构也不是军用机构。

此类实验室在南非、加拿大、澳大利亚、瑞典、西班牙、瑞士、中国台湾、俄罗斯、日本和意大利都有，英国和法国有两个，德国有四个，美国有十个。

很有可能他们以后的研究会得出令我们吃惊的结果。

6. 舆论控制

造谣只有一个目的：推广对自己有利的舆论。美国试图根据自己的利益需要，改写新冠病毒的历史。对他们来说事实并不重要，重要的是通过控制舆论来控制人们的思想。不幸的是，西班牙人不了解中国文化，所以很容易受到媒体的误导。媒体也传播着美国的故事，他们认为美国说的一定是确凿的。

随着谣言的继续传播，对中国的不良影响会继续，因为反击谣言的言论都被体制屏蔽了。在西班牙，中国的声音听不到了。

（徐颖丰译）

新冠肺炎疫情与日本的口罩文化

陈　军

日本关西外国语大学孔子学院中方院长

从疫情暴发到升级为全球大流行病，蔓延至多国，已经过去2个多月了，日本的疫情状况也是扑朔迷离，网上一度出现："日本会不会成为下一个武汉？""日本会不会发生千万级人员感染？""日本什么时候进入国家紧急状态？"等等问题的讨论，然而两周过去了，一个月过去了，日本政府虽然也宣布进入了紧急状态，但人民的生活看起来没有受太大的影响，仍同以前一样正常进行着。

如果说日本的疫情确实得到了一定程度的控制，那么口罩很可能是大功臣。据统计，日本是世界花粉症第一大国，平均每3到4人中就有1位花粉症患者，所以日本人原本就养成了戴口罩出行的习惯。再者日本人大多有着良好的卫生习惯，特别注重勤洗手和勤消毒。日本的卫生间和浴室也大多是分离型，一定程度上也减少了细菌的滋生。此外，日本人的自肃行为及一定的社交距离也在很大程度上减少了疫情的传播。

但是在大数据流动的时代，无论是公共交通还是社会人员的流动，都非常频繁。日本无法做到像中国那样限制外出，只能建议人们减少不必要的外出，这给疫情传播埋下了隐患，现在远非可以放松警惕的时候。

在此背景下，为了保证孔子学院全体师生的安全，孔院及早进入紧急防控状态，在上季度课程还没有结束的情况下，教师和学生一律戴口罩上课，并在课堂上给学员们普及疫情知识，劝说学员注重疫情防控，向未佩戴口罩入校的学员提供口罩，以提高学员们的忧患意识和防护意识。

3月份以来，根据日本疫情的变化情况，孔子学院也一直在调整市民汉语讲座和文化讲座的开课时间，以确保教师和学员们的安全。孔院在岗的汉语志愿者教师们也积极响应国家和学校的相关政策，取消回国休假计划；严格落实居家隔离制度，减少不必要外出；时刻关注疫情状态，普及防疫知识；经常通风消毒，做好日常防护；坚持微信打卡，与亲友及国内单位的保持联系，通报平安……大家相互关心，抱团取暖，让疫情之下的这段感情更加珍贵。

疫情之下我们也遇到了新的挑战和困难，最难的就是保证学员们切实落实居家隔离政策。众所周知，日本的疫情防控工作起初做得还是不错的，全民戴口罩、注重卫生和消毒、严格地自律，等等，使日本民众对抗疫有着一定程度的自信，所以警惕心没有那么重，这在一定程度上难以保证学员们安心在家隔离。对此，我们孔院的老师总是在反复地劝说自己的学员，跟学员们交流，让他们安心在家，减少外出活动，即使出门，也一定要做好防护举措，戴好口罩；回家之后，第一时间洗手消毒，等等。

“投之以木桃，报之以琼瑶”，让我印象深刻的是，疫情暴发之初，不但牵动着每一个中国人的心，也牵动着世界各国人民的心。日本人民在第一时刻伸出了援助之手，给中国捐口罩，赠诗“山川异域，风月同天”，关西外大孔子学院的学员们也用自己的方式来为中国加油，为武汉祈福。随着疫情在世界上的蔓延，中国也急日本之所需，千里送口罩，并回赠诗“相知在急难，独好亦何益”。

当世界范围内疫情暴发时，我们收到了无数来自国内的问候，孔子学院总部、驻日使领馆和北语在第一时间向我们发来慰问，并表示要向我们提供抗疫物资。看着漂洋过海而来的一批批物资，我们深感祖国之强大，她永远是我们海外儿女坚实的后盾，我们有理由坚信，在这场全球抗疫之中，中国作为一个负责任大国的形象，将会巍然树立在世界各国人民的心中，我们必将和世界人民一起，打赢这场攻坚战。在这场疫情之中，中日之间所展现出的理解、包容和相互支持，让人动容不已。

当前，新冠肺炎疫情正在全球蔓延，给人民生命安全和身体健康带来巨大威胁，给全球公共卫生安全带来巨大挑战，相信人们比以往任何时候都会更加真切地感受到构建人类命运共同体的重要性和迫切性。

习近平总书记在二十国集团领导人应对新冠肺炎特别峰会上强调，“中方愿秉持人类命运共同体理念，同各国分享防控有益做法，开展药物和疫苗联合研发，并向出现疫情扩散的国家提供力所能及的援助”。

我们都知道，病毒没有国界，疫情不分种族，新冠肺炎疫情来势汹汹，对各国都是一次大考。世界各国唯有联合起来，团结协作，相互理解、相互包容、相互支持，国际社会才能战胜疫情，保护人类共同家园。

第五章
全球化转向?

过去几十年的全球进程，让我们处在一个紧密相连的世界，一荣俱荣，一损俱损。

但疫情让人们开始重新审视全球化，疫情期间国与国之间的来往明显减少，航班停飞、封城、关闭边境……国家之间的经济贸易、人文交流甚至正常的旅游出行都被迫中断。各国政府都意识到，建立健全本国产业链，不过度依赖其他国家的供给，是抵抗重大风险的重要举措。疫情带来的隔离政策正加剧以邻为壑的现象，而全球化赖以维系的人与思想的交流也可能长期阻隔。当本土优先、各自为战的孤立主义盛行之时，“全球化已死”的论断甚嚣尘上。

经此一疫，全球化何去何从？全球化不单是人们关于全球经济的思考，更是个人对未来发展的重新考量。不管全球化是否转向，我们面临的未来世界终将和从前不再一样。但也许正像鲁迅先生在《这也是生活》中所说：“无尽的远方，无数的人们，都与我有关。”在一个已经全球化的世界中，每个国家想要完全与全球化脱钩似乎也并不现实。

【本章聚焦】

焦点一

全球化时代，有效应对重大疫情，是对全球治理体系的考验。如何公平公正地分配资源给包括弱势群体在内的世界各地，是值得深思的问题。

焦点二

疫情期间，各国关闭边界与限制人员流动，国际组织和非政府组织的作用是否会随着疫情影响而减弱？

焦点三

当全球公共卫生危机的挑战来临时，单个国家不可能独善其身。在这种情况下，国际合作的必要性、紧迫性是否能够使各国消除隔阂，进行知识共享和全球合作，将地缘政治的斗争暂时搁浅？

焦点四

新冠肺炎疫情的肆虐，许多国家紧急采取了“封城”乃至“封国”的举措，动摇了人们对全球化的信心。全球化将要走向终结吗？

焦点五

“去全球化”的趋势在此次疫情之前已有迹象，疫情进一步加速了逆全球化思潮的泛起，加剧了一些国家保护主义和民粹主义的主张，这对全球价值链的合作构成重大挑战。

【大事记】

2020年2月28日，随着新冠肺炎疫情在全球范围内的持续发展，世卫组织总干事谭德塞宣布，经世卫组织评估后，将新冠肺炎疫情全球风险级别由此前的“高”上调为“非常高”。这意味着随着出现疫情国家和确诊病例持续增加，疫情有很大机会在全球范围内构成严重威胁。[1]

2020年3月18日，德国总理默克尔与欧盟其他领导人举行视频会议后对记者表示，限制赴欧洲大陆的大部分旅行的措施将适用于所有非欧盟公民，初步持续30天。默克尔说，领导人表示准备就绪，将为遏制疫情采取一切必要措施，并准备应对“非常严重的经济影响”。[2]

2020年3月26日，随着新冠肺炎疫情在全球的持续蔓延，美国约翰斯·霍普金斯大学最新发布的数据显示，截至北京时间26日上午7时37分，全球新冠肺炎确诊病例超过46万例，达到467,594例，死亡病例也增至21,181例。为抗击疫情，新西兰、安哥拉、泰国、乌克兰等至少6个国家于最近4天宣布进入紧急状态。至此，全球已有60个国家宣布进入紧急状态，其中部分为“战时状态”或“战争状态”。[3]

2020年3月26日，联合国贸发会议表示，新冠肺炎疫情的暴发，将使全球的外国直接投资出现大幅下降。贸发会议对大型跨国企业的最新预测显示，2020至

[1] 中国青年网．世卫组织调高疫情全球风险级别前后的24小时．(2020-02-29). http://news.youth.cn/gj/202002/t20200229_12217317.htm.

[2] 搜狐．欧盟史无前例关闭边境，卖空禁令助欧股反弹；各国相继出手，为阻止经济衰退做最后努力．汇通网，(2020-03-18). https://www.sohu.com/a/381038338_114912?scm=1002.590044.0.2997-789.

[3] 凤凰网．新冠疫情蔓延全球，60国宣布进入紧急状态．环球网，(2020-03-26). http://news.ifeng.com/c/7v9JuEgcNMW.

2021 年间，外国直接投资降幅可达 30% 至 40%。[1]

2020 年 3 月 27 日，二十国集团（G20）领导人以视频会议的方式举行了应对新冠肺炎特别峰会。G20 是重要的全球治理平台，汇聚世界主要发达经济体和新兴市场经济体，曾在应对国际金融危机的过程中发挥重要作用。当前，新冠肺炎疫情在全球持续蔓延，G20 领导人召开特别峰会，共商疫情应对方案，再一次展现了各个国家携手应对挑战的决心，说明了构建人类命运共同体是不容置疑的可持续发展方案。[2]

2020 年 4 月 14 日，一辆从武汉始发的中欧班列抵达德国北威州杜伊斯堡港货运场站。本次列车载有支援欧洲各国的新冠肺炎疫情防控用品、匈塞铁路建设物资、汽车零配件等，将分拨至德国、法国、匈牙利等国。这是采取疫情防控措施以来，从武汉开出的首趟中欧班列，标志着中欧班列（武汉）恢复常态化运营，也标志着武汉，这个全球范围内第一个实施封锁的中国城市，正在渐渐恢复常态。[3]

2020 年 4 月 17 日，针对新冠肺炎（COVID-19）疫情全球大流行持续蔓延，国际科学院组织（IAP）、全球研究理事会（GRC）、发展中国家科学院（TWAS）等国际科技组织近期分别发声，呼吁全球加强合作，携手抗击疫情。4 月 18 日，由联合国世界卫生组织（WHO）与国际公益组织“全球公民运动”共同举办、流行音乐巨星 Lady Gaga 策划的“同一世界：团结在家”（One World: Together At Home）慈善音乐会在全球网络及电视进行直播。联合国秘书长古特雷斯为这场历史性的义演发去视频致辞，他表示，通过音乐这个世界通用语言，向无畏奋战在全球抗疫第一线的医护人员以及疫情期间坚守工作岗位的所有人致敬，呼吁各国团结应对这一前所未有的人类危机！[4]

2020 年 4 月 21 日，随着新冠病毒疫情在世界范围的持续蔓延，美国总统特朗

---

[1] 联合国新闻 . 联合国：受新冠疫情影响，年度外国直接投资额可能下降三四成 .(2020-03-26). https://news.un.org/zh/story/2020/03/1053552.

[2] 中国新闻网 . 全球战疫：G20 领导人举行特别峰会 呼吁携手抗疫提振经济 .(2020-03-27). http://www.chinanews.com/gn/2020/03-27/9139147.shtml.

[3] 中国新闻网 . 中欧班列（武汉）恢复常态化运营 战“疫”以来首趟班列抵达德国 .(2020-04-15). http://www.chinanews.com/gj/2020/04-15/9157078.shtml.

[4] 中国新闻网 . 全球顶级明星抗疫义演 联合国秘书长发表致辞 . 央视新闻，(2020-04-19). http://www.chinanews.com/gj/2020/04-19/9161269.shtml.

普在疫情简报会上表示，为应对新冠肺炎疫情和保护美国工人免受竞争，暂停移民入境美国 60 天。此举在美国现代史上没有过先例。新冠肺炎疫情严重影响了美国经济和世界经济，而国与国之间的出入境管控限制、人文交流受阻、贸易往来暂停，将加剧全球经济的衰退，世界范围内的全球化进程受到挑战。

2020 年 4 月 29 日，博鳌亚洲论坛举办新冠肺炎疫情与全球化网络研讨会，分析探讨疫情对全球化、自由贸易和供应链的影响，呼吁国际合作机制发挥更大作用。嘉宾们认为，疫情对全球化产生结构性冲击，贸易与投资短期下降，但经济全球化趋势不会改变。国际合作的必要性、迫切性、国际组织的重要性有增无减，联合国、G20、世界贸易组织、世界卫生组织应发挥更加积极的作用，主要经济体应加强沟通、对话与合作。[1]

2020 年 5 月 5 日，世卫组织总干事谭德塞宣布，当日举行的新冠肺炎疫情应对全球认捐会议已募集约 74 亿欧元，将用于加速研发生产并公平分配新冠肺炎疫苗、诊断工具和治疗方法。谭德塞敦促全世界团结起来，击败新冠病毒。他强调，团结是新冠病毒的解药。[2]

2020 年 5 月 7 日，由中国外文局当代中国与世界研究院和法国桥智库联合主办的“后疫情时代的中法合作与全球治理”云论坛成功举办。来自中法两国政界、学界的十余位嘉宾围绕论坛主题以及全球危机应对、治理变革展开广泛而深入的探讨。与会嘉宾普遍认为，此次疫情不会终结全球化，未来中法乃至世界各国应在贸易、财政金融以及环境变化等各领域开展更富成效的合作。[3]

2020 年 5 月 8 日晚，国际排联宣布，鉴于新型冠状病毒肺炎疫情在世界范围传播的形势，国际排联执委会和世界联赛理事会在进行商讨之后，决定取消 2020 年世界排球联赛。由于新冠肺炎疫情的蔓延，许多国际体育赛事已被取消或推迟，包括原定于 2020 年夏天举行的东京奥林匹克运动会，已确定延期举行。

---

[1] 澎湃新闻 . 博鳌对话：疫情冲击下的全球化、自由贸易和供应链 . 全球化智库 CCG，(2020-05-01). https://www.thepaper.cn/newsDetail_forward_7225982.

[2] 新浪财经 . 世卫组织：已募集约 74 亿欧元 . 央视新闻，(2020-05-05). https://finance.sina.com.cn/wm/2020-05-05/doc-iirczymi9891943.shtml.

[3] 中国网 . 凝聚共识、推进全球化治理后疫情时代的中法合作与全球治理云论坛成功举办 .(2020-05-08). http://news.china.com.cn/txt/2020-05/08/content_76019721.htm.

2020 年 6 月 2 日，博鳌亚洲论坛发布的《疫情与变化的世界》专题研究报告认为，新冠肺炎疫情是首个真正的“全球化疫情”，人类历史上首次主动为传染病防控按下全球经济的暂停键，为疫情打上鲜明的全球化烙印。[1]

2020 年 6 月 4 日，随着新冠肺炎疫情在全球发酵，各地保护主义抬头，多名美国经济学家接受《参考消息》记者采访时表示，新冠肺炎疫情可能会加速“逆全球化”趋势，这会导致企业成本上涨，消费品价格上升，对于各国经济发展都极为不利。当前局势迫切需要各国共同保持和推动贸易开放，确保世界能够继续从全球化中获益。[2]

2020 年 6 月 10 日，虹桥国际经济论坛高端对话专题活动在国家会议中心（上海）举行。来自政商学研界的嘉宾，紧扣“开放合作，共克时艰——新冠肺炎疫情下稳定全球产业链、供应链与经济全球化的未来”主题，共商疫情防控常态化下政府、产业、企业的应对之策，为稳定全球产业链供应链和加快推动世界经济恢复增长贡献“虹桥智慧”。

---

[1] 新华网 . 博鳌亚洲论坛报告：新冠肺炎疫情为首个真正“全球化疫情”.(2020-06-02). http://www.xinhuanet.com/politics/2020-06/02/c_1126066091.htm.

[2] 参考消息 . 新冠疫情与世界格局 | 美经济学家：中国应与邻国携手应对“逆全球化”.(2020-06-04). http://m.ckxx.net/shouye/p/229594.html.

【各家观点】

第一部分　新冠大流行背景下的世界秩序

自 2020 年 3 月 11 日世界卫生组织宣布新冠肺炎疫情已具有大流行特征以来，疫情继续在全球范围加速扩散，蔓延至 200 多个国家，已经从地区性问题变为全球性问题，严重影响世界经济与政治生态。国际人员交流与经贸往来严重受阻，世界经济衰退风险急剧上升，全球性系统性危机难以避免。同时，疫情让世界面临着一场前所未有的健康危机，以及人道危机。可以说，人类社会经历着一场特殊的磨难历练，再加上国际社会已有的矛盾冲突，使这场仍在肆虐的疫情更加为全球形势带来不确定性，动摇了固有的世界秩序。

面对全球卫生紧急情况，各个国家及机构组织必须立即对包括金融领域在内的所有领域的多边体系进行调整改革，从而避免加剧贫困和不平等。国际关系和外交比以往任何时候都更需要具有战略思维，以便找到所有问题的解决方法。否则，在这场零和博弈中，谁都不可能是赢家。

基辛格博士“新冠肺炎大流行将永远改变世界秩序”述评

贾烈英

北京语言大学国际关系学院院长、联合国研究中心主任、教育部国别与区域研究培育基地中东欧研究中心主任、教授、博士生导师

背景介绍:2020 年 4 月 3 日，美国前国务卿基辛格在《华尔街日报》刊登评论，指出：新冠肺炎大流行将永远改变世界秩序。基辛格，德国犹太人后裔，毕业于哈佛大学，曾在尼克松和福特政府担任国务卿和国家安全顾问。

97 岁的智者基辛格博士于 2020 年 4 月 3 日发出了一个意味深长的评论：新冠肺炎大流行将永远改变世界秩序。对于这个判断，很多人不以为然，因为历史上国际格局的变迁绝大部分都是战争的结果。事实是，即使没有这场传染病，世界权力的转移已经初露端倪。

对于世界秩序的研究，是一个永远不会过时的话题。世界秩序，包含了大国权力对比、大国战略关系、国际制度设计以及国际流行思潮。

历史上曾经存在过维也纳体系、凡尔赛华盛顿体系、雅尔塔体系。其中的制度设计与深层理念都来自于基辛格熟悉的西方。冷战后的世界秩序，可谓是自由主义思想的集中体现，自由贸易、全球化进程、联合国集体安全体系、信息技术革命、中国的改革开放使得世界真正成为了一体。中国融入国际社会，使得世界秩序成为了真正的世界秩序。

中国是自由贸易的优等生，是全球化的发动机，是联合国体系公共产品的提供者，是信息革命的引领者，是现存国际秩序的基石。一个对人类的和平发展与人权做出如此贡献的大国，却总被一些力量疑虑、误判、防备与妖魔化。各种版本的中国威胁论不绝于耳，西方现实主义国际关系理论结出的果实——修昔底德陷阱，时时飘出好斗的诱惑信息。中国以自己的行为和牺牲，对于处在恐怖主义、金融危机中的国际社会给予了最有力的支持。

2020 年，世纪流行病新冠肺炎疫情大暴发，中国再次向世界展示了慷慨与友善。而已经形成定性思维的力量，对于中国的声音与经验不以为然，而且把公共卫生问题政治化，落井下石，幸灾乐祸，之后又无中生有，不断甩锅，令世人大跌眼镜，

让人在怀疑其心机的同时，对其领导力的预期也大打折扣。

在这场全人类的危机面前，在全球治理的至暗时刻，智者基辛格博士以他对历史洞观的深邃眼光和东西方关系的深刻领悟，呼吁增强全球抵御传染病的能力，努力治愈世界经济的创伤，维护自由世界秩序的原则（安全、秩序、经济福祉和正义），这不仅是美国的义务，而是所有地球人、所有联合国成员国应该携手奋斗的目标。他发出警告，解决当前的必要问题最终必须将全球合作的愿景和具体计划相结合，如果我们不能同时做这两件事，每个国家都将面临最坏的结果。这种万劫不复的结果，是所有人都不想要的，也是基辛格博士此文的良苦用心所在。

新冠肺炎肆虐时期错综复杂的外交形势

卡洛斯·拉雷亚·达维拉（Carlos Larrea Dávila）

厄瓜多尔驻华大使

我非常感谢北京语言大学和华语教学出版社邀请我为《全球战“疫”天下一家》一书撰稿。我将根据我先后在北京和基多的经历谈一谈厄瓜多尔的战“疫”情况。

这是一场战役，我们的敌人是隐形的，攻击性强而且毫不留情，整个世界都不得不俯首。全球的医疗，经济甚至政治都面临危机。这个敌人就是新冠病毒。

疫情中，国界被关闭，人员的流动被限制。如今，各国经济唇齿相依，所以疫情对世界经济更是致命一击。疫情的危险已经上升到全球范围。安全、公共医疗体系的运转，控制传染病的新技术的开发，普及疫苗的接种计划都在全球范围内展开。

一、中国，危机中的战略行动

在中国，新冠病毒肺炎是严重的公共医疗突发事件。国家及时采取了得当的应对措施，得到了世卫组织的肯定，也是国际社会的榜样。而随着中国逐渐走出危机，病毒却开始在全球肆虐。

中国遏制危机采取了“四早战略”，包括早检测、早发现、早隔离和早治疗。此外，还有对武汉的封城措施，这些措施是阻隔病毒传播的根本方法。

中国政府大规模动员群众动作快，中国人民纪律性很强，因此这么严重的疫情才能在几个月的时间被控制住，这在当代科学史上都是史无前例的。

现在中国正在战役的第二阶段：主要问题是输入病例和无症状感染者的增加。对此举国上下仍然在严格控制中，以防病毒疫情再次暴发。

我们这些住在北京的外交代表们，亲身经历着这一切，我们也参与了这首抗疫“进行曲”。

二、新冠病毒疫情对外交工作有何影响

大数据、人工智能、云计算等信息技术都在抗疫中发挥了至关重要的作用，不仅监控疫情的发展，还在疫情之下给人们的生活带来最大的便利。在新环境下，人们也快速调整了自己的生活和消费习惯。

全球范围内，传统的外交工作也不得不有所改变。一直以来外交工作中倡导的热情待人和每天工作中的人际交往，现在都暂时地转变为“在线外交”。

阻断病毒传播必须要隔离，可是隔离严重影响了正常的外交工作。网络顺理成章成为最重要的工具。虽然有网络安全和个人隐私保护的问题需要注意，但是互联网的重要意义在于让我们全球范围内互联。

这种新外交工作常态化是具有深远影响的。如此大规模的经济危机会造成贫困和不平等问题的深化，所以多边体系应该重新构建包括金融在内的各个领域，尤其是在现在，在国际关系和外交工作中我们应该用战略头脑找到解决方案。

厄瓜多尔拥有一个先进的文件管理数字平台，名叫“基普克斯”（Quipux）。有了这个平台，我们可以通过数字政府高效实时地处理危机。

在中国，可以说是“微信外交”。微信是全国使用最广泛的应用，类似于西方的 WhatsApp。通过微信，政府部门和各个外国代表机构之间的沟通非常顺畅。该平台功能多，安全性高，界面友好。此外还有 Zoom 等应用、社交网络都发挥了巨大作用。

但是外交工作需要体察入微，这是一门科学，也是一门艺术。在外交关系中，公共关系、人际交往、文化调和以及信任纽带的建立都是不可或缺的，只有这样才能恰当有效地争取国家利益

三、新冠病毒肆虐

2020 年 1 月 23 日，位于中国中部，也是中国最重要的工业城市之一的武汉市

开始封城，九名厄瓜多尔人被困，他们中大部分人都在上大学。

厄瓜多尔政府与乌克兰合作，在中国政府的协助下，2 月 20 日用一架医疗专用飞机撤离了五名厄瓜多尔学生、一些乌克兰公民还有其他国家的外籍人士。在新冠病毒肆虐期间，这是一次复杂的外交行动，但是很成功。

当下的全球一体化也恰恰不幸地成为传播新冠病毒的最佳平台。在我写这篇文章的时候，新冠病毒先席卷欧洲国家，又在美洲大陆飞快传播。

感染人数还会增加。包括厄瓜多尔在内的大部分国家在未来几周就会进入疫情最关键时期，可能会带来医疗体系的瘫痪。没有一个国家能够游刃有余地独自应对如此大的挑战。在拉丁美洲和加勒比地区，厄瓜多尔是最早开始采取严格措施控制感染的，可也是受影响最严重的地区之一。

大部分感染病例都集中在瓜亚基尔和基多两大城市，特别是坐落在太平洋海岸的瓜亚基尔。由于此处西班牙和意大利移民很多，所以有很多输入病例。

全球范围内医疗防护物资紧缺，检测盒、手套、医用口罩、呼吸机、护目镜、防护服这些都是阻断感染的必需品，不论是医护工作者还是普通民众都需要。厄瓜多尔政府开展了积极的外交行动寻找国际合作，增加供给能力。

在新冠病毒抗疫过程中，中国积极参与国际人道援助。厄瓜多尔和中国是全面战略合作伙伴关系，和中国一起开展物资捐赠和防护用品的采购等工作，用品均符合中国政府规定的质量标准。阿里巴巴、百度、腾讯和华为等大型企业做出了巨大的贡献。

同样，科学知识的普及也至关重要。李兰娟院士是全球知名的非典肺炎、中东呼吸综合征和新冠病毒等疾病的专家，她把武汉的经验带给了厄瓜多尔医疗部门的最高层。中国外交部布置了合作网络，促进中国与拉丁美洲国家的经验交流。

厄瓜多尔政府是拉美最早采取限制措施防患疫情的国家。国家宣布卫生突发事件，全国进入紧急状态，并实施宵禁。国家多个部门协作确保防护措施的执行，包括军队、警察、急救服务和政府等。

紧急行动总指挥负责协调国家在危机下的行动，审查和评估采取的措施是否有效减缓病毒的传播。所有措施都只有一个目标：保护民众，减少感染。

厄瓜多尔政府的行动旨在避免医疗危机和社会悲剧。而且此时此刻，由于石油价格的下跌和其他不利因素，厄瓜多尔的经济状况也令人堪忧。厄瓜多尔总统宣布了“全国一心”计划保护生产、就业和美元化体系，通过国家融资缓解企业的资金问题，并争取重新协商债务。

四、厄瓜多尔和“抗击新冠病毒全球联盟”

厄瓜多尔总统莫雷诺和其他国家元首一致表示需要成立抗击新冠病毒的全球联盟。在这场战役中，德国总统弗兰克 - 瓦尔特·施泰因迈尔撰写文章《五国领导人：现在不是争夺地缘政治地盘的时候》，文中提出我们应该组成一个全球联盟发挥人类的才智和团结精神。

约旦国王阿卜杜拉二世、新加坡总统哈莉玛·雅各布、埃塞俄比亚总统萨赫勒 - 沃克·祖德和厄瓜多尔总统莱宁·莫雷诺·加尔塞斯参与撰写此文，后来哥斯达黎加总统卡洛斯·阿尔瓦拉多也加入进来。

这篇文章发表在英国《金融时报》上，作者们都呼吁全球团结一起有效抗击新冠肺炎疫情，冲破阻碍交流和合作的屏障。

在现在的背景中，这是唯一一个通过合作和共建共同抵抗病毒的倡议。作者们指出“由全球科学家网络推动的知识共享和紧锣密鼓的研究将为我们眼下的困境提供最终答案”。作者们强调，现代医学通过开发治疗方法和疫苗对抗击疫情至关重要。

疫情过后，我们的社会也不再是原状，所以作者们呼吁世界银行（World Bank）、国际货币基金组织（IMF）、国际红十字与红新月运动（International Red Cross and Red Crescent Movement）、全球各疫苗联盟、慈善基金会、科学家和私营制药公司联合起来。这个新的联盟致力于实现四个关键目标：

其中包括必须通过公开透明的科学研究和增加资金的方式，加快治疗方法和疫苗的研发；应确保试剂盒和关键医疗设备的快速生产、采购和分配；还有迅速扩大生产，并确保未来的治疗方法和疫苗公平公正地分配到世界每个角落，包括弱势群体；必须阐明全球协同合作应对危机的巨大好处，聚焦于提供一种最终治疗方法和疫苗，作为典型的“全球公共物资”。

联盟领导人欢迎 20 国集团（G20）领导人承诺竭尽所能解决危机。并全力支持联合国秘书长的全球人道主义呼吁。但是，没有一个全球实体具备为所有有需要的人生产疫苗所需的医疗、经济和政治条件。

因此，在世界卫生组织工作的基础上，联盟呼吁世界银行、国际货币基金组织、国际红十字与新红月运动、全球各疫苗联盟、慈善基金会、科学家和私营制药公司联合起来。

我们知道，要建立和管理这样一个多利益相关方的联盟并不容易。但我们相信，这种努力是值得的。

倡议最后指出，面对新冠病毒，所有人都一样的脆弱，但是我们应该联合起来一起战胜它。因此，应该将治疗方法和疫苗的研发、生产和分配国际化，只有联合了所有的知识和努力，才能在人类智慧中找到解决方案。

五、假消息的温床

与新冠病毒的抗疫战同时的还有一场假消息战。世卫组织把它叫作“信息疫情”。指的是一些人散布消息造成恐慌、混乱、困惑和分裂。他们隐匿在社交网络上，政府、社会和舆论不得不投入可贵的时间和精力来消除假消息带来的不良影响。

在全球复杂的卫生状况下，假消息的散布和无法获知实情对抗击疫情有严重的负面影响，成为值得重视的公共问题。通过社群的影响，这些假消息在厄瓜多尔等诸国试图造成民众对政府的不信任，威胁政治稳定。

厄瓜多尔外交部门采取了措施。厄瓜多尔将主要的平台都加入了信息认证机制，用于遏制社交网络上匿名或用假身份发假消息的势头，解决缺乏认证机制和弥补传统媒体数字化过程中的缺陷。

在新冠病毒期间，为了确保敏感信息的有效沟通和网络安全，外交工作都呈现出重要意义。

结　论

面对新冠病毒这一全球卫生紧急事件，中国展现了其领导力，不仅全力合作，还派出国际人道援助，加快知识转移。

在疫情中，现实已经远远超出我们所能想象的情况。世界秩序的重建需要学习中国的经验，特别是将集体主义置于个人主义之上的精神。

厄瓜多尔也在国际社会做出了积极的贡献，提出了应该通过知识共享，加快科研的团结合作，共同应对新冠病毒的肆虐。

这场战役能否取胜取决于是否能在全球范围内营造共担责任的氛围，通过合作共同维护和平。这场战役不是零和博弈，国家、多边组织、市民社会都必须遵循团结合作，相互体谅、尊重，慷慨解囊的原则。大家都有一个共同的目标，即人类的幸存。

（徐颖丰译）

疫情折射出的国际政治板块的重组与百年大变局中的中美关系

黄　靖

北京语言大学国别和区域研究院学术院长，德国博世学院（Bosch Academy）院士，教授，博士生导师，国际战略学者

导　言

中国是一个世界大国。对国际政治板块的研究，是一个世界大国必有的学问。只有充分理解和掌握国际政治、战略板块的组成、移动变化及其相互之间的关联，才能确立客观理性的世界观，明确中国在世界格局中的地位、能够和应该起到的作用，并据此制定有效可行的对外战略和政策，同时为整个世界的和平与发展做出应有的担当和贡献。

国际政治板块由一个国家或包括一组国家的一个地区构成的。界定一个国际政治板块有三个衡量的标准：

①这一国家或地区的体量和力量，即其硬实力和影响力（软实力）的大小。

②这一国家或地区的政治立场和倾向。由于各个国家或地区的政治制度、文化传承、宗教信仰、价值理念及经济发展水平不同，其在世界政治中的政治立场和倾向也不同。这就决定了各个国家或地区的世界观、敌友的划分及对外政策的差异。

③这一国家或地区的战略位置，是构成地缘政治中的要素。例如，有些国家虽然非常小，但是其地理位置很重要，所以在国际战略板块的研究中会得到重视，比如马六甲海峡两旁的马来西亚和新加坡。而有的国家尽管面积和体量很大，政治倾向也很突出，但因为它的战略地位不重要，因而在国际政治板块的研究中得不到太多的关注。比如南美洲的巴西或者非洲的南非共和国，等等。

1991年发生了对世界格局具有深远影响的两件大事。一个是苏联的解体和苏东政治板块彻底瓦解，冷战以美国的胜利宣告结束。另一个是第一次海湾战争。这是人类历史上首次投入高科技的战争。以美国为首的联军，在7个星期内彻底击败当时号称世界第四军事强国的伊拉克（自身的伤亡人数几乎可以忽略不计），展示了信息技术引导的军事革命的巨大威力。这两件大事的发生，导致二战以来形成的世界政治板块发生重大的漂移与重组，形成了今天美国、中国、欧洲、俄罗斯、东（北）亚、东南亚、印度/南亚、中东、中亚、拉美和非洲等政治板块。其中美国一极独霸。

冷战结束后，中美两个最大的政治板块都根据自身的利益和世界观采纳了新的发展战略。一极独霸的美国推出"全球主义"（globalism）战略，发起并推动了三管齐下的全球化——价值理念（普世价值）全球化、（美式）民主制度全球化、市场经济全球化，进而以美国的方式和理念来重塑世界，"终结历史"。而中国则坚持改革开放的和平发展战略，积极将自身的发展融入整个世界的发展大潮。

其结果是，不但中美两国各自的力量和影响力发生重大变化，而且也影响和促发了世界其余政治板块的变化和发展，导致世界发展的中心由西方（美欧主导的大西洋板块区）转移到了东方（中国发展带动的亚太板块区），世界由此进入百年未有的大变局。

1. 国际政治板块重组过程中的欧亚大陆的板块变迁及其影响

冷战结束后，与中国北方、西方、西南方接壤、包括中东地区在内的整个欧亚大陆的战略格局发生了巨大的变化。尽管这一广袤地区的的各政治板块因发展不同而显得复杂多变，但大趋势有利于中国，有利于中国倡议的"一带一路"的建设，有利于推动人类命运共同体的建设。

1.1 俄罗斯

显然，俄罗斯在冷战后国际政治板块的重组过程中受到重创。由于苏东解体后东欧各国加入欧盟和北约，使得俄罗斯"裸露"在以美欧为首的敌对势力面前。险恶的外部环境，导致了俄罗斯对外战略和政策中的必须坚决维护的两个关键所在：

①坚决维护俄罗斯对三个安全缓冲带的控制和影响：中亚、乌克兰和白俄罗斯。中亚是俄罗斯的后院，也是连接俄罗斯与南亚和中东的纽带。乌克兰和白俄罗斯对

俄罗斯的安全至关重要。如果失去这两个国家，俄罗斯从莫斯科到圣彼得堡的“国家主干线”就会处于美欧势力的直接威胁之下。因此，俄罗斯在乌克兰和白俄罗斯问题上十分强硬。

②俄罗斯必须和和平稳定的中国保持友好合作关系。这不仅仅是因为中俄两国的经济发展在结构上互补，还因为和平稳定的中国与俄罗斯的安全利益趋同，事实上中国为俄罗斯挡住了美国及其盟国从亚太地区——俄罗斯安全最为脆弱的部分——对俄罗斯造成的威胁。中俄一起反对美国通过在韩国部署萨德导弹改变地区战略平衡就是一个典型例子。

俄罗斯围绕这两个关键点展开的对外战略，与中国在和平发展大战略下推进的“一带一路”倡议和上海合作组织的发展相契合。中俄之间达成的全面战略伙伴关系，为整个欧亚大陆的主干——中、俄、中亚以至东欧——提供了安全保障。尽管在这一主干上的各国在政治制度、发展水平、文明和宗教传承等各方面都存在巨大差异，但却是今天世界上最安全稳定的地区。

以中俄战略合作为中流砥柱而保持和平稳定的欧亚大陆主干线，不仅为“一带一路”倡议在这一板块区的持续发展提供不可或缺的和平环境，也提供了广袤的战略空间和丰富的资源储备。

1.2 印度

印度是冷战后国际政治板块重组中的输家。尽管印度奉行不结盟政策，但却与前苏联实际上是准同盟关系，并以此保持与中国的“战略均衡”。苏联的解体给印度的安全环境带来持续的负面影响。一方面迅速崛起的中国使印度感到难以维持和中国的“战略均衡”，因而“被威胁”感日增。另一方面，中国和美国都因为自身的战略利益与印度的世仇巴基斯坦保持良好的关系，也使印度如鲠在喉。由于印度经济发展不稳定，尤其是近年来在莫迪领导下更是困难重重，因而不得不靠拉升民族主义来巩固其统治，但此举也同时助长了对西方国家侵略和殖民怨恨情绪，进而阻碍了印度与美国为首的西方国家之间取得政治和战略上的互信。

可见，由于印度在冷战结束后一直未能锚定自己在世界政治板块重组中的战略地位和作用，因此整个国家安全感脆弱，对外部世界充满疑虑：一方面对不断壮大的中国形成负面的“中国情结”，将中国所有的对外政策和动作都视为对印度潜在的威胁；另一方面，对美国提出的、有明显的拉拢意图的“印太战略”，印度却瞻前顾后、患得患失。加之印度国内利益集团的内斗和建制派对“不结盟”传统原则的坚持，使得迄今美印之间对“印太战略”的定义、组织框架、各自的承诺和权利，以及各项具体步骤都没有达成一致，因而也难以取得实质性的安排和进展。同时，由于经济发展的方向长期不确定，导致印度经济发展失衡，始终没有形成统一的国内市场，而内卷化趋势却愈演愈烈。因此，印度排斥和抵制原本可以和中国“工商共建共享”的“一带一路”倡议，拒绝加入RECEP，这使得印度经济成为日益一体化的亚太经济中的孤岛。

其结果，是形成了今天“印度悖论”的恶性循环：一方面，印度的稳定和发展对维护南亚次大陆及其毗邻地区的稳定至关重要；另一方面，印度为了满足自身的安全和“大国雄心”而谋求地区霸权，但却心有余而力不足。这不仅为整个地区的稳定带来了巨大的不确定性，也使得印度长期缺乏“安全自信”。

1.3 中东

中东也是冷战后国际政治格局变化中的受害者。从根本上说，冷战期间中东的稳定是建立在美苏战略平衡之上的。苏联的垮台完全打破了这个平衡。直到今日，中东还没有形成任何力量能够抗衡美以同盟在中东的压倒性优势。这是导致中东自1991年以来动乱不已的根本原因。

正因如此，除以色列外的中东各国，尽管因宗教、政治和经济等原因相互缠斗不已，但都不同程度地欢迎美国以外的其他大国加大在中东的影响。中国的“一带一路”倡议在中东获得普遍的支持和期待，这不仅是因为坚持和平发展、不干涉他国内政的中国是能够与中东各国都保持友好关系的唯一大国，更为重要的原因是，中东大多数国家都认识到，中国在中东影响力的扩大和提升有利于中东形成新的战略平衡。

2. 冷战后国际政治板块重组过程中亚太地区和欧洲的发展及其影响

冷战的结束给亚太地区和欧洲带来了巨大的利好。一方面，亚太的和平安定环境和中国在改革开放指引下的迅速发展，推动了世界经济、外交、安全的中心由大西洋转移到了太平洋。另一方面，中国的迅速崛起迅速缩短了中美之间的差距，从根本上转变了亚太地区以至整个世界的战略格局。中美关系的走向牵动世界各政治板块的选择和发展，从而成为主导整个世界格局的决定性因素。

2.1 日本

日本是冷战后国际政治板块重组中的获益者。苏东垮台后，日本几乎没有任何的安全威胁。19 世纪 90 年代后进一步改革开放的中国非但不威胁日本，反而给日本提供了广阔的市场和资源。但从世界格局的大视野看，日本在冷战后国际政治板块重组中的最大失误——或许是没有能力——是没有能够改变其依附美国的“非正常国家”地位。这是作为冷战“赢家”之一的日本没能完全收获冷战结束后的红利的根本原因。

并且，尽管日本长期以来是世界第二大经济强国，但是日元却始终没有成为国际货币甚至是区域货币。在 19 世纪 80 年代的美日贸易战中，美国最大的获益就是利用其在美日同盟中的绝对主导地位，迫使日本在日元没有完成国际化之前就完全开放自己的金融、保险和信贷市场。1997 年至 1998 年，日本趁亚洲金融风暴之机做出建立亚洲货币基金的努力，意图发展由其掌控的亚洲金融体系，但立即遭到美国的强力打压，“亚元”半途而废。

非正常化的“金融主权”成为日本发展中的致命伤。一方面，1986 年的“广场协议”不但使的日本数十年积累的财富遭到洗劫，而且美国可以随时压迫日本按美国的利益调整汇率，使日本成为了美国的“提款机”。另一方面，作为岛国的日本国内市场规模有限，因此必须要到海外发展，但由于在金融上受制于人，日本很难充分获取海外发展的收益。于是，尽管冷战的结束为日本提供了前所未有的安全环境，但冷战后的日本经济却长期迟滞不前。相比之下，1991 年中国的经济总产值（3,834 亿美元）还不到日本（3.584 万亿美元）的九分之一，2010 年中国经济总量首次超过日本，2020 年中国经济总量（14.34 万亿美元）已经几乎是日本（5.082 万亿美元）的 3 倍！

随着世界政治板块由一极独霸向一霸多强的格局转变，日本朝野越来越认识到依附于美国的“非正常国家”形态是日本继续发展的根本瓶颈。这是日本近年来在小泉和安倍等右翼领袖的领导下追求国家“正常化”的势头越来越大的根本原因。然而，真正阻碍日本国家“正常化”的，恰恰是日本的盟友美国。毕竟，如果失去了对日本的控制，美国在亚太构建的霸权结构必将崩塌。

2.2 欧洲

相比之下，欧洲在冷战后国际政治板块重组中获益远超日本。由于苏东垮台，不仅东德与西德获得统一，德国再次成为推动欧洲发展的火车头，而且，整个东欧通过颜色革命被纳入了西欧。尽管由于宗教和民族等历史原因，罗马尼亚和前南斯拉夫的巴尔干地区——这一地区大多是信奉东正教或伊斯兰教的东斯拉夫人——未能被欧盟吸纳，留下了一个巨大的安全隐患，但欧盟在政治和经济上整合了欧洲大陆。2002 年，欧元正式启动，标志着欧洲全面收获了冷战后国际政治板块重组的政治和经济红利。

其结果，是欧盟领导下的欧洲的“独立”意识越来越强。尽管欧洲绝大多数国家依然是美国的盟友，但欧洲与美国在一系列的重大关切问题上发生了本质上的分歧与矛盾。第一，在安全问题上，美国认为如今俄罗斯的存在是一个绝对的威胁，必欲置之于死地而后快。因此，美国制裁俄罗斯毫不手软，乐见其再一次垮台。但对于欧洲来说，更重要的是管控俄罗斯的威胁。由于俄罗斯的体量及其作为核大国等因素，俄罗斯的再一次垮台势必为欧洲带来巨大威胁甚至是灾难，因此，欧洲更希望通过制裁施压来迫使俄罗斯妥协，使其按照欧洲希望的方向发展。

美欧的安全分歧也体现在对北约的态度上。由于美国实力的相对衰减（详见下文），美国对北约的依赖加强。由此导致美国要求北约各国加大投入的同时，还要加大承担的义务和责任，但指挥权却依旧牢牢掌握在美国手中，从而确保北约首先为美国——而不是欧洲——的利益服务。英国脱欧后，美国更加大了对北约的控制和要求。欧洲主要国家对美国的霸道行为普遍不满甚至愤怒。法国公开宣称“北约已死”，要求另建“欧洲军”保卫欧洲。德国等主要国家也对美国做出各种抵抗，导致相当一部分的驻德美军撤离德国。尽管拜登即位后将恢复同盟体系、尤其是美欧同盟作为其对外政策的重点，但要回到欧洲唯美国马首是瞻的过去，几无可能。

第二，在世界发展的方向上美欧之间也存在实质性分歧。欧洲认为除战争之外，环境的恶化是影响当今世界发展的关键症结。因此，欧洲极力地推行环保政策。然而美国在特朗普任期却退出《巴黎协定》。尽管拜登政府即位后第一时间宣布重返《巴黎协定》，但美欧双方在具体政策和承诺上利益有明显冲突，要达成一致绝非易事。

第三，美欧在伊核问题上有重大分歧。欧洲认为《伊核协议》对欧洲十分有利。《伊核协议》不仅解除了伊朗拥有核武器这一具有灾难性的定时炸弹，而且对欧洲有着双重利好。首先，解禁后的伊朗可以为欧洲提供能源，从而缓解欧洲对俄罗斯能源的依赖。其次，伊朗经济因解禁能获得发展，这有助于伊朗的稳定。而伊朗的稳定对于中东局势具有积极意义。一个趋向稳定的中东，不仅有助于解决对欧洲压力巨大的难（移）民问题，而且也能在一定程度上缓解恐怖主义袭击的压力。特朗普政府单方面退出《伊核协议》给美欧关系带来了极大伤害。尽管新近上台的拜登政府对重回《伊核协议》表示出积极态度，但一方面美欧在伊核以至中东问题上失去互信的后遗症难以在短时期内消除，另一方面美国国内强大的亲以色列保守势力对拜登的掣肘，美国重回《伊核协议》或非易事。

美欧之间的分歧还体现在对中国的看法上。欧洲认为，尽管中国与欧洲之间存在系统性竞争（systematic competition），但对欧洲来说，这种竞争主要体现在经济方面而并非政治与安全方面。真正让欧洲感到威胁的是所谓“国家资本主义”，即欧洲认为中国不完全开放市场、补贴国营企业、不保护知识产权，以及在“集体工资议价”等问题上与欧洲“不对等”交流，造成“不公平”竞争。因此，欧洲在与中国的博弈中，始终强调公平贸易（fair trade）、知识产权、国有企业中性竞争，以及直接涉及生产成本的工会和劳动保护等议题，但绝不断绝与中国交流，更不要“脱钩”，而是要在“公平”的基础上加强加大相互交流。在亚投行成立之际，英、德、法、意等美国的最主要盟国都不顾美国反对，一起加入亚投行。拜登胜选后，欧盟不顾美国反对，积极地与中国签署了投资协议。显而易见，欧洲不愿意加入美国对中国的“战略竞争”，至少不是无条件加入。欧洲清楚地认识到并接受了世界经济发展的中心已经移至亚太地区的现实，加入——而不是排斥——中国引领的亚太地区的快速发展对保持欧洲的稳定和发展至关重要。数据显示，2019 年，美国的 GDP 总值约为 21 万亿，欧洲约为 18 万亿，中国已达 16 万亿，并有望在 2025 年超越美国。

随着英国的脱欧，工业革命以来海权国家操控欧洲事务的时代已经结束。在德、法等陆权国家的主导下，一个团结繁荣的欧洲的独立性只会越来越强，在世界格局中“战略平衡者”的作用也会日益明显。

2.3 东南亚

1991 年国际政治板块重组是东南亚国家发展的转折点。首先，苏联的解体，使得为“反共”而组建的东盟（ASEAN）彻底摆脱了政治上的羁绊，演变成一个以发展和稳定为主要诉求、以“共识”为基础的国际组织，为越南、老挝、柬埔寨和缅甸加入东盟扫除了政治障碍。以东盟为平台，东南亚政治板块大大提高了自身的影响力和话语权。第二，东盟抓住了中国经济迅速发展的机遇。随着 2010 年中国 - 东盟自由贸易区多项协定的全面实施，东盟的经济迅速发展，总产值从 2009 年至 2019 年间翻了一番，达三万亿美元。第三，随着中美关系由“接触”向“竞争”的演变，东南亚成为双方为获得 / 保持有利于己的战略平衡的博弈焦点，东盟的战略价值显著提高。尽管东盟因此面临着“选边站”的压力，但也使东盟各国能够在中美之间“对冲”（hedging）而大获其利。

然而，由于东南亚各国之间在政治制度、经济发展、文化传承和宗教信仰上的巨大差异，基于趋同利益诉求之上的区域一体化并没有形成欧盟那样以规则为基础的一体化组织，东盟本质上只是一个建立在“共识”之上的“谈话场所”（talking shop）。因此，尽管后冷战时期东盟十国的整体政治和经济实力大增，进而提升了东盟在国际事务中的影响力和话语权，但“竞争”中的中美双方对这一政治板块的争夺，以及由此导致的越来越大的选边站的压力，却进一步暴露了东盟各国在“共识”下的相互矛盾与纠葛，面临被“压碎”的危险。因此，如何加强东盟的团结，在中美“竞争”中保持东盟的“中立”原则，不但对东盟自身的存在和发展至关重要，也对整个亚太地区的和平和稳定有重大影响。

由于地缘政治的因素——东盟是中国的近邻，一个分裂动乱、经济疲惫的东盟，只能给域外势力的干涉制造机会和条件。一个团结稳定、经济发展的东盟，不但更需要、也更有能力并在中美“竞争”中保持中立，而且也更愿意与中国和平发展战略下的“一带一路”和人类命运共同体的建设相向而行。

3. 冷战后中美两国的发展战略及其结果：百年大变局

中美两国是 1991 年国际政治板块重组中的最大受益者。冷战的胜利及第一次海湾战争中摧古拉朽的军事实力，展现出美国难以撼动的霸权。一极独霸的美国持强势推出“全球主义”战略，企图以此将世界“美国化”。对于中国而言，苏联的解体不仅减少了一个巨大的安全威胁，而且证明了邓小平提出的改革开放战略的正确性。“发展才是硬道理”。中国抓住了世界政治板块重组的重大机遇，坚持改革开放，走向世界，经济得到了长足发展。

两个世界大国截然不同的发展战略导致两国力量对比发生难以逆转的变化，进而从根本上改变了世界的的发展趋势。中国的快速崛起，撼动了冷战结束后一极独霸的世界政治板块格局。中美两国关系的发展，成为主导世界潮流的决定性因素。

3.1 美国全球主义战略的挫败撼动了美国霸权

1991 年苏东的解体和第一次海湾战争的碾压性胜利，使美国的硬实力和软实力都达到了巅峰。一极独霸的局面，使美国朝野信心爆棚，坚信“华盛顿共识”——个人主义为核心的价值理念、资本主义市场经济、多党竞争的“自由民主”（liberal democracy）制度——是人类社会向前发展的必由之路。毕竟，在个人主义为核心的价值观中，人类不断奋斗追求的无非是两个根本的目的：最大限度地获得财富，最大限度地获得自由。苏联的解体和美国的极盛，似乎证明“华盛顿共识”是达到这两个目的的最佳途径。因此，日裔美籍学者福山提出了“历史终结论”。

在这样的历史背景下，克林顿在 1994 年就任后，立即推出了全球主义战略，其目的就是要按照“华盛顿共识”重塑世界，实现美国主导下的价值理念全球化（即“普世价值”）、民主政治全球化和市场经济全球化，最终达成美国一统天下的“历史终结”。继克林顿之后的小布什和奥巴马政府继承了全球主义战略：前者以“新保守主义”的单边主义形式强力打压非西方文明的价值观和“非民主政权”；而后者则更侧重“普世价值”的传播。在三届美国政府的大力推动下，三管齐下的全球化在全世界轰轰烈烈地展开。

然而事与愿违。任何价值观，都是在特定文明发展的长期积淀之上形成的。文明发展的路径不同，必然导致价值观有所差异。美国学者亨廷顿在“全球主义”战略发端之初发表的《文明的冲突》一书中指出，不同文明之间的冲突，实质上是价值理念的冲突。强力推动基于基督教文明之上的“普世价值”，遭到伊斯兰社会的激烈抵抗。以中国为代表的其他非基督教文明的发展中国家，也对美国主导的“普世价值”进行了不同程度的抵制。

美国大力推动的民主政治全球化也遭受挫败。亨廷顿描绘的“第三次民主化浪潮”并没有成为现实。尽管“颜色革命”加速了苏东的彻底解体，但除了经济较为发达、与基督教文明同源并被欧盟快速接纳的东欧各国家，其他发生“颜色革命”的国家要么逆转为强人政权国家（俄罗斯和中亚诸国），要么陷入政局不稳、经济呆滞的窘境（乌克兰、罗马尼亚和巴尔干诸国）。俄罗斯在经过一段混乱摇摆之后，在普京总统的领导下走上了以“强国”为目标的发展道路，被美国和西方视为“最大的威胁”。21 世纪初由美国直接推动的“阿拉伯之春”更是一场灾难，导致这些国家陷入政治混乱、经济崩溃、人民流离失散、教派冲突甚至国家分裂的困境。

短短 20 余年的时间内，美国在全球主义战略中的两个主要方面——价值理念全球化（普世价值）和民主政治全球化——都遭到挫败。这不仅使美国浪费了大量的战略资源，而且很多本来是美国战略资产的地方变成或正在变成美国的战略负资产，例如乌克兰、中东和拉丁美洲等地。2016 年奥巴马任期结束时，喧嚣一时的“普世价值”及民主政治的全球化已经无以为继，轰轰烈烈的“全球主义”战略也随之偃旗息鼓。

全球主义战略的挫败导致的更为严重的后果：美国政治、经济、社会以至国家认同等各方面都陷入了前所未有的撕裂。美国在推动“全球主义”战略期间，尽管在世界事务中大动干戈，但却没有对其内部的经济结构、分配体制、治理体系和政府管理做出任何实质性的调整。一方面，有利于资本的分配结构和司法体制使得资本在市场经济全球化中大剪“羊毛”，获利巨大而欲罢不能。另一方面，利益集团的固化和特权化、福利制度的“赋权（entitlement）”化、工会体制的政治化造就了靠来自发展中国家的廉价商品支撑的“奶嘴”消费型经济。同时基础制造业却因资本不断外流而空心化。其结果，是以薪酬阶层为主体中产阶级、尤其是蓝领阶层的收入停滞不前甚至下滑。贫富差距的不断拉大从经济上撕裂了美国社会，从而将美国的政治精英们推入了结构性的两难困境。在各类政治“竞选”中，美国政客们即离不开支持全球化的大资本的财政“赞助”，也离不开反对全球化的各阶层选民的选票。“特朗普现象”——出身大资本并在全世界逐利、却把自己装扮成反对全球化的普通大众的代言人——在美国应运而生。

并且，推动美国主导的价值理念的全球化（“普世价值”）不可避免地凸显了基督教文明的强势。20 世纪末，福音派（Evangelicals）在美国政治中异军突起，在小布什任内更是成为美国右翼保守势力的主力军。左翼自由派为了抗衡右翼保守势力，高调维护在权利、种族、教派、性别以至工作机遇等各方面的平等平权，籍此把控道德制高点，团结少数族裔和弱势群体。其结果是“政治正确”在舆情、文化、教育和娱乐等领域的滥觞。两相对撞，掀翻了建立在包容多元种族和文化之上的美国“大熔炉”。

今天，在美国竞选政治中，选民关心的中心议题已不再是候选人的政策主张，而是其在拥枪、性取向、堕胎、种族/教派关系、女权等“泛政治化”议题上的立场。政策主张反映的是“我们要什么”的利益诉求。利益冲突可以在遵守同一游戏规则下通过妥协解决——民主治理的本质就是妥协制度化。但“泛政治化”议题则关乎“我们是谁”的意识形态。意识形态的冲突在本质上是价值观的势不两立，因而很难获得妥协——不能妥协的民主政治必然导致极端。“我们是谁”的分歧在政治上撕裂了美国：一边是已经全球化了的大资本及依附于大资本的白领专业人群；另一边则是反对全球化、并对自身政治经济地位迅速滑落而沮丧但又无能为力的愤怒的劳动大众，尤其是居住在传统工业区和郊区村镇的蓝领白人群体。随着美国政治板块向左右两个极端拉伸，美国民众在国家认同上出现了难以愈合的分裂。。

在任何一个主权国家，国家认同都是稳定的基石。它包含了两个层面的认同：一个是民族/文化认同，即对本族文明和文化的认同；另一个是政治认同（公民认同），即对国家政治体制的认同。由于美国是个移民国家，国民来自世界各地，美国的民族与文化认同是多元的，因此，政治认同——对宪法、政治体制和治理制度的认同——不仅是美国国民国家认同的核心，也是所谓美国“大熔炉”的基础所在。但正是在政治认同上，美国右翼保守势力和左翼自由派之间发生了势不两立的分裂。无怪乎曾提出“历史终结”的福山认为，“认同政治”是美国社会分裂的根源。

右翼保守势力坚信他们才是美利坚合众国真正的继承人和捍卫者。他们认为，美国是由“五月花号”移民为代表的、以清教徒价值观为支撑的、以强调个人自由和权利为号召的白人移民经过独立战争创建的国家。在他们的理念中，公权力的本质是恶的，是不值得信任的。因此，所谓“民主制度”的根本目的，就是监督和控制公权力——政府——的职权范围和功能。正如他们的政治座右铭所言：“我们信任上帝和民主”(In God and democracy we trust)。他们是拥枪的坚决捍卫者，反对堕胎，反对同性恋，反对多元文化和多元价值观。他们的意识形态中，国家权力的象征仪式是美国总统就职时手抚“圣经”，高诵“上帝保佑美国”。在他们看来，“美国大熔炉”就是要使来自世界各地的移民接受他们的价值观和生活方式，由此，移民们才能真正效忠美国及其政治制度，才能成为“美国人”。

左翼自由派则坚信，多元和包容是美国的立国之本。多元文化和族群不仅是美国社会的现实，更是使美国不断发展壮大的必要条件。美国对多元文化和族群的包容、接纳并赋予同等的权利，是“美国大熔炉”的必要保证。多元、包容、平等的“美国主义”（Americanism）正是美国感召力——“软实力”——的源泉所在。因此，他们认为公权力必须为捍卫多元文化、反对种族歧视、确保公民平等权利提供制度性的保障。美国政府应该积极干预各项社会和经济事务，确保来自世界各地的“美国人”能够保持他们的文化传承，同时享有公民的平等权利。

美国社会的大分裂，是2016年“政治素人”特朗普在美国建制派一致反对的形势下依然击败希拉里当选美国总统的根本原因。特朗普上台后，在右翼保守力量的支持下，对内压制“政治正确”，反移民、反科学、排斥少数族裔几至种族歧视的地步，对外奉行损人不利己的单边主义，大搞“美国第一”的霸权政治。其结果，非但美国冷战后如日中天的“软实力”跌落神坛，美国盟友也众叛亲离。同时，美国的硬实力也因长期深陷阿富汗和伊拉克两场战争而不断消耗，又受到俄罗斯、伊朗和朝鲜等国的牵制，霸气不在。

在如此局面下，建制派代表拜登在大选中击败特朗普，就任总统。其就职典礼的场面——贵宾们人人面戴口罩，面对着可容纳百万人却戒备森严、空空如也的广场——生动地反映出美国目前的内外交困：在国内，疫情肆虐，经济滑坡，社会分裂，士气低迷；在国外，美国的“领导”能力和声望跌入低谷，美式民主光芒不再。

3.2 中国的“和平崛起”推动了百年未有之大变局

尽管苏联解体后，中国除了美国以外几乎没有任何直接的安全威胁，但1991年苏联解体依然给中国带来了巨大的冲击。由于以美国为首的西方国家因1989年的政治风波对中国实施“制裁”，中国国内的经济发展跌入20世纪70年代末开始改革开放以来的最低谷。但以邓小平为核心的中国领导人审时度势，坚定不移地继续实施改革开放的政策，同时努力稳定中美关系。

结果，美国克林顿政府在第二任期内解除了制裁，对中国奉行“接触”政策。小布什执政期间，一方面由于“9·11恐怖袭击事件”迫使美国将战略重心转向来自极端主义势力的安全威胁，另一方面由于中国已融入现行国际秩序而视中国为“利益攸关者”，因而转变了其上任之初对华的强硬姿态，继续采取与中国的“接触”政策。奥巴马政府确认了中美关系成为世界上最重要的双边关系，中美两国都成为对方对外政策中的最重要因素。中美关系在克林顿至奥巴马三任总统的24年期间维持基本稳定，为中国的经济持续发展提供了一个安全稳定的外部环境。

但中国迅速崛起的最根本原因，是中国始终坚持和平发展的战略，找到了一条和平发展的路径。工业革命后，中国并非第一个迅速崛起为世界性大国的国家。与农业文明期间产生的诸如中国的汉唐元明清、罗马、奥斯曼和印度的莫卧儿等帝国不同，工业文明中崛起的大国追求的不是更多的人口和土地，而是资源和市场。追求资源和市场的扩张是跳跃式的。因此，第一个真正意义上的世界性的大国是首先完成了工业革命的岛国——英国。工业革命后，英、法、德、日、美、苏等国都曾经历过一个“崛起”的阶段，发展为世界大国。和它们相比，中国的崛起有两个根本的不同。

首先，以前的大国实现崛起的一个必要条件，是具备在全世界范围内作战的军事能力，即所谓“全球到达”（global-reach）的军事力量。如英国可以在中国发动鸦片战争，日本可以跨洋袭击珍珠港，法、德、苏、美等国都可以在世界范围内作战。尽管中国的国防力量近年来有突飞猛进的发展，但从1978年改革开放以来，中国一直没有具备“全球到达”的军事力量。

更关键的是，以前的大国在崛起过程中无一例外地挑战当时的国际秩序。英国挑战西班牙人建立的秩序，法国、德国和日本挑战盎格鲁-撒克逊人所建立的秩序，苏联挑战美国建立的秩序。即便是美国，在其崛起过程中也挑战过英国人所建立的秩序，只不过英美两国文化、宗教、（主要）人种、政治制度等都同源，再加上两次世界大战的原因，使得美国的挑战显得不是那么猛烈。最后，英国的衰落成就了美国的霸权。

中国是唯一一个在崛起过程中非但不挑战现行的国际秩序，反而要加入其中的世界大国。尽管主导建立、维护和实际掌控这个国际秩序的是美国及其在二战后建立的盟国体系，但改革开放中的中国始终坚持要融入这个体系，并积极参与其中，维护其稳定和公正。因此，中国必须坚持改革开放，坚持和平发展。只有通过改革，中国才可以被这个秩序接受；只有保持开放，才能使中国和世界可以相互融入(accessible)。而和平发展则是相互融入的必要保证。因此，中国通过融入——而不是挑战——现行国际秩序而崛起的发展战略，决定了中国的崛起必须是和平的。

尽管美国的价值理念全球化和民主政治全球化都遭受了挫败，但经济全球化却展现出完全不同的景象。苏联阵营的解体和中国的改革开放，清除了资本在全球追逐利润的政治藩篱。在逐利资本的推动下，形成了两股相对而行的全球化潮流：其一，资本全球化，是资本不断地从发达国家流向发展中国家；其二，制造业全球化，是制成品从新兴经济区输往发达经济区。两股潮流的推手都是寻求利润最大化的资本，但却导致了难以逆转的经济全球化大潮。

中国的和平崛起顺应了经济全球化的大潮。与美国政治体制和政府治理的固步自封、因循守旧相比，中国在过去40年中始终坚持改革开放，不断地对自身经济结构、分配制度、治理体系以至社会管理等各方面进行改革和调整，确保经济的可持续发展及发展所必须的国内政治稳定和外部的安全环境。在经济全球化的大潮中，中国不仅是最大的资本流入国，也迅速发展为世界制造业第一大国！

作为世界上最大的发展中国家，中国的迅速崛起拉动了世界政治板块的再次碰撞、漂移和重组——百年未有之大变局由此而生。

首先，随着中国迅速发展为世界第二大经济体和世界第一贸易大国，世界格局和发展趋势发生了根本性的、难以逆转的改变。自工业革命以来，世界发生了三次工业化和现代化浪潮：250年前的英国工业革命引发了人类社会的第一次现代化浪潮，卷入人口近4,000万；19世纪末20世纪初，第二次现代化浪潮由美国、日本、俾斯麦德国和苏俄引领，近5亿人口涉及其中；今天，由中国和平崛起引领的第三次现代化浪潮席卷亚太地区，覆盖人口近40亿。这不仅使世界的经济、政治、安全、外交的中心从大西洋移到了太平洋，从而逆转了工业革命以来一直由“西方”引领世界潮流的局面。而且，中国的崛起拉动了世界格局由一极独霸向一霸多极的发展。

更具有深远意义的是，中国“融入式”的和平崛起表明，“华盛顿共识”并非人类社会向前发展的必由之路。“北京共识”——集体主义为核心的价值理念，社会主义市场经济和共产党领导下的社会主义体制——同样可以取得成功。因此，历史非但没有终结，而是在继续发展。

3.3 中美政治板块的“对撞”：一场突如其来的遭遇战

中国和平崛起的路径是通过融入（而不是挑战）现行国际秩序而获得快速发展，犹如孙悟空钻入铁扇公主的肚子里不断强大起来。其结果，是中美两国不仅和同一个世界紧密相连，而且两国之间也形成了互相依赖（interdependence）的双边关系。但毕竟“北京共识”与“华盛顿共识”在价值观和政治制度上互不相容(incompatible)。当中美实力悬殊时，双方非但不关注这个本质上的“互不相容”，而且都一厢情愿地希望这个问题会随着中国的发展而获得解决。在中国看来，在和平崛起的过程中，美国最终会承认并接纳“北京共识”存在的客观事实；而美国则希望随着中国市场经济的发展，“华盛顿共识”最终会同化“北京共识”，实现“和平演变”。

但随着中国的不断壮大和美国的相对停滞，两国的力量对比急剧缩小，政治制度的“互不相容”越来越突出。于是。双方出现两个解决方案和努力的方向：一方面是铁扇公主想要彻底吸收孙悟空，将其变成自己的一部分；另一方面是想要铁扇公主接纳孙悟空，两者和平相处。但是，两种方案都被对方否定。其结果，是美国对华“接触”政策戛然而止，代之以“战略竞争”。

产生如此局面的根本原因，是美国对中国“强起来”的认知与中国的期待完全错位，进而导致对中国的崛起充满沮丧甚至恐惧。美国朝野一致认定中国是唯一能对美国产生根本性威胁的大国。正如拜登所言，中国是“最严峻的竞争者”（the most serious competitor）。美国建制派们认为，今天的中国不仅具有挑战美国的“全面实力”(comprehensive capability)，而且，如果中国最终完成“中华民族的伟大复兴”，“北京模式”必将对世界其他政治板块产生“榜样的力量”，进而使中国能够打造一个新的国际秩序，用中国的生存方式（the way of life）取代美国的生存方式。在建制派们看来，美国霸权的基础并不只是美国的强大实力，而是美国自二战以来领导其盟国打造的“自由主义国际秩序”(liberal international order)。中国大力推进的“一带一路”和人类命运共同体的建设，更使美国确信中国已经在按照自己的方式“修正”(revise)现行的国际秩序。美国必须通过与中国的“竞争”来阻止中国的“修正主义”(revisionist）行为。

然而，回顾特朗普 4 年执政期间中美关系的急转直下，中美之间的“对撞”犹如一场突如其来的遭遇战。一方面由于中国崛起的高速度和融入式发展的“隐蔽性”，另一方面由于“特朗普现象”对美国政治的震撼，美国朝野对中国崛起的危机感甚至是恐惧的心态以爆发的形式呈现出来。于是，特朗普上任不久，便全盘否定美国数十年来的对华“接触”政策，高调地挑起与中国的“战略竞争”，其对华政策中极限施压，出尔反尔地“乱打王八拳”，使得急剧恶化的中美关系更加具有不确定性。

正如一场遭遇战那样，美国作为先发现对方的一方，必然火力全开，突击进攻，企图以强烈的火力、高昂的气势和凶猛的进攻一举冲垮对方而获胜；中国作为被动的一方，面对突如其来的猛攻，一开始必然惶恐甚至不知所措，但接下来就是稳住阵脚，发起反击。尽管双方都没有获胜，但这场遭遇战进一步固化了对方是“对手”的认知——由此强化了“竞争”的共识，而且认识到对手有相持的能力，因此双方都不会妥协。于是，尽管遭遇战的一方更换了指挥员，但由于经遭遇战强化了的认知没有改变，所以双方依然会做出持久战的准备。

因此，即便拜登就任后的施政将全面“去特朗普化”，对外政策也将回归多边主义并按规矩出牌，但不会改变中美“竞争”的现状。期待中美关系在拜登（第一）任内趋好不切实际。今后一段时期，美国对华姿态趋向强硬将会成为常态。

首先，对华强硬有助于拜登政府整合内部矛盾，激发内部活力。由于美国前所未有的分裂，民主党和共和党几乎在所有重大的内外问题上都势不两立，对华强硬是两党唯一的战略共识。因此，只有在这个共识的基础上，将赢得与中国的“竞争”作为压倒一切的战略目标，才能籍此整合美国内部各利益集团，在政治上达成新的平衡，经济上重新焕发活力，社会中形成以“捍卫自由、保卫美国”为号召的强大凝聚力。（笔者在“汲取美苏冷战经验，冷静管控中美关系”——《国别和区域研究》，2019 年第 1 期——一文中对此已有详述。）

第二，对华强硬是逼迫盟国“选边站”的有效手段。美国两党建制派和“深层政权”（deep state）都意识到，以美国一国之力已经不能阻碍中国的发展，必须组成一个世界范围内“民主联盟”才能达到目的。（拜登刚刚就任，它和他的团队就积极与盟国和主要国家沟通，谋求共同制衡中国。）但迄今为止，包括美国的盟国在内的绝大多数国家、尤其是中国周边的国家，都明显表现出不愿意在中美之争中选边站。因此，为了迫使这些国家、尤其是美国在亚太地区的盟国站到美国一边，美国必须加大和中国的对抗强度，进而凸显美国盟友和一些亚太国家对美国的“安全依赖”，使他们不得不站在美国一边。

第三，强化对抗，逼迫和诱使中国犯战略错误。美国战略界清醒地认识到，尽管外部压力能够阻碍中国的发展，但要压垮中国几无可能。因此，对华强硬的一个重要目的，是希图诱使中国在巨大外部压力下犯战略错误。（尤其是在中国领导层换届、或决策层中产生重大意见分歧之时，美国更会加大对抗强度。）

第四，对华施压，诱发和激化中国内部的分歧和矛盾。和世界其他国家一样，中国包括决策者在内的社会各阶层和团体在面对重大问题时都会产生不同意见。尤其是改革开放以来，社会利益群体多元化、政策诉求碎片化的趋势，使得中国的公众舆论和各政策机构在面临重大问题时产生分歧甚至矛盾已经成为中国政治生活中的常态。因此，除了尽力组成一个“民主联盟”之外，美国将抓住一切有关中国的问题（南海、台海、朝核、人权、经济发展、对外贸易、香港、新疆、西藏等），用各种手段施加压力，甚至不惜踩踏底线，目的是要以此诱发和激化中国的内部矛盾、尤其是决策层的分歧。毕竟，当年苏联的解体，除了其方向性的战略错误之外，领导层内部的分裂是一个致命的原因。

第五，利用一切信息和舆论手段，强化对中国政治制度的攻击，甚至不惜攻击最高领导人，目的是在国际上“妖魔化”中国和其国家领导人，打压中国在国际社会中的“政治合法性”（political legitimacy），在中国国内引发不满，挑起矛盾。

但是，强硬的猛攻没能打赢遭遇战，一味强硬更不会赢得持久的“竞争”。因此，在具体对华政策上，拜登强调要保持“耐心”（patience）。显然，拜登希望在修复联盟、重建美国“领导”、并且对国内政治有相当掌控力之后，再制定一个完整和连贯的对华政策框架（comprehensive and consistent policy framework）。拜登一方面要克服特朗普时期伤人不利己的“乱打王八拳”现象，另一方面希望充分调动盟友的力量来压制中国。要做到这一点，他不仅需要美国国会的支持，也需要盟国的配合。这意味着拜登政府在 2022 年国会中期选举之前，很难推出具体的对华政策。

而且，拜登也指出中美应该在“符合美国利益时”进行合作，表明在一些重大的关切、并有共同利益的问题上——疫情防治、环保、防止核扩散、金融稳定等——中美可以、也应该在双边或多边的框架内进行合作，毕竟“竞争”的双方都生活在同一个与之紧密相连的世界里。

4. 结语：中美板块“碰撞”的性质难以逆转百年大变局

显然，中美“竞争”绝不是美苏冷战的重复。其最根本的区别在于：冷战中的美苏各自生存于自己的世界中。意识形态上的对立和经济上的相互隔离，使得美苏之间的“零和游戏”成为必然。但中美两国都与同一个世界紧密关联，双方都在同一个国际秩序中、在市场经济主导下谋求利益最大化。这不仅淡化了意识形态的差异，而且客观上造就了中美之间利益上的相互依赖，因此，中国可以、也应该避免和美国展开“零和游戏”。从这个意义上看，中国改革开放的最大成就之一，就是在快速的和平发展中，将中美融合到同一个世界里，成为这个世界中的两个利益高度关联的大国。特朗普政府和美国极右保守势力鼓吹与中国“脱钩”，其终目的就是要割断中国与美国以至所有发达国家的关联，将中国排挤在外，进而组成由发达国家为中坚的反华同盟，逼迫中国进入其预设的“新冷战”的战略框架。

随着特朗普的下台，其要将中国逼入“新冷战”的战略也随之下架。拜登及其团队的主要成员都曾表示中美“竞争”不是、也不应该是冷战。那么，应该如何理解中美“竞争”的本质呢?

4.1 中美之争的实质是强弱之争

美国是个相对年轻的国家，尽管目前称霸世界，但其真正进入世界舞台的历史不到 100 年。在这短短的 100 年中，美国经历了三次可以称之为“大争”的斗争。尽管这三次大争都导致了世界政治板块的重组，但对美国而言，它们的性质是不同的，每一次不论是斗争的手段还是目的，都有根本的不同。

第一次大争是美国刚刚进入世界舞台不久的第二次世界大战，斗争的对象是法西斯纳粹。历史表明，以美、苏、英、法为首的盟国和德、日、意纳粹轴心国的斗争是生死之争。如果法西斯纳粹胜利了，那么以英、美、法为首的“自由世界”和以苏联为首的共产主义世界都会被毁灭；反之亦然。美国为了赢得这场生死之争，不惜与其意识形态上的敌人苏联合作，对法西斯纳粹穷追猛打，甚至不惜使用原子弹，目的是要斩草除根。

第二次大争是美苏之间的斗争。尽管这次大争的根本原因是意识形态的对立，但它并不是生死之争。首先，双方都拥有核武器，都是核大国，这在客观上排除了生死之争，毕竟一场走向共同毁灭的斗争没有生，只有死。并且，尽管共产主义和资本主义从理论到实践都截然不同，但都是文艺复兴和工业化革命以后形成的两个理论体系，由此建立的两个完全不同政治体制其实要解决的是两个同样的根本问题：其一是在工业化社会里如何分配资源和财富，进而解决人类社会中的不公正与不正义；其二是如何最大限度地发挥生产力，最大限度地创造物质财富。美苏之争的本质是胜负之争，是好坏之争。胜者证明其意识形态和政治制度是“好”的，因而要发扬光大；败者自然要抛弃其意识形态和政治制度，换一种活法。

中美之间的“竞争”是美国面临的第三次大争。首先，这不是生死之争，因为中国也是个核大国。其次，它也不应该是胜负之争，因为对于中国而言，发展才是硬道理。中国走的是社会主义市场经济的道路，意识形态的色彩并不浓，而且中国既不输出、也不要求其他国家认同中国的价值观和意识形态。习近平总书记明确指出，中国奉行“己所不欲，勿施于人”的古训，提倡各美其美，美美与共。中国推动“一带一路”和人类命运共同体的建设，其基础是共同利益，不是价值理念和意识形态。尽管美国在中美“竞争”中突出意识形态，但其根本目的是要以此为其盟友设立意识形态标杆，同时在“竞争”中占据道德制高点，把控话语权。

中美之争是强弱之争。换言之，美国希望通过这场斗争巩固其强者地位，并把中国锁定在“弱”的位置上。事实上，尽管约翰·米尔斯海默和约瑟夫·奈是分别代表美国右翼保守和左翼自由派的两位领军学者，两者不论是在学术理论还是政策主张都泾渭分明，但他们在中美“竞争”的目的上的认识却惊人的一致。前者声称与中美“竞争”的目的是要建立一个“按美国的要求并有利于美国”（in America’s term and in America’s favor）的力量平衡；后者则希望中美能够在一个“美国主导的国际框架”（in an international context of US leadership）中进行合作。可见，确保美国的强者主导地位，是美国左右两派在中美“竞争”中的共识。

赢得强弱之争的关键是游戏规则。事实上，特朗普政府和中国打贸易战有两个根本目的：其一，通过贸易战凸显中国经济是“非市场经济”，这样就可以在“竞争”中树立意识形态标杆，拉拢其他国家、尤其是盟国加入反华“民主联盟”；其二，逼迫中国接受新的、对美国有利的游戏规则，进而通过规则锁定美强中弱的战略格局。

拜登政府上台后，首先以修复联盟、重建美国“领导”为外交重点，然后在通过“民主联盟”对中国全方位施压，逼中国就范。其目的也是要锁定美强中弱的战略格局，确保美国在世界上的霸权。美国前资深外交和情报官员查尔斯·弗里曼（中文名傅立民）在最近的一次访谈中指出，美国受中国威胁的不是国家安全（security），而是世界上的霸权（primacy），可谓一语中的。

4.2 中美“碰撞”难以逆转百年大变局

显然，中美的“强弱之争”是一个长期的过程，非一朝一夕可见分晓。拜登执政对中国的利好就是拜登政府会按牌理出牌，并在国际事务中回归理性，回归多边主义。这就使得拜登政府的行为有相当的可预测性，从而给中美关系——即便是“竞争”的关系——带来了确定性。

并且，现阶段美国国内的严峻局面，使拜登政府不得不专注内政，以“治愈”为其就任后的施政轴心。首先，治愈疫情，必须尽快有效控制新冠病毒的传播；第二，治愈经济，必须尽快扭转美国经济的下滑，尤其要防范疫情期间近 9 万亿美元量化宽松而导致的巨大金融危机；第三，治愈分裂，必须尽全力克服（至少弱化）美国朝野势不两立的对立局面。2022 年国会中期选举将是拜登“治愈”政策是否见效的关键测试点。如果拜登领导的民主党不能掌控 2022 年国会中期选举甚至失利，非但拜登政府难有作为，而且，一个继续分裂的美国必将使拜登总统一任而终。

即便拜登政府能够完成“治愈”使命，美国对华的强硬政策，也无非是在四个层面上展开：其一，政治上突出意识形态之争，进而打造“民主联盟”，从政治上孤立中国；其二，在经济上以中国实行“国家资本主义”为借口，给中国与外部世界经济交流和贸易制造困难，特别是通过“小院高墙”将中国与美国及其盟友在高科技领域“脱钩”，阻碍中国经济的升级换代；其三，在军事上以中国周边“热点”为抓手，制造紧张局势，进而迫使周边国家因对美国的“安全依赖”而站在美国一边，恶化中国的安全环境；其四，利用一切信息和舆论手段攻击、污名中国的政治制度，进而在国际事务中剥夺中国的“政治合法性”。

然而，今天的世界毕竟已经发生了难以逆转的变化。首先，中国在与美国的“遭遇战”中不但顶住了特朗普政府企图先发制人的猛烈攻击，而且能在反击中争取主动。尤其是在新冠疫肺炎情袭来时，中国举国动员，团结一致，克服了疫情带来的巨大困难和伤害，很快就有效地控制住疫情，并保持了经济的正增长。这不仅表明中国的和平崛起势不可挡，而且进一步缩小了中美之间的差距，更凸显了中国在世界事务中举足轻重的作用。

其次，尽管拜登政府雄心勃勃地想恢复美国在国际事务中的“领导”地位，但毕竟美国的硬实力和软实力都已今非昔比。而欧洲与日本——美国两个最强大的盟友——都在特朗普执政期间提升了各自的力量和地位。英国的脱欧非但没有削弱欧盟，反而进一步夯实了德法两国的主导地位。陆权国家重新主导欧洲事务，凸显了欧洲在世界战略格局中的独立趋势。日本则抓住特朗普政府大搞单边主义带来的机遇，摆脱美国的羁绊，自二战结束以来首次主导了两次大的国际合作项目——全面与进步跨太平洋伙伴关系协定（CPTPP）和日欧自由贸易与投资协议。这不仅大大提升了日本的国际地位，也加大了日本对美国说“不”的底气和资本。

更值得关注的是，在拜登获胜后，日本积极回应了中国加入 CPTPP 的意愿；欧洲也克服了美国政府明里暗里的阻挠，与中国达成了中欧贸易协议。这两项发展表明，日欧不仅有不同于美国的世界观和利益追求，而且有在中美之间“对冲”（hedging）的意愿和能力。

另外两个大国——俄罗斯、印度——也在积极地强化自身，扩充势力和影响力。中俄的全面战略伙伴关系不但极大地助力俄罗斯改善国内的经济形势和安全环境，也有助于提升俄罗斯在国际事务中的影响和作用。印度由于疫情和政策等多种原因导致经济持续滑坡，而民粹泛滥更加剧了经济内卷的趋势。其结果是莫迪政府应对外部局势的能力受到限制，只有继续奉行不结盟政策，才能最大限度地保持印度在国际事务中的弹性，从而充分利用好自身的战略资源。

东盟是目前世界上经济发展势头强势的少数地区之一。显然，经济上与中国“结伴而行”是东盟经济持续发展的一个根本原因。正因如此，包括美国盟国在内的东盟各国连续表态不在中美之间选边站。这对于维护地区稳定和发展是积极有利的。与此同时，东盟与中国的“南海行为准则”的议定已经进入最后阶段，一旦签署，不但将有效稳定南海局势，防范领土纠纷上升为对抗与冲突，而且将使任何域外大国以安全稳定为由干涉南海事务失去正当的法理基础。

可见，尽管冷战结束后世界政治板块的发展与重组导致了中美两个最大板块的“碰撞”，但世界格局由一强独霸向一霸多极发展的大趋势并未停止，而且这个趋势由于新冠肺炎疫情而更加明显。在经济方面，随着区域全面经济伙伴关系协定(RCEP)、中欧投资协定的签订及中国积极参与CPTPP谈判，加之“一带一路”倡议的持续发展，世界经济非但不会滑入“去全球化”的逆流，而是迈向更高层次的“一体化”。而推动这两大发展趋势的主导力量，并非依然称霸的美国和西方国家主导的大西洋板块区，而是由中国发展带动的亚太板块区。中美之间的“碰撞”，并没有阻止这场工业革命以来的大变局的发展，反而更加显现出这场大变局难以逆转。

第二部分　疫情肆虐中的全球化与逆全球化趋势

目前，新冠肺炎疫情在全球持续蔓延，多国政府接连升级防疫措施，采取禁航禁运、封锁边境等措施，引发舆论关于全球化遭遇危机的担忧。国际社会面临着一个重大的抉择，全球化的方向到底是开放还是封闭，是合作还是对抗？

一些民粹主义者认为新冠肺炎疫情在世界范围内的迅速传播是由全球化造成的，甚至将防疫物资匮乏归咎于全球化。疫情是否会导致全球化严重倒退？是否会引发重要行业“再本土化”并加剧逆全球化？人们众说纷纭，甚至有观点认为疫情是“压垮全球化的最后一根稻草”。然而，全球危机之下，没有国家可以独善其身。遏制新冠病毒本身就需要国际协调合作，而全球化的基础设施为国家间协作提供了便利，如若各国仅仅局限于各自利益，那么每个国家都必然会遭受更大的损失。与此同时，事实也已印证，全球化机制下的共享协作和信息追踪有力推动了疫情防控。“全球化概念”首倡者之一、英国社会科学院院士马丁·阿尔布劳说，传染病疫情、气候变化这些全球危机显示出人类彼此之间相互依存、紧密联系的程度，让人类意识到协作共享、构建人类命运共同体的必要性。应对新冠肺炎疫情等重大公共卫生事件需要全人类的集体智慧和协作，凸显出构建人类命运共同体的重要性。

也许这场全球公共卫生危机会对全球化造成临时性的打击，暴露出现阶段全球化存在的一些弊端。然而，这并不代表世界各国间相互关联的终结，更不意味着全球化的终结。甚至可以说流行病本身就是人类相互依存的证明。各国政府和机构可以借此机会重新思考，让更多的人从中受益，调整和优化全球化的前进步伐。

世贸组织总干事：新冠肺炎疫情不必然导致逆全球化[1]

世界贸易组织总干事阿泽维多 4 月 8 日强调，新冠肺炎疫情对全球供应链造成的影响并不必然导致逆全球化，减少疫情对产业链负面影响的正确方式是通过国际协调和合作，让国际贸易正常运转。

应对当前供应链冲击有两种方式。一种是使供应链多样化，不必把国际供应都集中在一个国家或地区，通过供应渠道多样化，在全球供应链中引入更多参与方；另一种是把所有生产都集中在一个国家内部。他认为后一种应对方式是错误的，因为一个国家无论多强大多先进，也不可能完全自给自足。

阿泽维多指出，一些国家在应对疫情危机中合作不够紧密，实施了不少贸易限制措施和出口禁令。他强调，应对产业链冲击的正确方式是国际合作和国际协调，确保产品供应稳定，国际贸易正常运转。

（本文整理自新华社日内瓦 2020 年 4 月 8 日电，记者凌馨）

全球抗“疫”下的智利观

爱德华多·弗雷·鲁伊斯 - 塔格莱（Eduardo Frei Ruiz-Tagle）

智利前总统、智利驻亚太地区全权大使

当前新冠病毒正疯狂肆虐全球，在此之际需要好好反思一下病毒的发展过程、各国在抗疫中采取的措施、新冠对我们日常习惯的影响，以及面对这场突发公共卫生事件，接下来全球应该怎样共同抗“疫”。

---

[1]　新华网 . 世贸组织总干事：新冠疫情不必然导致逆全球化 .(2020-04-09). http://www.xinhuanet.com/world/2020-04/09/c_1125832565.htm.

我们正面临一场规模巨大的全球危机。成千上万的人正在死去，数百万人失去了工作或收入减少，他们当中的很多人已经毫无反抗之力。危机突然暴发，我们几乎没有任何喘息的时间，便从采取有限的卫生建议转变成了实施一些极端措施，例如实施隔离，关闭边境，等等。

智利未能幸免于难，但有幸的是，目前智利已经成功控制了疫情。病毒在智利本国暴发之前，政府便做出了明智的决定。当这场大流行病在中国暴发时，智利政府便请求中方提供病毒 DNA，随后开始研发试剂，并在全国进行大规模试剂检测，与此同时还向疫情高暴发的友好国家取经问道。除此之外，智利还新购置了医疗用床和呼吸机，提前接种流感疫苗（智利于 1998 年便开始接种流感疫苗运动），与此同时，国家还提前开放了尚未完工的医院。

如今智利是拉丁美洲新冠病毒感染率最高的国家，但这是因为智利每天进行 3,000 多次试剂检测，由此得以及时确诊感染者。也正是因为如此，智利的新冠死亡率是最低的。

和其他国家一样，为防止新冠病毒的传播，智利也采取了限制措施，而这严重影响了其外向型经济。国家关停各种经济活动，尤其是服务业，许多人被迫停工或遭受失业。

在这种情况下，毫无疑问，给所有家庭提供一笔可观的收入以及为中小企业提供中期贷款是正确的解决方法。随着疫情的发展，我们不知道情况何时会好转，因此政府很有可能在未来再次针对各个部门出台一揽子援助计划。

然而，每个国家除了出台各自的措施来应对疫情带来的健康和经济方面的影响外，面对危机，世界仍然缺乏共同治理方式和共同领导能力。这也不是什么新奇的观点，1999 年正值亚洲金融危机之际，我时任智利总统时便指出了这一点。如今，当我们正处于新的全球危机，我坚持寻求全球性的解决方案。

具体地说，我认为，两个国际大型多边机构——国际货币基金组织和世界银行应当发挥出它们的积极作用，免除最不发达国家的债务，由此让这些国家能获得更多流动性资金来抗击新冠病毒。

但是，面对疫情的不断蔓延，以及其带来的影响，我们也应该思考，一旦我们战胜了这场危机，我们将面临怎样的后果，当然最理想的结果是将负面影响降到最低。

人们的日常生活、风俗习惯、社会组织方式、工作方式和经济领域将在后卫生危机时代发生巨大变化。

未来我们将如何工作？我们的家会是什么样子？工业和商业将如何运作？

大流行病将对我们正在经历的技术革命产生什么影响？国家和市场将扮演什么角色？我们的社会将变得更具参与性还是更专制？现在是全球共同采取行动解决这些问题的时候了。

就目前而言，我敢大胆确定的是，有些因素将对未来生活方式的改变发挥关键作用。首先，数字技术会进入到我们的生活中，并对我们的生活产生决定性影响。例如影响我们的工作方式。远程工作能效避免时间浪费，因为人们可以不必在往返途中，在公共交通上浪费三到四个小时，在家即可完成相应工作。除此之外，这也为企业家们节省了大量资源，因为他们不必为办公室或其他服务付费。技术为远程办公提供支持，尤其是随着5G数据传输系统的迅速启用，它的应用范围将会大大超出我们的想象。

其次，我希望诸位能意识到，全球需要共同努力来生产和分配医疗设备，尤其是呼吸机。与其由每个国家单独去做，不如大家协调一致共同努力去加速新设备的更新换代，这样能让分配更加公平，也让资源较少的国家不会处于边缘地位，由此可以拯救更多的生命。

除了以上所说，还必须加强卫生资源基础建设。从增加医疗系统中稀缺的、勇于奉献的医疗人员到疫苗、药物储备和特定治疗方案的准备，这些都保证了我们国家所有人都可以获得有尊严和高质量的医疗护理服务。

新冠病毒再次证明了政府具有重要价值，在大流行病面前，唯一可以组织和协调一切力量的就是政府。危机结束之后，在政府的领导下，将建立一个健康、文明、开化的社会，而这些将会对我们的未来产生很大的影响。

因此，私营部门和公司必须付出巨大努力来减少失业，并帮助国家重启和恢复经济。

我之前也提到过，我们需要一个更强大、更积极的政府去建立一个全民公共卫生系统，无论人们的社会经济地位如何，为所有家庭提供高质量的医疗保障。我们还需要改革教育制度，无论公民在哪里学习，都能保证他们接受高质量教育，因为我们比以往任何时候都需要更多的智慧来应对越来越复杂的生产过程。

最后，需要解决一个可能关乎人类未来的重要问题：大国是继续保持其民族主义和追求经济利益，还是选择开展合作。无论是大流行病还是1929年“大萧条”这场最严重的经济危机，最终都只有通过全球合作才能解决问题。

沿着这条路前行，广泛开展合作与开放，国际社会将战胜新冠病毒这一巨大挑战。没有什么进退两难：要么合作，要么灭亡。我们的领导人们对此掌握着话语权。

（周靓译）

团结才能胜利！——罗马尼亚战疫篇

金玉兰（Iolanda Tighiliu）
罗马尼亚康斯坦察奥维迪乌斯大学教授、孔子课堂负责人

一、新冠病毒疫情中的罗马尼亚：不寻常的春天！

2020年1月开始，来自中国的疫情消息越来越多。想到我在北京的朋友，内心深处无比悲伤。我写信给他们，他们告诉我他们很好。

在欧洲，意大利是第一个受新冠肺炎疫情影响的国家。在那里生活和工作的罗马尼亚人超过100万。

2020年2月26日，罗马尼亚出现第一例新冠病毒感染确诊病例，是一个来自意大利的意大利人。当局开始采取特别措施，应对新冠病毒的入侵。

3月份，100多万罗马尼亚人从意大利、西班牙、法国、德国、英国返回罗马尼亚。在这种情况下疫情很难控制，开始呈指数级蔓延。边界封闭，所有航班都暂停了。

3月16日，国家宣布进入紧急状态，并延长至2020年5月16日。

罗马尼亚国内情况非常困难，正处于政治危机、经济危机、社会危机、心理危机等多个危机叠加状态。在这一场又一场的危机中，最令人担忧害怕的还是经济危机。政府正在采取措施支撑国民经济。

2020年4月的一项社会调查凸显了罗马尼亚人的恐惧：

1. 我要生病了 ……………………………………89%
2. 我身边的人会生病 ……………………………65%

3. 我的薪水会下降 ……………………………………57%

4. 我将失业 ……………………………………………51%

5. 我照顾不了远方的亲人 ………………………………33%

6. 我家有人丢了工作 ……………………………………24%

7. 在工作单位我们没有防疫保护 ………………………19%

8. 待在家里心情压抑 ……………………………………18%

9. 孩子不能去上学 ………………………………………11%

这些困难只有通过团结合作才能攻克。罗马尼亚接受了来自中国、韩国、阿拉伯联合酋长国和土耳其的医疗援助。欧盟也将为罗马尼亚制订经济援助计划。

二、罗马尼亚与欧盟（EU）和北大西洋公约组织（NATO）

欧盟（EU）是由27个成员国组成的政治和经济共同体，是一个超国家和政府间机构，首都在比利时布鲁塞尔。欧盟有4.47亿人口。1993年依据在荷兰签署的《马斯特里赫特条约》欧盟正式成立，欧盟公民身份也正式确立。欧盟的座右铭是："多元一体"（Unity in Diversity）。欧盟建立其统一内部市场，保证人员、货物、服务和资本的自由流动。欧洲法律体系适用于所有成员国，且优先于各个国家的法律。欧盟当前的活动由欧盟委员会（EC）管理。欧盟已成为一个新兴超级国家。自2002年起，欧元货币单位开始生效。经济最发达的19个国家采用了单一欧元制，其他国家仍使用本国货币。欧盟制定了自己的外交和安全政策，在全世界都有常驻外交使团。欧盟在联合国、世界贸易组织、七国集团和二十国集团都有代表。罗马尼亚于2007年加入欧盟。

北大西洋公约组织（北约）是一个军事联盟组织，集结来自欧洲和北美（美国和加拿大）的30个国家。北约成立于1949年，总部设在布鲁塞尔。北约的目标是确保其成员国的自由和安全，促进欧洲和北大西洋地区的和平。罗马尼亚于2004年加入北约。

当新冠病毒疫情袭击欧洲时，所有国家都感到惊恐！各个国家都没有为经历这样的磨难做好准备！

起初，各民族、各国家做出的本能的反应就是每个国家各自为战。所有国家都关闭了边境，暂停了所有对外航班。欧洲的团结一心瞬间土崩瓦解！欧盟花了很长时间才把各成员国动员起来。欧洲立法不得不针对这种“难以想象”的情况而做出相应调整！现在，欧盟国家已经获得大笔资金支持经济。

这场疫情使欧盟的所有组织结构都在经历严峻的考验。人们已经看到它们是多么脆弱不堪！

北约立即开始动员，寻求帮助。启动军事组织各种机制，使其在灾难发生时进行干预。于是，北约军用飞机从韩国和土耳其向罗马尼亚运送医疗物资，提供援助。

罗马尼亚向意大利派出了一支由 15 名医生专家组成的医疗队。中国和俄罗斯也向意大利派遣了医疗和专家援救队。

在疫情肆虐两个月之后，即 2020 年 4 月 15 日，欧洲死于新冠肺炎的人数情况如下（当然，人口数量也必须考虑在内）：

意大利 ……………………………………… 22,000 人

西班牙 ……………………………………… 19,000 人

法国 ………………………………………… 17,000 人

比利时 ……………………………………… 4,800 人

德国 ………………………………………… 4,100 人

荷兰 ………………………………………… 3,300 人

瑞典 ………………………………………… 1,300 人

罗马尼亚 …………………………………… 400 人

除瑞典外，所有欧洲国家都宣布进入紧急状态；瑞典政府只向民众提出了防疫建议。

美国境况尤为特殊。截至 2020 年 4 月 15 日，已有 34,000 人死于新冠病毒肺炎。美国总统特朗普使美国与欧盟、俄罗斯关系日趋紧张，与中国大打贸易战，还故意使用“中国病毒”一词来损害中国的形象。世界卫生组织（WHO）提请注意这种态度是不正确的，新冠病毒没有种族色彩，随后美国的打压马上就来了。美国总统特朗普决定暂停美国对世卫组织的捐款，他指责该组织“在抗击疫情方面管理不善”。由此，世卫组织每年失掉 4 亿美元资金。联合国组织秘书长安东尼奥·古特雷斯对美国的决定提出了强烈批评，他指出，世卫组织正在全力防疫抗疫，现在不是减少

资助的时候。此外，英国首相鲍里斯·约翰逊本人也感染了新冠病毒，他提出“各国必须合作对付这一共同威胁”。欧盟、中国、非盟等许多国家和国际组织都对美国的决定提出了强烈批评。

结　语

这场疫情危机是一个巨大的历史性挑战。欧洲和全世界的未来取决于将如何战胜这一挑战。这场战疫前所未有，已经彻底改变了世界！现在，一定是和平与爱的时刻！我们只有团结一心，才能战胜考验，才能拯救自己！

写于布加勒斯特

2020 年 4 月 19 日

（王丽虹译）

疫情之后的世界：互助、团结和正义的全球一体化

胡安·克鲁斯·坎帕戈纳（Juan Cruz Campagna）

阿根廷共和国国防部长、阿尤斯塔·阿尤达金融学院教授

一、引论

首先，让我们一起回顾一下在新型冠状病毒肺炎（COVID-19）全球暴发之际的世界格局，其中包括中国和美国之间的紧张局势。很多分析师认为这是一场“贸易战”，而我们认为这实质上是标志着全球地缘政治的过渡，也就是说在这个新型全球一体化形成的阶段，力量和权力关系正在发生转移。在这一过程中，不同地区的地位此消彼长。正因如此，在当下既没有具有充分国际领导力国家，同时也缺乏能够引导国际关系发展的共识。

第二，新冠病毒让我们必须重新审视世界运转中的一些核心要素：西方推崇的生产和消费方式，特别是金融新自由主义带来的财富两极分化和不平等问题。人与人之间的关系也值得我们反思，特别是很多人缺少互助精神和同情心。国家或者政府，公共健康和政治活动，在抗疫过程中又重回舞台。

第三，新冠病毒危机给我们留下了重要的议题：我们的生产和消费方式亟待修

正，因为我们现有的方式对人类和自然都是毁灭性的。危机中，我们人类的脆弱性和局限性也越发彰显，因此我们也应该思考我们自己的不足之处。

最后，我想分析一下现在的全球局势，特别是根据领导人的行动，考察现在的发展并窥探未来的趋势。

二、贸易战还是全球地缘政治向新格局过渡？

2019 年末，中美“贸易战”已持续了一年半之久。然而，除了一些即时效应外，这次冲突对于政治格局的影响和意义又何在？

美国总统唐纳德·特朗普曾宣布从 2019 年 9 月 1 日开始向所有中国进口商品征收 10% 的关税，商品总值 3 千亿美元。但之后又将此措施推迟至十二月。此后他向中国宣称同意谈判。虽然此前他还公开称中国是“货币操纵国”。

这一次加码让局势更加紧张，甚至影响了全球市场，拉低了全球经济增长的预期。中美“贸易战”的同时，世界时局复杂动荡：英国脱欧给整个欧洲大陆都带来了很多不确定因素；美国对于伊朗伊斯兰共和国的威胁，后果不可预估，尤其是在能源价格方面。

美伊矛盾在 2020 年 1 月 3 日进一步被激化。当日美国武装力量应特朗普的命令，在伊拉克机场击毙伊朗高级将领西姆·苏莱曼尼。这对于本来就不稳定的中东局势更是雪上加霜。与此同时，在拉丁美洲，美国不断地对委内瑞拉、古巴和尼加拉瓜等国进行威胁、控诉和制裁。玻利维亚又在 2019 年 11 月发生了针对埃沃·莫拉莱斯政府的政变，也得到了美国的支持。玻利维亚政府极力抵制美国在拉美地区扩张势力，与美国的冲突和矛盾也由来已久。

特朗普还提高了对伊朗央行的制裁级别，美国国务卿蓬佩奥以涉及运输伊朗石油为由宣布对中国昆仑控股公司、大连中远海运油品运输有限公司等公司以及这些公司里的五名员工进行制裁。

中国一直反对美国单方面的制裁，要求美国解除制裁。中国是大国，生产活动对于石油的市场，特别是石油价格和供给是十分敏感的。

在这一背景下，两个大国在科技战略方面也互不相让。中国在人工智能和大数据等领域正在赶超美国，这些领域在应对新冠肺炎中已有应用。此外，两方的对抗还体现在军事中，美国在亚太国家部署中程导弹，中国政府已经表现出强烈的抗议。

美国和中国的争端不仅仅是在贸易、技术和军事方面。双方在国际社会发展问题上没有达成共识，在全球治理新结构的构建问题上存在争议。归根结底，这是政治争端。

在我们看来，现在的国际局势主要有以下三个特点：

第一，地缘政治从单极结构向多极过渡。多极结构中，中国也有相对的主导地位。这基于中国几十年持续的经济发展和政治影响力的大大提升。中国也一直在国际新秩序的治理中寻找自己的位置。

第二，自二战以来，美国的国际领导力衰减。二战结束后，美国一直领导国际关系的走势。虽然在冷战期间与苏联并驾齐驱，但是在 1989 年柏林墙倒塌之后，它就毋庸置疑地成为世界第一强国。几年前，几股来自不同地区的新兴力量开始动摇这一相对单极的格局。其中中国和亚太地区最重要，当然欧盟也举足轻重。此外，还有其他地区集团形成，参与国际对话，比如南美洲国家联盟以及拉美和加勒比国家共同体。

第三，中美关系将在很长一段时间内成为国际舞台的核心。现在最大的困难是，双方尚未就如何解决争端、如何构建一个新的国际治理平台等问题达成最基本的共识或形成共同的标准。只有克服这一困难，才能将其他的集团、国家和民族也融入进一个新全球一体化中。大家目标一致，实现多方共赢。

2019 年 9 月 24 日，中国外交部长王毅在联合国总部发言时指出：现在的世界面临越来越多的挑战，没有一个国家能独善其身，也没有一个国家能独自解决所有问题。中国外长还指出大家共担国际责任是必然趋势，他也表示中国已经做好准备完成自己的职责。仅仅几个月后，他的话语显得更加发人深省。

世界正在向多极结构发展，中国在这一过程中获得了重要地位。西方最主要强国必须应对。而美国在特朗普政府的领导下不愿接受历史潮流的安排，甚至不惜以制造冲突、伤害其他国际社会为代价。

要走出现在的困境，两个大国应该在共同领导的框架内，就国际新秩序的发展方针达成一致。中国应该是愿意的，而美国却不择手段地抵制。这样做的风险很高，后果不可预料。新冠病毒带来的危机更加凸显了这一困境。

三、新冠肺炎危机下的世界：去全球化，多样化和团结一致

在全球化的阶段，资本主义制度中各种要素全球流通：商品、人力、服务、有形货币和虚拟货币（金融交易）。新冠病毒也和资本一样，在我们中间流通，并通过我们的移动再流通，随后获得自己的存在。

在某种意义上，我们要治愈，或者要防疫，就需要我们全球化（隔离自己）。

资本全球化的时代，促进了国界的放开，深化了自由化的理念。所有商品和服务自由流通（同时也包括想法、潮流、文化、价值观和反价值观）。这一视角下，尤其在西方，国家的干预应该越少越好，让市场有完全的自由。但是，国家面对危机时，只得关闭国界，停学停课，发布政令让孩子和员工都在家隔离。

在我的国家，阿根廷共和国，国有的阿根廷航空公司把滞留在世界各地的阿根廷人带回家。国家发布政策保护着我们。其他国际公司以利益为重，而阿根廷航空公司则把国人安全作为首要职责。如果阿根廷航空还像几年前一样仍然是私有公司，情况会怎么样呢？

公共健康也能说明问题。国家的公共医疗体系越发达，应对危机的能力就越高。新冠病毒的死亡率并不是那么高（5% 的感染者会变成重症，其中很少一部分会死亡）。最危险的是病毒的传染性强，会在短时间内造成很多人患病，虽然有些是没有症状的。而且病毒造成呼吸系统的感染，需要紧急救治和专业的设备。也就是说，与其说病毒致死不如说是医疗系统瘫痪致死，因为病毒传染速度超过了医疗体系的承载能力。正因为如此，当阿根廷一出现感染者的时候，政府就采取了严格的隔离措施。这些措施并无法消灭病毒或阻止病毒的传染，而是减缓病毒的传染速度，避免医疗系统的崩溃。通过这样的隔离措施，阿根廷的感染人数增长缓慢，使得政府有时间改善医院条件，采购更多的设备并培训人员。

目前的核心问题，一是由于新自由主义缩减社会开支的政策导向，公共卫生系统的情况每况愈下。二是公共服务的私有化，加剧了原本就存在的不平等状况。比如说，在美国，有 3,000 万人没有社保，特朗普总统精简了与医疗体系相关的公共部门。意大利和西班牙近几年也是大幅缩减公共医疗体系的开支。

在经济方面，缓解危机的措施堪称另类，因为它们没有遵循新自由主义经济政策的方针，而是让政府和国家挺身而出成为抵御经济困难的第一阵营。阿根廷政府

投入了大量资金防止经济进一步瘫痪，同时尽力保证生产，保护就业。也就是说，国家制定并执行的一系列措施保证了经济的发展。

而根据近几年的主流话语导向，自由市场经济模式是反对政府干预，反政治和反对团结互助的。从这种意义上说，当下的危机对这一模式提出了质疑。

新冠病毒带来的另一个危机是疫苗开发的竞争。只有一小部分世界强国在争先恐后地研发。这是他们为了利益、名誉、经济和政治实力的比拼。他们是中国、德国、美国和俄罗斯。每个国家都实力雄厚。他们拥有一流的制药业，很多高技能人才，在科学技术、研究和开发方面都投入巨大。这些国家的企业、居民和国家本身最后都会享受到新冠病毒带来的成百上千亿的收益。我们应该以此次危机为起点，考虑我们拉丁美洲国家如何发展我们自己的制药产业，如何整合私有企业的努力和国家资源。

大家很少谈论诸如古巴这样的小国。可是古巴从几年前起，将大量的资源投入到健康和教育产业中。古巴生产的药物干扰素（Interferon alfa-2b）通过提高免疫力来抗病毒，在中国抗击新冠病毒中得到使用。此外，古巴还派出了医生和护士团队前往意大利和其他国家，参与他们的抗疫工作。古巴岛上的人民和政府常常被那些强国指指点点，而恰恰是他们第一个给出了可能的解决方案，第一个在疫情中发起国际援助。

综上所述，在国际局势中，我们需要迈向新型的全球一体化。各个国家在健康、教育、环境和就业等基本问题上团结一致，共同进退。危机后，希望我们可以在这方面取得进步。

四、新冠病毒和文明社会：生活和生产方式的弊端

随着新冠肺炎疫情的暴发，我们开始用哲学和政治的维度审视国际现状。韩国思想家韩炳哲和斯洛文尼亚哲学家斯拉沃热·齐泽克都撰写了文章，但是两者观点相左。齐泽克认为新冠病毒是对资本主义制度的致命一击。而韩炳哲并不同意，他认为：在疫情过后，资本主义将更胜从前。

其他人则持第三种观点：病毒不能战胜资本主义，但是应该检视其基本原则和价值体系。新自由主义的金融资本主义已经穷途末路。相反，国家对发展的作用会

重新得到认可（特别是福利国家或者凯恩斯主义形态下的国家）。很明显，这更像是东方国家的立国方式，在抗击疫情的时候突显出了其高效。

在危机中，西欧的政治和社会体制的脆弱性越发明显，有些东西已经失灵，美国也是一样。这些强国在危机面前失去方向，无可作为。几个发达国家都无法保护自己免受疫情袭击，仓促应对，情况惨不忍睹。其经济体制的缺陷暴露无遗，直接的后果就是：整个社会都面临被病毒侵扰的威胁，大家都处于无保护状态。

新自由主义发展模式让人得不到保障，这一状态可能会带来对模式本身的反思。我之所以说“可能”，是因为也许他们永远也不会质疑自己，就像韩炳哲所说的那样，或者只是以片面的方式。

当然，人类已经不是第一次面对这种疫情危机。天花造成3亿人死亡（其中最惨烈的一次暴发是在征服美洲的时候）。因麻疹而死亡的人数达到2亿。黑死病造成了1,200万人死亡。20世纪的“西班牙”流感带来的死亡人数超过了第一次世界大战。1981年开始，艾滋病已经夺取了3,200万人的生命。21世纪以来，非典型性肺炎（SARS）、甲型流感和禽流感、埃博拉、登革热和新冠肺炎都无一不威胁着我们，那现在这场危机，有什么特别之处？

可能是这一次的全世界为之瘫痪，前所未有。全球都紧紧地联系在一起，没有一处能独善其身，一处都没有。这种停滞，让我们震惊。

如前文所述，有些分析师提出疫情会动摇资本主义体制。细细想来，并没有确实的依据。另一些人的猜测恰恰相反：疫情过后，金融实力进一步集中。有可能会在全球范围内财富骤减，就业市场坍塌，很多经济体崩溃，衰退和贫困激增。试问，有几个国家已经在考虑这一情况会带来的后果以及应对方式？相反有些国家已经开始了大规模的人道主义灾难。

但是，也有值得我们欣慰的好消息。终于有机会让一个国家在国际体系中取得话语权，参与讨论原则，获得更多的利益和自治。在这场混乱的危机中，国际社会将会有更大的“承受力”去容忍新的情况，前所未有的模式，或者可能会有成效的倡议。这是史无前例的。但是能否充分利用这一机遇，取决于每个地区各自的政府、人民和资源。一个显而易见的例子（但不是唯一的）是现在各国如果要协商和重组自己的外债，拥有比疫情之前更加有利的条件。

在世界权力的中心，特朗普也开始遇到麻烦了。经济衰退，失业增加，看似好像不可避免。如果真如此，下次大选中他可能连任无望，虽然在此之前他胜券在握。美国的新冠肺炎确诊病例不计其数，感染者和死亡者的数量都超过了所有国家。各个国家现在还可能要面对历史上最严重的失业危机。美国虽然是世界上的最强国，但对此明显毫无准备。特朗普总统甚至在一开始就否认疫情的严重性，之后还停止向世卫组织拨款。

病毒也改变了巴西的政局。在几天的时间内，巴西总统博索纳罗就失去了各地联邦州长、科学研究部门、军队和各个社会部门的支持，他的民众支持率也大幅下降。

在这种情况下，各国政策导向明显分两类：一类是将经济发展置于人民之上，比如美国的特朗普、英国首相鲍里斯·约翰逊（他本人也已感染病毒）、巴西总统博索纳罗，而另一类是将健康放在首位，包括阿根廷总统费尔南德斯、中国主席习近平。可是事与愿违，在那些为了经济而不愿采取防疫措施的第一类地区，经济也是一样下滑，危机依旧，与此同时病毒也疯狂扩散，造成了不计其数的死亡。

在阿根廷，费尔南德斯受到社会各界的广泛支持。虽然社会各界也担心经济的状况，但是在今天的阿根廷（也在全世界），政治是要寻求保护健康和保护经济两者之间的平衡。

每当资本主义受到危机的时候，大家都会想起英国经济学家约翰·梅纳德·凯恩斯，在他的理论中寻找解决方法。比如说特朗普、马克龙、默克尔和国际货币基金组织。面对市场失灵的困境，将钱注入国家：开展基础设施建设，控制价格，补贴失业金和养老金，为企业提供软贷款。忠实的市场拥护者也变了。夸夸其谈的总统们不能自圆其说了，于是不得不采取他们自己一直诋毁的政策。但是现在已经晚了，已经造成千上万人死去。

特朗普推出了历史上最宏大的经济援助计划，超过两万亿美元，包括对医院的资助、对经济各个行业和受影响最严重企业的贷款。德国也破坏了预算平衡的执政原则，出台了史上最大的经济重振计划。

也就是说，这次的紧急事件证明了，国家政府不仅在一国范围内仍然是最主要的力量，在国际政治中也是。面对危机，我们每个人都需要政府保护，并把我们有序地组织起来。

所以，危机过后，紧缩政策，还有“最小政府”的论断将难以维系。人民经历了这一切，体验到市场无法解决一些根本性的问题：比如健康的权利，其实就是生命权。所以，我们必须要回到福利国家，将全球政策的关注点重新聚焦于人的尊严。

世界上最强国选择了不作为，病毒就侵入了他们的肺腑。这次，在全球政治中，我们目睹了美国和欧洲的领导地位的衰弱。他们软弱，溃败。

而在另一边，我们看到亚太政治经济地位的提升。中国很快恢复，重整旗鼓，而美国却举步维艰。这个亚洲大国不仅解决了自己国内的问题，还开始展开国际援助，派出医生，供给医疗用品。写着汉字的医用飞机飞过受疫情影响国家的上空。中国找到机会在全世界扩大自己的影响力，再一次在危机中获得力量，最终化危机为机遇。阿根廷航空公司也飞往中国，把很多医疗物资带回国来。

危机中的另一幕是：鸟儿尽情欢歌，圣地亚哥山脉上的豹子走街串巷，野猪在巴塞罗那徜徉，海豚也回归海岸。全世界的污染都降低了。化石燃料的使用减少，自然环境改善。意大利人又重新享受着罗马新鲜的空气，鱼儿重回威尼斯。环境好了，污染少了，臭氧层也修复了。这仅仅是我们的生活和生产方式不断破坏和荼毒的大自然、破坏我们人类自己的生活的部分例证。人类与自然紧密相连，也许现在是时候停止这些毁坏的行为了。

五、充满希望的结论：发展互助、团结和正义的全球一体化

面对新冠病毒危机，我们必须思考社会生活的重要性以及国家、政治和社会团结的价值。新冠病毒首先带来全球和全球化的危机，之后是公共健康危机，同时引发政治、经济和社会危机，最后带来个人危机。疫情影响了我们每个人的日常生活：这样的处境让我们焦虑，让我们感觉到无依无靠，无能为力。集体的紧张情绪又更加剧了我们个人的紧张。

新冠病毒证明，将健康商业化有可能会给全社会造成非常严重的问题。在我们这个世界，要想活下去，有些东西是不能当生意做的。是时候每个国家、每个人都团结起来了。

危机也给我们提出了一些待分析的问题：国际领导力的缺乏，国家重新成为主角（特别是福利国家或者凯恩斯国家）的可能，生产和消费体系（金融、债务、新

自由主义）的修改等。

此外，危机还给我们留下了逆耳的忠言：我们人类是脆弱的，有局限性。我们现在的生产生活方式是有不足之处的。

那好，在这个关键点，我们必须要问问自己：我国为世界的重建可以做点什么？阿根廷可以利用此次机会，发展自己的优势，争取快速融入国际社会。疫情之后，最急需的战略型产品包括淡水、食品、电能和燃料，此外还有医疗和教育服务。在这几方面，阿根廷如果要在全世界范围内发挥优势，就要与中国和其他国家优势互补。这一预想是有理有据的，而且还可以更深入地探讨。

走出这次灾难之后，世界会加快形成多极模式，多边化和国际合作将日趋重要。第一次世界大战结束后，成立了国际联盟，第二次世界大战之后，马歇尔计划得以付诸实践，并成立了联合国。

有可能，在多种因素的作用下，在全球疫情过后，会重建一个新的全球治理平台。按照全球共同的要求来治理：照顾好所有的人类，但是也要照顾地球的资源（水、空气和土地等），以及所有居住在地球上的物种（动物和植物等）。

全球疫情之后，世界将变得不同。全球性的大灾难会带来全球体系的变化，进而产生新的权力关系，并呈现新的机遇。只有带着战略眼光，才能利用好机遇。为此，我们阿根廷共和国，应该在拉丁美洲内以及其他大洲发展巩固联合体，并发挥其作用。这些联盟中，加强与中华人民共和国的关系至关重要。能带领全球渡过这个复杂处境的视野、决策和政治领导力需要具有灵活性、务实精神和坚定的信念。

毫无疑问，新冠病毒也会带来新的机遇。随之而来的问题是，我们的文明社会能否利用好这些机会。问题的答案完全取决于政治经济领袖以及整个国际社会。我们应该构建一个共享的发展目标，获得所有人在物质、文化和思想等多方面的进步。此外，应该鼓励整个国际社会的各方力量（包括国家政府、产业企业、工人阶层、政党、学术科技界和市民社会）开展对话，达成共识。只有这样才能形成全球一体化，毫无例外地保证整个人类的基本权利：教育、健康、工作和有尊严的生活。这一新体系不仅仅关爱人类，还应该关爱自然环境以及地球上的其他资源和物种。

但是，直到目前为止，占主导地位的全球化发展仍然是国家间的竞争而不是合作。而新世界需要团结和国际社会正义。

此次疫情是人类自第二次世界大战以来经历的最大危机。经济停滞，西方推行的全球化模式受到质疑。在政治方面，国际组织和强国经受了考验。世界秩序有可能重建，国家和国际组织将推进另一种全球化模式：即变竞争为合作，变较量为团结。

归根结底，我们应该努力构建一个多极世界，各方互相倾听，共同创建一个相互关怀、团结合作、社会正义的全球一体化。

（徐颖丰译）

第三部分　后疫情时代的国际社会舞台

疫情过后，人们的日常生活、风俗习惯、社会组织方式、工作方式等方面必然会有重大变化，这将是对全球治理体系的一个重大考验。我们应该思考，如何将这场危机带来的负面影响降到最低。

从国家战略角度来看，各国应形成一个更有效率、更有远见的政府，以便增加对公众的信任感，从而加强社会团结和稳定。包括对金融领域在内的所有领域的多边体系进行调整改革，以避免加剧贫困和不平等。同时，努力开发新技术新科技，合理运用数字技术来监控卫生情况，始终做好充分可以应对公共卫生危机的准备。

疫情期间，社交距离的保持，使互联网迅速成为最重要和意想不到的盟友，然而，伴随着这个新兴“外交手段”的出现，虚假新闻和错误信息的传播令人感到异常担忧，甚至已经形成一种有害的生态系统，相信世界各地都已经感受到其带来的混乱和伤害。联合国卫生机构表示，目前全球各国在面对新冠的同时，也在面临着一场“信息瘟疫”。这不仅会造成全球范围内的心理焦虑、社会恐慌，加深种族和地域歧视，强化刻板印象，而且加剧对立和冲突，阻碍交流与合作。国家可以与国际组织协作，并且借助媒体的力量，创立一个国际权威且真实的疫情信息平台，来传递理性应对疫情的声音。

最后，面对全球危机，我们要抛弃偏见，建立互信，展开文明的对话，展开国家治理与全球治理模式的对话，相互借鉴，取长补短，真正树立人类命运共同体的意识。相信疫情过后，我们都将浴火重生，充满希望。

新冠病毒的启示：为政以德

阿尔塞尼奥·阿莱曼·阿古斯提（Arsenio Alemán Agusti）
古巴哈瓦那大学教授、孔子学院前院长

最近几个月，大家都在关注一种起源不明的新病毒。病毒最早被发现是在2019年年底，而病毒的蔓延与集中暴发首先对中国造成了巨大伤害。

2019年12月31日，中国卫生部门向世界卫生组织通告了这种未知病毒的情况。2020年1月7日，中国又向世卫组织确认了这一病毒是新型冠状病毒，和非典SARS病毒类似，该病毒会导致新型冠状病毒肺炎。

这一疾病无法遏制，传染性强，传播速度快。2020年3月11日，世卫组织宣布新冠病毒全球大流行。

全球关注，惊恐万分

但是，让我们从头说起吧。

我们是否理解流行病和全球大流行疾病的区别呢？根据世卫组织的规则，流行病是指在某个地区同时出现某种疾病的大量病例，而全球大流行疾病是指世界上不止一个大洲出现这一流行病，每个国家的病例数都很多，而且都不是输入性的，而是通过社区传播引起的。

直到2020年4月23日，这一疾病暴发四个月来，世卫组织公布了以下数据：

有病例的国家数量：182

有社区传播的国家数量：180

全球感染人数：2,520,522

全球死亡人数：176,786

死亡率：7.01 %

在人类历史上有过类似的大流行疾病吗？当然有过，我们一起来看看：

公元前430年，一种在埃塞俄比亚发端的疫病，穿过了埃及和利比亚传到了希腊。当时希腊正值伯罗奔尼撒战争之时。大约 30 万人感染。

公元 6 世纪，鼠疫横扫君士坦丁堡（今伊斯坦布尔）。欧亚大陆的老鼠通过商船来到伊斯坦丁堡，跳蚤叮咬将淋巴腺鼠疫传给人。疫情叫查士丁尼瘟疫，因为查士丁尼皇帝也感染了。

1347 到 1351 年，鼠疫再次泛滥，这次是在欧洲。被称作黑死病的鼠疫夺去了几千万人的生命。这一瘟疫反反复复。1665 年在伦敦，1885 年在中国的云南，持续了几年。根据历史学家记载，该疫病扩散至全球，造成了上千万人的死亡，大约有 80% 死亡者都在印度。

此外还有蔓延全球的天花，最后一次流行是在 1978 年，1980 年世卫组织宣布天花已经绝迹。

1918 年的流感（不知为什么也叫西班牙流感）源于美国，随着美国参加第一次世界大战的军队蔓延到欧洲。这是 H1N1 型流感病毒，在 18 个月间，全球三分之一的人口感染，造成了 4,000 万人的死亡，比第一次世界大战造成的死亡人数还多。

艾滋病是人类免疫缺陷病毒，1981 年在美国第一次被发现，目前已经造成 2,500 万人死亡。该病毒通过性传播，最初是非洲类人猿传染给人类的。

大部分疫情发生的时候，都是既没有疫苗，也没有药物。那时候医学发展还无法完全解释病毒是如何复制、传播和治疗的，也没有信息体系、数学模型、电子设备。那时候世界还没有互联，也还不是一个地球村。20 和 21 世纪的科技发展，让人类深信自己已经很大程度上控制了自然，所以是不可战胜的。

发达国家拥有现代科技设备、强大的药物、盛名的研究机构、尖端的武器和军事基地、太空飞船、卫星，还有所有人类能想象到的设备。

同时世界上各种战争和冲突不断：军事的、地缘政治的、贸易的或是金融的。所有人都深陷这永无休止的战场，制造冲突的国家完全不考虑经济损失和人的生命。

制造这些冲突就是为了统治世界，凌驾于世界之上，不断积累资本和财富。如果不配合就是敌人。

那现在呢？一切都摇摇欲坠，让人胆战心惊。面对这样一个小小的微生物，一个史无前例的冠状病毒，政府束手无策。这也让我们认识到敌人再小也不能轻视，要重新定义我们的新敌人。

成千上万的人已经死去。现在我们住在一个地球村，正因为如此，病毒传播速度不可遏制。由于多年的争端，国家之间的信任所剩无几，没有能力团结合作应对共同的敌人，科学也有国界。人们都自私自利，因为现实生活中的法则就是“适者生存”，为此可以不择手段，不惜代价。

这一次疫情重挫的不仅仅是医疗系统。很多国家的医疗也已是一种商品，面对众多的感染人数，医疗体系瘫痪。疫情对于经济造成的损失也不可计量，全球连锁的生产系统、金融银行系统、贸易体系也受到重创。随着病毒的不断繁殖，损失也不断增加。根据有些学者预测，这一次的危机对经济的影响可能超过 1929 年美国股灾带来的大萧条。

为了确保自己的权位，政客们挣扎着。一个美国得州的政客公开说老人们就应该准备好赴死，这样活下来的人有可能得到更好的经济条件。美国总统自己也说，如果美国死亡人数控制在 20 万以内，那他的卫生部门就算是尽责了。将患病移民流放，指摘这些人“输出”瘟疫，让病人自己注射消毒剂……种种做法令人瞠目结舌。这也显示了全球主要经济体的经济模式中最残忍的一面。价值体系、政治体系、经济和金融体系都没有健康发展。

在出现第一例新冠肺炎病例之前，世界上已经有 8.2 亿饥饿人口，22 亿人口没有饮用水，42 亿人口没有达到卫生条件的住所，30 亿人连最基本的洗手的设施都没有。

随着新冠病毒的肆虐，政府束手无策，所以开始转移注意力，比如开始找责任人，开始制造新的冲突，以封锁和战争为威胁，排外，驱逐移民，任由谣言散布扰乱人们的判断，同时还攻击联合国和世卫组织这类多边组织，或者政府之间争锋相对。最近我看到一句话，我很喜欢：面对危机，机智的领导人寻找解决办法，而那些昏庸的领导人寻找罪人。

现在这场危机中的总死亡人数，是否超过过去那些疫病，还很难预测。现在看来，危机还会持续一段时间，最后的数字可能会非常惊人。

但是我们一定会战胜这次疫情，而在此之后，世界也应该与以前有所不同。在政治、社会、经济和文化方面，疫情将影响到所有国家、政府和公民。

此时此刻，我们面对着一个未知的世界。现在，我们正在经历一个“去全球化”

的过程。专家们说可以重新采用布雷顿森林体系，应该保证人们在教育、医疗、安全和社会援助方面的权力。应该避免种族主义和歧视。政府不应该只保护经济，而不保护公民。我们需要重新议定一些社会契约。正如孔子所言："为政以德，譬如北辰，居其所，而众星共之。"

新冠病毒一视同仁，不论是百万富翁还是穷人，不论社会阶级高低，不论国家发展程度，不论男人还是女人，孩子还是成人，老人还是年轻人，黑人还是白人或是黄种人，不论知识分子还是文盲，不论是在哪个半球，东方还是西方，也不论是属于哪个军事政治阵营。

为了应对新危机，人们会更团结，加强合作，一起协同工作。我们需要学会在新的环境和规则下生活。但是新冠病毒不会改变人们学习汉语的热情。

西方政客和跨国媒体共同操纵散布大量假消息的、明显不怀好意的媒体针对中国。这些媒体包括纸媒、电视、互联网和社交网络等。他们称中国在自己的实验室里制造了新冠病毒，然后将它传播开来，而且他们谴责中国没有及时向世卫组织报告，没有采取恰当的措施。种种这般，在我看来只不过是啤酒杯里漂浮的泡沫而已。

一段时间之后，泡沫自然消退，留下的只有啤酒。中国在 21 世纪的重要地位是不会因为此次疫情而改变的。即使在现在的情况下，中国政府、中国企业以及民间团体依然向不计其数的国家发送了很多防疫物资。俄罗斯和古巴也是一样。这些人道主义行动与所谓的"富"国立场形成鲜明对比。这些富国徒有物质水平，可是精神世界却很贫瘠。

在一封给意大利米兰朋友的信中，我写道："你们（意大利人）应该记住，在这些艰难时刻，只有俄罗斯、中国和古巴在帮助你们。"

等到一切重新恢复正常后，一定会有一些变化，不论是在方式上，还是在方法上。很有可能很多事情都要在虚拟平台上完成，比如在线教育。虽然与大学过去的教学方法不同，但是势在必行，这样可以避免传染，保持社交距离，避免聚集。我们还需要教学生自主学习，这些对老师也是挑战。

教学工作将会用上现有的所有通信平台，包括广播和电视。和其他国家大学的合作也将有所改变。可能将在很长时间内，教师和学生的国际学术交流都将停滞。冬令营、夏令营、国际比赛、实习和硕士学习可能都会受到影响。但是在学术活动中将加强合作，而降低商业色彩，因为合作交流的成果将不再以经济收入作为唯一的衡量标准，而是更注重老师和学术在德智方面的发展。

中国大学包罗万象，会吸收其他国家的教学技术、方法以加强自己的薄弱环节，完善自己。要想与中国沟通，理解中国人的思维方式，了解中国语言是必需的。中国通过习近平主席推动的一带一路倡议，推动欧洲、中东、非洲和拉美国家的基础设施建设，这与其他国家的政策完全不同，因为其他国家大多是以从别国获取财富为目的。

在外交方面，中国通过充满智慧和耐心的对话解决分歧，避免争端。中国也不断努力，争取更好地融入多边国际组织。

世界的人民和政府将会了解中国，在我看来，在疫情过后，中国在国际舞台上的地位将更加稳固。

中国的古文明至今保持活力，中国的国际地位也不容忽视，所以学会理解中国，这将是未来的发展趋势。

不论在世界哪个角落，新冠病毒都是大家的敌人。现在看来，找到一个疫苗让全体人类都能免疫病毒尚需时日，但是一些发展中国家面临的经济制裁政策、高额外债等问题却没有疫苗可盼，科学的国界、气候变化、人类的道德、价值观等问题也没有疫苗可盼。

正如古巴外交部的声明中所言：各个国家只有冲破政治分歧，联合起来，才能营造一个更加平等、安全和宜居的世界环境，才能让人类更好地迎战下一次全球流行大疫情。

（徐颖丰译）

新冠病毒中的日子

莉亚娜·阿尔索夫斯卡（Liljana Arsovska）

墨西哥国立自治大学汉学家

在2020年的头几天，一个看不见、听不到、摸不着的微小病毒震撼了全人类。而这个年代正好是人类生存以来最繁荣的时期。

此刻的世界高度工业化、全球化，生产链遍布全球，4G及5G通信科技使位于地球任何角落的工作搭档均能在几秒钟内做到彼此无障碍沟通，先进的交通工具让亲戚和朋友们得以在很快的时间内团聚，也让人们春节期间可以在北京吃到智利的樱桃。而我们的世界突然之间，如刹那被全球性的地震或海啸撼动一般，受到了极大的威胁和侵犯，每一个人都不得不“停下来反思”。

在20世纪，特别是第二次世界大战之后的欧洲、美洲和澳大利亚，以及晚一些的亚洲和非洲，财富、进步和幸福被定义为商品与资源的积累，这也成为了全世界公认的价值观，对这些积累的追求甚至超过了生命本身。因此，人类在统治而非维持的本能指导下，成为了我们自身和其它不计其数的物种赖以生存家园的星球的王者与主人。

这个被称为新型冠状病毒的东西突然间使我们的世界暂停了，我们被迫停下脚步，倒退回过去加以思考。全世界近200个国家及其近80亿居民的反应各不相同。最普遍且被所有人认同的是对死亡的恐惧。这一切，终究使“生命”的价值高于了任何其他物质。

这种恐惧所引起的后果是什么呢？世界上的国家，宛如任何一个小区中的居民、亲戚与朋友之间开始相互指责，相互怨恨，说着彼此的坏话，关起门来鼓励自己，用慌乱抵御心中的不安。

不过，幸运的是，在全人类共同的恐惧之中，仍然有一些基于理性而非本能的反应，在呼吁建立以尊重、宽容、团结为核心的人类命运共同体。

让我们共同努力吧，相互尊重，彼此支持，珍爱我们共同的家园，在这些价值观的基础上携手共建未来！

这是一场全球性的健康危机，它必然会给整个社会的经济状况带来短期和长期的影响。作为一所伟大的学术机构——墨西哥学院的一分子，我幸运地享有一份固定工资，即使闭门不出，拜先进的科学技术所赐，我依然得以用“近乎正常”的方式在网络上进行所有的教学活动。

这还不是全部。在多年沉浸于汉语言及文学的熏陶之后，我尝试在其中寻找克服恐惧和建立此刻急需的“正常”生活秩序的方式。跟我的伙伴们一起——包括我的搭档、同事和学生，其中有墨西哥人，也有中国人——我们决定开始着手翻译一批优质的当代中国微型小说，并计划把它们结集出版，这部小说集的名字目前暂定为《大隔离中的四十篇小小说》。我们的项目得到了意想不到的热烈回应，众多中国作家毫不犹豫地为我们提供了自己的作品，其中包括莫言、贾平凹、苏童、阿来、徐则臣、乔叶、雪漠、陆源等知名作家。他们不计回报地支持我们的翻译计划，只希望能为一切早日回归正常、人们心中不再惧怕做出一点点贡献。期待那个时候，每个人都能有平静祥和的心态，去欣赏一部优秀的作品，去倾听一个动人的故事。

因此，我们这些教师、学生和若干知名中西语翻译家为着这一共同目标努力着，毫无保留、全心全意，期待这些小说的西语版能够尽早面世。中国作家、西语译者和教师、墨西哥学生……团队中的每个人都在自己家中隔离，却找到了能够与彼此相聚的方式。

总而言之，工业、科技和经济的发展确实在一定程度上损害了我们的星球，但也创造了社会的安定，特别是创造了令我们面临此次史无前例的危机时，能团结一心共同面对的必要工具——我们得以利用某个网络平台聚在一起：上课、工作例会、交换意见、学术讲座……即使面对的只是一面电脑屏幕，却因此有幸见到我们的伙伴和挚友，其中甚至有一些已多年未谋面。

矛盾的是，从前“正常”的生活喧嚣而忙碌，日复一日的奔波，使我们与所爱之人渐行渐远。而新冠病毒却令我们重新记起了什么才是人生中至关重要的部分，其他的原本只是陪衬。

在悠久的历史中，人类面对地震、战争、海啸、顽疾和其他各类危机，都表现出了顽强的抵抗和复苏能力。我相信，本次危机亦将在大家的共同努力之下顺利度过。

中国作为第一个与新冠病毒较量的国家，在几个月荡气回肠的搏斗之后，取得了伟大的胜利，成功控制了疫情，已走上了回复正常的道路。这次胜利给全中国和全世界人民带来了明天的希望。让我们以尊重、宽容和团结为基础，为全人类的福祉而奋斗，共同爱护我们共有的家园。

（范童心译）

联合国与新冠肺炎疫情治理

贾烈英

北京语言大学国际关系学院院长、联合国研究中心主任，

教育部国别与区域研究培育基地中东欧研究中心主任、教授、博士生导师

新冠肺炎疫情目前还在继续恶化，全球感染总数逼近600万，日新增近10万，死亡5,000人左右。所以目前我们探讨“国际组织与疫情治理”的主题非常有意义。

一、疫情暴发以来联合国做了些什么

联合国是最有代表性的实施多边主义的机构和舞台，它对人类的和平、安全、发展与人权负有特殊责任。其中世界卫生组织负责对全球卫生事务提供领导，拟定卫生研究议程，制定规范和标准，阐明以证据为基础的政策方案，向各国提供技术支持，以及监测和评估卫生趋势。在过去的疫情治理（比如SARS，H1N1，埃博拉等）中，世卫组织都发挥了关键性作用。

1. 联合国专门机构在行动

(1)世界卫生组织。疫情暴发以来，全球卫生治理异常严峻。WHO不断发出预警、募集资金、提供技术与管理援助，我们每天的疫情数字就是来自世界卫生组织和约翰斯·霍普金斯大学网站。上海外国语大学晋继勇教授认为，世卫组织应该是全球卫生安全命运共同体理念的推动者、全球抗疫合作的协调者、全球抗疫合作薄弱环节的补位者、全球抗疫规范和技术的提供者。但从目前来看，世界卫生组织的功能远远没有得到发挥。

5月14日，世卫组织召开新冠肺炎例行发布会，世卫组织卫生紧急项目负责人迈克尔·瑞安表示，新冠病毒可能成为长期问题，很难预测何时可以战胜病毒，它可能成为永远不会消失的流行性病毒。这无疑对未来的疫情治理敲响了警钟。

（2）关于相关救助措施。国际货币基金组织已经批准向第一批36个发展中国

家提供123亿美元的紧急融资；世界银行表示在未来15个月内向相关国家提供1,600亿美元的资金；二十国集团已同意暂停最贫穷国家的偿债支付。这都是联合国专门机构积极参与疫情治理的生动体现。

2. 联合国主要机构的表现

（1）联合国秘书长是联合国的化身，他在抗击疫情的作为体现在下面几点。

第一，通过发布视频频频发声，呼吁共担责任、全球声援。

新版响应计划侧重保障食品安全、救助老弱病残等弱势群体。在3月25日联合国秘书长古特雷斯发起的全球响应计划侧重疫情本身，为脆弱国家提供诊疗设备和防疫物资，在难民营和无家可归者居住点安装洗手设备，发起病毒防治宣传，为人道救援人员和救援物资提供空中走廊等。

5月7日，联合国发起新版新冠肺炎疫情全球人道响应计划，所需资金由原计划的20亿美元增加到66.9亿美元，受援国从54个增加到63个。

5月13日，联合国秘书长发表讲话：新冠肺炎疫情可能造成更严重的精神健康问题。

第二，4月13日，古特雷斯说，全球各国必须共同行动，守望相助，减缓病毒的传播。人们应谨慎行事，避免恐慌。我们应相信科学，拒绝污名化。我们应采信事实，而不屈服于恐惧。他说，虽然已经宣布病毒传播为大流行，但依然可防可控。

第三，4月15日，古特雷斯呼吁警惕新冠肺炎疫情“错误信息”蔓延，当天，他宣布联合国启动一项名为“用事实与科学占领互联网”的计划，以应对那些将更多人生命置于危险之中的“错误信息”。

第四，古特雷斯5月8日呼吁全球共同阻止与新冠肺炎疫情有关的仇恨言论，齐心协力抗击疫情。

（2）联合国大会是世界舆论的风向。2020年4月2日第74届联合国大会通过一份决议，强调新冠肺炎疫情给人类社会造成了巨大负面影响，呼吁国际社会加强合作，共同战胜疫情。

该决议是联大首次通过专门针对新冠肺炎疫情的决议。在联大因疫情无法举行现场会议期间，该决议是在“沉默程序”下通过的，即决议草案在截至当地时间4月2日下午6时前的表决阶段，如没有会员国对决议提出异议，联大主席将向会员国递交确认决议通过的信函。

4 月 21 日联合国大会 193 个成员国一致通过了一项决议，要求“公平获取”未来的（新冠病毒）疫苗，强调“世卫组织扮演的关键领导角色”，这是联合国大会针对新冠肺炎疫情通过的第二项决议。但联合国截止到目前没有召开紧急联大或紧急特别联大。

（3）安理会，对世界的和平与安全负有特殊责任。4 月 9 日，联合国安理会首次举行新冠肺炎疫情问题视频会议，古特雷斯秘书长发出了全球停火倡议和全球人道响应计划，并发表了《应对新冠肺炎疫情的社会经济影响》报告。

安理会是联合国负责“维护国际和平与安全”的最高决策机构，由 15 个成员组成。几个月过去了，联合国安全理事会尚未发布一项有实际内容的决议。4 月 9 日会议的成果是一份乏味的新闻稿，冗长的辩论，缺乏行动。更可笑的是，美国特朗普政府要求联合国安理会在有关新冠病毒的决议中增加措辞，明确写入“新冠病毒起源于中国”，但遭到拒绝。

(4)国际法院。目前为止还没有官司打到这里。基于国际法中的“主权豁免”原则，外国政府不能在他国法庭受审，这意味着密苏里州检察院向美国联邦法院起诉中国政府压根不现实。

二、联合国在疫情治理领域面临的挑战

联合国秘书长古特雷斯说，我们现在面临联合国 75 年历史中前所未有的全球性危机，包含公共卫生危机、经济危机和人道危机，这是一场人类危机。

2020 年 5 月 13 日，联合国经济和社会事务部在纽约总部发布的 2020 年中期《世界经济形势与展望》的主要结论：预计全球 2020 年和 2021 年的累计产出损失将近 8.5 万亿美元；在 2020 年，大流行很可能导致 3,430 万人的生活降至极端贫困线以下，其中 56%的增长发生在非洲国家。

国际劳工组织的报告说，全球劳动力将遭受相当于 3 亿多个工作岗位流失的打击；油价暴跌（石油期货甚至出现了每桶负 37 美元）、美国股市多次熔断。教科文组织说有近 10 亿学生停课宅在家里。

1. 世界卫生组织俨然成了美国的被告。美国总统特朗普宣布美国暂停向 WHO

缴纳会费，理由是WHO存在三个“没有”：没有及时分享疫情信息，没有及时提供防疫政策建议，没有及时宣布“全球大流行”等。美国还宣布将对WHO进行为期30至90天的调查，以查明WHO和总干事谭德塞在疫情防控中是否存在“失责”行为。5月29日，美国又宣布退出世界卫生组织。

2. 大国的不一致与安理会的无为状态。当前与其说联合国在面临巨大挑战，不如说是主权国家构成的威斯特伐利亚体系在面临新的挑战。国际社会与国内社会都处于严重的撕裂状态。

在人的安全受到威胁的时刻，谁才是保护生命安全的主体？是个人自己，还是国家或者国际社会？前几年学术界在热烈讨论一个问题，即如果一个主权国家内部，出现国家治理失败，发生了严重的人道主义灾难，国际社会该怎么办？一些国家力主即使联合国不授权，也可以采取武力行动，实施保护的责任。经过实践，发现问题没有那么简单，因为由谁判定出现了人道主义灾难？由谁采取行动出兵、出钱、指挥？保护中的责任如何保证？干预后的重建如何实施？这些问题都很难在短时间达成共识。经过磨合和争吵，在2005年世界首脑会议上，各国首脑和政府作出承诺，保护民众免遭种族灭绝、战争罪行、种族清洗、反人类罪及其煽动行为。这四项罪行如果出现，即是实施保护的责任之日。可以看出，保护公民安全的第一责任人依然还是各国自己的政府。

在政治学看来，政府的主要使命是为公民提供安全和福利，世界层面因为没有世界政府，所以资源的调配和暴力的使用权主要在政府手里，这一点无论国家大小，其功能的本质都一样。于是政府的能力，成为国家综合实力的重要组成部分。当前发生疫情的各国政府，八仙过海，各显神通，开展了形式多样的防治工作。

各国基于历史传统、政治制度、价值观念和综合实力，形成了不同的抗疫策略，有严防死守，有群体免疫，有佛系抗疫，多是单打独斗，合作水平非常低。

政府不是万能的。各国政府的动员力和掌控的资源相差甚远，民众素质、社会的行动力也不同，我们应冷静观察各种疫情治理模式。但没有国际合作，人类注定不能战胜疫情。当前新冠肺炎疫情已经是一个跨越国界的全球公共卫生危机，并在向经济、安全、政治领域渗透，给人类的生存构成了严峻的挑战，说是一场没有硝烟的生物战争也不为过。一国无力单独处理这一问题，有鉴于此，国际、国家、社会、个人都应该行动起来，精诚合作，以不同的形式为抗疫做出贡献。

3. 美国进一步退群的危险加大，联合国面临瘫痪与存亡，世界是否会退回到冷战状态，是值得研究的大课题。

三、疫情治理的未来前景与中国的作用

2015 年纪念联合国成立 70 周年有个口号，“联合国强大，世界更美好”。但时间刚刚过去五年，联合国的全球治理即处于困境之中，但我认为联合国不会死亡。在不确定性的世界上，更需要全球合作。

目前国际形势有三个不确定，即：世界疫情什么时候得以控制以及疫苗新药开发成果何时出台不确定；疫情对全球经济的冲击不确定，包括是否会发生系统性的金融风险、全球经济停摆将持续多长时间、产生多大影响等不确定；全球秩序、国际体系朝哪个方向发展现在还不确定。疫情治理的前景要看人类合作的程度，这包括了大国的战略合作、国际组织的作用以及最脆弱国家的治理效果等方面。

中国大力支持安理会和联大抗击疫情、积极响应联合国秘书长有关倡议、全力缓解疫情对世界经济冲击、坚持把发展问题作为应对疫情优先领域等情况；同世卫组织保持密切沟通合作，及时通报疫情信息，第一时间发布病毒基因序列等信息，毫无保留地同世卫组织和国际社会分享防控和治疗经验，并向世卫组织承诺捐款 5,000 万美元，用于世卫组织领导协调全球抗击疫情的行动，支持发展中国家提高公共卫生的应急能力建设，全力支持世卫组织和谭德塞的工作。

中方定期向世卫组织和有关国家通报信息，及时分享病毒基因序列。中方已向约 140 个国家和 4 个国际组织提供抗疫援助，同 150 多个国家举行了医疗卫生专家视频会议。中方还建立了向所有国家开放的新冠肺炎疫情防控网上的知识中心，向全球分享抗疫经验、诊疗方案和最新研究成果。

习近平主席不断和外国政要通电话，表示慰问与支持。也曾在 3 月 12 日应约与古特雷斯通话。他表示了对以联合国为代表的多边主义体系的强力支持，并向世界传递出三个重要信息，即：一个判断——中国疫情防控形势持续向好；一件大事——开展联防联控国际合作；一个倡议——树立人类命运共同体意识。而建立人类卫生健康共同体现在恰逢其时，把卫生健康问题政治化，甚至把卫生健康问题作

为国内政治的认知是非常不可取的。

当前有几个突出的问题需要我们反思，即人与自然的关系、人类的共同价值观、学者的使命。

1. 对人与自然关系的反思。每次瘟疫大流行，都会给人类的正常生活按下刹车键。瘟疫让人类的过度开发和过度消费暂时放缓，人们深入思考与自然界的关系是否出了问题，怎么样才能可持续和平相处，共存共生。中华传统文化所倡导的天人合一的理念再度凸显其超前合理性。

2. 疫情对人类价值观、意识形态会带来巨大冲击，或者说暴露出人类在这方面的分歧。比如围绕国家治理模式的竞争、国家与社会的关系、政府与市场的关系到底应该怎么样？国际社会和国内社会都撕裂得非常厉害，一些国家对别国的傲慢和偏见也暴露无遗，舆情汹涌，谣言四起。但实践是检验结果的标准，我们应该把结论留给时间。

疫情对于国际关系的影响也是全方位的，人们对主权的价值、一体化的未来、全球化的前景也将再认识。疫情所催生的科技创新成为国际关系的新变量。

3. 学者的使命。在疫情面前，人文社会科学学者有他们的使命。他们的出发点不应该是盲目的政治狂热，而应该是理性和科学。有了这个立场，他们的言行必然指向合作、进步和包容。人类只有团结起来，才能凝心聚力，共克时艰，因为死神的脚步一刻也没有停止。

但愿联合国成员国都积极响应古特雷斯的呼吁，勇敢地向疫情宣战，率领人民开展联防联控国际合作，共同努力振兴经济、扩大公共投资并确保为最弱势群体提供支持。各国只有捐弃前嫌，真心携手合作，才能克服恐慌、污名和恐惧，战胜共同的敌人——狡猾的新冠病毒，走向自由与光明。正如秦亚青先生所说，合作才是命运共同体发展的铁律。

第六章

拨开舆论迷雾

每一场重大公共事件，总会有舆论的分野。

任何一个舆论都能够在全球形成多点影响，民间舆论场与官方舆论场交替作用，大数据和智能科技手段对疫情防控和舆论带来巨大作用。

在面对疫情的众多舆论之中，我们难免成为谎言的俘虏。弗朗西斯·培根说："人们喜爱谎言，不仅因为害怕查明真相的艰难困苦，而且因为他们对谎言本身具有一种自然却腐朽的爱好。"

疫情之下各种舆论交锋，媒体应该思考的是如何用事实塑造人们的疫情记忆。而留给教育界的职责则是，如何让每个人都能够用理性的力量来理解我们周围的世界，让人们坚持独立的、批判的姿态去面对舆论的力量，这也是教育本身应有之义。

【本章聚焦】

焦点一

新冠肺炎疫情背景下，媒体如何塑造人们的疫情记忆？媒体如何在抗击疫情上发挥重要作用？

焦点二

疫情期间很多消息真假难辨，如何对抗“疫情错误信息”？如何保证特殊时期民众的“信息供给”？

焦点三

中西方文化背景的差异在疫情下又被无限放大，面对误解与信息壁垒，中国如何向世界讲述“抗击疫情的中国故事”？

焦点四

疫情限制了人与人之间的面对面交流，更多的社交活动转至线上，信息的通行变得更加便捷，面对随之而来的信息混乱，我们该如何应对？

焦点五

焦躁不安是很多人在疫情期间的共同感受，后疫情时代，如果更好地调节内心情绪，以平和的心态看待社会舆情理性？

【大事记】

新冠肺炎疫情发生后舆论界的消极反应：

3 月 22 日，在乌干达报告国内第一例 COVID-19 确诊病例后，该国北部某些社区认为该病毒是由邪灵引起的，并举行了仪式，希望“将邪灵赶回西方”。这些社区内针对外国人的仇恨言论开始增多。[1]

3 月底，一种声称 5G 是新冠肺炎暴发因素的阴谋论在英国发酵，4 月 15 日，代表英国四大移动运营商的组织 Mobile UK 对媒体称，全国大约有 50 个手机基站遭到袭击，其中大多数实际上没有启用 5G。[2]

4 月 14 日，《华盛顿邮报》作者乔希 · 罗金日前发表谬论称，“新冠病毒是从中国武汉一个生物研究实验室流出的”。调查发现，罗金的根据是一份两年前美国驻华大使馆电报，但这份电报的主要内容实际上与罗金耸人听闻的说法相悖——电报中，美国官员主要表达了对武汉实验室在预防潜在冠状病毒暴发方面研究价值的重视。值得注意的是，文章作者乔希 · 罗金曾屡屡炮制假新闻。[3]

4 月 23 日，据新华网报道，喜欢在白宫记者会上推荐各种疗法的美国总统特朗普又语出惊人，称向体内注射消毒剂或许可以消灭新冠病毒，引发舆论哗然。[4]

---

[1] 联合国 . 对抗“错误信息疫情”的五种途径 .(2020-03-22). https://www.un.org/zh/node/71496.

[2] 环球网 . 决定放开后又重新评估，英国对华为的态度为何反反复复？ . 环球时报，(2020-06-09). https://3w.huanqiu.com/a/de583b/3yZq82CHUIo?agt=46.

[3] CCTV 节目官网 . 美国调查报道网站“灰色地带”刊文指出“新冠病毒来自武汉实验室”报道为编造 . (2020-04-25). http://tv.cctv.com/2020/04/25/VIDEBsU1CFgZmj2G7Dpo0seq200425.shtml.

[4] 央视网新闻 . 特朗普说向体内注射消毒剂？吓得专家和消毒剂公司连连辟谣 . (2020-04-25). http://m.news.cctv.com/2020/04/25/ARTIo9bTO2gSDu6J5OCSDoLR200425.shtml.

5月12日，根据澎湃新闻报道，网上正在流传一段名为“印度活埋新冠病毒感染者”“非洲无力治疫，只能采用活埋病人法隔离”的视频，主要内容就是两台挖掘机正在工作，而旁边站了很多围观的人，还有很多人不知是因为什么原因，总是往挖掘机挖出来的土坑里跳，完全不顾一旁正在操作的挖掘机，拿自己的安全开玩笑，站在坑边上的人还在起哄，场面很是吵闹。然而，经过调查，这是发生在苏里南众人抢夺金矿的一个盛大场面，与病毒并无关系。[1]

新冠肺炎疫情发生后舆论界的积极反应：

4月下旬，世卫组织成立了一个叫“谣言终结者（mythbusters）”的团队，与Facebook、Google、腾讯、Twitter、YouTube等网络公司合作，以对抗谣言的传播。当人们在这些网站上查找新冠肺炎相关搜索词时，系统会自动弹出导向世卫组织的可靠页面链接，为迷茫的人指引道路。[2]

4月，在联合国儿童基金会的支持下，世卫组织和国际电信联盟共同呼吁全球所有电信公司加入倡议，充分发挥通信技术的力量，通过发送短信拯救生命，抗击COVID-19。据估计，全球仍有约36亿人无法使用互联网，其中大多数人生活在低收入国家。在这些国家，平均每10个人中，只有2个人能够使用互联网。这些短信将覆盖数10亿因无法使用互联网而获取不到信息的人。[3]

5月6日，世卫组织与语音通话应用Viber合作，推出新型交互式聊天机器人，用多种语言向人们传播有COVID-19的准确信息。这项合作有望让10亿人直接通过智能手机用当地语言获取世卫组织的信息。[4]

5月初，Google宣布将成立一个24小时的事件响应小组，来清除搜索结果和YouTube、Google地图以及广告中的错误信息。YouTube出台了具体政策，禁止质疑这种疾病的传播或存在、推广未经证实的疗法或鼓励人们忽略官方指导的视频

[1] 澎湃新闻．“印度、非洲活埋新冠病毒感染者”？实为苏里南共和国淘金场面．上海网络辟谣，(2020-05-06). https://www.thepaper.cn/newsDetail_forward_7283683.

[2] 中青在线．新冠肺炎疫情外，警惕一场“谣言流行病”．中国青年报，(2020-06-10). http://news.cyol.com/app/2020-06/10/content_18653349.htm.

[3] 罗朝猛．特殊时期，全球共同应对教育挑战．中国教育报，2020-04-10（5）. http://www.jyb.cn/rmtzgjyb/202004/t20200410_315638.html.

[4] 联合国．对抗“错误信息疫情”的五种途径 .(2020-03-22). https://www.un.org/zh/node/71496.

传播。[1]

5月11日，在自3月起就宣布将删除“可能会对民众健康或福祉带来直接风险”的疫情相关推文的基础上，Twitter又将对有一定误导性但未达到删除标准的推文添加“警告”标签。[2]

6月，“科学”流言榜发布，本次流言榜发布的4则辟谣信息均与疫情相关，比如三文鱼是否已感染新型冠状病毒无法食用、零下20摄氏度新冠病毒可存活20年等。每月“科学”流言榜由北京市科学技术协会、北京市网信办、首都互联网协会指导，北京科技记者编辑协会、北京地区网站联合辟谣平台共同发布，得到中国科普作家协会科技传播专业委员会、中国晚报科学编辑记者学会、上海科技传播协会、北京市科学技术情报研究所的支持。[3]

[1] 中青在线.新冠肺炎疫情外，警惕一场“谣言流行病”.中国青年报，(2020-06-10). http://news.cyol.com/app/2020-06/10/content_18653349.htm.

[2] 中青在线.新冠肺炎疫情外，警惕一场“谣言流行病”.中国青年报，(2020-06-10). http://news.cyol.com/app/2020-06/10/content_18653349.htm.

[3] 百度.6月“科学”流言榜发布 以下与疫情相关的说法均不属实.深圳晚报，(2020-07-02). https://baijiahao.baidu.com/s?id=1671091798136980135&wfr=spider&for=pc.

【各家观点】

第一部分　后真相时代，疫情给全球的信息传播带来的考验

新冠肺炎疫情是对公共卫生健康和民众医学认知的一次考验，也是对信息供给的一次考验。然而，社交媒体、非正式新闻来源以及边缘新闻媒体常常传播恐惧、污名化、歧视和困惑的种子。联合国开发计划署援引布鲁诺·凯斯勒基金会的研究成果说，研究人员在分析 1.12 亿条与新冠病毒相关的社交媒体平台的信息后发现，其中 40% 的帖子来源不可靠，而在 1.78 亿多条与新冠病毒相关的推文中，近 42% 是由机器人发布的。面对公众急切获取疫情相关信息的需求，如何进行有效的传播？如何帮助大众辨别谣言，获取信息真相？我们邀请了学届、业界专家，一一解答。在谣言盛行时，提供高质量、可靠的信息的重要性。

西方人为什么抗拒戴口罩？[1]

吴　他　龚思量

澎湃新闻网记者

3 月 30 日，当美国总统特朗普被记者问到如何看待前食品和药物管理局（Food

[1]　吴他，龚思量 . 澎湃思想周报｜伊朗的民间互助；西方人为什么抗拒戴口罩？ . 澎湃新闻，2020-04-06. https://m.thepaper.cn/newsDetail_forward_6848651.

and Drug Administration）局长斯科特·戈特利布（Scott Gottlieb）提出的“每个人都应该在公共场合戴口罩”的建议时，特朗普表示，“我们希望我们的国家重振往日的辉煌。我们不会永远戴着口罩”。

然而，就在特朗普发表评论之际，《华盛顿邮报》（*Washington Post*）报道称美国疾控中心（CDC）正在考虑改变先前的官方指导，鼓励人们在疫情期间使用口罩。而在4月1日，英国卫报也发表报道，称世界卫生组织（WHO）正在考虑“更改关于人们是否应该在公共场合戴口罩的指导。新的证据表明，这样做有助于控制大流行的传播。”据报道，在奥地利、捷克共和国和以色列等国家，政府已指示所有人在外出时必须佩戴口罩、遮住脸孔。而在4月3日，美国疾控中心首次公开表示建议民众佩戴口罩，以防止疫情进一步的传播。

对于欧美国家而言，实施全民必须佩戴口罩外出的政策同时面对着两个挑战。第一，相较于亚洲国家，欧美国家的口罩供应量严重不足。在全民陷入“抢口罩热潮”后，最需要防护的医疗人员可能无法获得必需的口罩。第二，一直以来，口罩在欧美国家都是“被污名化”的存在，当政府下达佩戴口罩的命令后，人们是否能够对此表示理解和接受仍然是存疑的。

一、生产力匮乏

在2月底，外科医生杰罗姆·亚当斯（Jerome Adams）在推特上写道：“停止购买口罩！它们不能有效地防止普通大众感染新冠病毒，但如果医疗人士无法获得口罩，他们将无法照料患者，这会使他们和我们的社区处于危险之中！”而《华盛顿邮报》表示，杰罗姆·亚当斯的言论恰恰说明了卫生专家正在担心，寻求保护的普通人会从有限的口罩储备中买走医疗人员所需的口罩。在3月31日德国的财政部长奥拉夫·舒尔茨（Olaf Scholz）也被问及人们是否有义务戴上防护口罩时表示，德国的口罩将被优先用于医务人员。显然，在口罩数量有限的情况下，为最需要防护的医疗人员提供必需的口罩是合理的。但是，民众对口罩以某种方式保护了医疗人员，却对其他人毫无帮助的说法，表示出了困惑和怀疑。

而欧美国家此后的一系列行为则加剧了民众对于“佩戴口罩是否必要”的关注。在3月18日，特朗普政府呼吁美国建筑公司向医院和其他抗击新冠病毒的医疗机构捐赠口罩，以应对目前全国范围内的口罩供应短缺。而在英国，英国国家医疗服务体系（NHS）则禁止医疗工作人员对缺少口罩、护目镜、面罩和长袍的情况发声，这些必要防护措施的缺失已让前线的医护人员陷入了巨大的恐慌之中。在3月28日，空中客车公司已经在欧洲和中国之间部署了一个新的空桥（air-bridge）航班，来向法国、德国、西班牙和英国的卫生系统提供更多的口罩供应，以支持这些国家为抗击新冠病毒所做出的努力。与此同时，越来越多的报道指出，人们应该通过自制口罩来保护自己免受新冠病毒的威胁；据路透社报道，在美国，甚至连一些医生都不得不制作和使用自制口罩来自我保护。

伴随着疾病控制与预防中心的新防控指南的发布，特朗普政府也于美国时间4月3日表示，“政府现在建议美国人佩戴‘非医疗布料’制作的口罩”。而这与其先前给出的建议完全相反——即对没有病的人来说，佩戴口罩是不必要的。而特朗普政府在“人们是否有必要佩戴口罩”这一问题上的反复，也让部分专家感到不满。北卡罗来纳大学教授泽伊内普·图菲克希（Zeynep Tufekci）在《纽约时报》的专栏中表示：“围绕口罩展开的，自上而下的对话，已成为如何不与公众交流的典型案例……当局应该将痛苦的事实公之于众。尽管数十年来专家一直发出警告（尤其是在经历过SARS之后），我们仍然没有为这一大流行做好准备，并且我们没有尽力提高国内的口罩产量。现在的口罩短缺是灾难性的，因为我们的一线医护人员应得到最好的保护。此外，如果他们生病了，我们就都完了。我们应该号召那些囤积口罩的人捐出一部分给当地的医务工作者，而不是告诉人们他们不需要口罩，或者他们无法让口罩物尽其用。”

除去由政府的混乱政策所引发的争议，许多欧美国家还同时面临着医疗器械贸易被禁止的风险。根据《大西洋月刊》的报道，包括口罩和呼吸器在内的许多基本医疗产品的供应都依赖于国际贸易，而在紧急情况下，这些贸易变得难以预测。在疫情期间，由于边境关闭、国内需求上升，这些产品的进口可能会被切断。在美国每年购买的外科口罩中，只有5%是在本国生产的。而《纽约时报》称，中国政府已经开始将部分货物运往其他国家。上个月，中国向疫情最严重的国家之一伊朗捐赠了25万个口罩，向菲律宾捐赠了20万个口罩。本周，中国表示将向韩国发送500万个口罩，向意大利出口10万个呼吸器和200万个外科口罩。但是，部分国家仍然认为这样的援助并非长久之计。在4月3日，特朗普政府企图利用朝鲜战争时期的一项法律，迫使3M公司将在海外工厂制造的口罩发送到美国，并停止出口该公司在美国制造的口罩。一些贸易和法律专家担心，这些举措可能会适得其反，促使外国政府限制向美国出口急需的医疗必需品。对此，3M公司对特朗普政府的干预做出回应："然而，停止向加拿大和拉丁美洲的医疗工作者提供呼吸机会产生重大的人道主义影响，在这些地区，我们是呼吸机的重要供应商……如果真的发生这种情况，美国可获得的呼吸机净数量实际上会减少。"在全世界各个国家试图相互扶持抗击瘟疫的今天，特朗普政府"以美国为先"的行事方式将毫无疑问受到抨击。而事实上，土耳其政府也禁止了口罩出口，甚至对于已经被比利时以及意大利购买的口罩实行了扣押。而在捷克，一批运往德国的口罩也被扣押；同样的情况也发生在肯尼亚——德国订购的多达600万个口罩在肯尼亚神秘消失了。对此，乔治敦大学政府系教授亚伯拉罕·纽曼（Abraham L Newman）和乔治·华盛顿大学政治学与国际事务教授亨利·法雷尔（Henry Farrell）说，世界存在着"陷入不信任和自私"的风险。他们在《哈佛商业评论》（*Havard Business Review*）上写道："目前各国之间酝酿的高度相互猜疑，将加大协调国际反应的难度……当民众受到惊吓、供应紧张时，政府很难慷慨解囊。但这可能会导致恐惧和报复的恶性循环。"

二、文化污名

除去西方国家本身对于口罩的储备不足，西方民间对于佩戴口罩这一行为的"污名化"也妨碍了人们实践这一保护措施。在《大西洋月刊》的报道中，苏格兰圣安德鲁斯大学的医学人类学家克里斯托斯·林特里斯（Christos Lynteris）表示："在西方，我认为我们需要克服——我不会称之为对口罩的恐惧，而是口罩带来的污名……我听人们说，'我带了一个口罩上飞机，但我太害羞了，不敢戴'。这种羞耻从何而来？是因为人们会认为你是一个懦夫，还是因为人们会认为你病了？"据报道，在西方文化中，戴口罩可能被视为疾病携带者，所以路上有人戴口罩，对周围人产生"冲击"很大。欧洲人多认为口罩的功能是避免传染疾病给别人，缺乏"戴口罩是自保"的观念。

另一方面，在西方文化中，"脸"和"身份"有着直接的关系。由于"蒙面"

这一行为常常与抗议示威乃至暴力活动相联系，欧美各国都建立了相对应的“反蒙面法”（anti-mask law）。早在1985年，德国就通过了法案禁止民众“在露天公共集会或前往露天集会途中‘佩戴’妨碍身份识别的饰物”，以防止其对公共安全以及公共秩序造成威胁。而美国和加拿大的反蒙面法令，则将面罩与暴动以及危害社会安全联系起来（加拿大Bill C-309法案：防止个人在暴动和非法集会法令下隐瞒身份）。因此，在西方语境下，口罩、面罩和其他一切遮盖面部的饰物都与不确定性、不安全、甚至暴力有着说不清道不明的联系。

甚至在西方媒体的报道中，也充斥着对于起到“遮盖”作用的口罩的负面暗示。来自香港大学人文医学中心的学者冼顺英（Maria Shun Ying Sin）在其论文中写道：“在西方媒体中，面具常常含蓄地——有时是明确地——与透明、真实和真诚的观念相对抗。而新闻报道则强调了‘揭露’和‘揭露’的重要性。”读者经常能在西方媒体的标题中看到类似揭开面纱（unmask）、掩盖（covering up）等词汇，而佩戴口罩则成为了“顺从、服从管制和被操纵的象征”。

即使是在东亚民众纷纷戴上口罩抵抗新冠病毒的今天，西方民众仍然无法摆脱他们对于“被污名化”的口罩的看法。对西方人而言，佩戴口罩意味着你是病人，而东亚人却总是主动戴上口罩；当口罩成为构成东亚人身份的一种符号之后，东亚人也被视作潜在的病毒传播者。医学人类学家克里斯托斯·林特里斯（Christos Lynteris）表示，自从非典以来，西方人把“戴口罩”与中国和东亚更广泛地联系起来。他将西方国家因此产生的污名感的部分原因归咎于仇外心理以及“中国是传染病的起源，而中国人在传播它们”的看法。他指出，如果你在英国的超市戴着口罩，“人们的反应会很奇怪”，这背后可能有很多原因：怀疑你与东亚国家有联系，怀疑你使用的是别人（医疗人员）更需要的东西，认为你生病了并且不应该戴着口罩来超市以及坚信你“散布了不必要的恐慌”。

事实上，东亚和西方对佩戴口罩有着完全不同的看法。经历过1910年鼠疫后，中国和日本建立了在突发公共卫生事件中戴口罩的传统。而其他东亚国家在经历过2003年非典的侵袭后，对病毒性呼吸道疾病可能造成的损害有着深刻的印象和认识。来自香港理工大学的医学人类学家萧敬文（Judy Yuen-man Siu）表示，今天在香港，如果有人在公共场所不使用口罩，那么就有可能遭到批评和指责，这不仅是因为人们会惧怕其作为潜在的病毒传播者的可能性，还可能因为他们认为不戴口罩的人的公民责任感较低。在香港，口罩的使用已经完全“社会化”了，公共卫生官员和学校老师都强调了在非典危机期间使用口罩的必要性。政府“可以创造文化”，就像特朗普政府在冠状病毒危机期间建议美国人除非生病、否则不要戴口罩一样。而东亚这样的态度，与西方将佩戴口罩者视作“潜在传播者”的看法是截然相反的。

随着新冠病毒在欧洲急剧扩散，在奥地利、捷克共和国和以色列等国家，病毒的威胁已经掩盖了戴口罩这一行为带来的耻辱，这些国家的政府已指示所有人外出时必须遮盖脸孔。而现在美国也加入了这一行列中，开始向公众传达在疫情期间佩戴口罩的必要性。但是，抹去一项行为的污名，同时建立一种新的文化都需要一定的时间；在瘟疫无情扩散的同时，西方政府将以什么样的方式让人们接受“口罩文化”？他们又是否会以“实用主义”的态度来看待佩戴口罩这一行为本身？甚至，在疫情过去之后，西方政府是否又将会针对口罩设立新的法律法规？相信这一切问题的答案，将在不久的将来得以揭晓。

疫情当前，劫后余生

德里亚·尤尔达库尔博士（Derya Yurdakul）
土耳其伊斯坦布尔奥坎大学孔子学院外方院长

全人类共同抗敌，堪称第三次世界大战，我们已与这场前所未有的业已造成世界数千人死亡的新型冠状病毒大流行战斗了一段时间。

当这种病毒首次出现时，全世界对它所能造成的危害存在着不同看法。基于各自的看法和不同的国情，各国都开始采取防范措施。不久之后，全世界就这种病毒的危险性达成共识。显然，该病毒不仅对人类健康产生不利影响，也将对经济、人们的心理、国际关系、社会结构、环境和诸多其他领域产生巨大的积极或消极影响。疫情当前，人类在采取预防措施的同时，也应吸取教训。

土耳其当然也采取了与其他国家同样的措施。土耳其于 2020 年 3 月 11 日确诊了第一例病例。3 月 12 日政府宣布，中小学及大学于 3 月 16 日关闭。土耳其广播电视公司和教育部合作，于 2020 年 3 月 23 日在电视频道上开设了中小学远程课程。

除了电视频道上开设的远程课程，大多数私立学校均开设了在线课程。公立机构和部分私立组织采用了灵活轮替的办公时间安排，希望员工能尽量实现远程工作。

因为感染人数仍在急剧上升，土耳其首先暂停了某些国际航班，随后取消了所有国际航班以遏制冠状病毒的传播。作为遏制病毒传播的部分措施，政府关闭了图书馆、酒吧、夜总会、健身房、电影院等所有公共集会场所，并禁止民众在清真寺聚众祷告，或在餐馆、咖啡厅等地聚集。饭馆、用餐场所和甜品店内禁止堂食，只允许送餐和外卖。此外，足球、排球、篮球和手球联赛一概延期。实际上，各类科学、文化和艺术会议或活动都相应延期。

境外归国人员大部分在郊外特定居住区隔离 15 天以上。政府宣布，市场服务时间限定在上午 9:00 至晚上 9:00，并且每家商店的顾客数量需要根据其面积控制在原来的十分之一以内。此外，市内和长途公共交通每次最高承载人数不得超过其载客能力的一半。在病毒得到控制之前，禁止室外野餐、海边钓鱼、户外锻炼（包括周末在城市和城镇中心跑步和散步）。医院取消非急诊手术。

30 个具有国际大都市性质的省份禁止省外人员进入。对 65 岁以上人群实行宵禁；之后，宵禁扩大到 20 岁以下人群。此外，强制要求在公共场所佩戴口罩。学校、公园、运动场所和其他公共场所都用特殊消毒剂杀毒。政府开始每周向市民免费发放医用口罩。

在土耳其政府对新冠病毒采取这些预防措施的同时，我们意识到，作为大学也应有所行动。伊斯坦布尔奥坎大学约有 25,000 名学生，其中至少有 1,500 名留学生，来自 75 个不同的国家。停课一周后，我们利用现有的在线教育系统开始了线上教学。大部分学生回家了，但仍有部分外国学生选择留在学校。因此，学校没有完全关闭宿舍或彻底封校。

学生的健康和教育同等重要。我们利用了附院的优势，毕竟我校附属医院是国家规定的新冠肺炎定点治疗医院之一。在这个过程中，我们的目标是为本校学生提供高质量的教育和高质量的医疗保健。我们深知，这 25,000 名学生相信我们的教育、经验和教育技术，他们知道自己母校所掌握的教育技术和他们的手机所使用的技术一样多。我们希望留校的学生能感受到，母校关心着他们的教育、未来和健康。

作为一所校园大学，我们努力为所有学生提供健康安全的教育环境。因此，我们希望疫情期间住校的学生能感到安全。疫情期间，外人不得入校。为保证住校学生购得必需品，学校安排了一辆专用大巴。国际交流处的工作人员与住校的外国学生时刻保持联系。我需要强调的另一点是，我校还向学生提供了心理辅导服务。

作为人类，我们与新冠病毒的战斗仍在继续，说成功还为时过早。然而，我相信团结是我们得以生存的唯一途径。我们或许已然失去、或将失去我们所爱的人。我们都明白拥抱和亲吻我们所爱的人、与父母共享天伦之乐、去户外感受阳光是多么珍贵。我们意识到，各国不仅应投资军事领域，更应加大在公共健康领域的投资。我们都认同，人类对世界造成了很大伤害。当我们被禁锢在家时，大自然开始自由呼吸。可见，新冠病毒能改变气候、经济、生活、系统甚至整个人类。经此一“疫”，愿我们能劫后余生，亡羊补牢。

（龙芸译）

新冠病毒后的世界：越来越好还是一成不变？

维克多·马努埃尔·瓦耶·蒙特罗莎

（Víctor Manuel Valle Monterrosa）

萨尔瓦多学者和外交家、博士

引　论

在浩瀚的宇宙中，人类只能算是新物种，一直都追随着大自然的脚步。早在人类出现前，还没有世纪或千年之说，可是地球的自转和公转从未停止；也没有春分秋分或冬至夏至之名，可是日夜长短交替从未停止。

人类期冀掌控时间，于是创造了日历和世纪。在此基础上又产生了信仰和迷信。

到了 2020 年，有人说因为这一年有一个日期是回文数，可能预示着艰难岁月。回文指的是一个日期从左向右读和从右向左读都是一样的。对于那些迷信的人，这一天就是 2020 年 2 月 2 日——02022020。恰巧，2020 年是新冠病毒全球大流行暴发的一年。

2019 年，美国和中国的贸易战达到高峰。

国际货币基金组织在 2019 年 10 月的《全球经济展望》报告中写道：“愈发紧

张的贸易和地缘政治冲突让全球贸易体系的发展越来越扑朔迷离……”

2019 年结束之际，中国政府向世界卫生组织报告了几个病例，都是感染了具有传染性的不明肺炎变体。2020 年 3 月 11 日，世卫组织宣布该病毒已造成奇怪肺炎的全球大流行，就这样出现了新冠病毒肺炎疫情。

2020 年 5 月，全球都陷入巨大的危机中。危机给所有国家都造成了直接的损失：无数患者和死者、医疗系统崩溃、经济瘫痪。人们都闭门不出，不知何去何从。

在隔离期间，很多文人学者都写了关于疫情的文章，对当下的影响以及人类以后发展的各种可能性进行了评估与推测。这篇文章可能没有太多新意。但我期望通过一系列的反思，能够抛砖引玉，让大家都认真地思考一下问题的所在和下一步的行动。总之，就像《智慧书》之一的《传道书》所写：“日光之下，并无新事。”

本文从伦理的角度，分析了人类的特殊性、文化和自然的矛盾体、人类的发展、历史上的疫病、新冠肺炎的本质及其影响，还有新冠肺炎后社会的一些发展趋势。本文的分析基于大家已有的知识，这些知识都是人类的遗产。

一、人类——有特点的年轻物种

研究宇宙的科学家告诉我们地球早在 46 亿年前就已经存在了，那时候还没有“地球”这个名称。

40 多亿年前产生的微生物是生命的起源。“不久以后”微生物在地球上存活下来。按照我们的假说，“原始汤”孕育了万物众生的最早祖先。他们的后代是细菌、真菌，然后是动物和植物。

生命朝着不同的方向发展，其中包括 30 万年前人类的出现。

假如我们有一个比例尺来测量时间，而地球存在的总年数是 1 米，那么每毫米就是 460 万年。如果人类出现在 30 万年以前，只相当于 1 毫米的 7%。而影响东方文化的孔儒思想或影响西方文化的希腊哲学是在 3,000 年前繁荣发展起来的，也就是人类历史长河的 1%。所以从孔子和苏格拉底至今相当于 1 毫米的 1‰。这 1 微米，还不到我们地球历史的 0.0001%。

通过这样的类比，我们发现人类相对于浩瀚的宇宙是多么渺小和年轻。即便如此，人类同时却很伟大，因为人类可以认知事物，可以思考也可以有丰富的感情，所以可以为充满希望的未来而高兴，或者为没有希望而忧虑。这可能正是我们在新冠病毒危机之后需要面对的。

二、文化和自然，相辅相成还是永久对立

大自然、繁星、云朵和岩石，它们的出现都早于地球上的生命。生命不断进化，成了有思想的人类。每个人的思想汇聚成了人类的文化。

人类从动物进化而来，慢慢地学会了充饥、御寒和自卫。人类是最早开始狩猎、采摘的物种，然后又学会了播种和驯化动物。要控制其他物种的天性也在这一过程中不断孕育着。农耕和放牧是第一步，石块儿和大木块儿成为最早的工具。

出于天性，较高级的动物都会留存一些食物以备不时之需。刚开始的人类也一样，后来他们开始囤积食物，为今后做打算。这就是人类不断聚敛囤积的习惯的初衷。

数百万年间，这些习惯慢慢进化，变得越来越复杂，成为了文化的一部分。文化在形成过程中也与自然互动。文化总是与自然并肩发展。

人类从一开始，就有掌控自然和聚敛必需品的趋势，只不过程度因每个个体的力量和能力而异。

吗哪的传说就说明了这一点。摩西的追随者在穿过沙漠的过程中饱受饥饿之苦，得到了上帝赐予的吗哪之雨。吗哪非常可口，一解饥饿之忧。但是摩西警告大家只能拿够自己充饥所需的份额。有些人不听警告，多拿了收起来，结果第二天吗哪就变臭生虫。为个人私利而聚敛食物的行为受到了惩罚。在一神论的宗教信仰的故事中，这种行为受到的惩罚都是很严厉的。

宗教是文化构建的重要方面。宗教尽量教育人们：为一己私利聚敛食物是不好的，会影响到大家的生活。

大家都希望人类和其文化能够与自然和谐共处，就像骑在双人自行车上共同进退，相辅相成。但是历史和其他社会科学告诉我们文化和自然在互动中也产生了矛盾。辩证发展中冲突和矛盾是永恒的。

本世纪社会—环境的冲突给我们带来了灾疫，其中就包括新冠病毒疫情。还有全球变暖和气候变化的问题，它们波及全球，影响深远。我们需要用科学来分析这些社会—自然冲突。面对现在的情形，这一工作更加迫在眉睫。人们信任科学工作，

对科学寄予希望。真盼望人们能够在生活中用科学方法审时度势。

人类的饮食都来自大自然。饮食习惯不仅是文化不可分割的一部分，同时也是科学的一部分，不仅仅是明确营养成分，还包括考察这种习惯是否破坏了生态系统和影响了野生物种。其实人类一直都对野生物种缺乏尊重。显而易见的例子就是养宠物的习惯已经成为人类生活的一部分，特别是上层社会，而且宠物经济也成为国家贸易活动的一部分。

应该就是在这样的背景中，出现了一种病毒，它侵扰着人类。病毒通过某种方式进入人体，带来了致命的传染性疾病，让整个人类都陷入焦虑、命悬一线。它就是新冠病毒。

三、人类的发展和渴望

人类是宇宙的新客人。人类的发展基于大脑。大脑是一个奇迹，它集人类进化的精华于一体。有了大脑，人才能构建文化，科学，才敢不断地改造自然为自己服务。科学决定了人类发展的阶段。

历史编纂学是系统客观地研究历史的学科。编撰史书的工作都是在历史事件发生之后进行的，科学家们通过年代学和地理学把历史分成几个阶段。人类根据自己的需要和能力前进，迁徙，解决问题。人类历史是一条不间断的长河，按照不同方法划分的历史阶段也有异曲同工之处。学者们制定不同的框架，将真正的历史置于其中。下面让我们一起来看看吧——

史前时期，大概是从 3 万年前到 6 千年前，智人制造出了最早的工具，这一阶段包括石器时代和金属器时代。

在古代，美索不达米亚和埃及创造了最早的文字。希腊哲学、罗马法和一神论的宗教都发展起来。这些都是西方文明的支柱，在古罗马帝国达到高峰。奴隶制的发展为奴隶主聚敛财富和侵占他国创造了条件。这一时代是从6千年前到公元5世纪。

中世纪，也就是从公元 5 世纪到 15 世纪，封建制度成为一种社会经济结构。在中世纪末，欧洲的西班牙、葡萄牙等强国，为了扩张势力开始了大型的航海之旅，向他们在拉丁美洲征服的地区和殖民地同时引入了奴隶制和封建制。哥伦布，麦哲伦和其他大航海家，以欧洲王室的名义占领了他人的土地，并一手挥舞着刀剑，一手拿着十字架，征服了这片土地。

在近代，从 16 世纪到 18 世纪，出现了哲学文艺的复兴和启蒙运动，强调理性崇拜，封建制逐渐衰退。英国工业革命爆发，美国革命和法国大革命也几乎是在同一时期爆发。

在当代，从 19 世纪至今，主要的事件包括亚洲，非洲和拉丁美洲的独立战争；美国崛起并一跃成为世界第一大国；墨西哥、俄罗斯、中国和古巴爆发革命；20 世纪的两次世界大战；还有根基于俄罗斯帝国的社会主义阵营苏联的出现和解体。

1990 年起，世界开始了近 30 年地缘政治的重建。社会主义的代表中国和资本主义的代表美国成为世界两大强国。前者从 1949 年建立，近几十年来获得了巨大的发展。后者则从一百多年前开始就成为资本主义最主要的碉堡。

这一历史的分类是最基本的，也是教科书中普遍认可的。每个阶段的经济社会发展都有其特点，推动着人类的发展，虽然各个时期也会有大灾大难，但是由于人类对进步和福祉的渴望和追求，所以这些灾难并未阻碍人类发展的脚步。

19 世纪和 20 世纪的一些思想家（马克思、恩格斯和列宁）通过后验的哲学方法，根据每个时期主要的经济关系，生产方式、生产工具和社会经济构成，把历史分为不同的阶段。

这样，人类历史的主要发展阶段就被划分为：原始共产主义，奴隶社会，封建社会，资本主义社会，社会主义和共产主义。在最后的阶段，国家和社会阶级将不复存在。列宁领导了俄国革命。1922 年苏维埃社会主义共和国联盟成立了，而近 70 年后，1991 年，联盟解体。

这些人类历史发展阶段的划分带有欧洲中心主义的色彩，因为这类划分大都出自欧洲思想家，也大多以欧洲的事件为考量的依据。这些对历史的解释形成于资本主义社会刚刚完成工业革命的鼎盛之时。即便有一些向社会主义阶段发展的努力和尝试，但资本主义根深蒂固，也未受动摇。只是在 20 世纪末，苏联解体，解体后的一些国家还在等着历史的轮回，希望那些提升贫困人口地位的理念能够重获生机。在新冠疫情结束之后，这种轮回也许会出现。

四、大瘟疫史

与新冠病毒全球大流行相关的文章数不胜数。世人对于大流行性传染病并不陌生。瘟疫从千万年前就一直与人类相伴。但现在这一疫情影响地区之广、影响力之大却是史无前例的。

史书有记载的对人类历史影响较大的瘟疫有20多次。斑疹伤寒、黑死病、霍乱还有其他类似的疫病都造成了千百万人的死亡。战争也成为这些病毒的传播工具：从公元前5世纪的伯罗奔尼撒战争，斑疹伤寒在军队中迅速扩散；到19世纪的拉丁美洲的战争中，霍乱病毒在墨西哥和中美洲肆虐，都是这样的情况。征服新大陆的进程也对病毒的传播推波助澜。天花就是由西班牙的殖民者带到了新大陆，16世纪在墨西哥和秘鲁造成了很多人的死亡。

还有很多其他瘟疫也对全世界的生活带来了冲击：19和20世纪的霍乱，一个世纪以前在美国出现的“西班牙”流感，还有本世纪的禽流感、猪流感、埃博拉和艾滋病。

最近一次瘟疫就是新冠肺炎疫情，它传染性高，致死率高，目前尚无可普及的疫苗或治疗药物，病毒的大流行致使几乎全球所有国家的经济活动、生产活动和教育系统、商业及文化生活都停滞不前。世界经济面临瘫痪，全球范围内的社会冲突也一触即发。世界停下了脚步，忧心忡忡。

在疫情缓解或者有疫苗和药物可以普及的时候，全球的新秩序可能会营造新的发展舞台和孕育新的发展项目，我们现在应该就以此为出发点，进行有建设性的思考。

五、新冠病毒：闭门不出和经验教训

生活方式的改变突如其来，让我们毫无准备。城市的大街小巷门可罗雀，大部分人都闭门不出，要么是害怕被感染，要么是政府不允许人们外出。生存的渴望再次被激起，但是面对危机，恐惧与日俱增。社交网络上有很多巧妙的点子教人们如何自娱自乐，如何采购，如何维系萎缩的商业。同时网络上也充斥着陈词滥调、假消息和谣言等。

与此同时，全民足不出户越发增强了我们对于集体的心理需求。人和人相互被隔离，但同时对于他人却更加关心，特别是对那些最弱势的群体。但愿，在恐惧过后，这种改变能扎根于我们的意识之中。

禁闭让我们了解了生产过程、贸易活动、医疗体系、国家的运转、国家间的相互依赖以及科技的重要性。

人与人的互助越来越多，对于政府部门的人民公仆，或是其他部门的工作人员，医生和医疗体系的从业人员，邮递员、司机、警察、送餐员，等等，大家都给予支持和肯定毫无疑问，在孤独和禁闭中的人们会更重视团结和集体的价值。这一观点虽然还有待进一步论证，但是至少全球的新文化视野应该保持这种态度。

各种为了争取人类更好生活的社会抗议活动也消停下来。现在的首要任务是面对人类的共同敌人出其不意的袭击，我们要活下来。生产和经济活动全面停滞，人民和国家的头等大事也变了。但是同时大家也担心疫情退却后的复杂情况和全球的经济衰退。

各国政府和领袖们看到国际贸易破产、失业和贫困增加，公共服务特别是医疗服务无法全面和高效地应对危机。2008 年至 2009 年美国房地产业的崩溃引爆了全球金融危机，给全球经济带来重击。而经济学家预测，本次由于新冠肺炎疫情造成的经济衰退可能会比 2008 年至 2009 年的更加严峻。

最悲观的人士会念叨：衰退之后，萧条将再次袭来。我们脑海里浮现出 1929 年纽约股灾带来的经济大萧条，以及随之而来的纳粹法西斯在欧洲的发展，还有致命的第二次世界大战（六年时间造成了 8,000 万人死亡）。

受疫情影响最严重的国家担心由于经济生产能力降低，失业会增加，很多贫困人口的需求无法得到满足，可能会造成社会动荡。如果这样的话，国家也处在两难境地，如果要维持公共秩序，一些措施就可能会侵犯人权，带来国家恐怖主义。

还有些人认为，与 1929 年不同，不会发生经济大萧条，现代国家拥有更多的方式来缓解危机带来的不良影响，并解决普通大众最急切的需求。我们希望如此。

我们已经看到了一些立竿见影的积极结果，比如空气更干净，环境更健康。几个世纪以来，狂热的人类为了自己的生产、消费，马不停蹄地向大自然掠夺，而今大自然终于得以喘息。人们开始思索和反思生命和健康的重要性，寻常生活，团结一致，返璞归真，简简单单，尊重自然，还有重视国家和科学，这些才是生命生活的真谛。

我们希望这些态度能够保持下去，化为行动，成为文化。在疫情中社会行为的改变，是我们以后生活中所需要的。

六、新冠肺炎疫情后会怎么样？

现在我们还无法判断疫情何时能真正结束。正所谓病去如抽丝，得等到有了疫苗，治疗新冠肺炎的药物得到普及推广的时候，疫情才能算是控制住了。

到那时候人们可能采取的行动主要有两个：构建一个更好的世界，或者是稍微有所恢复之后又走回老路。另外还有一个可能性，那就是整个人类社会的垮塌，但这即使发生，也一定是在很久以后的未来了。

在历史的长河中，虽然我们经历了很多瘟疫、战争和自然灾害，但各个国家都能从危机中走出、重新走上发展和人文之路。

下面我们将来谈一谈新冠病毒肺炎疫情过后，对人类很重要的几点：

1. 国家角色的重新定位

1684 年《威斯特伐利亚和约》的签订，勾画了当代国家的轮廓。可是该和约中的主权国家职能，在最近 30 年来越来越模糊。

多边组织方兴未艾。在公共服务系统和资源的管理中，重商主义，私有化和自由市场的理念异军突起。国家的发言权被削弱。有的国家把保护领土、人民以及保障民主和主权的职能置之脑后，还把它们拱手委托给一些私有公司，特别是一些跨国企业。

这场危机彰显了被削弱的国家在保护人民健康方面的薄弱性。而且那些曾经反对国家干预的人也纷纷找国家去解决危机、拯救经济。所以，在民主和法制的基础上，人们应该让国家恢复其职能。

2. 经济重新布局

面对经济的不平等，我们应该努力重新构建一个经济模式，也就是形成一个社会普遍认可的创造财富和积累财富的方式，促进国家收入分配的平等。

这里我们想引用罗梅罗总主教 40 多年前说过的一句话。1980 年，他在看到萨尔瓦多社会经济的状况时说“要从根本上改变现有的制度”。正因为他的主张，他被杀害了。今天，我们应该想起并努力去实现他的这个愿望。

3. 权力民主化

民主是将权力放在人民手中。现在是时候严肃思考这件事了。这不是煽动群众的标语，我们应将它作为政治深层次质变的核心内容。

民主并不只是我们每隔一段时间去选举我们的总统或是议员，虽然理论上他们代表了所有的人民大众，但是实际上他们代表的是政党和一个领袖周围的精英阶层。

人民的力量为人民。这应该体现在经济和政权的分配上。民主选举虽然是一种体现，但是要实现权力民主和经济民主的政治工具应该还包括直接代表，罢免公投，公民投票，市民大会，地方政府中有决定权的市民议员，员工在企业收益中的分成等。

这种权力的民主需要新的领袖，不仅仅要勤政、诚实、廉政和与人民心连心，而且还应该不断学习，不论是自学还是接受培训。要做领袖，必须知识渊博，因此要终身学习。

4. 新型全球治理和国际关系

20 世纪，各国领导人为了共同解决人类问题，成立了几个多边组织。有时候，这些国际关系的发展却侵害了地缘政治薄弱的国家的一些利益。

第一次世界大战后，在美国总统伍德罗·威尔逊的主张下，1919 年成立了国家联盟。他的目的是避免新的世界大战，但是这一举措失败了，因为 20 年后发生了第二次世界大战，比第一次更加可怕。

1941 年，第二次世界大战正酣之时，在国家联盟的断壁残垣上，美国总统富兰克林·罗斯福和英国首相温斯顿·伦纳德·斯宾塞·丘吉尔奠定了成立联合国的基石。联合国 1945 年 6 月在旧金山成立，主要目的就是避免战争、推动和平。

联合国成立两个月后，1945 年 8 月，美国发射了两枚原子弹摧毁了日本两个重要城市。这一事件标志着二战的结束，同时也引发了各国对于核武器的恐惧。今天，核武器这把德莫克拉斯之剑仍然悬在我们头上。

在此一年前，世界货币基金组织和世界银行就已经成立，他们是联合国体系在金融和货币方面的左膀右臂，但是实际上是美国和欧洲根据他们的战略来确立决策。

1994 年世界贸易组织成立，其前身是关贸总协定。这又是一个全球多边组织，具有一定的自治性，但是主要受大国强国控制。

自从联合国成立以来，全球地缘政治已经发生了深远的变化。联合国从1945年的50个成员国已经发展到现在的193个。一个权大责重的安理会由5个经济政治大国掌控（美国、法国、英国、俄罗斯和中国），他们享有一票否决权，此外还有10个非常任理事国，每两年选举一次。也就是说联合国193个国家中的任意一个都需要尊重常任理事国的投票。这种不太民主的机制受到越来越多的质疑。很多新兴国家在世界上的位置越来越重要，也希望在常任理事国中有一席之地，或者能够改革安理会的组成方式。

所以很多国家希望能够改变这些国际组织的结构，形成更加民主的国际治理，能够平等代表各个国家，共同对于全球的战争、和平和发展等事项做出决定。

新冠病毒危机之后，在地区内和全球范围内，国家之间更加相互依赖。如果危机是全球性的，走出危机的方舟也应该是全球性的或者至少是地区性的。

因此，在新冠病毒危机后的国际关系和外交关系中，跨国组织的结构应该体现合作，共存和民主化，这对于发展中国家尤其重要。

5. 教育是核心要素

新冠病毒之后的时代中，教育至关重要。不论是在传统教育体系还是其他的非正规教育体系中。有很多知识和工具，如果得到充分利用，就可以让国家的教育大大改观。

科技发展为人类服务，是为了带来人们需要的深层次变革。科学家、高端技术人员都是通过教育培养出来的。关心人类发展的科学家研究各类物种，并将它们的特性应用于制药中，不受大型跨国制药企业的利益、计划和丰厚利润的影响。制药行业的利润可以与武器和石化行业相比。

通过终身教育提高公民觉悟，公民就会更加尊重自然，更加遵守他们的责任和爱护与他人共处的环境。

高质量的教育培养的科学家会探索大洋、宇宙中的奥秘和未知，科技进步带来的美妙世界会惠及所有人，这才是科学研究的意义。

要培养教育学家和心理学家，也需要高质量的高等教育。新冠病毒带来的焦虑症，需要很多这方面人才治愈我们的心灵，因为归根结底这是我们人类特有的精神世界。

纳尔逊·曼德拉这位大师曾说过，改变社会的最强有力的武器就是教育。言之有理。

结　语

希望疫情之后，那些军事强国大国能想到办法将核武器等装备以及投入在这些装备上的资源变成推进全世界平衡全面发展的资源。

最发达的工业化国家支持多边组织的决议和提案，帮助所有国家的发展，但是应该把华丽的辞藻变成切实的行动，真真正正地改变窘况。那些2030可持续发展议程正等着资金到位，在2030年的时候在全球范围内消灭饥饿和贫困。

期待大国领导人们可以看到宇宙面前人的渺小，谦卑守礼，不要妄自尊大。

全世界的人们都亟需从他们祖辈和先人的智慧宝藏中汲取营养，以滋养各民族的道德，而不要重蹈覆辙，不要破坏生态，更不要再沉迷于种族主义的乌烟瘴气中。

所有国家都应该认真对待性别平等的问题，消除歧视，让人类和谐相处，不论是男人还是女人，为了大家的福祉，共同发挥他们的创造和革新的潜能。

西班牙作家伊格纳西奥·拉蒙内特说，我们是“全球一盘棋”：包括地球上的居民、自然和宇宙环境。

期待世界马上能走上全新的道路，让我们人类能继续健康生活，大家相互依存，这是必然的，也是幸运的。

最后，借用危地马拉诗人奥托·雷内·卡斯迪约的话作为结语：“世界，前进吧，走上全新的道路，走上更好的道路。我陪着你。”

2020年5月1日写于萨尔瓦多

（徐颖丰译）

“说谎的报纸”与“陌生的文化”，我眼中的德媒疫情报道

潘思舟

上海外国语大学硕士研究生

我是一名德语专业研三的学生，研究方向是中德跨文化交际，具体研究课题是德国媒体中的中国形象，所以我对德媒的涉华报道特别关注。

在疫情初期，中国是全世界疫情最严重的国家，又有着最庞大的人口基数，因

而在这一事件中成为各国媒体报道的焦点，德国媒体也不例外。但是，我观察发现，真正有关中国防疫方面的报道只占小部分，德国媒体把更多的笔墨放在疫情中突显的“问题”上：中国人民受到中国政府严格的管控，中国的言论自由权受到限制，中国滴水不漏的监控系统让人感到恐惧，等等。对于这些报道，我的很多同学都表示“看新闻看到生气”，因为他们所谓的“问题”，同学们根本没觉得是问题。西方的叙事语境喜欢强调自由，若是在特定的故事、历史情景里，主人公为了自由放弃生命，是完全可以被理解甚至被歌颂的，但在病毒面前追求自由，是一种无视病毒危险、对自己和他人都不负责任的行为。在特殊时期一味追求这种肤浅的自由，在我看来没有任何意义。

德媒对中国某些领域的争议，很大程度上是由于不了解和未知造成的，对于陌生的文化现象，人们会习惯性地用自己的标准来衡量，与自己本土文化相符合的地方就会被人们接受，而与自己本土文化不相符的地方就会引起争议。基于这一点，我们确实可以对一些涉华报道所讨论的问题多一些宽容，因为作者在向德国大众介绍中国的时候，必定是从德国以及德国文化的角度出发的，要考虑到自己的读者是否能看懂、能接受，否则就很难引起本国人民的共鸣。同时，作者写报道所选用的题材、角度、观点等又都是作者个人的主观选择，是作者选择了只介绍中国政府对本国居民的严格管控，却很少介绍绝大多数中国人乐意居家，主动地配合政府工作，同时还能把生活过得有滋有味；是作者选择了只强调中国的监控系统是多么的严密，让德国人感到没有隐私，却不强调通过中国严格的管控，疫情是如何在短时间内得到控制的。可以说这些报道本身就是极其主观的，是作者个人选择的结果，报道所展示的中国，不过是记者们通过文字构建的中国而已。

在与德国教授的交流中，我发现，并不是所有德国人都完全相信新闻报道。我研二在德国交换学习时的导师，弗莱堡大学的奥恩哈莫（Aurnhammer）教授认为，即使德国的媒体只会批判中国，或者只是站得远远的赞叹一下中国防控措施，但是中国，也许就是德国采取防控措施的榜样。我的博士生导师，波恩大学的汉学家廉亚明教授还提出了非常重要的一点，他认为，即使各大德媒都有自己的政治倾向，但实际上他们都是“一样的”，他和一些汉学家曾经想要纠正德媒所传播的错误的孔子学院的形象，但是这些汉学家们的声音却不能被人们听见，只有一位汉学家得以在德国《每日镜报》上发表了一篇客观地介绍孔子学院的文章。这两位教授的观点给了我希望，让我看到媒体的立场并不能影响所有受众。

但眼下，他们仅仅代表一部分信息源广、能够独立思考且对中国有一定程度了解的人。对于大部分德国人来说，即使有很强的独立思考能力，在面对不熟悉、不了解的中国时，可能也只是选择旁观。此时，媒体看似有理有据的分析极易让他们信以为真。当“说谎的报纸”大行其道，人们要如何看到事实和全貌？“陌生的文化”如何并入全球化的轨道，不缺席全人类的文明互鉴？

虽然报道可以是主观的，但事实却只能是事实。随着欧美各国疫情的日趋严峻，中国防控成效却日益显著，德国政府也逐渐意识到了疫情的严重性，开始采取一些强硬措施。中国的抗疫成效全世界有目共睹，在事实面前，媒体可以添油加醋，却不能颠倒黑白。虽然德媒眼中的中国会变成什么样还未可知，德媒也不会因为一次疫情就轻易改变对中国的态度，但是没有人可以否定中国对这次全球性抗疫所做出的巨大牺牲与贡献，也会有一部分德国人通过多方面的信息，增加对中国的了解，正视中国抗击疫情所取得的成效，并且做出客观公正的评价。

印度尼西亚新冠肺炎疫情：祈祷的力量与谣言的传播

法丽娜·察鲁尼萨（Farina Chairunnisa）
英国谢菲尔德大学硕士研究生

当新闻报道新冠病毒在中国武汉以外的地方传播时，我们印尼人认为这种来自外国的病毒不可能影响我们。据我们国家的卫生部长说，我们通过祈祷的力量就能得到保护。而且，作为一个穆斯林占多数的国家，印尼人经常仰望伊斯兰传道者，听从宗教领袖的教导。

3 月初，印尼出现首例新冠病毒肺炎官方确诊病例，公众竟然对此表示否认和怀疑。我们没有关注病毒如何开始传播，也没有关注如何应对病毒，而是关注感染病毒的患者为什么是这个母亲和她成年的女儿被感染了？有传言称，她们向外国人提供成人娱乐项目而导致感染，事实上，她们只是教外国人跳印尼传统舞蹈。她们感染病毒并没有什么不道德，但对媒体来说，这样的报道当然更吸引眼球。同样，对于之前被告知要相信“祈祷的力量”的公众来说，他们更愿意相信只有生活“不检点”的人才会被感染。

现在我们知道了，新冠病毒不加区别地到处传播。病毒不在乎它传染的人是最虔诚的教徒还是罪人；它甚至在我们感觉生病之前就已潜入我们的身体。在印度尼西亚，新冠病毒肺炎病例的数量在整个三月份迅速飙升，以至于我们最终无法再假装它不存在了。像许多其他国家一样，公共场所被关闭，群众集会被禁止。

我们目睹了祈祷和谣言如何影响公众的反应。人们对不能在礼拜场所举行群体性祈祷感到愤怒。为了应对疫情，伊斯兰教圣地所在的沙特阿拉伯关闭了边境，禁止人们以任何理由进入圣城，包括一年一度的宗教朝圣活动。这本应让印尼人特别是穆斯林教徒确信这是一个超越宗教的严重问题，然而，教徒们依然不愿意正视病毒的严重性。

由于我们的社交生活受到社交距离强制措施的影响，我们便转向社交媒体进行交流。未经过滤的信息进入不同的社区，助长了谣言传播、相互猜忌和蒙骗蛊惑。新冠病毒是生物武器吗？姜黄根是新冠病毒解毒剂的秘方吗？成千上万的印尼人在不知情的情况下被感染了吗？当政府都被不确定的局势弄得无所适从的时候，老百姓该相信谁呢？

在撰写本文时，印度尼西亚共有 8,882 例确诊的新冠病毒感染病例，其中 1,107 例已痊愈，743 例死亡。死亡病例的数字可能包括也可能不包括近 50 名医护人员，他们是在治疗病人时感染病毒而死的。我们不得不承认，祈祷不能成为我们对付危险致命的陌生病毒的唯一工具。我们不得不承认，宗教和社会集会、家庭聚会、过宗教节日等传统正在使我们处于危险之中。我们不得不承认，一大群人一起祈祷会让我们处于危险之中。

事实证明，在医疗体系不健全、政府政策不稳定的情况下，对于公众来说祈祷的力量非常有限。没有适当的医疗检测，公众把来自医疗专业人士的信息当成耳旁风，政府不愿意承认这个世界上没有任何一个国家能够侥幸置身事外远离危险，此时祈祷也失去了它的威力。信仰不应使我们对事实视而不见；它应启发我们寻找真理，做正确的事。

（王丽虹译）

危机发生时，落后的观念比落后的设施更可怕

颜妤珊（Maria Marchella Gandhi）
北京语言大学留学生

我叫颜妤珊，来自印度尼西亚。2019 年 6 月，我第一次来中国留学，参加了北京语言大学的暑期语言项目。在北京语言大学，我不仅学到了很多关于中国语言及文化的知识，而且也认识了许多优秀的朋友和老师。北京语言大学是我了解中国及其文化的基石，因此，当我收到这份约稿邀请时，我非常愿意与中国的读者来分享我的经历和感受。

2020 年的春节（1 月 24 日），我第一次听到武汉封城的消息。从那时起，我开始关注疫情的发展。当时，印尼政府还没有采取任何措施来应对。我们依然很热烈地庆祝春节，拜访亲戚，举行宴会。当然也有人开始戴口罩，买一些消毒用品，但只是少数人这么做。

3 月 2 日，印尼发现首例新冠肺炎病例，是在首都发现的。紧接着，印尼出现了大规模购买生活物品的现象。特别是在购买抗疫用品（口罩、消毒液、洗手液等）和日用品方面，出现了很多囤积行为，导致了日用品价格上涨。面对这样的情况，我们的政府开始采取措施——把囤积行为定性为犯罪。同时，学校正式开始网络授课，一些公司开始远程办公，宗教场所关闭，2020 年的高考也被取消了。

跟中国相比，印尼的医疗设施是很落后的，但我认为，更严重的是人的观念比较落后，许多印尼人还有比较传统的想法。例如，有些人不同意关闭宗教场所，他们认为只要有信仰任何病毒都能被解决。也有人开始在网络上散布谣言，说吃鸡蛋会防止感染，等等。还有的人虽然有症状却不敢去医院，怕被确诊，怕自己被其他人孤立。虽然我们的政府已经全力以赴地在采取措施来遏制这个大流行病，特别是在首都，政府很强调安全距离，严禁人群聚集，对不服从的人也非常严厉；但一些人的固执的观念还是成为应对传染病最大的绊脚石。

我认为，在疫情中，人们应该认识到，不管我们的国籍是什么、我们的宗教信仰是什么，我们都可能成为被病毒感染的对象。所以我们需要做的是互相关心和帮

助，遵守共同制定的规则，相信科学的力量，更新自己接收到的信息，不听信谣言，不以讹传讹，共同努力直到疫情散去。

第二部分　共筑舆情理性的城堡

新冠肺炎疫情迫令许多人居家隔离，民众对在线信息的依赖进一步加深。在一些观点相似者集中的社区中，相比权威人士和专家的信息，人们更愿意接受与他们想法一致或更具亲和力的信息内容。

在网络上，一些包装成“公开采访”或“纪录片”的不准确言论广为流传，形成网络世界所谓的“回声室效应”。互联网使得信息扁平化，全世界共享同一个信息渠道，却不一定能共享事实真相。疫情使得国与国之间的物理边界更加凸显，同样使得国家间的信息鸿沟更深。本书的这一部分邀请了不同国家的传媒观察者，书写他们身边的疫情信息传播现状。

南卡大学战“疫”中的危机领导

罗伯特·卡斯伦（Robert L. Caslen, Jr.）
美国南卡罗来纳大学校长

一、疫情来临之前

2020年3月初，我们大学的32,000名学生还在放春假，海外已经出现新冠病毒疫情，并开始在美国西海岸传播。春假前一周，欧洲几个国家的病例数也在呈指数递增。春假刚开始，我和同事们就坐下来开始讨论各种可能性，学生春假期间遍布世界各地，很可能把病毒带回到校园。

幸运的是，我们大学内部就有一所公共卫生学院。阿诺德公共卫生学院（Arnold School of Public Health）就设在校园里，拥有美国顶尖的流行病学家。我们请专家对疫情发展进行建模，不仅拿出传统的流行病传播模型，而且还要求他们针对学生可能接触到并带回校园的任何病毒或疾病做出预测。

答案令我们震惊。我们校园里可能出现的病例不仅数量可观，而且感染率也将跟钻石公主号游轮相似。钻石公主号游轮上约 2,300 名乘客，其中大约 700 例检测呈阳性。专家解释说，只有当所谓的 R0 感染率小于 1 时，流行病的病例才会开始下降。R0 为 1（表示 1 名阳性患者感染 1 个人），流行病趋势保持不变。而 R0 为 2 则意味着 1 名患者会感染 2 个人，病例数会成倍增加。钻石公主号游轮的 R0 是 7，我们大学的校园将堪比钻石公主号游轮。

我们的校园是位于南卡罗来纳州首府哥伦比亚市中部的一个城市校园，这也意味着我们的学生有可能被大量感染，因为病毒很可能会在哥伦比亚市区传播。

二、成立应急工作队及部署行动

我们要做的第一件事是组建应急工作队，对战“疫”工作进行规划和部署，由我们的校办主任直接领导，队员组成来自大学几乎所有职能部门，包括教务运营、财务、安全与安保、流行病学家、我们的校医院院长、教学单位的教师、学工部和通信联络部。这个团队每天开会做出研判，预测理论模型如何应用于我们的校园和学生群体，并制订相应行动方案来应对。很明显，危险迫在眉睫，应急工作队的建议是，首先将春假延长一周，然后在接下来的两周内转入在线授课模式。

我们也意识到我们需要一些原则来推动我们的计划，我们得出的结论是：第一个原则要确保每个学生和教职员工的健康，保障安全；第二是确保减少病毒在整个校园和我们所属的社区内的传播，特别是作为州首府城市中心的城市校园；第三要确保我们继续履行使命，保证教育质量，不辜负各界对我们的期望；最后，要确保大学作为一个机构的健康发展，要知道我们所做出的每一个决定都关乎招生、学费和财政，更不用说大学的教育质量，无论教学活动是如何进行的（通过线上还是线下）。

这是一个非常重要的决定，因为当时南卡罗来纳州的人都不这么想。他们认为这仅仅是又一次流感暴发，不必“恐慌”，也不希望采取非常措施改变现状。我知道有些问题州议会代表并没有考虑到，所以我打电话给州长和哥伦比亚市长，就我看到的和我们想做的事与他们交换意见。幸运的是，州长和市长都同意并允许我继续采取措施。但当我宣布我们的决定时，批评的声音随之而来，在45分钟的州议会上，代表们批评我的决定是反应过度，制造恐慌和危机。他们当时根本不知道等待整个州的是什么，一些代表后来联系我，为他们先前的批评致歉。

这一决定也受到了校内一些组织的批评，包括我们的教职工。这些批评让我意识到，一定要以一种协作和透明的方式做出决定，并积极主动地进行沟通。我发现，沟通和透明度能够建立信任，信任能够建立团队合作，这种氛围创造了希望，使我们能够以正确方式处理危机中的问题。

三、成立前瞻规划小组

随着危机的加剧，我们意识到必须重新定义原来的工作队，使之成为一个规划小组，该小组不仅要评估我们对教学方式进行的变革及其有效性，而且还要开始考虑学生返校事宜。这个被称为“前瞻规划小组”的成员来自“建模者”（即流行病学家）、各个学院、学工部，负责财务事项和削减成本战略、健康和风险缓解、沟通联络等关键职能领域。规划小组会根据需要经常开会，但每周至少会向我做一次汇报。最终目标是制订一个重新开放校园的计划，让32,000名学生回到安全、健康的校园，而且保证每个学生返回校园后依旧安全、健康。

我们也感觉到必须要加快步伐做出决定，因为我们对高等教育机构运行的高额费用没有充分的估计。当前我们强制所有的学生进入远程在线教学程序，但要持续一个学期或一个学年就很让人不安。果然，全国高校都会看到原有就读生续费和新入学学生的保证金远没有达到预期目标，也根本没有达到往年的水平。换句话说，对于学生而言，中断或推迟一个学期或一个学年是难以接受的，学生们要么推迟上大学，要么根本不上。这样会造成巨大的经济损失，因为入学人数减少意味着学费减少，学费减少意味着办学收入减少。

我们也知道在病毒还未灭绝的时候启动返校会带来很大的风险。但我们觉得仍有必要继续这样做。如前所述，在线教育的“防守”姿态需要付出巨大的代价。病毒仍然活跃的风险的确存在，但我们必须平衡成本和风险，我们认为即将实施的风险缓解措施将使事态变成“可接受和可管理的风险”。我们愿意承担一定的风险，在风险和成本之间寻求平衡，二者的平衡点就是我们做决定的重心所在。

古希腊哲学家、博学家亚里士多德说过："在这个世上，如果你没有勇气将一事无成。勇气是仅次于荣誉的最伟大的品质。"所以，在这场危机中做出这些决定需要勇气。但这些决定也是带着荣誉做出的。我们要带着勇气和荣誉向前迈进。

四、计划方案

我们制订的计划是利用夏季的几个月逐步过渡，以便学生重返校园，试行我们的社交疏远和其他风险缓解方案，使师生建立信心，相信我们的系统是可行且奏效的。然后，我们计划允许所有学生，如果他们愿意返校的话，在8月秋季学期开始时返回。如果学生不愿，或他们的父母不愿意让他们返校，我们将像今年春季学期一样为他们提供在线教育。当我们实施社交疏远措施和政策时，回来的学生会发现校园跟以前大不一样。如果不如所愿，更糟糕的情况出现，我们也能像从前一样灵活机动地把人员遣散，再回到网络授课模式。

既然决定已下，前瞻规划小组的关键任务是将该计划付诸实施。例如，我们会在学生返校时对每个人进行核酸检测，并有一个手机应用程序可以让每个人都能看到我们接触过什么人，因此，如果测试呈阳性，我们也会知道该将哪些人进行隔离。我们还必须考虑如何在课堂上、大型讲座、学生公寓、餐饮设施、校园生活的各个方面、社团活动中以及校园外和夜生活中保持社交距离。幸运的是，学生会也发挥着重要作用。他们正在开展教育培训活动，制定校内外行为规则和活动程序，并互相监督执行。在大学管理部门无法监督的领域，我们必须依靠学生负起责任，在校内和校外的学习时间以及课余时间的相互交往中作为负责任的成年人行事，并明白他们行为的后果。

五、经验教训——成功的关键

我们认识到在危机处理中取得成功有几个关键因素，可以概括为如下几条：

· 态势感知

· 识别问题症结和根本原因

· 时刻准备创新规划和解决方案

· 创建跨职能的规划和运营团队

· 制定便捷实用且具有创新性的规划流程

· 识别我们所面临的挑战、优势、问题、机遇与威胁

· 制定一个强有力的沟通计划，针对每一组成部分制定策略

· 领导者是成功的关键。领导者需要头脑冷静，清楚地了解造成危机的原因，坚强自信，具有远见并且态度积极。

· 审时度势。了解何为恢复“正常”。

下面就简要说说我们的经验。

态势感知不仅仅是了解现在发生的事情，更包括深入了解问题的根源所在、秩序的自然层次结构、危害程度以及问题可能造成的预期和非预期的后果。要了解关键员工和分管领导的优势和不足，明确面临的问题、威胁和机遇。

了解新冠病毒疫情的事态发展需要整个规划小组为每一步行动方案的制订提供意见，但这个过程必须先从我们的科学家——流行病学家——开始，他们不仅能够模拟全国预计病例的增长，还能够模拟发生在我们的校园中的情况。我们还必须明白其根本问题所在，疫情已迅速影响到个体对高等教育的选择，这表现在如果我们只能提供在线教育，入学人数会大幅度减少。我们必须真正了解各方参与者。我们的校园就在州立法大楼之间，不乏政治的影响和各种政治观点的交锋。我们每天还必须处理董事会成员的询问，更不用说来自学生、教职员工、校友、大学支持者和其他大学同事的询问了。

采取削减成本策略。有人说，危机太重要了，不能任其白白浪费，意思是危机期间总会有机会出现。由于学校将损失大量资金，我们的董事会成员希望学校削减预算以提高效率。说得一点没错，我们已经成立了几个委员会来制定成本削减策略。整个委员会由我们的首席财务官领导，整个大学各部门都有代表参加。他们首先要求所有单位制订计划，以全面削减 10% 的年度预算。这将迫使各部门内部评估哪里该削减人员和项目，并允许各单位领导做出这一决定，因为只有他们知道哪里存在过剩，以及该削减多少。我们的分而治之的管理结构要求我们的教职工代表大会参与我们学院各专业做出的任何决定，因此必须把他们组织起来并纳入委员会。我们还必须解决我们的储备金问题，不幸的是，这些储备金都被限制在现有的项目中。因此，委员会通过取消他们隶属的一些项目来取得可用的储备资金。该委员会还讨

论了更为传统的削减成本措施，如冻结招聘、停薪留职、冻结升职、冻结差旅等。

另外两个下设的委员会小组也发挥了重要作用。一个是基层委员会，负责研究整个大学最基层的削减成本措施。这项工作包括建立一个专门网站，任何学生、教师或工作人员都可以提供降低成本的建议。另一个委员会是一个战略重组和效率委员会，旨在研究哪里可能提升效率，哪里可进行重组。

抓住机遇保持远见。如前所述，高达 15% 至 20% 的学生本来会选择大学住校模式接受高等教育，但他们现在选择不返校或退学。显然他们仍对大学教育感兴趣，但担心住校模式有风险，这引发的问题是，如果他们仍然对高等教育感兴趣，除了传统的校园教育模式，我们能否以不同的形式，主要是在线的方式，向他们提供教育？我们最近把所有的学术课程都搬到了网上，我们已经有了这样的经验。因此，我们正在有意识地努力开发在线课程，并将其重点放在这 15% 至 20% 不返校或退学的学生身上。这使我们能够为这一群体服务，并能创造一个新的收入来源。

新冠病毒疫情是一个挑战，将对大学的健康发展产生重大影响。然而，在集中精力处理疫情和设法复苏的同时，我们也不能忽略战略远见，更要看到危机带来的机遇。只关注病毒疫情，等待复苏将需要六个月或更长的时间。如果我们没有认识到机遇，没有敏捷地、快速灵活地利用这些机遇，那么我们就彻底失败了。再说也会有其他人认识到这一机遇并朝着这个方向前进，所以我们必须保持行事敏捷，抢占先机。

进行跨职能规划和运作。我们的规划过程无可挑剔。前瞻规划小组能够从多个角度应对问题，但主要还是由我们优秀的流行病学家来进行科学的领导。如前所述，小组成员包括科学家（流行病学家）、各个学院、学工部、财务部、通信联络和体育部。他们遵循的规划周期是基于我们对病毒的精准研判，病毒在国际、国内和校园内的演变，病毒随着时间的推移而持续引发的风险以及病毒如何在校园和邻近社区中传播。根据我们对疫情威胁的了解，每个部门的工作人员都能够对本部门的职能做出研判。这使我们所有人都能更好地了解疫情以及疫情对大学的各个方面造成的影响。为了正确应对疫情的威胁，我们必须制订情景演练或行动方案。这些行动方案包括整个秋季保持在线授课，逐步过渡到所有学生全员返校。为了确定最佳方案，我们需要制订一套衡量每个行动方案的标准。一旦有了标准，我们就能决定首选哪一个方案。

通常，我们没有时间或足够的信息来做出百分之百准确的决定。但为了推进也必须承担一定的风险。乔治·S·巴顿将军说得最好——“立即坚决地执行一个好的计划要比等到下周才去执行完美的计划好得多。”

必须承认，规划是科学和艺术的结合。决策科学可以很容易地帮助领导层做出基于科学事实的决策。但是，领导者还必须时刻了解许多其他情境因素，包括预期和非预期的后果，自然秩序的打破与恢复，不同群体如何表现和应对，我们是否能以饱满的信心切实降低最重大的风险，我们监督机构的指导和意图以及负责执行该计划的人员的士气等。虽然领导层基于科学来做出决策，但要将所有这些因素都考虑到就是一门需要掌握的艺术了。

人们常说战争事关重大，不能只交给将军们。同样，在这场与新冠病毒的战争中，疫情事关重大，也不能只交给科学家们。

保持良好的沟通。处于危机中的领导者必须实现的最重要的目标之一是重拾或保持“希望”。希望的破灭会大大降低士气。始终满怀希望可以产生巨大的动力，是团队士气的助推器。保持希望的最好办法是建立和保持“信任”。信任来自一个有能力的团队，来自有正直品质和荣誉感的团队。信任也来自于真正的有同理心的领导者，这样的领导者能够设身处地为他人着想，理解他人，而且是一个“透明”的人。

从本质上讲，危机会造成不确定性，在这种环境下，我们常常会发现谣言会像野火一样蔓延，而且往往会对士气造成毁灭性打击。而要对抗四处蔓延的众多流言，沟通和透明是非常重要的。危机中沟通的底线就是沟通、沟通，再沟通。

在制订你的沟通策略时，首先要找到一个优秀的发言人，并始终如一地使用这个发言人。一旦这个人与利益相关方建立了信任，他或她的出现将自动带给利益相关方信心。下一步是确定你的利益相关方和听众，包括内部的和外部的，然后制订一个与每个利益相关方和受众接触的策略。

保持沟通渠道畅通的方法有很多。首先是创建一个易于浏览的网站，使其尽可能具有交互性。给民众一个发帖的机会，并确保回复他们，不断保持更新。然后使用社交媒体，因为社交媒体已然成为越来越流行的信息发送和评估反馈平台。但我们使用的一种非常有效的方法是传统的市民大会。因为我们不能以见面的形式来做，我们采用线上会议的方法。出席的团队成员不仅包括校长，还包括校办领导和相关领域的专家。

但毋庸置疑，如果你认为你已经沟通得很好了，那就再多一些沟通；如果你认为你已经和所有的听众交流过了，那么还会有其他人在寻求信息。所以，要不断沟通、沟通、再沟通。

保持在危机中的领导力。在一场危机中，领导者往往成为聚光灯下的焦点。人们需要维系希望，而希望来自于人们知道正在朝着正确的方向前进的信心，他们相信领导层能成功地破解谜题、战胜挑战。

为了获得希望，成员必须信任领导者。赢得信任是一种能力，领导者要有高尚的品格，并知道人民的利益高于一切。那么，领导如何在危机中建立信任呢？

为了展现能力，领导者必须有果断的领导力。有效的解决办法往往不是来自渐进主义，而是采取非常大胆和果断的行动。决策是建立在了解形势和环境的基础上，了解风险存在的地方和减轻风险的措施，识别哪些风险不能接受，对必须承受风险但又不至于不计后果的情况下，大胆行动，做出重要决策。

为了掌握这种决策艺术、平衡风险和成本，领导者必须直面现实，诚实面对自己。诚实有助于领导者找到问题的根源，并妥善解决这些棘手的问题。领导者还必须谨慎而迅速地采取行动。利用综合性的团队，权衡所有选项，并开辟前进的道路。时间通常是至关重要的因素，要有的放矢；拖延可以被视为无能或漠不关心，如果发生这种情况，可能会加剧危机。

毫无疑问，一旦行动计划开始，挑战和挫折就会出现。批评人士和竞争对手经常会落井下石。当问题堆积起来毫无头绪时，领导者感到怀疑和恐惧是很自然的。要不断地研判我们的计划和设想，不断地了解我们的计划的定位，并认识到什么时候需要做出决定并果断行事。

为了表现出关怀，领导者必须关心照顾好自己的员工和客户。首先最重要的是采取措施确保组织的利益和安全。必要的降低风险的措施要到位，如保持社交距离、定点测试和疫情跟踪。不遗余力地加强清洁措施，特别是在公共区域，要让人们知道他们的健康对你很重要。提倡健康的卫生习惯，并监测员工的健康状态。可能会有员工因病或其他家庭原因缺勤，领导可以允许员工先解决个人需求，以此来表示对员工的支持和同情。

领导层还应为所有员工提供全方位支持。疫情期间员工不仅会受到健康方面的威胁，而且还会对工资发放、情绪和情感方面所能得到的支持、福利待遇和医疗保健等问题产生疑虑。如果这些问题在他们看来很重要，那么领导层也可通过关注这些问题来表现出对员工的关心和支持。

最后，毫无疑问，你的员工将夜以继日地工作，不仅是为了某一机构及其使命而奉献，而且也是为了让领导者不对他们失望，他们的工作和努力需要得到认可。有时候一句简单的感谢就很有用。或者在同事面前公开表扬他们的业绩，都会让员工士气大振，继续忠诚奉献。

但最重要的是保持沟通畅通。他们想听到领导者的想法，也想让领导者听听他们的想法。他们想知道领导者遇到的困难和做出的决定，领导者为什么朝着某个方向前进，目前形势如何，有哪些好消息和坏消息，以及介于两者之间的一切情况。他们希望领导者能毫无保留、直言不讳。讽刺的是，透明度有不确定性的风险，并可能暴露出领导者的一些个人缺点和不足。但根据我的经验，这并没有太大关系。我们越透明，就越能成为一个真正的领导者；我们越真实，人们就越信任我们的领导力。

我把领导力留到最后来谈，是因为一个有效的领导者是一个机构成功度过危机的最重要资产。一个有效率的领导者能维系希望。希望是通过信任领导者来维系的。信任是能力、性格和同理心的函数，即信任 =f（能力，品格，同理心），对创建和指挥一个了不起的团队至关重要。领导者只是领头人，只靠领导者一个人，一个机构是不会成功的。这需要整个机构组织的共同努力。因此，领导者的责任是建立一个迈向成功的团队。

结 语

与面对任何危机一样，领导力将决定事情的成败。这些年来，我也学到了一个道理，那就是我们常常不知道自己是否真的“赢了”，直到目标就在眼前。我所吸取的教训是，即使你的长期目标被火烧眉毛的问题遮蔽，坚持按部就班做正确的事情总是至关重要。为了继续砥砺前行，领导者必须对自己的计划有信心，相信团队，相信他们可以取得成功，要有坚持不懈的勇气和决心，正如文斯·伦巴第掷地有声的名言，“成功者永不放弃，放弃者永不成功”。

（王丽虹译）

信息供给：作为精神必需品的“真相”

胡　钰

清华大学新闻与传播学院教授、博导

与 17 年前的非典疫情所处的传播环境不同，此次疫情发展与应对完全处在社交媒体高饱和度传播的环境中，信息充分带来了治理的高效，信息过载也产生了更加复杂的影响，焦虑、恐慌、对抗、戏谑等社会情绪出现乃至蔓延。

近代以来，人类社会面对重大疫情，基本做法都是隔离。福柯曾谈到 17 世纪欧洲出现疫情时实行的首要措施就是“严格的空间隔离”。作为一种普遍的有效抗疫之举，隔离是社会管理者面对疫情确定后做出的决定，大凡有此决策，总是基于充分确定的信息，也是不得已而为之的举措。但是，作为被隔离的人群，由于信息的不对称与隔离举措的严厉，产生对环境的不确定感乃至恐慌感是自然的。在疫情应对中，全社会对疫情真相的需求迅速上升，能否及时提供充足、可信的信息，是疫情防控信息治理中的关键任务。

在疫情期间，公众每天早上起来第一件事情就是查看前一天新增确诊人数，而全天还要数十次乃至上百次的查看各种疫情信息。这已经不是常态下的舆论场，是具有极强指向性、动态性的信息需求环境。要引导这样的舆论场，常态下的四平八稳、中规中矩的信息供给是远远不够的，最基本、最重要、最有效的舆论引导方式就是加大信息供给量，让信息供给也进入“战时机制”，以持续滚动、多样视角、不同层次的真实信息、权威信息、生动信息来满足舆论场的旺盛需求。

在疫情防控中，口罩是防疫必需品，食物是生存必需品，信息是精神必需品。对主流媒体来说，在充分掌握实情的基础上及时发布各类信息对于稳定社会情绪极其重要，也体现了主流媒体在重要时刻的社会担当，反之，如果总是挤牙膏般的发布信息，缺乏一手信息做“二传手”，就会使得舆论场中缺乏新鲜的、正面的信息引导，公众就会从非官方、非主流媒体渠道找信息，就会自己生产信息，其模糊度、负面程度导致舆论场导向出现偏差。

事实上，主流媒体高密度供给信息，就可以有效设置公众议程，掌握舆论引导主动权和主导权。要注意的是，在增加信息供给量的同时，还要切实统筹网上网下、国内国际、大事小事，增强信息多样性，既有宏观视角，又有个体观察；既有理性剖析，又有情感表达；既有正面表扬，又有舆论监督。媒介设置公众议程，谁来设置媒介议程呢？显然，在应对疫情中，政府作为调动卫生资源、防控执法等的行为主体，是不可替代的最重要媒介信息源。政府积极、有效与新闻媒体沟通，对于疫情期间纾解社会情绪、形成社会合力至关重要。让公众知晓疫情防控工作在做什么、将要做什么，以及为什么要有这些部署，强化显政，打造透明，营造“上下齐心、其利断金”的氛围。政府官员在与新闻媒体沟通时自信、干练、专业，就会极大地提升社会各界响应政府抗疫部署的效率。反之，如果在新闻发布会或新闻采访中政府官员“一问三不知”或“答非所问”，则会激起社会情绪的强烈反弹，造成对疫情防控组织工作的不信任感。

舆论引导能力决定社会心理预期。在疫情期间，恐惧的感觉比恐惧的对象——病毒——对社会的伤害更大。调节社会情绪，防止普遍性的“心病”，不仅要提供事实，还要普及知识，而且要传播真诚的态度。在疫情治理中，科学传播具有重要价值。“现代社会开放式理性（open rationality）的精髓在于，它以知识能够不断膨胀作为前提假设，认为一切现存知识都是暂时的、不完美的，天下之大，新知不断。”在疫情治理中，要鼓励并创造条件让科学家、医生等专业人士多发声，形成对舆论场的知识型引领。在疫情防控的舆论引导中，仅仅说“不要怕”并不能降低恐惧感，而要说明白“为什么不要怕”，后者需要的是数据支撑、病例支撑、科学支撑。

在防范疫情的科学传播、健康传播、危机传播中，科技界、学术界发挥着不可替代的主体作用。科技界、学术界对中国的贡献不仅是论文的发表，更是以科学和知识造福民众。在此次疫情期间，舆论中对个别科技人员的争议正是源于公众对科学界的期望。科学家和学者要成为社会的有机组成者，而不仅是脱离社会的象牙塔中人。对科学家和学者，既要鼓励静心做研究，也要鼓励全心服务人民，向社会传播知识，以知识服务社会。在疫情危机中，可以发现社会的知识缺口，这种知识是全方位的，涵盖了科学、法治、人文等诸多领域。

喧嚣不能带来信任，大话也不能带来信心。在大灾期间的舆论引导尤其不能希望“毕其功于一役”，而是要沉下心来，以深切的同理心和高度的专业性，我笔写我心。对于疫情期间的社会情绪调节，宏观性的政策与鼓励性的号召内容要有，但不能太多，适度即可，更多的报道应是以普通人视角观察疫情发展及其应对，真诚讲述每一个扎扎实实的举措和每一个活生生的人的故事。从此次疫情报道中看，深入到医院、报道奋斗在一线的医护人员和与病毒做斗争的病人的相关信息很有传播力，真实的战斗场景充满胶着与坚持，可以聚集起社会对疫情的理性认知，积累起战胜疫情的坚定信心。

埃及媒体是如何在抗击疫情上发挥重要作用的

艾哈迈德·塞勒姆（Ahmed A. Sallam）
埃及新闻署副署长、前埃及驻中国使馆新闻参赞

世界卫生组织驻埃及代表约翰·加博尔博士肯定了埃及政府面对疫情做出的迅速而透明的举措——及时向世卫组织通报疑似病例的出现，并且赞扬了埃及卫生和人口部对患者及其接触者做出的预防措施。加博尔博士强调，埃及是最早为应对新冠肺炎疫情和确诊病例制定防范措施和解决方案的国家之一，同时也是世卫组织最早提供用于检测新冠病毒试剂的东地中海国家之一。为应对危机，埃及卫生与人口部筹备建立了一个 24 小时工作的危机办公室，由所有相关部门和机构的代表组成，它作为卫生与人口部的公共行政机关，关注新冠病毒在国内的情况、跟进卫生与人口部针对各过境窗口和港口以及全国卫生与人口部门的防疫计划，对全国所有的过境关口和机场最大程度地提升防疫等级。

各种形式的媒体，无论是传统媒体还是现代媒体，都是反映社会问题的一面镜子，因为它记录了社会突发事件和紧急危机，并对人的行为及其导向产生了影响。自从新冠病毒从去年 12 月底开始在中国传播以来，埃及媒体一直借助传统或现代媒体方式，通过文字、声音、画面让埃及民众了解关于新冠病毒的信息和真实情况，这方面，埃及媒体发挥了重要作用。

事实上，媒体在病毒传播阶段应该担负起很多责任，其中最重要的是表现出媒体的职业性、可信性和透明性，应当传达事实，避免夸张夸大。媒体的基本作用是支持国家和政府为应对疫情做出的诸多防范措施和努力成果，提醒民众执行这些防疫措施的必要性，尤其是为保证民众安全而采取的居家措施。此外，还要抵制有关新冠病毒的谣言和谬论。

此次疫情过后，世界将不复以往。这意味着新的世界或新的世界秩序正在形成，或者说世界将进入"阵痛期"。这是美国前国务卿、尼克松时代国家安全事务助理亨利·基辛格在美国《华尔街日报》刊登的文章中所表达的观点，他说：新冠病毒将永远改变世界秩序，它对人类健康的影响可能是暂时的，但是病毒蔓延所引发的政治和经济危机将会持续几代人。

新型冠状病毒对世界文化产业产生了不利影响，其中包括文化会展产业。由于新型冠状病毒的蔓延，许多全球性书展被取消或推迟，其中包括利雅得国际书展、伦敦书展、第 40 届巴黎国际书展、第 30 届阿布扎比国际书展等。此次疫情暴发之后，世界各国也纷纷关闭文化遗址馆和博物馆。为了抗击疫情，人们对这些地方进行消毒，及时采取了有效的防范和保护措施。病毒对全球教育事业的影响巨大。为了预防新型冠状病毒，很多中小学和大学被关闭。联合国教科文组织强调，有 15 亿学生将受到新冠病毒的影响，并且有 165 个国家关闭了学校。

疫情之下的世界经济危机何时结束，各方说法不一。一些经济学专家认为，此次疫情给经济带来的重创可能是长期的，换言之，世界经济将在未来很长一段时间无法恢复正常；还有专家预测在未来的几十年内，世界经济都将受到此次疫情的影响。

事实上，想要恢复世界经济首先必须遏制住新冠病毒的传播，但是目前的状况很不乐观，尽管各个国家努力研发新冠疫苗，但是这场疫情具体什么时候结束依然无法得知。另外，各国政府需要采取措施、制订计划、团结协作、经济互助，共同应对疫情，尤其在资源的使用和安排上要尽可能降低损失。总而言之，很多专家和研究人员都表示：首先，疫情过后，世界经济绝不会恢复到从前的样子；其次，世界各国需要重审本国经济管理的方针政策，使其能够避免在未来突如其来的天灾或疾病面前重蹈覆辙。

（王光远译）

中国外交如何向世界讲述“疫情中的中国故事”

黄　钊 / 法国居斯塔夫·埃菲尔大学 (Université Gustave Eiffel) 访问助理教授，DICEN-IDF 实验室研究员，2020 维也纳外交学院、美国宾夕法尼亚大学、美国奥地利基金会“米尔顿·沃尔夫媒体外交研讨会”新兴学者 / 研究员
王　锐 / 美国波士顿大学（Boston University）传播学院客座助理教授

习近平总书记关于“讲好中国故事”的重要指示被视为新时代中国公共外交和国际传播能力建设的重要原则和方向。它也是中国在国际舆论竞争中构建话语权、提升国家形象的必要方式。自 2010 年以来，我国的外交机构和外交官开始逐渐强化在国际社交媒体中的存在。尽管这一国际传播行动仍处于起步阶段，但在外交部门协同努力下，公共外交的社交媒体网络已初具规模，并在新冠肺炎疫情的国际舆论场域发挥着举足轻重的作用。

疫情期间，中国的外交及媒体力量在推特（Twitter）上努力发声，有效地向世界讲述“疫情中的中国故事”。本文聚焦中国使馆、领事馆、大使、领事官员和其他外交官的推特账号和其所发布的内容，采集了由 142 个中国外交推特账户所发布的 182,161 条推文（截至 2020 年 3 月 31 日），通过构建“CF × MC”模型，系统地分析了疫情期间我国外交系统推特公共外交中的网络构成、结构和策略。

一、构建“CF × MC”模型

“CF × MC”中国公共外交网络传播策略模型（如图二所示）中，第一个“C”是指中国，“F”代表外国，“M”是指媒体，第二个“C”是指海外的对应的机构及同僚。换言之，“CF × MC”组合产生的四个象限分别为（从左至右，从上至下）中国媒体、海外对口机构及同僚、中国外交机构及外交官和外国媒体。基于定量观测，这四个群体是中国外交推特网络中联系最紧密的部分。

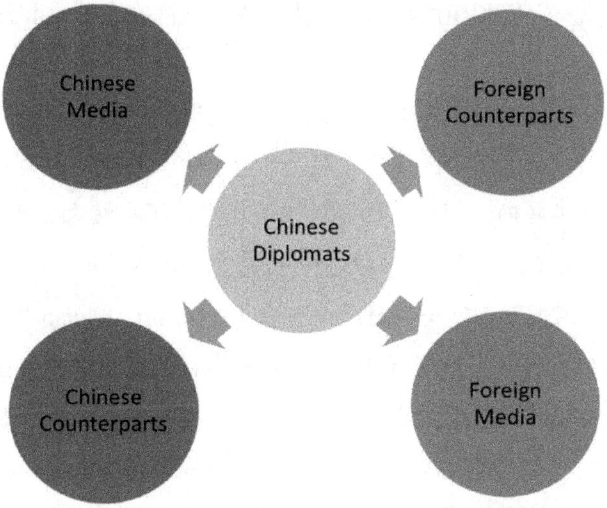

图 7："CF × MC" 网络传播策略模型

二、中国媒体和外国同行的疫情报道

如果我们关注在疫情中中国外交推特网络上的互动模式，那么，第一级的"CF"（中国媒体和外国同行）在推文中具有绝对的传播优势：

首先，中国媒体（新华社、《人民日报》、中国环球电视网）在疫情中所发布的新闻内容被中国外交官在日常沟通行动中转发、评论。这些新闻报道是中国抗疫故事的重要来源。通过外交网络的转发，这些中国故事被最大化地传递。例如，中国驻澳大利亚珀斯总领事董志华（@Dong_zhihua）在 4 月 12 日转发了人民日报应用（@People's Daily app）的推特账号所发布的视频。视频画面是一架国航波音 747 客机降落的画面，字幕上写着"4 月 11 日张静静老公一人一机从塞拉利昂经布鲁塞尔到中国"。在视频背后，有一个感人至深的中国抗疫故事。山东省第一批支援湖北前线的医疗队员之一、山东大学齐鲁医院护士张静静，因高强度的抗疫工作，在 4 月 6 日完成支援任务返回济南后，突发心脏骤停抢救无效逝世。她的爱人因在非洲工作而未能见爱妻最后一面，家里年幼的孩子无人照料。得知这一情况后，中国有关部门快速协调，为牺牲的护士家人打通绿色通道回国。这一中国抗疫故事在推特上的传播，不仅展示了中国政府对抗击新冠肺炎疫情的医护工作者的尊重、敬意和爱护，还体现了以人为本的治国理念。"祖国为一个普通人包机"展现的是中国政府对本国公民的国家责任和庄严承诺，更为世界其他国家在尊重和保护本国国民方面做出了良好的示范。

其次，与海外政府、对口机构及外交同僚的沟通及对话也是抗击新冠肺炎疫情期间中国外交部门日常工作中的重要一环。通过“@”功能，中国外交部门推特账号在疫情期间与海外政府、对口机构和外交人员进行了持续和积极的沟通和对话。例如，在2月19日外交部新闻发言人办公室推特（@MFA_China）所发布的推文中，外交部官方提及了习近平主席与英国首相约翰逊（@Boris Johnson）、法国总统马克龙（@Emmanuel Macron）就新冠肺炎疫情进行电话沟通的内容。在推文中，中国政府向海外对口机构通报了中国抗击新冠疫情所取得的显著的阶段性进展，并向世界受众展示中国抗击新冠肺炎疫情的决心，以及对疫情后恢复经济发展的信心。这类的推文内容从官方视角展示中国作为和平发展的新兴经济体所承担的国际责任，也展示中国作为一个负责任的大国在强化国际合作以抗击新冠肺炎疫情所做的重要努力和贡献。外交部新闻发言人华春莹（@SpokespersonCHN）在推特上持续与世界卫生组织（@WHO）进行互动，并实时向世界传递中国抗击疫情所做出的尝试和所获得的经验。早在3月6日，她就发布了世卫专家组对中国抗击疫情的经验总结和评价，以强调中国经验在世界的可借鉴性以及中国为抗击疫情所付出的巨大牺牲[1]。除此之外，面对美国政府对中国抗击疫情努力的扭曲和误解，中国外交推特也持续发声以回击美国的污蔑行为并呼吁全世界携手抗击疫情。例如，对于美国国务卿蓬佩奥无礼的抨击和指责，外交部新闻发言人华春莹（@SpokespersonCHN）多次在推特上直接提及其账号（@SecPompeo）并严正驳斥其错误的主张和观点，以正视听并捍卫中国的立场。她通过推特向全世界受众梳理中国自新冠肺炎疫情暴发以来对美国政府连续且公开地分享病毒数据、防控资讯、公共卫生经验的全过程，揭露美国政客为选举利益而轻忽中国所公布的信息和预警才导致当地新冠肺炎疫情在3月末的大流行。

[1] 推文内容：“Dr. Aylward, head of the China-WHO joint mission on #COVID-19, said China’s counter-attack can be replicated, but it will require speed, money, imagination and political courage. Thanks for your professionalism, devotion, sacrifice and objectiveness. We are ready to share and give.”

三、中国外交机构及外交官和外国媒体的疫情故事

在我们所建构的模型中，中国外交机构及外交官和外国媒体的推特互动构成了“CF × MC”中国公共外交网络传播策略的第二级。事实上，中国外交官员的内部网络互动不仅强化了对中国政府立场的捍卫，也暗示了中国政府在抗击新冠肺炎疫情过程中行动的高效，有力地建构起中国在海外的国际形象。最明显的事例是中国在内部疫情刚刚出现缓解迹象时就开始持续向海外进行防疫物资的发送行动。

一方面，中国外交机构内部网络互动聚焦本国政府集中采购防疫物资和药品，为在海外的中国留学生组织配送“健康包”。外交部新闻发言人办公室推特账户与不同的中国驻外使领馆账户就这一主题也进行了持续的互动，以报道中国驻外使领馆在各地不畏疫情所造成的交通及运输困难，为留守的中国留学生发送“健康包”，确保每一位在外学子的安全。这一温暖的行动在推特上通过中国在各地的外交官们大量转发，有助于在社交媒体中塑造中国负责任的大国形象，也有利于稳定并缓解海外华人在疫情中焦虑的心情，更能展示一个国家不畏客观条件的困难而尽全力保护其海外公民的大国情怀和承诺。

另一方面，中国外交机构和海外媒体进行持续的对话，以消除海外媒体对中国向他国发送防疫物资的误解。在大量中国外交部门与海外媒体进行沟通互动的推文中，“命运共同体”“团结”“合作”成为共同的主题。中国政府在国内紧急加大防疫物资的产能并持续向海外发送物资，强化了我们关于“和平”“合作”“承担”“共同抗疫”的国际主张及一直以来所倡导的人道主义精神。

再一方面，这些持续的对话与互动也表达着中国政府和老百姓对世界各国在新冠肺炎疫情初期暴发时援助中国的感恩。这些理念随着中国外交推特所发布的向各国发送物资的海报而广为世界所知：“团结就是力量”（中国向比利时发送物资时的海报）；“团结定能胜利”（中国向法国发送物资时的海报）；“道不远人，人无异国”（中国向韩国发送物资时的海报）；“亚当子孙皆兄弟，兄弟犹如手足亲”（中国向伊朗发送物资时的海报）；“青山一道，同担风雨”（中国向日本发送物资时的海报）；“身若伏波，与子同海；若为落木，与子同枝；若为兰草，与子同室”（中国向意大利发送物资时的海报）；“尼莲正东流，西树几千秋”（中国向印度发送物资时的海报）。

对在抗击疫情战斗中普通中国人的故事的叙述、对政府所担负的责任和大爱的

描绘、对中国向国际快速提供支援的报道，都在中国的社交网络公共外交行动中成为展示中国抗击疫情庄严承诺的重要方式。同时，公共外交行动还需捍卫本国的立场、倡议及主张。在外交推特上严正驳斥海外的抨击及表达中国的立场与主张，将有助于中国把真实的疫情，包括中国特色社会主义制度在抗击疫情中的优越性、中国在抗疫期间内外政策等传递给国际受众，以正西方社会受众之视听。

疫情防控阻击战中的“纪录力量”

韩　飞

中国传媒大学电视学院教师，新闻传播学博士后

纪录影像一直被用来表征自然、历史和社会现实，作为极具现实观照精神，且以真实性为灵魂的媒介文本，它将我们的注意力转移到了我们生存的这个世界。

纪录片在中国诞生百余年来，始终与国家同呼吸，与时代共命运。此次新冠肺炎疫情牵动着全国人民的心，中华儿女不畏艰险，打响了可歌可泣的疫情防控阻击战。作为“国家相册”和“人类生存镜像”的纪录影像在这次疫情中发挥着“新时代记录者”的作用，并积极求新求变，呈现出新的传播景观。

一、传统主流媒体记录战“疫”

湖北和武汉是疫情防控的重中之重，随着防疫斗争进入到关键阶段，国家广电总局不断加强对湖北的节目供给，紧急调配100余部优秀动画片、纪录片、广播剧，免费支援湖北广播电视台播出，其中纪录片有10部、共约70小时，包括《长江之恋》《本草中华》《人间世》《生命时速·紧急救护120》等，涵盖医疗健康、人文地理等多个题材。近百部优秀纪录短片也同时支援全国各地电视频道，通过“抗击疫情——中国梦主题短纪录片公益展播活动”集中播出，充实了人民群众居家防疫的精神文化生活。

在打赢疫情防控阻击战的决胜之地，湖北广播电视台抽调大约20名精锐力量组成战“疫”纪录片摄制团队，前往疫情最前线全方位记录军民共抗疫情的真实故事和感人景象，为疫情下的湖北和武汉“保卫战”留下了真实的影像文献。各类防疫一线的“战”况和感人故事，满足了观众的信息知情需求，增强了人们战胜疫情

的信心，鼓舞了各界防控疫情的斗志。这支纪录队伍还全景式、立体化地记录了火神山医院建设的全过程，这些珍贵的一手素材为中外媒体报道这一旷世瞩目的“中国速度”工程提供了基础。此外湖北电视台推陈出新，适时推出《工地上的消杀志愿者“蓝天使”》《武汉这个社区书记与白岩松连线》《“钉”在岗位上超 150 小时》等短纪录片；与腾讯视频一起推出的系列微纪录片《非常手记》，邀请民众以手机为媒介记录下武汉“封城”非常时期下的社会生活片段，这些微言大义的影像留下诸多暖心动人细节，让这座封闭状态下的英雄城市充满浓浓的人情味。

当下，传统主流媒体正在经历媒体融合的深刻变革，从简单“相加”，走向深度“相融”，向新型主流媒体迈进。疫情面前，主流媒体坚守社会文化责任，纷纷以融媒体思维进行疫情宣传报道。央视纪录频道推出的系列纪实短视频《武汉：我的战“疫”日记》，以每集 5 分钟的微小体量，采用 Vlog（视频日记）的创新方式，借助医护人员、普通市民、外地援助者等各类武汉疫情亲历者的个体主观视角，记录和讲述武汉在抗击疫情过程中的温暖故事，以微叙事彰显大情怀，不仅在电视媒体热播，网络点击也超 7 亿人次。《人民日报》也推出《武汉百步亭社区民警》《武汉保卫战》《改变》《95 后援鄂护士的一天》《武汉，等你重启》等微纪录作品，通过纪录影像讲述真实生动的疫情防控故事，绝大部分作品获得了 10 万以上的点击量。

此外，北京、上海、湖南、重庆等地电视媒体都组织了精兵强将，拍摄和记录各条战线抗击疫情的真实事迹。从以小见大的微纪录片、短视频，到全景式、系列化的主题纪录片；从常规栏目的疫情防控特别纪实节目，到抗击疫情新闻直播节目和特别报道，不仅为这场全民参与的“疫情防控阻击战”留下全方位的影像深描，而且实现了创新手段和话语方式加强疫情防控的宣传舆论引导，提高了防控宣传的针对性有效性，成为丰富人民群众居家防疫文化生活、打赢疫情防控阻击战的重要精神力量。

二、新媒体唱响网络文化主旋律

“疫情就是命令，防控就是责任”。优酷、爱奇艺、腾讯等视听新媒体平台均在显著位置开设“战‘疫’情”相关专区，以纪录片、纪实性短视频为代表的纪录影像成为重要布局和投放内容。优酷推出了“战‘疫’Vlog”，用“疫情居家生活”和“挑战 14 天不出屋”两个板块展现疫情之下普通家庭每天的日常生活；爱奇艺推出《‘封城’日记》《抗疫前线》专栏，分别通过网民创作和专业报道展现真实生动的武汉市民精神风貌以及医护人员的逆行身影；腾讯视频依托腾讯新闻的平台优势，整合各大新闻号、视频拍客的纪实短视频，以信息流的形式为用户呈现多元战“疫”信息。

其次，强化优质纪录片内容供给。各大网络视频平台通过版权购买、联合出品、限时免费观看等方式，及时提供优质纪实内容，丰富特殊时期网民的居家文化生活。尤其针对疫情现状适时推出相关医疗题材纪录片，助推网络健康传播，塑造医生的正面形象。优酷视频上线了大型医疗纪实节目《生命进行时》，展现医务工作者的救死扶伤和医道仁心，一度位居“纪实热度榜”榜首；火线引进 Netflix 的纪录片版权《流行病：如何预防流感大暴发》，从科学和健康传播视角助力全民抗疫；大年初三上线关注疫情的人物类系列微纪录片《中国面孔》，记录奋斗在新冠肺炎疫情前线的医生、护士、军人、后勤人员、患者、普通市民等英雄，以真实、透明的信息回击不实谣言，展现众志成城防控疫情的决心。爱奇艺参与出品的九集纪录片《中国医生》同样在大年初三紧急上线，为我们展现了一幅生动感人的医生群像。

此外，针对这次肺炎疫情下大多数民众居家防疫的特点，腾讯、优酷等平台都打破之前新媒体纪录片逐渐建立起来的用户付费观看模式，纷纷推出大量优质限时免费纪录片，丰富网民居家期间的精神文化生活。

三、抗击疫情的“中国故事”

此次新冠肺炎疫情不仅是一场中国的全民战“疫”，同时也受到全世界关注。纪实影像作为低文化折扣率的“国际语言”，向世界生动讲述着中华儿女奋力抗击疫情的“中国故事”。央视频通过 5G 慢直播镜头全程直播了武汉市火神山医院、雷神山医院的建设过程，1.2 亿网民在线“云监工”，远程守望，成为话题焦点；纪实画面也在海外媒体广泛传播，让外国网友被这一伟大的“中国速度”震撼，纷纷点赞中国。央视新闻客户端推出的微纪录《独家！总台央视记者探访武汉金银潭医院隔离病房》被美国、英国、加拿大等国家和地区的 477 家媒体广泛选用，播出 1,700 余次。中国国际电视台（CGTN）也推出了独家纪录片《武汉战“疫”记》，用真实的镜头向全球讲述过去一个月的武汉战“疫”故事。

在新媒体时代，讲好中国故事少不了普通民众的力量。视频博主“蜘蛛猴面包”以Vlog（视频日记）形式拍摄的系列纪实短视频《武汉日记2020》，以第一视角记录了武汉“封城”以来全民积极抗疫、勇敢面对疫情的点滴事迹，这些真实且饱含情感的一手影像让很多网友感动。视频也受到大量海内外网友关注，来自世界各地的网友用不同语言为这位视频博主的记录鼓掌，为武汉、为中国加油。这些真实的影像成为海内外民众了解武汉当下境况的一扇窗口。

四、自媒体时代的公众参与

相比2003年的“非典”，新媒介技术的飞速发展和普及使得传播语境、主体、方式都发生了革命性变化。每一个社会个体不仅成为信息的接收者，也成为创造者和分享者。每个手持智能手机的民众都可以成为记录影像的创作和传播主体。在和疫情相关的主流或热门纪实影像中，UGC（用户生成内容）纪实短视频的占比不容小觑。许多纪实内容短小精悍，信息密度大，时效性强，符合了当下人们的观看习惯，使疫情的真实情况得到广泛传播，平民化的视角和真情实感更容易引发大众共鸣和二次分享。

不少媒体也更加重视网络和民众的力量。《人民日报》新媒体推出“全民战疫日记”视频众筹活动，号召民众拿起手中的手机、相机，记录下身边的战“疫”故事。中国教育电视台联合中国视协行业电视委员会、中国纪录片网等共同发起《战“疫”24小时》抗击疫情全民微记录计划，面向公众公开征集疫情防控中的珍贵瞬间。“大象纪录”和优酷人文联合推出了主题为“余生一日”的全民记录计划，邀请民众在2020年2月9日这个疫情中的普通又特殊的一天，拍摄自己的生活片段，旨在创作一篇疫情下国人的影像日记。在这场全民参与的疫情防控阻击战前，人民群众从记录客体成为记录主体。

当下，记录影像真正成为新时代技术赋能语境下公众参与书写当下与表达自我的工具。每个手持拍摄工具的个体都是记录者和表达者，我们应该有通过非虚构的光影之笔记录当下的文化自觉，为这个在苦难和挫折中走出的民族和变革奋进的时代留下备忘录和个体化的影像注脚。

“Zoom轰炸”防得住吗？[1]

彭　茜　林小春

《环球》杂志记者

新冠肺炎疫情之下，为保持社交距离，网络授课、视频会议等成为人们的普遍选择。不过，最近热门视频会议软件Zoom的网络课堂或会议现场闯入很多不速之客。他们冲入网络直播间，或高喊不当言论，或上传色情图片，给参与者特别是青少年带来极大困扰。这类“劫持”正常网络会议、肆意捣乱的行为也成为一个新的流行词——“Zoom轰炸”。

一、疫情放大安全隐患

Zoom由硅谷华人工程师袁征创立于2011年，由于用户体验好，成为不少企业网络会议的首选，也有一些中国孩子通过Zoom跟美国老师学英语。

从初到美国连英语都说不流利的工程师，到中年离职白手创业，成为拥有百亿市值的上市公司创始人，袁征的励志经历也成为硅谷华人创业最成功的范本之一。

疫情暴发后，Zoom日活跃用户从去年年底的1,000万飙升至今年3月的超过2亿人。许多人上课、开会、聊天，甚至举办网络婚礼和音乐会，都离不开Zoom。现在，连世界卫生组织每日的疫情例行发布会都利用Zoom举行。随着用户量暴增，视频会议软件的隐私和安全问题日益凸显。

“Zoom本身是面向企业端的软件，企业用户开正式会议时才会购买服务、单独对接，是相对封闭的环境，一般不会有外人进来捣乱。”北京智源人工智能研究院副院长刘江在接受《环球》杂志记者采访时说，现在Zoom突然拥有了C端（消费端）海量用户，被攻击价值变大，可Zoom此前并未针对海量用户设计相应安全措施，于是出现了“Zoom轰炸”。

视频会议大量实时的在线需求给软件系统设计、资源配备、运营维护带来极大挑战。作为一种直播平台，视频会议会实时展现用户的一言一行，用户对于隐私和安全性也更为敏感。显然，Zoom对于这种突然的转向并未做好充分准备。

[1] 彭茜，林小春．“Zoom轰炸”防得住吗．《环球》杂志，2020-05-13（10）．http://www.xinhuanet.com/globe/2020-05/18/c_139049785.htm.

互联网产品在易用性和安全性之间通常存在一个悖论，即越容易使用，越不安全。开发者为了提升产品安全性，会设置很多道防范关卡，但用户体验会变差。Zoom 一直以比同类产品更易用、连接质量更可靠受到用户青睐。在刘江看来，Zoom 此前出于方便用户体验的设计，如今都成为了安全风险点。

比如，使用 Zoom 时，人们通过输入会议号便可进入会议，但仅为几个数字组合的会议号很容易被猜测。加入在线会议也无需太多认证，所以任何人都可通过获取分享在网络平台上的会议号，甚至靠单纯猜测数字闯入一个在线会议，这就为发生“Zoom 轰炸”问题提供了方便。

世界知名安全专家、哈佛大学肯尼迪政府学院讲师布鲁斯·施奈尔以“不良的隐私惯例、不良的安全惯例和不良的用户配置”总结 Zoom 暴露出的安全隐患。他认为，Zoom 产品本身的安全设计过于草率，存在很多不良安全决策、草率的代码错误以及随机的软件漏洞。他还称，Zoom 的加密方法很糟糕，并未使用其声称的“端到端加密”，仅使用了链路加密，这意味着该公司服务器上的所有内容都是不加密的。

Zoom 安全问题并非孤例。中国科学院软件研究所研究员、中科实数董事长丁丽萍说，目前很多公司很多产品都是被动防御，只要不出安全事故就不重视安全，临时抱佛脚的情况很多。“一个不安全的产品拿出来应用，当用户规模越来越大时，暴露的问题也就越来越多。”

二、不单纯的质疑声

当然，技术问题之外，也夹杂着一些不单纯的声音。

Zoom 保持赢利的“秘诀”之一，就是相比对手而言较低的研发投入。Zoom 将部分研发团队设在中国，以充分利用中国相对硅谷的“低工资优势”。其招股书称，Zoom 在中国多个研发中心拥有 500 多名员工，约占其劳动力总数的 30%。此外，Zoom 还在中国设有数据中心，再加上其创始人袁征土生土长的山东人身份，在一些西方媒体惯有的“有色眼镜”之下，都成为“Zoom 与中国政府有千丝万缕联系”的证据。

至于那些第一时间站出来表示抵制 Zoom 的科技公司，有不少是同业竞争者出于“被动了蛋糕”的心态，试图抓住机会压制对手。事实上，多数技术专家认为，

Zoom 本身的功能仍是同类翘楚。迄今，Zoom 处理和整改安全与隐私问题的态度和速度也较为坦诚、高效。袁征在 2020 年 4 月初发文回应质疑说，将在未来 90 天内动用必要资源更好地主动识别、处理和修复安全漏洞，包括暂时冻结新功能的开发，邀请第三方专家进行审查等。

全球最大数据库软件公司甲骨文创始人拉里·埃立森日前通过视频公开发声支持 Zoom，称 Zoom 提供的服务是甲骨文"不可或缺的服务"，"它的技术使甲骨文的工程设计、客户服务和销售得以继续，即便现在所有人都在家工作"。

丁丽萍对《环球》杂志记者表示："Zoom 90 天之内会着手解决安全方面的问题，我相信在这个时间节点过后它会变成更安全、更值得信任的好产品。"

技术本无好坏之分，但一些人以不当行为"利用"了中性的技术。"Zoom 轰炸"反映的不仅是一个技术问题，更是社会问题。疫情之下，当越来越多线下活动移到线上，一些如窥私癖这样的人性丑恶面，也借助网络的便捷性得以放大，成为疫情带来的次生灾害。

网络安全专家、前美国空军传播官员文斯·克莱斯勒在博客文章中说："我并不是想最小化'Zoom 轰炸'带来的情感和心理影响，但类似的事情不仅在虚拟世界存在，在现实世界同样存在。"

刘江也指出："技术本身很难 100% 解决问题"，就像视窗操作系统需要不断升级版本补漏洞一样，任何软件都不可能做到绝对安全，企业只能尽力把该做的事情做好。"

三、中国远程办公提前 5 年实现

"你永远不知道你的同事是否在全身心投入开会。"在 2020 年 4 月 26 日由清华大学计算机系和公益学术组织"AI Time"主办的人工智能在线论坛上，北京旷视科技有限公司联合创始人兼首席技术官唐文斌分享了参加公司远程会议的体验。

而搜狗公司 CEO 王小川对此有自己的解决方案："视频会议必须要营造点仪式感，我们要求开会的员工必须开着视频，最好还要挂上工牌，才能把大家带到工作的氛围里面去。"

这场突如其来的疫情，让很多传统的线下办公场景移到"云端"，有人享受着

在家中一整天“零位移”便可参加全球各地多个会议的便利，亦有人怀念面对面开会时更即时的沟通和反馈。

除了 Zoom 之外，Webex Meetings、微软 Teams，国内的腾讯会议、阿里钉钉、华为云 WeLink 等都是常用的远程会议系统。亿欧智库预测，2020 年中国远程办公市场规模有望达到 448.5 亿元，约为 2017 年市场规模的 7.5 倍。

“疫情不仅让中国远程办公的趋势提前了 5 年，也培养了用户的在线办公习惯。”腾讯云办公协同产品中心负责人钱敏接受《环球》杂志记者采访时说，经过疫情的实践，在线办公让跨企沟通等问题受到更降本增效的解决方案启发，也涌现了更多新应用场景，未来将有更多线上线下相结合的办公探索。远程视频会议是一个比较能够跨企业的服务产品，甚至可实现消费者和企业间的联动，在未来潜力很大。

国内视频会议软件同样面临用户激增带来的安全挑战。腾讯公司提供的数据显示，去年 12 月底推出的腾讯会议在两个月内日活跃用户数超过 1,000 万。为满足日益增长的“云上”办公需求，腾讯会议 100 天内更新迭代 20 个版本，也通过加码内部安全投入、开展安全众测等方式预防未知产品风险。

那么，普通用户是否应该担心视频会议软件的安全问题呢？丁丽萍说：“如果按照规定做好安全配置，用户可以放心用。”据她介绍，目前国内有些视频会议产品采用数据安全多方计算等多种方案，有严格的访问控制机制，可支持不存储，并提供一些录制选项确保安全。此外，国内视频会议软件现在基本采用通道加密，视频会议进入也有设置密码等保护措施。

当然，Zoom 安全漏洞也凸显相关企业在安全“方面”补课的必要性。刘江认为，企业在快速成长过程中，不能仅考虑产品纯功能性，还要考虑安全、隐私、社会责任方面的更多问题，在这些方面提早做好资源投入和组织保障。这种“重要但不紧急”的事项如果被企业长期忽视，未来一旦有问题暴发，会让企业陷入极大被动。

正如斯坦福大学客座教授、脸书前首席安全官亚历克斯·斯塔莫斯所说：“新冠肺炎疫情之下，网络安全可能是整个技术行业面临的最重大挑战。我们需要共克时艰，有所改进，为所有人营造更安全的沟通方式。”

至于普通用户怎么安全使用视频会议软件，丁丽萍建议：首先要选择有更多安全背书的软件，不要用不成熟产品；其次要熟悉软件设置，有时候产品并不是没有安全功能，而是用户没有启用；第三要把办公环境和家庭环境区分开，不要在视频会议环境中放置太多私人物品，注意保护个人隐私；第四要养成良好的视频会议使用习惯，不说话时保持静音，说话时才开启，一些敏感文件则尽量通过邮件形式进一步展示细节。

第七章

平凡故事中的爱与温情

中国古诗有云：东边日出西边雨，道是无晴却有晴。新冠肺炎疫情给 2020 年的世界蒙上了一层厚厚的阴影。然而在疫情阴霾之下，总有那么一群人感动着我们，也总有那么一些事温暖着我们。病毒无情，但人间有爱。我们相信，只要我们紧紧团结在一起，带着这些感动与温暖，秉承共建人类命运共同体的理念，携手共进，科学防控，我们终将战胜新冠病毒，迎来真正阳光明媚的春天！

本章聚焦在疫情期间的留学生、海外中文教师和一些普通社会人士，他们都是疫情之下的平凡人，却都不留余力地投入到抗“疫”——这场没有硝烟的战争中。他们或记录下自己的亲身经历，或用实际行动参与到疫情防控工作中。这些感动我们的温暖的人和故事值得我们铭记！

【学生篇】

2020年新年伊始，新冠病毒侵袭中国，有的留学生回国了，也有的留学生选择了留下。然而无论在哪儿，他们都心系中国，为中国加油祝福，甚至用自己的实际行动参与到疫情防控中。

我为北京语言大学《疫情防控外语通》做哈萨克语翻译

【哈萨克斯坦】嘉娜尔

北京语言大学新汉学博士

2020年对于每一个人、每一个家庭和国家都是难忘的一年。新型冠状病毒一开始让全世界人民的目光聚焦在武汉这座城市，慢慢它开始“周游列国”，让全世界认识了它的危害。

我去年12月底就从北京回到阿拉木图市，准备和家人朋友一起迎接新年，也早早地买好了2月6号的机票计划返回北京继续学习，准备今年完成学业，毕业回国。后来开始看到新闻和朋友圈越来越多关于病毒的信息，武汉封城，慢慢地北京也开始封城，中国乃至全世界都开始封国，就这样我也一直留在了阿拉木图。虽然我不在中国，也不是医学专业的博士生，但我发挥我的语言优势为共同抗击疫情做了自己小小的贡献——我加入了中国防疫翻译小语种志愿者群，帮助整理、翻译一些国家医疗政策信息，还动员了我的留学生朋友们加入到我们的志愿者翻译群。最令我难忘的还有北京语言大学语言资源高精尖创新中心的老师联系我，让我负责《疫情防控外语通》的哈萨克语翻译任务。虽然是写论文的最后阶段，我还是按时完成了翻译和校对工作。现在这本书正在录音阶段，很快就会上线。我也很高兴能够加入到战“疫”语言服务团队，为更多的人做自己微薄的贡献。

都说远亲不如近邻，哈萨克斯坦作为人口只有一千多万的国家，政府还是第一时间为患难的中国好邻居伸出了援助之手，捐赠了 13.6 吨的医疗物资和人道主义援助。现在哈萨克斯坦也发现了新冠病毒传染者，秉承邻里之间互帮互助的国际友情，中国首批捐赠给哈萨克斯坦的人道主义物资也已经运达并发放到哈萨克斯坦抗击疫情的医疗机构和一线医护人员手中。近日哈萨克斯坦总统托卡耶夫和中国国家主席习近平通电话，就向哈萨克斯坦派遣抗疫医疗专家组的意向达成了共识。如果政府有需要我也愿意去一线做中文志愿者翻译。我相信在中国抗“疫”专家的指导和哈萨克人民顽强的斗志下，我们一定能一起战胜病毒。最后我想引用哈萨克伟大诗人阿拜的诗结束我的文章：“Біртəуірдос, тым-аққерек -Абай（知心朋友，守望相助）！”哈萨克斯坦加油！中国加油！世界加油！

全人类应共同面对新冠危机

【巴基斯坦】穆志成
北京语言大学留学生

我是来自巴基斯坦的留学生穆志成，来中国留学四年了，现在北京语言大学攻读汉语国际教育学士学位。留学的经历让我对中国有了很深的了解。来到中国后，当我穿梭于一个个生动形象的汉字中时，学习婉转动人的音调时，朗诵古代诗词歌赋时，我深深地被中国丰富多彩的语言文化所折服。除此之外，我和我的中国朋友们一起走遍了大半个中国，真正体会到她的历史悠久、源远流长。一个国家，最动人的力量是文化，最美的风景是人。在北京语言大学读书时，我不仅仅认识了很多中国朋友，还有外国朋友，他们的好客与友爱让我感受到了家一般的温暖。

正因为如此，新冠病毒疫情在某种程度上对世界造成的封锁、隔离和撕裂让我格外难过。疫情期间，我在中国的生活是正常的。我欣赏中国政府，他们使用的办法值得赞扬，他们不仅仅保护了人民的生活，而且给他们提供了生活日常用品。在隔离期间，我们学校也封校了，一开始不让我们随便出去，后来学校开始行动，友谊超市重新营业，我们从这个小超市可以买到蔬菜、水和水果等日常用品。疫情的突然发生，让我们待在学校哪儿都不能去。最初，这种情况确实让人焦虑，这时学校就安慰我们；我们买不到口罩，学校就给每个学生发口罩。负责老师一直与我们保持联系，关心我们的健康。

这些都是我亲身经历的事实，但我却在网络上看到很多让人不舒服的新闻。有些国家，像美国，把这病毒叫成“中国病毒”，我当时确实很难受。病毒是没有国籍的，美国不应该更不能这么说。有些国家还出现了多起借着疫情侮辱中国留学生甚至殴打中国学生的事件。我认为，中国的情况很严重的时候，其他国家就应该引以为戒，保护自己，但他们没有。巴基斯坦一开始没有感染新冠状病毒的人，但后来从国外入境的人里有几名病毒携带者，于是巴基斯坦也遇到了这个困难。此外，病毒在意大利暴发流行，没过几天就感染了几千人，也是因为意大利一开始特别不在意这个病毒，后来整个国家关闭了。接着是美国，现在美国感染新冠病毒的人最多。

这些混乱的事情越来越让我认识到，尽管大家的国籍不同，但是想过上好日子的心愿是一样的，我们应该友好相处，而不是互相指责。在中国发生疫情时，巴基斯坦一直在中国身边，为中国送来医疗品、口罩、衣服等。不仅仅是巴基斯坦，还有很多国家，他们都在鼓励中国要勇敢地面对疫情。后来，巴基斯坦遇到困难，中国送去很多医疗品，更让我感动的是中国还派了十几位医生来帮助巴基斯坦。中国和巴基斯坦本来就是关系友好的国家，这次疫情更向世界展现了兄弟般的深厚感情。

我在中国了解到“人类命运共同体”这个伟大的人类课题，这次疫情让我更加体会了这个课题的必要性。我认为，全人类都应该友好、团结、合作。只有这样，才能战胜病毒，以及战胜未来一切可能出现的困难。

疫情让我看到“命运共同体”的真正意义

【阿富汗】李　娜

北京语言大学留学生

我叫李娜，来自一个历史悠久而充满魅力的文明古国——阿富汗。2018 年，我成功申请了孔子学院奖学金，现在在北京语言大学攻读硕士学位。

我是阿富汗人，中国是我的第二故乡。虽然疫情突如其来，但是在中国政府和学校的管理下我们的学习和生活没有受到大的影响。老师们一直跟我们联系，很关心我们。生活用品都可以网购，论文和学习的事情都是通过网络跟老师们联系。我要衷心的感谢北京语言大学和中国政府在疫情期间为我们提供的诸多便利。

中国在疫情防控上取得的阶段性胜利为其他国家和地区战胜疫情提供了可供参考的经验，也增加了信心。我切身感受到全球团结起来、齐心抗击疫情的重要性。我觉得所有中国人都应该为自己的国家感到骄傲，可以说有这样的国家和政府是每个中国人的福气。疫情期间让我感动的事情有很多，比如我看过一个视频，援助武汉的医生和护士完成任务离开武汉的时候，在他们的眼睛里我看到了人性的温暖与仁慈。那一刻，我也忍不住跟着他们流下了感动的眼泪。

我还有一段在喀布尔大学孔子学院任教两年的经历。疫情暴发后，孔院的老师和同学们也都很关心我，询问我是否需要防疫物资。后来，新冠病毒继续传播，阿富汗也开始出现了病例。我赶紧将我在中国总结的经验分享给在阿富汗的家人和朋友，提醒他们买好必需的口罩以及食物。阿富汗卫生部门每天都在发布数据，提醒人们病毒的严重性，但人们似乎还是不够重视。还有一部分人需要外出，不得不出门工作挣钱，这也是没办法的事。我想对他们说，一定要注意做好防护，保护自己也保护他人；同时，尽量地待在家里，不要出门。

在这一阶段，我深切地感受到中国所说的“人类命运共同体”的真正的意义，也看到了互帮互助的美好力量。希望病毒赶快过去，一切都尽快好起来。

北大在马校友“阳光行动”传递爱心携手抗疫[1]

北京大学马来西亚校友会日前在马来西亚古城马六甲通过“阳光行动”，向当地民众捐赠口罩、面罩等防疫物资，并向即将复课的马六甲培风中学捐赠了耳温枪、消毒液等医疗物资，助力学校安全复课。

[1] 新华网 . 北大在马校友“阳光行动”传递爱心携手抗疫 .(2020-06-25). http://www.xinhuanet.com/world/2020-06/25/c_1210676571.htm.

图 8：为北京大学马来西亚校友会代表在马六甲向当地民众捐赠医疗物资。（郁玮摄）

马六甲市区国会议员邱培栋表示，感谢北京大学的在马校友们，从中国和马来西亚两地募集物资，捐献给基层一线从业者和弱势群体，关怀前线劳动者，鼓励他们以阳光的心态面对“抗疫新常态”。马来西亚当前正在逐步开放，恢复经济，马六甲当地应当借鉴中国的复工复产经验，做好消毒防疫、健康登记等措施，通过实际行动给外界信心，让游客安心。

马六甲州行政议员刘志良表示，马六甲是一座历史悠久的旅游城市，中国游客的到访为拉动当地旅游业的发展做出了较大贡献，马六甲的特色三轮车游览方式广受中国游客的喜爱。但此次受到新冠肺炎疫情的影响，当地旅游业受到重创，包括三轮车夫等许多基层从业人员的生计也受到很大影响。此次捐赠的防疫物资为基层工作者提供了防护，为旅游业者增添了信心。

数载燕园梦，悠悠马中情。北京大学马来西亚校友会会长赖贞理表示，自疫情暴发至今，北京大学马来西亚校友会已多次筹款、募集物资，捐赠给抗疫一线医护人员、福利院、老人院等机构。雪中送炭见真情，北大马来西亚校友们今后还将继续携手两国友人，共度风雨，守护健康。

虽是周末，马六甲培风中学校长黄雪莱仍然紧锣密鼓地带领教职工为毕业班复课做好准备。她说，近年来，该校选择去中国高校就读的学生越来越多，感谢这些曾经在该校就读的北大同学对母校的捐赠，也希望马中两国的教育交流能越来越好。

（本文整理自新华网马六甲 6 月 25 日电，记者郁玮）

【教师篇】

当新冠病毒疫情在全球范围内愈演愈烈时，海外孔子学院、中文教育机构的老师们都行动起来了，他们一边坚持在线开展教学，一边积极参与到疫情防控工作中。有的孔子学院在中国抗“疫”初期，为中国高校、医院捐赠口罩、防护服，有的在当地积极配合当地社区疫情防控，为当地社区捐赠防疫物资。他们用自己的实际行动诠释了教育工作者的爱与担当。

疫情之下，我在罗马尼亚的教学与感动

商　拓

罗马尼亚锡比乌卢奇安·布拉卡大学孔子学院公派教师

一场突如其来的新冠肺炎疫情打乱了全世界的生活方式，我所在地区的孔院却能从容应对。从 3 月 11 号罗马尼亚全国中小学停课以后，孔院的教学无缝对接网络教学。疫情对我的正常的教学和日常生活没有太多影响。我们采用线上课堂教学与线上辅导的形式保障教学活动的正常进行。

网络教学开始的时候让有些学生很害羞，怕出镜，适应一下就好了。我觉得网络教学对我来说跟线下教学差不多，我们在网络平台上打开视频，师生能互相看到对方，大家也觉得很亲切、自然。现在的网络教学资源很丰富，孔子学院总部和我所在的孔院都多次组织网络教学讲座和研讨，相对于线下教学来说，教学手段和内容更丰富，更有利于及时调整教学中因内容不同而采取的教学手段。在网络教学的过程中，我发现自己与学生走得更近了。在为期两周的复活节假期，有的学生想跟着我继续上网课，一是因为他们的求知欲很强，二是因为这个假期大家都居家做事。我答应了这部分学生的请求：反正都是宅在家里，能做自己喜欢学生也喜欢的事情岂不是更充实。因为是假期，学生的家人们也宅在家里，他们非常配合，有的时候

还在我们上课的时候出现在学生的视频中热情地跟我打招呼，表示对我的感谢与支持。今天可能是这个学生的爸爸，明天也可能是那个学生的妈妈，甚至出现过学生的妹妹或者姐姐跟我们一起上课的情景。

除了教学以外，还有一些感人的小故事温暖着我的心。

罗马尼亚疫情开始阶段，人们还不太了解这个病毒的传染性有多强，我上课之前告诉助教说，请通知学生我要戴口罩去上课（学生基本过了拼音阶段，不太需要看教师的口型发音了）。助教说，这些病例离我们远得很，不需要佩戴口罩。我举例说明疫情在意大利等国家的蔓延情况，助教默许了我上课戴口罩这件事情。出乎意料的是，当我戴着口罩走进教室，问学生能否理解时，学生们异口同声地说能够理解，因为他们在电视上看到中国人个个都戴口罩。我很感动，告诉他们，我戴口罩是为了保护自己，也是为了保护他们，因为我们都不知道谁被感染了病毒，在潜伏期是没有症状的。疫情之下，东西方文化、思维等方面的差异又凸显出来，但通过真诚的沟通和交流，跨文化问题会得到很好的解决。

在中国国内疫情渐渐得到控制时，罗马尼亚的疫情还在暴发初期。有一次我坐出租车外出办事，根据防疫要求，我自觉坐在出租车的后排位置上。到达目的地下车前，司机用英语问我是不是中国人，我有些胆怯地看着司机，点了点头。考虑到中西方在文化观念层面的差异，以及新冠肺炎疫情暴发以来西方世界对中国的恶意，我有点害怕他对我产生敌视心理，甚至做出非常举动或者说出难听的言辞。没想到他主动热情地向我伸出手，要跟我握手，还一边说着“China”，一边用另一只手伸出大拇指。我又一次被感动了。

新冠病毒是全人类的“敌人”，各个国家都是受害者，疫情防控无国界，只有团结协作、彼此理解，才能打好这场战役！现阶段疫情蔓延全球，我们更应该紧紧团结在一起，抱怨和指责解决不了问题，唯有通力合作、科学防控，才能扭转局面。作为海外中文教师，我们也应当遵守当地的法律法规，积极配合当地学习、社区的工作，为疫情防控贡献自己的一份力量。

山川异域风雨同天，全球战“疫”我在关西

吴静文

日本关西外国语大学孔子学院中文教师志愿者

我们孔院所在地隶属大阪府，是大阪府居住人口较多的市，所以风险还是蛮大的。疫情发生以来，学校和孔院对我们志愿者教师非常关照，采取了多项保护措施。目前孔院汉语面授课程已经全面停课，也不要求坐班，让我们尽可能地待在家里减少外出，同时要求我们如有外出情况必须佩戴好口罩并与他人保持安全距离。

3 月份开始，我们关西外大孔院在 YouTube 和微信公众号上推出了以趣味性为主的汉语小课堂。当时是日本学校普遍的放假时间，推出该课程是为了在假期能够给学生提供一个边娱乐边学习汉语的机会。疫情发生后，该课程成为孔院学员们弥补汉语课空档的途径，受到了不少学员的支持和肯定。除此之外，我们也正在计划面向孔院学员开设网上汉语会话教室，给大家提供用汉语交流的机会，预计 4 月底正式开启该项目。

我觉得线上教学更自由，时间和地点的选择更灵活，对于学生来说更为便捷，但是同时也需要老师能抓住学生的注意力，不要让学生因为隔着屏幕而产生距离感。另外线上教学可以录播回放，对学生的学习来说其实是很有益处的。但线上课程难免会因网络信号等客观因素受到一些影响，例如我们孔院很多学员年龄较大，对电脑不太熟悉，在下载和使用听课软件的过程中也会遇到很多困难。对于教师来说，在线下课堂中更容易捕捉学生对课程内容的理解程度，互动和游戏环节也更容易进行，所以我觉得线上和线下如果能够结合进行，可能会达到更好的教学效果。

在线上教学视频制作过程中，有一个小故事给我留下了很深的印象。有一期视频的主题是“中国人的告别方式”。当时恰好我们同期志愿者中有一位即将离任，她本来买了 3 月底回国的票，但是由于疫情原因国际航班每天都在变化，孔院院长、孔院事务局和北语的老师一直在想办法帮助她，她前后买了五次机票才最后确定 3 月 13 号回国。她家在廊坊，原本直飞北京只需 3 小时，但她却需要先飞到上海等待一夜再转机到天津，抵达天津后须在当地政府安排下隔离 14 天才能回到家，非常不容易。由于她的回国时间一下子提前了 10 多天，所以在她出发的前一天，我

们急急忙忙写稿、拍摄制作，在一天时间内完成了那期课程的录制工作。最后，在她回国的当天，我们终于看到了那期的视频，我们以这样特殊的方式向我们朝夕相处、共同奋斗了一年的好友发去了告别问候和祝福。那一期视频对于我们整个团队都意义非凡。

我们孔院的氛围特别好，大家就像一家人一样，除了日语专业的那位同学因为毕业的问题必须回去，其余四个人都选择了留任。原本大家计划在3月初回国休假，但因为疫情越来越严重，大家都退了机票，取消了休假，但在这段特殊的抗疫时间里，大家不仅仅是互相的朋友和同僚，更是彼此扶持、彼此鼓励的精神伙伴。我们一起去囤生活物品，一起去排队买口罩，互相提醒对方注意消毒，互相分享国内外的疫情信息，并且时常向院长汇报身体状况，像一家人一样团结在了一起。

还有一件事令我非常感动。在武汉暴发疫情时，孔院向学员们征集为武汉应援的文字。我们的学员们在第一时间响应，有的学员写下了一首诗，有的学员拍下了自己为武汉应援的照片，还有的学员用书法作品表达自己对武汉的应援之心。在短短的一天之内，我们便收集到了来自11位学员的应援文字。而且疫情发生以后，学员们常常向我们发来问候的信息，我们的心里感到十分温暖。现在疫情扩散至了全球，我们和学员们也变成了彼此的“战友”，共同战“疫”，携手同行。

之前国内疫情日益严重的时候，我们自己买了一些口罩寄回了国内。但是快递业也受到了影响，经过了一个多月口罩寄到时，中国的情况已经好转，日本的情况却恶化了。于是我家人又想把口罩寄回给我，因为我把我所有的口罩都寄回去了，家人非常担心。后来我们孔院减少了老师的外出，中方院长陈军老师还把自己买到的口罩分给我们，而且北语和中国驻日本使领馆也陆续给我们寄来了口罩等物资，这些对我们来说无疑是雪中送炭，我的家人也就放心了。不仅如此，疫情以来我们每天需要向管理教师以及国内学校的负责老师汇报自己的身体状况。有这么多关心我们的人，我们在深受感动的同时也更加坚定了抗疫胜利的决心，相信疫情一定很快就会结束！

在日益全球化的今天，任何一个国家的一举一动都会牵动其他国家。在疫情面前，我认为世界各国只有相互合作、相互理解，共同进退、团结协作，才能击退病毒，取得最后的胜利。中国的疫情已经明显好转，也一直在向全球分享着抗疫经验，各个国家在这些经验的基础上再结合本国实际情况采取相应的抗疫措施，相信整个国际社会最终一定能战胜疫情，取得人类共同的胜利。

各国人民此时也应承担起保卫自己的家园、保护自己生命的义务，提高对疫情的警惕性，做好自身防护工作，听从政府部门的安排，互相包容，互相支持，共同战“疫”，才能迎接全人类的最终胜利。

图 9：关西外国语大学孔子学院“汉语线上小课堂”网络页面

疫情下的伦敦生活[1]

孔令娜

英国伦敦孔子学院中文教师志愿者

今天是典型的英国天气，刚刚还乌云密布飘着细雨，此刻却又艳阳高照风和日丽。窗外梧桐的枝干上抽出了数枝新芽，拥抱着季节的变换，迎接春天。天上偶尔飞来几只喜鹊和海鸥，在窗前的树枝上短暂停留，又飞走。看上去似乎只是伦敦平常的一个春日，除了楼下的街道变得格外安静，久久不见车辆和行人的踪影。

这是伦敦因疫情实施封锁政策的第八天。

[1] 孔子学院总部 / 国家汉办 . 疫情下的伦敦生活 .(2020-04-03). http://www.hanban.org/volunteers/article/2020-04/03/content_805201.htm.

一周前的周末人们还能正常外出，去采购食物，到公园散步。居家隔离后，我们感觉离之前正常的工作和生活已经很久远了。

自3月来，随着英国疫情逐渐加重，英国政府采取的政策也随之变化。从叮嘱有症状的人在家自我隔离七天，到要求全国民众待在家里无特殊情况不得出门，英国政府的社交隔离政策不断变得严格。自英国首相发表讲话，敦促民众非必要情况不要外出以来，大部分民众都很配合，街道上的人明显少了很多。政策的严格执行也离不开警察的辅助。一位住在伦敦郊区的朋友告诉我，他去买食物时被骑马的警察拦下，盘查其出行目的是否必要。在这样严格的管控下，希望疫情可以得到缓解，人们能早日回归正常生活。

图10：疫情下的伦敦街道

疫情期间，虽然不断上升的病患数字让人揪心，却也有事情让人暖心。起初的群体免疫政策一出，引发了超市的抢购潮，不少货架被一扫而空。有的老人买不到食物，面对空荡荡的货架留下了落寞的背影，让人看了不由得心酸。还好各大超市为此做出回应，贴心地颁布了专门供老人采购的黄金时间。除此之外，为鼓励奋斗在一线的NHS（英国国家医疗服务体系）工作人员，英国倡议3月26日晚8点一起为NHS员工鼓掌欢呼。当天晚上8点，附近的邻居们准时出现在窗口，不断鼓掌欢呼，路过的车辆也纷纷鸣笛致意，让人感动。或许越是严酷的现实，越是需要这样精神的支撑。

受疫情影响，孔院的工作也做出了相应的调整和改变。我们孔院几乎每个月都会举办 HSK 考试，HSK 考务工作也是我的主要工作职责之一。3 月 21 日原本有一场考试，却因疫情的影响，先是建议考生选择延期，后来不得不取消。虽然每一次变动都会带来一系列繁杂的后续工作，考试最终也未能如期举行，但我们所做的努力却没有白费，得到了考生的理解和认可。有位考生写信过来，感谢我们为举办考试做出的努力，也对考试的被迫取消表示理解。另一位考生写信说，在这样的困难时刻，希望孔院的同事们和我们的家人都能平安健康。考试的不断变动肯定让我们的工作压力重重，他希望我们能好好保重。看到这样的话语，心里满是欣慰和感动。

在家办公的这段日子，除了处理工作邮件和翻译材料，偶有闲暇时刻我就坐在窗前看看书，享受独处的安宁。虽然有疫情的阴影笼罩，但既然暂时无法改变现状，不妨换个角度，把这段时间看作是跟自己相处的珍贵时光。可以读书，观影，写作，反思，可以停下一直忙碌的脚步，静下来，听听自己内心的声音。

一月，当疫情在国内蔓延时，每天追踪新闻和微博，忍不住焦虑和担忧。而三月，当疫情在英国蔓延时，做好该有的防护措施，变得从容和镇定。英国疫情虽然严重，但我并不害怕也不孤单，因为有家人和朋友贴心的叮嘱和关心，也有孔院、有母校、有祖国温暖的关怀和支持。国内的家人和朋友细心地为我列出该准备的物资叮嘱我去采购，英国的朋友告诉我有什么困难或需求不要客气，一定要跟他们说。北外为我们寄送来口罩，中国驻英国大使馆也为我们准备了健康包，希望我们能得到更好的防护。孔院的老师们也时常关心我们的近况，经常给我们善意的关怀和温暖的叮嘱，不知不觉我的心里已把孔院当成了自己在英国的家。

怀念孔院举办的多彩文化活动，怀念在汉语角跟各国朋友的真诚交流，怀念上课时学生认真记笔记的姿态，怀念考试结束时考生表达对汉语的热爱。虽然目前尚不确定疫情何时结束，不确定我们何时能回归正常生活，但我相信这一天终会到来。

大爱无疆：美国南卡州华人、孔院组织募捐抗疫

李 越

美国南卡罗来纳大学孔子学院中文教师

始于2019年末并迅速肆虐全球的新冠肺炎疫情牵动着每一位华人华侨的心。同其他国家一样，美国华人也纷纷伸出援助之手。美国南卡州华人组织及南卡大学孔院积极组织募捐，将华人的爱心传递给祖国各地的社区民众与各大医院。

中国发生新冠肺炎疫情初期，美国南卡州华人协会、南卡大学孔院、华人教会、中文学校等机构立即建立新冠病毒救助基金、共同组织当地华人华侨募捐，在极短时间内便募集善款达16,589美元；同时在美国联系购买多批防疫物资，包括20,300个口罩与防护服、护目镜等。尽管当时多家国际快递公司停运，但华协会长还是联系到联邦快递、回国学者及UPS快递公司，孔院外方院长叶坦负责联系湖北等各机构，将国内紧缺的物资寄给了中国湖北、湖南地区各级医院及社区，包括武汉协和医院和同济医院、湖南湘西县医院、湖北天门医院、湖北孝感当地医院等，助力湖北人民共同抗疫。为国内募捐的善举刚告一段落，美国疫情迅速恶化，南卡州华人组织与南卡大学孔院迅即组织第二次募捐，为美国当地警察、医院、民众甚至纽约及新泽西州医院捐献口罩、防护服、护目镜等防疫用品，支援美国抗疫第一线。截止2020年4月7号，通过网络募集善款23,600美元，从北卡中资口罩商购得1万个普通口罩送给南卡当地警察和最大零售商Costco职工；为养老机构Jenni Lynn Assistant Living解决500个普通口罩，Tucker Nursing Home 650个，Loveless Family Practice Newberry 150个KN95口罩，100个医用口罩；同时捐给CM Tucker Nurse Care Center 660个医用口罩，Heritage Lowman Nursing Home 1,000个口罩；捐给当地医院医生塔莎·布恩（Dr. Tasha M Boone）150个医用口罩。与此同时，我们还从中国购买KN95口罩2,000个，从美国杜邦公司及Lakeland公司购买775套防护衣等设备，送给了当地的Prisma Medical Center，这家医院专门收治南卡州新冠重症患者。另外，捐给新泽西某医院200个KN95口罩，南卡州某医疗中心NHC Health Care Lexington 500个KN95口罩。受捐者激动地感谢各位募捐基金会

和牺牲个人时间为大家运送货物的志愿者。

南卡大学教授组织的实物捐助共募集3,046个普通口罩，120个KN95口罩，20个N95口罩，这些口罩都是华人朋友从国内高价运送过来的，实属不易。目前捐款捐物仍在进行中。

除此之外，华人组织还响应政府号召，为医院缝制口罩。大家从定点机构领取物料，根据说明，在家缝制可拆卸洗涤的口罩。尽管大家并非专业人士，并不熟练，缝制过程中遇到一些问题，但在专业人士指导下，大家缝制速度更快，预计第一批口罩很快可以送到当地医院救急。

点滴行动就可间接救助患者，能够使许多医务工作者和民众免于病毒侵袭，何乐而不为？愿大家行动起来，架起沟通的桥梁，将爱洒向人间！

命运与共、携手抗疫，罗马孔院教师："能贡献自己的力量，我义不容辞"[1]

孔子学院总部

目前，新冠肺炎疫情在各国的蔓延令人揪心。面对意大利的紧急求援，中国派出专家组赴意大利开展医疗救助工作，一场与时间的赛跑就此拉开……

一、孔院教师临危受命

当地时间3月12日晚，由中国国家卫健委和中国红十字会共同组建的抗疫医疗专家组一行9人，携带31吨医疗物资自上海飞抵罗马菲乌米奇诺机场。

而就在专家组抵达前几个小时，罗马大学孔子学院公派教师、罗马国立住读学校孔子课堂负责人陈晨接到意大利红十字会电话的紧急求助，询问她是否可以为即将抵达的专家们进行中意文翻译。

"意大利红十字会打电话给罗马大学孔子学院外方院长马西尼，希望能找到精通中文和意大利语的专家为他们进行翻译。马西尼教授和孔院执行院长保罗老师商量后，决定推荐我来承担这个工作。"陈晨对当时的情景仍然记忆犹新。

接到意大利红十字会的电话后，距离接机时间已经没有几个小时了。"当时时

[1] 孔子学院总部/国家汉办．命运与共、携手抗疫，罗马孔院教师："能贡献自己的力量，我义不容辞".(2020-03-18). http://www.hanban.org/article/2020-03/18/content_804667.htm.

间很紧，我也没有得到太多具体的工作信息。”陈晨回忆，自己来不及准备太多，跟院长汇报后，就戴上口罩出发了。

到机场后，中方人员已早早等候在那里了。飞机刚一降落，所有人就都拿出手机、相机，想要记录下这激动人心的时刻。

“当我们看到中国的专家们时，内心无比激动。在了解到他们已经连续一个多月奋战在抗击疫情一线时，我们也非常心疼，对于他们的付出格外感动和感谢。”陈晨说。

中国驻意大利大使、意大利卫生部司长和意大利红十字会主席对中国专家组的到来表示热烈欢迎。陈晨则帮助意大利红十字会承担了当晚意方与中国专家组方面全部的翻译沟通工作。

第二天上午，中国专家组与意大利红十字会和医学专家座谈交流，了解意大利当前疫情形势。

随后，中国专家组、中国驻意大使李军华与意大利外交部长迪马约在罗马拉齐奥大区红十字会总部共同出席新闻发布会，并回答意大利记者提问。媒体发布会由意大利最大报纸《晚邮报》进行了全程网络直播，把中国专家团的声音第一时间带给意大利民众。

陈晨全程进行了陪同，并承担整场发布会的翻译，协助中意双方及与意大利媒体的沟通。

二、“能为此贡献力量我义不容辞”

陈晨表示，尽管时间紧、任务重，但“为了能帮助中国专家组与意方顺利沟通，自己也会尽最大努力做到最好”。

“我第一次戴这个口罩的时候感觉非常不舒服，呼吸不畅，还要现场进行翻译工作，难度很大。想到我们的医护人员在前线时，要长时间穿着更不透气的防护服进行高强度工作，我便更能理解他们的辛苦与不易。”陈晨说。

中国专家组的到来引起了当地民众的极大关注，而得知陈晨在现场为中国抗疫医疗专家组提供中意文翻译时，她的学生以及朋友既为她自豪也为她担心。

“身边的朋友包括一些陌生网友，看到视频后纷纷留言让我注意防护。一些同事也与我分享了类似于如何佩戴口罩和选择口罩的经验。国内很多合作单位、朋友都发来信息问我，‘要不要寄一些口罩给你们’。在看到新闻发布会直播后，很多学生给我发来了视频截图和问候，让我很感动。”

三、意大利民众纷纷表达感谢

让陈晨感到开心的不仅是这些关心和祝福，更是这件事带给人们的信心和鼓励。

“之前学校没有停课的时候学生们其实也很紧张，他们年纪还小，没经历过这样的事情。我就想办法跟他们分享了一些当时中国抗击疫情的经验，希望能让他们有更全面的了解。但这件事对他们来说还是太遥远了。

“然而当他们看到自己的老师出现在发布会上，很专业、冷静地去传达这个信息，看到中国优秀的抗疫专家在这里的时候，我觉得这种信心的传递是很强大的。很多学生都告诉我，他们很感谢中国，感觉自己学习中文特别自豪。”

意大利罗马国立住读学校孔子课堂毕业生、第十届“汉语桥”中学生比赛意大利赛区冠军、现就读于米兰博科尼商学院的狄仁泽（Lorenzo Di Nardo）通过视频，用中文表达了对中国的感谢。

他表示，感谢中国对意大利的援助，这样的行动不仅是对当下抗击疫情的帮助，更能帮助我们面对未来的所有危机。我们年轻人会从中学到很多，为我们未来的合作与团结奠定基础。

在当地社交媒体上，不少意大利人也在用自己的方式表达对中国的感谢。很多人表示，此次疫情让他们改变了对中国和世界的看法。

有网友说：感谢中国的兄弟情谊，你们是永远的朋友。

有网友说，中国自己还没有完全走出疫情困境，就勇于站出来帮助别的国家，中意两国人民是一家人。

有人留言说，现在我们一起与病毒抗争，未来两国人民的友谊将会更加深厚。

还有人留言说，等疫情结束，我要去拥抱中国大使，我想拥抱每一个中国人。

陈晨说：“我的一位学生的家长是一名医生。她多次联系我，想和中国的专家组见面，希望向他们当面表示感谢。这位家长是在武汉封城的时候第一个给我打来电话的，说感谢中国的医生们，感谢中国武汉，你们的行动是在拯救全世界。”

“我们还有一些毕业生，现在是罗马医学院的学生，虽然只是大学一二年级，但他们也想尽自己所能提供帮助。于是我就跟他们沟通，请他们一起整理一些与疫情相关的中意文词汇对照表，到时候可以发给我们的专家，为他们提供这方面的服务。”

陈晨表示，这是自己在罗马工作的第八年了，作为一名国际中文教师，我们教授的不仅是语言，更希望能传递中国文化的内涵和精神。而在这样一个时刻，通过这样的援助，我们也展现出了中国文化丰富的内涵、深厚的底蕴和非常强大的生命力。

意大利和中国同为文明古国，作为“一带一路”沿线国家，意大利与中国有着深厚的友谊。2008 年汶川地震后，意大利立刻派出 14 名急救专家驻扎在重灾区绵阳，在意大利专家的帮助下，当时有 900 多名伤者转危为安。

中国驻意大利大使李军华表示，中国人民难忘在中国面临困难时意大利所给予的帮助。疫情无国界，地球村里我们命运与共。抗击疫情，中意两国人民将同舟共济、守望相助。

【社会人士篇】

我们都知道，在疫情期间减少外出、隔离在家是最好的避免感染的方法，然而在我们周围却有一群逆行者，他们为了别人的健康安全不顾自己的安危，坚守在疫情防控一线，为抗“疫”阻击战立下了不可磨灭的功劳。他们，是真正的英雄！

“95 后”甘如意：骑车辗转 300 公里回汉战“疫”[1]

李劲峰、李思远

新华社记者

这是一张折痕累累的疫情防控临时通行证，大红印章旁印着这样几个字——“车

[1] 新华网．“95 后”甘如意：骑车辗转 300 公里回汉战“疫”.(2020-04-06). http://www.xinhuanet.com/politics/2020-04/06/c_1125819034.htm.

牌号：自行车”。

农历正月初七，24 岁的女医生甘如意从湖北公安县斑竹垱镇老家出发，带着老家政府开具的通行证，骑着自行车，搭段顺风车，辗转四天三夜，终于赶回武汉江夏区金口中心卫生院范湖分院，投入疫情防控工作。

得知疫情迅速蔓延时，甘如意正在老家。由于湖北各地交通管控，沿途客车停运，家里没有私家车，等不下去的甘如意向父母提出，她准备骑自行车回武汉。

“300 公里，咋骑车，安全吗？”妈妈难免担心。

“我骑一段，就少一段。”甘如意回答得斩钉截铁。

看到女儿意志坚定，父母同意了她这个“大胆决定”。联系医院开具返岗证明，前往村委会办理临时通行证，背上饼干泡面等行囊，甘如意 1 月 31 日上午 10 点骑着自行车离家，向着武汉的方向前行。

“我觉得医护人员就要像战士一样。疫情来了，医护人员就要冲到一线。”甘如意说，选择骑自行车回到医院，当时只是想让村民放心，“为了尽快回到工作岗位，我什么都可以不顾。”

骑行 5 个小时后，甘如意抵达公安县城，当晚借住在亲戚家。第二天早上 8 点，她继续骑车赶路。抵达荆州长江大桥时，大桥封闭。“我把自行车寄存在附近一家商店，回头等家人取回去。”

徒步走过长江大桥，进入荆州市区时天色已黑，甘如意匆匆找个旅馆，吃碗泡面过夜。一大早起床后，她拦了 10 多辆出租车，得到的答复都是“封城了，到不了武汉”。情急之下，她找到一辆共享单车，靠着手机导航，沿着国道继续赶路。

灰蒙蒙的天空逐渐下起小雨。衣服被淋湿，天色逐渐变暗，她咬牙一直赶路，“黑夜中我害怕，越骑越快，不敢回头”。

晚上 8 点，看到路口站着几个警察，她才知道已到了潜江。看到这个疲惫的女孩，警察十分惊讶地问：“这么晚了，你一个女孩子怎么还骑自行车？”

得知她准备骑车回武汉抗疫后，好心的警察帮她找了家旅社先住下，又联系了一趟前往武汉的医疗车，让她搭顺风车抵达武汉城区。随后她踩着共享单车，沿着手机导航继续前行。手机没电了，她逢人就问前往江夏金口怎么走。

2 月 3 日下午 6 点，她终于到达了金口卫生院范湖分院。

第二天早上，甘如意来到卫生院，回到化验工作岗位。

“甘如意骨子里有股韧劲，这事发生在她身上一点也不奇怪。”江夏区金口中心卫生院院长陈宗勇如此评价说。

“面对疫情，她不计生死，勇往直前；面对困难，她敢于挑战，一直向前。”3 月 7 日，甘如意入选由中宣部宣教局、全国妇联宣传部等部门联合发布的“一线医务人员抗疫巾帼英雄谱”。

甘如意说：“虽然基层医院的工作内容简单些，但我愿意在这里贡献自己的一份力量。”

雷神山医院院长王行环：告别雷神山，希望它永不开门[1]

李　由　陈　正

新华网记者

15 日，备受关注的武汉雷神山医院运行 67 天、完成 2011 名新冠肺炎患者救治后正式休舱。今天，新华网独家连线采访了雷神山医院院长王行环。结束了紧张工作的他讲述了自己和雷神山的故事。

以下为采访实录：

新华网：卸任雷神山医院院长的第一天，感觉如何？

王行环：觉得特别轻松，因为在隔离，三个月以来第一次早晨起来没什么事干，今天是第一天真实体会到平常的生活是那么宝贵。

新华网：昨天雷神山医院休舱的时候，您在做些什么？想些什么？

王行环：昨天我们把雷神山所有的地方都走了一遍，最后检查了一下。告别的时候，好几个人都流眼泪了，我也很感动。因为每一个人来的时候，心里都清楚这确实是生死攸关，有可能自己会被感染，有可能就会牺牲。到昨天告别的时候，我心里一块石头落地了。希望雷神山这次关门以后永不开门，永不开门就意味着疫情控制好了，而且永远不再发生。

[1] 新华网. 雷神山医院院长王行环：告别雷神山，希望它永不开门.(2020-04-16). http://www.xinhuanet.com/talking/2020-04/16/c_1210561532.htm.

新华网：雷神山医院的一举一动都非常受民众关注，在这里当院长是一种怎样的体验？

王行环：我认为是我人生中最有价值、最难忘的一段经历。雷神山的每一天都非常特殊，我们只知道今天还有什么任务，明天可能会面对什么，每天都在应对挑战。在危难时刻，我和雷神山的战友能够一起承担这样特殊的历史使命，非常难得，像这样的经历一辈子都没有过。

新华网：第一次踏入雷神山是怎样的情景？压力大吗？

王行环：第一天去雷神山的时候，它还是一个大工地，看到最多的就是工人。当时压力很大，因为雷神山医院在建设和准备接收病人的阶段是武汉疫情非常严重的时候，如果病人不能及时收治，就会变成流动的传染源，每个病人大约可以传播 3.5 个人，所以大家都很急，这个急不是病情急，是担心可能会给社会带来传染源的着急。

新华网：当时您心里是怎么想的？

王行环：当时想，这种情况下医院要到什么时候才能开门，现在想来觉得非常神奇，当天和建设方商量当晚开始收病人，他们的速度让我很惊叹，以前都是在网上、新闻上看到说“中国速度”“基建狂魔”，这回切身体会感到非常佩服，也很感谢他们。

新华网：雷神山这样一个临时组建的医院，难度最大的是什么？

王行环：难度最大的事情是如何保证质量，一个是安全质量，另一个是救治的质量。这是一场速度排第一的救治，还要保证救治的成功率高。只有保证大家的防护安全，事情才能再继续下去。好在我们整体的救治效果是非常好的。进雷神山之前，最担心的防护物资政府保障得特别好，供应到位，非常及时，这个也是我们能完成任务的一个前提。总共 2,011 个患者，其中重症的有 1,000 多，整体病死率是 2.3%，重症患者的病死率是 4.3%，救治效果是非常好的。不过，还是有这么多患者没有救过来，也是我们很遗憾的事情。

新华网：我们看到雷神山有很多让患者、医护人员很感动的手绘墙，这些手绘在医院关闭以后将如何保存呢？

王行环：在这里生活、工作压力非常大，他们还能这么有爱心，真情流露，通过绘画把压力释放在墙上，我第一次看到这些画的时候就很感动，现在我们给这些画涂上了一种特殊的涂料，已经保护起来再也擦不掉了，都在医院里。

新华网：您接下来会有哪些任务呢？

王行环：我是一名医生，后面有很多病人等着我去做手术。隔离结束以后，我很快就可以去给他们做手术了。

新华网：共同在雷神山战“疫”两个多月，您有哪些心里话想对战友们说？

王行环：想通过新华网问候所有雷神山的战友们，感谢他们，希望每一位战友平安、幸福。这段时间我能够有幸和大家一起共事，是我一辈子的荣幸。还要感谢中央指导组和各级政府，他们给雷神山医院提供了大量的帮助，谢谢他们。

从武汉到菲律宾——一位中国医生的99天抗疫路[1]

陈弘毅

新华社记者

对福建医科大学附属第一医院重症医学科副主任医师卓惠长来说，从今年1月27日登上驰援武汉的航班，到5月4日从菲律宾返回解除医学隔离观察，这99天注定成为他一生中最刻骨铭心的记忆。

正月初二，卓惠长刚结束医院值班，驱车和一家人回闽西老家过年。途中，医院领导的电话来了：“院里要抽调精干力量，去支援湖北和武汉抗击新冠肺炎疫情，想征求一下你的意见。”

没有多想，卓惠长脱口而出：“我是党员，又是呼吸危重症医学科的医生，我去前线最合适。”

此前，卓惠长一直关注着千里之外出现的“不明肺炎”。见湖北和武汉抗疫形势吃紧，卓惠长的心也揪了起来：“如果有需要，我召之即来，来之能战！”

卓惠长的决定，让刚上初中的孩子哭了起来：“我不要爸爸去那么危险的地方！”同为医护工作者的妻子抱紧孩子：“爸爸是白衣天使，去拯救更多人的生命，这是他肩上的责任。”

次日一早，卓惠长就驾车从老家返回福州，与队友们集结出发。临行前，作为

[1] 新华网. 从武汉到菲律宾——一位中国医生的99天抗疫路 .(2020-06-04). http://www.xinhuanet.com/world/2020-06/04/c_1126074797.htm.

福建最早一批出发支援湖北抗击新冠肺炎疫情医疗队的一员，卓惠长同大家一道宣誓：“我们一定严守纪律、服从命令、攻坚克难、敢打必胜，为抗击新冠肺炎疫情做出应有的贡献！”

在武汉期间，卓惠长辗转武汉中心医院后湖院区和金银潭医院。在他和队友们的协作和精心治疗下，所救治的患者无一病亡，全部好转，先后治愈出院，并通过各种方式表达他们对医生淳朴的谢意。

3 月底，国内疫情逐步稳定，各省医疗队相继踏上凯旋之路。而此时，境外疫情却蔓延扩散，中国政府开始向海外派出抗疫医疗专家组。

“我在一线救治过新冠肺炎患者，希望能够参加。”卓惠长主动请缨。4 月 5 日结束医学隔离观察后，他便加入了中国政府赴菲律宾抗疫医疗专家组。他说：“疫情无国界，人类是一个命运共同体，我在湖北抗击疫情一线工作过，可以把临床经验分享给菲律宾医学同仁，为全球携手抗击疫情贡献一份力量。”

到菲律宾后，卓惠长和专家组成员行程满满：每天 8 点出发，与当地政府部门交流，走访菲律宾医疗机构及隔离点，与菲律宾同行交流治疗方案，分享中国的经验，经常一忙就到了次日凌晨一两点。

卓惠长和专家组成员还特地为当地华人华侨提供了热线电话咨询和在线讲座，指导他们正确看待疫情，积极采取措施防范。

历经 99 天的抗疫，卓惠长最大的感受是：不论是武汉还是菲律宾，都与自己有了一种血脉相连的感觉。这两段一线作战的经历，也将成为自己一生中最难忘的故事。

“当我出发去菲律宾的时候，孩子成熟了很多。他说，爸爸您就好好去工作吧，那是您作为医生的责任。家里我和妈妈会好好照顾自己。”卓惠长欣慰地说。

巴西华人捐赠食品助贫困者渡难关[1]

官若涵　陈威华

新华社记者

自4月以来，巴西新冠肺炎疫情日益严峻，目前累计确诊病例已超过16万，死亡病例超过1万。疫情不仅导致巴西的医疗资源和防疫物资匮乏，一些民众的生活也因为停工失业、收入锐减而陷入窘境，解决温饱成为一大难题。在这个特殊的困难时期，巴西华侨华人纷纷向困难民众赠送基本食品篮等物资，帮助他们渡过难关。

日前在巴西最大城市圣保罗，巴西华人协会向该市伊皮兰加社区的贫困民众赠送了1,000个基本食品篮，里面包含大米、黑豆、糖、盐、咖啡、食用油、面条等基本食品以及肥皂、洗涤液、厕纸、牙膏等清洁用品。

在捐赠现场，1,000个纸箱被整齐地码放在一起，上面贴有中巴两国国旗，并用葡萄牙语写着“联合与团结——战胜新冠肺炎疫情的唯一途径”字样。已经通过社区登记和审核的民众戴着口罩，从巴西华人协会会长张伟及数个侨团的负责人手中接过沉甸甸的物资，并纷纷表示感谢。

“巴西是我们的第二故乡，巴西华人协会与巴西民众一同携手努力抗疫，并为支持巴西社会稳定贡献一份力量。”张伟说。

一个月前，在圣保罗州小城平达莫尼扬加巴的体育馆内，市长夫人举办了一场慈善捐赠活动，号召市民给因疫情而停工停业、生活没有来源的民众捐赠食品。这个人口不到17万的小城中只有十来户华人，但在得知活动消息后大家积极响应，购买了60个基本食品篮，捐赠给困难民众。

从4月份开始，圣保罗市的华侨华人就发起了“送米送面送温暖”爱心活动，呼吁大家在去超市购买生活物资时也买一些巴西人爱吃的米、面、豆等食品，并把物资送到自家公寓的门卫处，请上下班的门卫员工及清洁人员顺路带给他们居住地

[1]　新华网.巴西华人捐赠食品助贫困者渡难关.(2020-05-12). http://www.xinhuanet.com/world/2020-05/12/c_1125973011.htm.

的贫困家庭，从而缓解这些家庭的生存压力。

记者还了解到，南美洲闽南同乡联谊总会等侨团也将于近日向圣保罗市的贫困社区捐赠基本食品篮。此外，里约热内卢的华侨华人也于近日持续向里约州、市政府及卫生部门、公共机构和贫困社区捐赠了防疫物资、卫生用品和基本食品。捐赠活动发起人之一、侨商尹笛声表示，对于在巴华侨华人来说，巴西是我们生活的家园，在巴西遭受严重疫情的时刻，我们有义务回馈当地社会，希望这些物资有助于抗击疫情，保护更多民众安然渡过难关。

里约州州长夫人艾莲娜·维策尔说，在此疫情肆虐的时刻，来自华侨华人的热心捐赠意义重大，“让我们携手同心，共同对抗疫情，挽救更多人的生命，维护更多人的健康”。

为爱前行——记法国抗疫一线的华人医生[1]

唐　霁

新华社记者

她下班后路过父母的住处，向一岁女儿的房间远远眺望一下，然后转身离去。她是在法国抗疫一线工作的华人医生纳娜。

纳娜是巴黎皮提耶-萨勒佩特里医院急诊科医生，今年3月因法国新冠肺炎疫情形势严峻，被调到巴黎急救中心工作。怀着对患者的爱，她和同事们坚守在抗疫前线。

“法国暴发疫情后，巴黎急救中心的工作量增加了50%以上。很多医生被增派到急救中心，包括一些退休医生、全科医生，像我这样的急诊科医生也被调到这里。”纳娜说，“这里的医生原本每周工作50小时，但疫情暴发后，工作超过60小时很常见。在急救中心，医生、护士和护理人员都非常团结，很多人都取消休假，包括我自己在内。大家都知道面临危险，防护也不完善，但一想到患者，没有人退缩。”

紧张工作之余，纳娜怀着浓浓的母爱，对女儿牵挂在心。“作为医生，我和同

[1]　新华网. 为爱前行——记法国抗疫一线的华人医生.(2020-05-07). http://www.xinhuanet.com/world/2020-05/07/c_1125952579.htm.

事面对危险从未惧怕，但我们都怕把病毒带回家。所以我把女儿暂时放到我父母家，已经有一个多月没有见过她了！”如今，在下班后匆匆路过父母家时，眺望一下女儿的房间，成为纳娜缓解对女儿思念的一种方式。

纳娜心中还满怀对武汉和同胞的爱。“我对武汉相当有感情，10 年前我是武汉大学中法班急诊医学研究生，在武汉大学中南医院急诊科实习，后来到法国工作。”纳娜说。

中国暴发新冠肺炎疫情后，纳娜一直同武汉的朋友密切联系，并在法国募集口罩等物资寄回国内。法国发生疫情后，她建议巴黎急救中心开通“华人紧急救助热线”，和志愿者们利用这一热线帮助有新冠病毒感染症状、不懂法语的华侨华人。

“我和 8 个志愿者组成团队，每天轮流从早上 8 点到下午 6 点，利用休息时间为华侨华人提供免费医疗咨询。我们通过电话先判断患者病情的轻重，如果病情较重，会协助患者联系法国的急救中心。”她说，“热线志愿者们经常夜间加班。比如今天有位患者的状况不好，志愿者帮助联系入院后，还继续和患者主治医生保持交流，到了夜里 10 点还没休息。”

在和疫情的斗争中，纳娜见证了中法友谊。她告诉记者：“巴黎急救中心使用的口罩、洗手消毒液以及防护设备等物资，大部分来自中国国内各界人士和法国华侨华人的捐赠。”她感谢大家为一线医护人员提供的宝贵支持。

在平凡岗位上谱写不平凡的故事——疫情中首都劳动者群像扫描[1]

郭宇靖

新华社记者

医务人员白衣执甲逆行出征，社区工作者、公安干警联防联控日夜奋战在社区防控一线，重大项目、重点工程建设者全面复工复产……在“五一”国际劳动节，北京市开了一场特殊的新闻发布会，一位位平凡的劳动者讲述疫情防控中的感人故事，他们用不平凡的事迹，谱写下新时代的首都劳动者之歌。

[1] 新华网 . 在平凡岗位上续写不平凡的故事——疫情中首都劳动者群像扫描 .(2020-05-02). http://www.xinhuanet.com/local/2020-05/02/c_1125935672.htm.

来自北京市医院管理中心的刘立飞是北京援鄂医疗队队长。1月27日，北京援鄂医疗队紧急受命驰援武汉，来自13家市属医院的151名队员，在重症定点医院之一的武汉协和医院连续奋战65天。

在刘立飞眼中，这支队伍中的每个人，背后都有感人的故事：世纪坛医院医生丁新民把“有事找我”4个大字“顶”在了防护服额头；宣武医院肖汉医生是土生土长的武汉人，别人都是“去武汉”，他称自己是“回武汉”，直到离开武汉前才敢告诉母亲他在武汉；安定医院59岁的医生姜长青每天在心理驿站缓解大家的心理压力……

刘立飞说，冲向武汉保卫战最前线的队员，既有参加过非典的“老兵”，也有瞒着父母冲锋陷阵的“90后”、“95后”。医疗队和武汉协和医院共同承担3个病区150张床重症患者的救治任务，患者年龄最大的91岁，重症、危重症占88%，治愈出院患者220人。

疫情防控离不开坚强的后勤保障。在北京小汤山定点医院，全国五一劳动奖章获得者、国网北京昌平供电公司带电作业班班长王月鹏和他的同事们，在工程建设一线加班加点，连续92天集中封闭、奋力建设。

王月鹏回忆，印象最深刻的是大年三十当天接到小汤山医院电力增容工程的任务，200多人放弃了春节休假，昼夜奋战，仅用22天就高质量完成了这项工作。

“施工期间，赶上了两场大降雪，让人举步维艰。大家喊着口号，一步一趔趄，抱着小腿般粗的铜芯电缆，一点点往前挪。那么冷的天，很多人的衣服却被汗水浸透，头上呼呼地冒着热气。”在他的眼里，这一切历历在目，就像发生在昨天一样。

发布会上，在冬奥训练场馆为国家队提供服务保障的刘博强讲述了疫情期间的制冰故事。作为首钢园运动中心的一名制冰师，刘博强为了摸清冰场运行规律，每天早上五点半就跑到冰场反复记录冰面的温度。经过连续一个月的测试比对，终于总结出最合适的温度、湿度值。

“在首钢工作20多年了，曾经干过轧钢工、炼钢维检工，这几年尽管工作岗位变了，但融入血液的首钢人敢为人先的精神却从来没有改变。”刘博强说，办好冬奥会是党和国家的一件大事，作为新时代的产业工人，定将以首钢“制冰大工匠”的姿态出现在保障2022年北京冬奥会的现场，实现一名首钢工人的冬奥梦。

重大项目按下“快进键”，复工复产跑出“加速度”……首都劳动者正在平凡的岗位上续写着一个又一个不平凡的故事，用自己的辛勤劳动为疫情防控和经济社会发展贡献更多力量。

出版策划：王君校　韩　晖
统筹协调：付　眉　韩　颖　彭　博
策划编辑：张　超
责任编辑：陆　瑜
英文编辑：韩芙芸

全球战“疫”，天下一家

刘　利　主编

*

华语教学出版社有限责任公司出版
（中国北京百万庄大街24号　邮政编码 100037）
电话：(86)10-68320585　68997826
传真：(86)10-68997826　68326333
网址：www.sinolingua.com.cn
电子信箱：hyjx@sinolingua.com.cn
北京虎彩文化传播有限公司印刷
2021年（16开）第1版
2021年第1版第1次印刷
ISBN 978-7-5138-2041-7
008900